인존정책연구회 연구총서 Ⅰ

한국사회의 이슈와 정책

인존정책연구회 연구총서 I

한국사회의 이슈와 정책

강근복 · 이봉락 · 박기식 · 황병상 · 이찬구
고순주 · 이종엽 · 김학만 · 윤석환 공저

한국학술정보㈜

　본 연구총서는 '인존정책연구회(人尊政策研究會, 약칭: 인정연)'
가 그 동안 연구모임을 통해 토론하고 논의한 사항들을 토대로 몇몇
회원들이 자신의 관심분야에 대한 전문성을 가지고 작성한 글들을
모아서 펴내는 것이다.

　이러한 총서의 발간은 "학문을 하는 것은 사회의 발전에 기여하
기 위함이며, 정책을 공부함은 사회문제의 해결을 통한 人間尊嚴性
의 충실한 구현에 있으므로, 우리가 지향해야 할 앞으로의 과제는 근
본적인 문제해결에 필요한 지식을 창출하고 이를 현실에 적용하는
것이다"라는 인정연의 설립취지에도 부합하는 것이라 할 수 있다.

　주지하는 바와 같이 정책학은 인간의 삶과 사회의 운명에 근본적
으로 영향을 미치는 중요한 문제의 이해와 해결에 초점을 맞추는 학
문이다. 그러므로 현재 중요하게 논의되고 있는 이슈뿐만 아니라 당
장은 사회적 논의의 대상이 되고 있지는 않지만 미래에 우리 사회에
심대한 영향을 미치게 될 문제들도 탐색하여 연구하는 것이 매우 긴
요하다. 이 저서를 통해 필자들은 오늘날 한국 사회에서 중요하고도
근본적인 문제라고 판단되는 이슈들을 중심으로 정책대안과 방향을
제시하고 있다.

본 총서는 크게 세 부분으로 구성되어 있다. 즉, 정책분석 및 평가를 중심으로 한 정책이론의 조명, 미래지향적 발전을 도모하려는 국가정책 이슈, 그리고 합리성과 실행력을 제고하기 위한 지방정책 이슈를 담고 있다. 각 장별로 담고 있는 주요한 내용을 요약하면 다음과 같다.

제1장에서는 정책분석에서 중요한 활동이 정책토론이라고 보고, 정책토론의 합리성을 제고시키기 위한 하나의 방법으로서 토론의 정책논쟁적 구성에 대해 다룬다.

제2장에서는 평가활용과 평가오용을 논의한다. 국정운영의 중요 수단으로 평가가 널리 이용됨에도 국내에서 평가활용 연구는 부족한 수준이다. 더구나, 평가활용의 윤리적 측면에 대한 연구는 매우 한정적이다. 이런 한계를 극복하여 평가활용을 정확하게 이해하기 위해서는 평가활용의 윤리적 측면인 평가오용과 함께 논의할 필요가 있다. 그래서 먼저, 평가활용과 평가오용의 국내외 연구 경향을 살펴보고, 이후에 개념과 유형 그리고 이들 양자 간의 관계를 검토한다.

제3장에서는 미래 국가 인프라스트럭처 정책 방향을 논의한다. 점점 복잡하고 다양해져 가는 시민의 요구를 국가가 모두 담당할 수 없는 만큼 국가가 미래 발전을 위하여 꼭 담당해야 할 基底 인프라스트럭처의 개념을 새롭게 제안하고 이를 어떻게 설정하고 모색해 나아가야 할 것인가를 검토한다. 아울러, 현 시점에서 대한민국이 미래의 지속가능한 발전을 위해 어떤 기저 인프라스트럭처를 설정하고 어떻게 실천해 나아가야 될 것인가를 제시한다.

제4장에서는 환경보전과 경제성장을 함께 추구하는 한국의 녹색성장정책을 거시적인 관점에서 정책의 구성요소별로 살펴보고 향후과제를 모색한다. 이를 위해 녹색성장정책의 배경과 개념을 살펴보고 정책내용을 정책기조, 정책목표 및 정책수단으로 나누어 고찰한다. 향후과제는 정책수단 측면에 중점을 두어 집행기구, 재정, 규제, 유인책 및 설득 측면으로 분류하며, 녹색성장정책을 총괄할 중앙행정기구로서 '녹색성장부(Ministry of Green Growth)'의 설치 등을 제안한다.

제5장에서는 우리나라의 경제 · 사회 발전에서 많은 기여를 하여 온 국가 연구개발의 패러다임을 추격형에서 창조형으로 전환하기 위한 정책방향을 논의한다. 이를 위해 창조성의 정의를 살펴보고 창조성의 유형을 개인 창조성, 집단/조직 창조성, 정책/국가 창조성으로 분류한 다음에, 추격형 전략과 대비되는 창조형 연구개발 전략의 특징을 논의한다. 국가 연구개발사업의 창조성 증진방안은 연구관리의 4대 과정인 연구기획, 연구수행, 성과평가, 성과확산의 각 단계에 대응시켜 개인 창조성, 집단/조직 창조성, 정책/국가 창조성을 증진하기 위한 정책대안을 총 17개로 분류하여 논의한다.

제6장에서는 방송통신 융합이 오랫동안 지속되고 있음에도 불구하고 새로운 융합형 서비스가 등장할 때마다 제도화 논란이 발생하는 문제를 인식하여, 기존의 융합서비스와 이를 위한 제도화 과정 및 그 특성을 살펴보고 장기적인 관점에서 미래의 융합 양상을 포괄적으로 수용할 수 있는 제도체계 구축을 위한 시사점을 도출한다.

제7장에서는 심각한 사회적 이슈가 되고 있는 아동 · 청소년 성폭

력범죄의 실태와 대응 방안에 대해 논의한다. 먼저, 성폭력 범죄와 관련된 이론을 검토하고, 그 원인을 사회, 가정, 개인 차원에서 규명하고, 실태를 분석한다. 대응방안으로서는 외국의 법률적 · 제도적 규제장치를 검토하고, 우리나라에서 도입 · 시행하고 있는 성범죄 방지대책을 비판적으로 고찰한다.

제8장에서는 지방의회 의원의 전문성과 자질향상을 위해 직접적이고 효과적인 방식인 의원연수에 대해 쟁점별 분석과 논의를 진행한다. 이는 지방분권화시대를 맞아 지방행정이 확대되고 전문화됨에 따라 진정한 지방자치의 실현을 위해서는 전문성이 강화된 지방의원의 의정활동이 요구되기 때문이다. 이러한 지방의원의 연수에 대한 논의는 지방자치의 발전에 작으나마 이론적 · 실천적 기여를 하리라 기대한다.

제9장에서는 지방자치단체의 귀농지원 방안에 대해 논의한다. 도시민의 농촌정주에 대한 관심, 농촌인구 유입, 일자리 창출 등 다양한 정책의도를 갖는 귀농정책이 효과적으로 추진되기 위해서는 귀농현장인 자치단체의 준비와 역량이 성패를 결정짓는 중요한 조건

이라는 점에서 자치단체의 귀농지원 정책들을 비교하고 개선을 위한 시사점을 모색한다.

인간의 존엄성이 충실하게 구현되는 좋은 사회의 구현을 위한 좋은 정책은 우리들의 핵심적인 관심사이다. 좋은 정책을 향해 우리는 늘 새로운 학문적 도전을 펼쳐 나갈 것이다. 이 책이 모쪼록 각 주제에 관심이 있는 많은 분들에게 의미 있는 실마리를 제공해 주고, 아울러 정책과정에 참여하거나 관계를 맺게 될 사람들에게 정책문제의 해결에 필요한 지식과 정보를 제공할 수 있기를 기대한다.

대추 한 알이 저절로 붉어지지 않듯이 뜨거웠던 지난여름이 이러한 결실을 가져왔다. 바쁜 가운데에서도 흔쾌히 집필에 참여해 준 저자 여러분들과 초고를 받아 꼼꼼하게 수정해 준 박종수, 황덕수, 이향숙, 임태군, 조영선, 김종범 선생에게 고마움의 인사를 드린다. 끝으로, 출판을 맡아 준 한국학술정보(주)에 감사한다.

2010년 11월
집필자들을 대표하여 황병상(黃昞相) 씀

CONTENTS

제1부

정책이론:
분석과 평가

제1장

합리적 정책 토론의 정책 논증적 구성

강근복

제1절 서론: 정책분석과 정책토론

이 장을 쓰는 목적은 정책분석을 위한 합리적 정책토론의 정책논증적 구성을 서술하는 데 있다. 정책토론이 합리적으로 이루어지기 위해서 정책토론자들이 왜, 그리고 어떻게 주장 또는 반론을 위해서 논증을 구성하는 것이 바람직한지를 논의하는 것이다.

민주적 정책결정과정의 핵심은 시민, 이해관계자의 참여와 토론에 있다. 그러나 실제는 제한적 참여와 부실한 토론이 오히려 일상적이다. 특히 정책결정 참여자의 정책판단에 필요한 정책정보를 산출, 제공하는 것을 목적으로 하는 정책분석과정에서 참여와 토론은 배제되고 정책전문가가 주도적으로 역할을 수행하는 것이 당연한 것으로 받아들여지기까지 한다. 정책분석 자체가 매우 전문적인 활동이라고 보았기 때문이다. 전통적 엘리트중심적인 정책분석은 분석의 과학성을 강조하는 실증주의에 토대를 두고 있다. 전통적으로 과학적 정책분석은 정책결정 이전의 지적이고 분석적인 활동으로서 정책결정에 쓰일 수 있는 바람직한 정책정보를 탐색, 설계, 조직, 전달, 활용하기 위한 합리적이고도 체계적인 방법을 동원하는 접근방법으로 이해되어 왔다. 이 접근법은 이성과 증거의 활용을 중시한다. 이러한 전통적 정책분석은 객관적인 사실과 인과성에 근거하는 실증주의적 분석을 지향하게 됨에 따라 가치중립적 접근을 취하게 된다(Trige, 1972; Weimer, 1998). 그리고 전통적인 정책분석은 엄격하고 과학적인 분석논리를 강조하게 됨에 따라 정책전문가만이 이를 수행할 수 있다고 보아 보통 시민의 참여 배제를 당연시한다.

엘리트 중심 실증주의 정책분석에 대한 비판의 핵심을 간단히 정리해 보면 다음과 같다. ① 과학적 방법의 활용, 엄격한 과학적 조건의 충족을 우선하게 됨으로써 분석의 대상이 되는 현실을 지나치게 단순화시켜 실제(현실)의 왜곡 및 분석의 오류를 일으킬 수 있다(문태현, 1992; Johnson, 2005). ② 실증주의적 현실 인식은 객관적 사실의 인식과 증명에 기초하는 분석을 강조하게 되고 이는 정치적 토론과 판단을 배제하게 됨으로써 비민주적이다(Dryzeck and Togerson, 1993; Johnson, 2005; 허범, 2005). ③ 과학적인 분석의 결과는 타당한 것이라는 인식은 분석결과의 어용적 또는 편향적 활용을 정당화시키고 '제왕을 위한 정책분석'으로 전락할 우려가 있다(허범, 2005). ④ 경제적 관점에서 비용/편익분석에 치중함으로써 정책이 지향해야 할 공익에 대한 토론과 판단이 결여되어 있다. 또한 이미 주어진 목표의 달성에 적합한 수단의 강구에만 치중하는 수단적 합리성을 강조함으로써 정책목적을 설정하기 위한 규범적 토론과 판단이 결여되어 있다(Hendrick and Nachmias, 1992; Johnson, 2005; 허범, 2005). 전통적 정책분석에서는 정책분석 전문가들이 중립적인 위치에서 다양한 가치 간의 갈등을 회피한 채 합리적인 대안의 개발에 치중한다고 보기 때문에 정책분석은 대안의 비교·평가 기준으로 능률성과 제한적 측면의 실현 가능성을 중요시하며, 사회적 규범과 가치에 관련된 당위성의 문제는 취급하지 않는다(Fischer, 1998). ⑤ 정책전문가 엘리트에 의한 정책분석의 독점을 당연시하고 일반 시민이 정책분석과정에 참여하지 못하는 것 역시 당연한 것으로 받아들인다. 설사 일반 시민이 정책분석과정에 참여하는 경우가 있다고 하더라도 그것은 기껏해야 정책전문가의 필요와 판단에 따라 정책에 의해서 영향을 받게 될 정책관련자들의 입장과 요구를 수집하는 경우에 한정될 뿐이다. 그러나 누구의 어떤 의견을 얼마만큼 어떻게 반영할 것인지는 전적으로 정책전문가의 판단에 의존한다.

실증주의적 정책분석의 경향이 정책분석을 전문가에게 전적으로 의존해서 이루어지게 만든 측면이 있는가 하면, 행정 관료들이 시민참여에 대해 부정적인 인식을 갖고 있는 것이 이러한 경향을 더욱 승화시켰다. 상당수의 공무원이나 정책전문가들은 ① 정책문제의 복잡성 때문에 일반 시민들이 정책문제를 제대로 이해하기가 어렵고(Hendrick and Nachmias, 1992; Fischer, 1998), ② 민주적 의사결정과정이 과학적인 계산과 합리적인 판단에 의해서 이루어지는 것이 아니라 비합리적이며(Sternberg, 1989), ③ 일반 시민들은 정책(문제)에 무관심하고 공익보다는 사익을 추구하는 경향이 강하다고 생각하기 때문에(Fischer, 1993; Rein, 1976) 정책분석과정에서의 시민참여를 부정적으로 보는 경향이 있다.

실증적 정책분석이 정책결정의 합리성을 증진시키는 데 기여한 공로를 과소평가할 수는 없지만 비민주적이고 시민 또는 정책관련자 참여의 이점을 놓치고 있다는 비판을 피하기는 어렵다. 정책분석 과정에서 보통 시민이나 정책관련자들이 배제됨으로써 다양한 관점과 가치관, 이해관계의 투입이 불가능하거나 불완전해지기 때문이다 (Kweit and Kweit, 1981). 그러므로 일반 시민이나 정책관련자들이 정책분석과정에 참여하는 것은 정책분석의 민주성을 확보하고 정책의 질을 향상시키는 데 기여할 수 있다는 점에서 필요하다. 정책토론은 정치과정에서만이 아니라 정책분석과정에서도 매우 중요한 활동이라는 말이다(강근복, 2007).

대중은 선거 등 투표 참가, 여론조사 참여, 공청회 참가, 청원 등 의견 개진, 시위 등 다양한 방법과 경로를 통해 정책결정과정에 참여한다. 어떤 방법이 더 효율적인 참여방법이냐는 정치체제의 특성과 환경적 요소, 대중의 능력과 소유자원의 영향력에 따라 달라진다. 대중은 상이한 관점, 다양한 목적과 동기를 갖고 정책결정과정에 참여한다. 그들 사이에 관점, 목적, 그리고 이해관계 등이 다를 때 그들 사이의 충돌과 갈등은 불가피하고 조정과 합의를 위한 노력이 요청된다. 이때 서로 다른 관점과 주장, 주장 이유를 주고받으면서 설득과 수용, 조정과 타협, 합의가 이루어질 것을 기대해 볼 수 있는 방법이 정책토론이다. 그러나 현실적으로는 그렇지 못하다. 정보와 의견의 교환을 통한 상호학습과 조정, 합의를 도출하기보다 자신의 입장과 주장을 강변하고 상대방의 수용을 강요하는 경우가 허다하다. 토론과정에서 오히려 갈등이 더욱 증폭되는 경우마저 있다. 목소리 높인 주장만 있을 뿐 주장을 뒷받침할만한 설득력 있는 좋은 이유의 제시, 반대주장에 대한 경청과 이해 노력은 매우 부족하다. 이성과 증거 보다 감정이 과다하게 작동한다. 물론 이것은 잘못된 경향이다. 그러면 합리적 정책토론이 이루어지도록 하려면 어떻게 해야 할 것인가? 이것이 이 장에서 다루고자 하는 첫 번째의 질문이다. 이에 대한 잠정적인 대답은 정책논증적인 토론이 합리적 정책토론에 기여할 것이라는 것이다. 그러면 그러한 정책논증적 토론은 어떻게 구조화되는가? 이것이 이 장에서 다루고자 하는 두 번째 질문이다.

아래에서는 먼저 합리적 정책토론의 의의와 조건을 검토하고, 다음으로 합리적인 정책토론의 정책논증적 구성에 대해 서술한다.

제2절 합리적 정책토론의 의의와 조건

정책토론이란 정책에 관련된 주제에 관하여 자기 나름의 의사를 표현하고 다른 사람의 의견과 비교하는, 즉 대립적 주장의 비교행위요 또 다른 한편으로는 합의도출을 위한 과정이라고 할 수 있다. 이러한 정책토론의 합리성을 이야기할 때 그것은 두 측면에서 살펴볼 수 있다. 하나는 내용적 측면이고, 다른 하나는 형식적 측면이다. 전자는 정책토론의 초점에 관한 것이고, 후자는 정책토론의 전개 양식에 관한 것이라 할 수 있다.

정책토론의 내용 또는 초점은 정책토론의 대상이 되는 주제, 관심사를 말하는데 정책문제의 정의와 정책목표의 설정을 내용으로 하는 정책토론도 있지만 현실적으로 주된 것은 정책목표와 수단의 인과 관계의 타당성에 대한 토론이다. 이러한 정책토론에서는 정책목표 달성도가 높고 가능한 한 비용이 적게 드는 대안의 탐색에 초점을 두게 된다. 이런 정책토론에서 정책기조나, 문제정의, 목적 등에 대한 관심은 당연히 무시된다.

합리적인 정책토론을 지향한다고 할 때에 대개 합리성은 경제성, 능률성 또는 효율성의 뜻을 포함하고 있는 것으로 이해하는 것이 일반적이다(최종원, 1995). 즉, 주어진 목표를 달성할 수 있는 대안들 중에서 최소의 비용으로 목표를 달성할 수 있는 대안을 선택하거나, 동일 비용으로 목표 달성도를 극대화할 수 있는 대안을 선택하는 것을 합리적 선택이라 하고 정책토론은 이러한 '합리적' 선택을 위한 토론에 관심을 모으게 된다. 목표와 수단 사이의 인과관계 설정의 타당성이 주된 초점이 된다. 이러한 토론에서는 목표의 정당성, 상위목표, 더 나아가 사회 가치체계나 궁극적 이상 가치에 대한 토론은 소홀히 되거나 배제되어 버린다. 이것은 잘못된 경향이다. 정책을 '문제시되는 현실을 바람직한 방향으로 변개시키기 위해 가치관적 판단 속에 포함된 당위성과 현실적으로 가능한 행동을 통합하는 정치적 합의'(허범, 1982)라고 보는 정책관이나, 정책결정은 '특정한 상황에 대처하여 마땅히 해야 할 일을 결정하는 가치판단'(Ozbekahn, 1969)이라는 점을 상기해보면 규범탐색적(가치비판적) 토론과 규범적용에 관련된 토론이 통합되지 않은 토론은 합리적인 토론이라 볼 수 없다. 이는 정책, 그리고 정책결정의 본질적 특성에서 나오는 당연한 결론이라 할 수 있다. 또한 문제해결을 위한 의사결정과정에서 규범지향적 사고(무엇이 바람직한 것인지를 판단)와 실천적 행동(바람직한 상태를 실현할 수 있는 구체적인 목표와 행동노선)을 통합하려는 것은 인간의 본성(허범, 2009)이라는 점에서도 그러하다.

규범탐색(가치비판)적 토론을 1차적 토론이라 한다면 규범적용적 토론은 2차적 토론이라고 할 수 있다. 1차적 토론은 기존 가치체계 안에 규정되어 있는 원칙에 의해서 이루어지는 토론이고, 2차적 토론은 이미 정해져 있는 원칙, 그것을 규정하는 가치체계를 넘어서서 새로운 가치를 발명하는 것과 관련된 토론을 말한다(Taylor, 1961). 규범적용적 토론은 다시 정책수단에 대한 토론과 당면 정책목표에 대한 토론으로 나누어 볼 수 있다. 여기에서 토론의 초점은 당면 정책목표(계획목표: 일정한 기한 내에 달성하고자 하는 목표)의 타당성, 목표의 달성에 적합한(예를 들면, 효과적이고 능률적인) 대안, 정책행동(정책수단)의 선택과 관련된 것들이다. 정책목표와 수단 사이의 인과관계, 목표달성 가능성의 정도, 그리고 수단의 실현가능성 등을 중심으로 토론이 전개된다. 반면에 1차적 토론인 규범탐색적·가치비판적 토론에서는 당면목표를 수단 삼아 달성하고자 하는 상위목표(일정한 기한 내에 완전하지는 않으나 어느 정도 달성될 수 있는 목표), 그리고 상위목표를 넘어서는 이상목적, 이상가치에 대한 토론이다. 이 토론에서는 다음과 같은 것들이 다루어질 수 있다. 이상적인 인간 삶은 어떠한 것인가? 정책이 마땅히 지향해야 할 바람직한 공동체 삶의 양태와 방식은 무엇인가? 정책기조, 정책방향은 어떠해야 하는가? 정책상황에서 일반적으로 합의된 가치관과 해석, 즉 상황규범은 무엇인가? 정책의 기본방향은 상황규범에 적합한가? 그리고 정책선택의 기준은 무엇인가? 등이 그것이다(허범, 2009).

결론적으로 규범탐색적인 1차적 토론과 규범적용적인 2차적인 토론이 이루어져야만 내용상으로 합리적 토론이 이루어졌다고 볼 수 있다.

정책토론의 전개 양식의 측면에서 볼 때, '합리적' 정책토론이란 자신의 주장과 다른 사람의 주장에 대한 반박이 이성과 증거에 입각한 논리의 전개를 통해 이루어지는 정책토론을 말한다. 이는 정책논증의 합리적인 구성과 활용에 크게 의존한다. 정책토론에서 제기되는 주장은 그 내용의 설득력과 전달력에 의해 그 가치가 평가된다. 자기 주장의 설득력과 전달력을 강화하기 위해서 정책토론자들은 정책주장의 논리를 합리적으로 구성하고 가치판단의 타당성을 증명하며, 그러한 정책주장을 하는 좋은 이유(good reason)를 제시할 수 있어야 한다. 정책토론에서 설득은 대화를 통한 정보와 의견의 상호교환, 교류를 통한 상호학습의 방법이다. 그러므로 합리적인 정책토론은 정책주장의 수용력을 극대화하여 자기주장을 관철하고 자신의 이익을 최대한 확보하는 데 있는 것이 아니라 상호조정을 증대시켜 정책토론자의 관점과 가치관을 조정하는 것이어야 한다. 그러나 실제의 정책토론은 상호조정을 통하여 정당한 합의를 형성하지 못하는 경우가 많다. 여러 가지 이유와 형태로 정책토론에의 참여는 제한되고, 의사소통은 제약을 받는다. 비판적인 공공토론의 장이 열렸다 하더라도 정책주장의 토대가 되는 정보에 대한 접근성의 제약, 전문가들이 구성하고 활용하는 정책논증에서 사용되는 용어와 지식에 대한 이해의 어려움 때문에 정책토론의 민주성과 합리성은 그만큼 제약될 수밖에 없다.

제3절 정책논증의 구성과 활용

정책토론과정에서 자기주장의 전개, 다른 주장에 대한 반박이 어떻게 구조화되고 운용되는가는 정책토론의 합리성을 평가하는 중요한 요소가 된다. 합리적인 정책토론이 이루어지기 위해서는 참여자들의 토론방식이 정책논쟁적이어야 한다. 그러면 토론의 정책논증적 구성은 어떻게 해야 하는가?

정책논증은 정책주장의 정당성을 입증하기 위해서 활용되는 것으로 본질적으로 일반적인 논증과 다름이 없다[1]. 정책논증은 정책에 관련된 정보를 정책주장으로 전환시키는 특정한 논리적 방법을 말한다(Dunn, 2006). 정책논증은 참여자들 사이에 서로 다른 경쟁적이거나 대립적인 주장과 주장 논거를 주고받기 때문에 토론의 형태를 지닌다. 이 토론에서 각 참여자는 상호설득 과정의 결과로 현실에 대한 자신의 관점과 주장을 수정하거나 더 나아가서는 자신의 가치관까지도 바꾸기도 한다(김재관, 1992). 이러한 정책논증은 앞에서 살펴 본 이상가치, 정책기조, 정책목표, 수단 등에 대해 관련자들 사이에 왜 서로 다른 주장을 하게 되는지에 대한 이유를 밝혀주기 때문에 정책논증은 정책토론을 수행하는 중요한 수단이 된다.

정책토론의 논증적 구성에 대해 좀 더 구체적으로 살펴보기 전에 먼저 논증과 논쟁, 정책논증과 정책논쟁의 개념을 분명하게 할 필요가 있다. 우선 논증(argument)은 어떤 주장이 추론되는 과정을 의미

---

[1] 정책논증 부분에 대해서는 강근복(2000)의 내용을 발췌 인용하고 부분적으로 수정 보완하였음. 이에 따라 일부 주는 생략되었음.

하고[2], 논쟁(argumentation)은 어떤 주장과 이에 대한 반대주장의 논증을 상호 교환하는 토론 과정을 의미한다. 그러나 정책논증에서는 어떤 하나의 정책주장을 정당화하려고 개별적으로 논증을 구성하는 경우에도 가능한 비판과 반대주장을 미리 고려한다는 것을 전제하기 때문에 논쟁과 같은 논리구조를 갖는다. 따라서 반론에 대한 고려를 전제하는 정책논증의 경우는 논증과 논쟁을 동일한 의미로 이해한다(강근복, 2000).

정책논증은 두 가지 유형의 전제, 즉 경험적 전제와 규범적 전제를 포함한다. 정책수단 및 정책목표와 관련해서 보면 경험적 전제는 기존의 맥락에서 특정 행동이 정책목표를 성공적으로 달성할 수 있을 것이라는 주장이다. 한편, 규범적 전제는 정책목표가 규범적으로 바람직하다는, 즉 당위성의 입장에서 정당한 이유가 있다는 주장이다[3].

따라서 정책에 대한 논증적 접근은 정책주장의 근거로서 '정당화된 좋은 이유(warranted good reason)'를 탐색하는 '실제적 추론의 비공식적 논리(informal logic of practical reasoning)'에 의존한다(김재관,

---

2) 논증은 크게 증명적 논증과 비증명적 논증으로 나눌 수 있다. 증명적 논증(demonstrative argument)은 전제들을 참인 것으로 받아들이면 결론도 참이라는 것을 받아들일 수밖에 없으므로 전제들의 참이 결론의 참을 보증하는 논증이다. 따라서 이 논증은 결론이 전제들로부터 절대적인 필연성을 갖고 도출된다고 여겨지는 논증으로서 이 필연성은 정도의 문제가 아니라 경우가 어떠하냐 하는 것과 전혀 무관한 필연성이라 할 수 있다. 반면에 비증명적 논증(non-demonstrative argument)은 전제가 결론을 증명하지는 못하지만(전제는 결론이 참이라는 것을 보여주는 결정적인 근거를 제시하는 것이 아니라 개연적으로 상당한 근거를 제시할 뿐이다) 전제를 설명하는 가설을 결론으로 추리해 내는 논증형식이다. 이러한 논증은 결론이 전제들로부터 개연적으로만 도출된다고 여겨지는 논증으로서 이러한 개연성은 정도의 문제이고 다른 경우가 어떠한가에 달려 있다고 할 수 있다. 증명적 논증은 보통 연역 논증이라고 부르고, 비증명적 논증은 보통 귀납 논증이라고 부른다(민찬홍 역, 1990; 김광수, 1990).

3) 정책논증의 전제가 이와 같은 규범적 성격을 가지는 명제를 포함하기 때문에 전제의 '참'과 '거짓'에 근거하면서 결론을 도출하는 전통적인 형식적·연역적 논증의 방식으로 정책논증을 취급하는 것은 적절치 못하다.

1992). 비공식적 논증, 즉 실제적 대화로서의 정책논증에 있어서 가장 중요한 것은 주장의 전달력과 설득력이다. 전달력과 설득력을 강화시키기 위하여 참여자들은 정책주장의 논리를 합리적으로 구성하여 가치판단의 타당성을 증명하며 그러한 주장을 하는 좋은 이유를 제시하여야 한다. 요컨대 정책주장의 전달력과 설득력을 얼마만큼 향상시킬 수 있느냐는 정책논증을 어떻게 합리적으로 구성하고 활용하느냐에 달려있다.

정책논증은 정책주장, 정책 관련 정보, 주장 논거, 보충 논거, 반론, 그리고 정책 주장의 확신 정도를 나타내는 한정어 등으로 구성된다. 이들을 간단히 살펴보면 다음과 같다.

1. 정책주장(C: Claim)

먼저, 정책주장은 토론자가 타당성을 논증하고자 하는 것으로 정책논증의 결론을 말한다. 정책주장은 논리적 과정을 거쳐 얻어진 것이긴 하지만 필연적으로 진리이거나 가장 바람직한 것이라고 단정할 수는 없다. 단지 이는 논증에 의해 만들어진 명백한 호소나 결론일 뿐, 언제나 이에 대한 반론의 여지가 존재한다. 그리고 이러한 정책주장은 종종 주장되는 내용을 한정하는 용어를 부과함으로써 일반화 또는 정책주장의 정당성에 대한 확신의 정도를 제한한다.

정책주장은 사실에 대한 주장[4], 가치에 대한 주장[5], 정책문제 및

---

4) 사실에 대한 주장은 어떤 것이 참이거나 참일 것이라는 주장을 말한다(예를 들면, 지금 대전광역시의 대기오염은 다른 대도시와 비교하여 매우 심각한 수준에 있다). 사실에 대한 주장을 뒷받침하기 위해서는 신뢰할 수 있는 자료원에서 얻은 적절한 자료(예를 들면, 사례,

정책대안 등에 대한 주장으로 나누어 볼 수도 있고(Rottenberg, 1985), 서술적 주장, 평가적 주장, 주창적 주장으로 나누어 볼 수도 있다 (Dunn, 2006).

정책토론에서 핵심적인 주제는 어디로 갈 것인가(정책기조, 정책 방향)? 무엇이 문제이고, 무엇을 목표로 삼을 것인가(문제정립과 목표설정)? 그리고 어떻게 할 것인가(정책대안)?에 대한 것이다. 이들이 정책 내용의 핵심적 요소이기 때문이다. 정책기조나 정책방향에 대한 주장을 따로 논의할 수도 있지만 정책문제나 정책대안에 대한 주장에는 사실에 대한 주장과 가치, 정책기조와 정책방향에 대한 주장이 함께 포함되어 있기 때문에 여기에서는 정책문제에 대한 주장과 정책대안에 대한 주장에 대해서만 검토한다.

1) 정책문제에 대한 주장

정책문제에 대한 주장은 '문제가 무엇이다'라는 문제의 정의에 대한 주장이다. 문제에 대한 주장은 사실에 대한 주장과 가치에 대한 주장이 선행적으로 이루어진 다음에야 가능하다. 문제의식은 문제시되는 상황적 사실에 대한 판단(상황판단)과 바람직하다고 여기는 가

통계, 믿을 수 있는 사람이나 기관의 보고서 등)를 충분히 활용하여야 한다. 그런데 이러한 결론(사실에 대한 주장)이 사실 그 자체(실재하는 그대로의 사실)가 아니라 자료를 통해 해석되거나 추론된 '사실'이라는 것을 분명히 인식할 필요가 있다(Rottenberg, 1985).

5) 가치에 대한 주장은 어떤 규범적 판단을 내리는 것이다. 이러한 주장은 어떤 주장이나 행위, 조건(상황)에 대해서 옳다 또는 그르다, 좋다 또는 나쁘다, 아름답다 또는 추하다, 아니면 바람직하거나 바람직하지 못하다는 것을 논증하고자 하는 것이다. 사람마다 중요하게 여기는 가치가 다르기 때문에 자신이 지지하는 가치나 원칙이 왜 좀 더 중요하다고 생각하는지에 대한 좋은(설득력 있는) 이유를 제시할 수 있어야 한다. 그리고 가치 용어는 추상적이기 때문에 의미의 명확화, 유사한 다른 가치용어와 구별하기 위한 예시적 설명이 필요하다(Rottenberg, 1985).

치에 대한 판단(규범판단)을 통해서 얻어지는 것이기 때문이다. 문제시되는 상황(물론 어떤 사람은 그 상황을 '문제시되는' 상황이 아니라고 판단할 수 있다)에 대해 어떠한 내용과 성격의 자료를 얻는지, 또는 자료에 대한 해석을 어떻게 하느냐에 따라 상황판단은 달라진다. 활용하는 정보가 다르면 당연히 상황 판단이 다를 수밖에 없겠지만 동일한 정보라 하더라도 그것을 어떻게 해석하느냐에 따라 상이한 상황판단이 이루어질 수 있다. 바람직한 상태가 어떠한 모습이어야 하는지에 대한 인식은 사람, 장소, 시간 등에 따라 다양하다. 문제가 '있다' 또는 '없다'에서부터 시작해서 정책문제의 성격, 원인과 결과 등의 규정을 둘러싸고 다양한 주장이 제기될 수 있다. 다양한 문제의식과 문제정의에 대한 다양한 주장은 자연스러운 일이기까지 하다. 이러한 정책문제에 대한 주장은 정책주장이기도 하지만 논증의 연쇄구조에서 정책대안을 주장하게 만드는 토대를 이루는 정책관련 정보가 될 수도 있다.

문제정의는 목표 설정과 매우 밀접한 연관성을 갖고 있다. 단순하게 보면 문제를 해결하는 것이 곧 목표라고 말할 수 있다. 그러나 문제정의에 대한 합의가 목표설정에 대한 합의를 보장하지는 않는다. 우선적으로 해결해야 할 문제의 요소, 측면, 문제해결의 수준 등에 대한 인식의 차이는 문제와 관련된 이해관계의 차이와 맞물려 목표설정에 대한 다양한 주장을 불러일으킨다. 정책목표는 궁극적 정책목표(이상가치), 장기적 상위 정책목표(상위목적) 그리고 당면 정책목표 등으로 나누어 볼 수 있다[6]. 이상가치라고 할 수 있는 궁극적

---

6) 허범 교수(2009)는 목적구조에 대한 논의를 이상가치, 상위목적, 계획목적, 정책행동 등의 개념으로 나누어 설명하고 있다.

인 정책목표는– 예를 들면, 모든 개개인의 인간으로서의 존엄성이 완벽하게 실현되는 사회의 건설과 같은– 정책을 통해 실현하길 소망하는 이상적인 궁극적 목표로 이의 완전한 실현은 불가능하다. 그러나 이러한 목적은 문제를 정의하거나 장기적 정책목표와 당면 정책목표를 설정하고 이를 실현하기 위한 정책수단을 개발하고 선택하는 데에 큰 영향을 미친다. 현실세계에서 완전한 달성은 불가능하더라도 이를 지향하는 목적의식을 불러일으키고 정책행동을 이끌기 때문이다. 장기적 상위 정책목표는 일정한 기간 내에 실현하기는 어려우나 우리가 노력하면 언젠가는 실현할 수 있을 것으로 기대하는 목표를 말한다. 당면 목표는 정책수단의 실현을 통해 일정한 기한 내에 실현할 수 있을 것으로 기대하는 목적으로서 장기적 상위 정책목표의 수단으로서의 성격을 갖는다. 그러므로 정책목표에 대한 논증은 궁극적 정책목표 → 장기적 상위 정책목표 → 당면 정책목표의 계층 구조의 차원별로 구성되어야 한다.

2) 정책대안에 대한 주장

정책대안에 대한 주장은 정책문제의 해결, 정책목표의 달성을 위해서 어떤 조건(상황)의 존재, 실천 행동이 필요하다는 주장이다. 즉 어떤 문제의 해결, 목표의 달성을 위해 특정한 행동경로를 채택할 것을 주장하는 것이다. 이러한 주장에는 '~해야 한다. ~하는 것이 바람직하다'는 등의 용어가 포함되어 있거나 이러한 의미가 함축되어 있다(예를 들면, 배추 생산량의 급격한 감소로 인한 배추값 폭등의 문제를 해결하기 위해서 가격이 싼 중국산 배추의 수입을 신속하게 대폭 확대하는 것이 필요하다). 이러한 정책주장을 전개하기 위해서는 실질적으로는 사실에 대한 주장과 가치에 대한 주장이 선행되어야 한다(Rottenberg, 1985). 왜냐하면 정책대안을 주장하기 위해서는 현실에 대한 판단과 가치에 대한 판단을 함께 하여야 하기 때문이며, 정책은 바람직한 가치와 현실적인 행동을 통합하는 것이기 때문이다.

법정변론에서 구성되고 활용되는 논증에서는 다른 주장들 중에서 어느 한 주장의 타당성만을 문제 삼는 것이 보통이나 정책토론에서 구성되는 논증에서는 어떤 정책대안에 대한 주장이 '옳다'거나 '그르다'고 판단하는 것이 아니라 '마음에 든다(선호한다)'거나 '마음에 들지 않는다(선호하지 않는다)'로 판단한다. 정책토론 과정에서 토론자들에게는 '옳은(right) 대안' 또는 '그른(wrong) 대안'이 있는 것이 아니라 '마음에 드는(preferred) 대안' 또는 '마음에 들지 않는 대안'이 있을 뿐이다.

정책주장을 할 때에는 정책주장 속에 포함되어 있는 용어를 명확히 정의하는 것이 매우 중요하다. 애매모호한 용어의 사용, 용어에 대한 상이한 개념적 이해는 의사소통을 왜곡시키고 동일한 정책주장도 받아들이는 사람마다 주장하는 바를 달리 해석할 우려가 있기 때문이다.

정책논증과정에서 정책주장을 펼 때에는 스스로 다음과 같은 질문을 던지고 그 질문에 적절히 답할 수 있어야 한다. 합리적인 반론을 제기하기 위해서도 상대방의 정책주장에 대해 다음과 같은 질문을 던질 수 있다.

① 정책주장은 명확하게 표현되었는가?
② 정책주장에 담겨진 용어들에 대해서는 명확히 정의되어 이해

할 수 있는가?

③ 정책이슈와 관련된 주장인가?

④ 설득력 있는 주장인가?

2. 정책 관련 정보(I: Information)

정책 관련 정보는 정책주장을 뒷받침하는 증거(evidence)와 욕구, 가치에 대한 호소(appeals to needs and values)로서(Toulmin, 1958), 사실적 언명일 수도 있고 아니면 다른 논증에서의 결론, 즉 주장일 수도 있다(예를 들면, 앞의 '중국산 배추의 신속한 수입 확대'라는 정책주장을 이끄는 기초를 제공하는 것으로서 '배추 출하량이 매우 부족하여 배추값이 지속적으로 폭등하고 있다'는 정책관련정보를 제시할 수 있다). 과학적 발견, 조사 · 연구결과, 통계 등은 대표적인 정책관련 정보의 원천이다. 주장을 제대로 뒷받침하기 위해서는 관련성, 정확성, 최신성, 충분성 등을 갖춘 정보를 수집 · 활용해야 하고 그러한 정보가 증거 또는 호소로서 타당할 뿐만 아니라 상대방이 받아들일 만한 것이어야 한다(강근복, 2000).

상이한 정책 관련 정보가 상이한 정책주장의 토대를 이루는 것은 물론이지만 동일한 정보라 할지라도 상이한 정책주장으로 전환될 수 있다. 상이한 주장 논거가 동일한 정책 관련 정보를 상이한 정책주장으로 전환시키게 만드는 이유를 제공할 수 있기 때문이다. 주장을 지지하기 위해 사용하는 여러 유형의 증거와 호소에는 사실적 증거와 의견(사실에 대한 해석)[7], 그리고 (정책주장을 지지하는 데서 오는) 욕구의 충족과 가치 실현과 관련된 호소가 있다(Rottenberg, 1985).

정책 관련 정보의 적절성을 평가하기 위해서는 다음과 같은 질문을 던져볼 수 있다.

① 논쟁의 대상인 정책이슈와 관련이 있는 정보인가?

② 정확한 정보인가?

③ (정책주장 도출이 가능할만큼) 정보의 양은 충분한가?

④ 언제 만들어진 정보인가? 최신의 정보인가?

⑤ 정보의 원천은 어디인가? 정보원은 신뢰할만한가?

⑥ 동일 이슈와 관련해서 다른 정보는 없는가? 있다면 그 정보는 어떤 것인가?

⑦ 정보의 형태는 어떠한가? 예를 들면, 다른 정책논증의 결론인가, 아니면 통계, 신문기사, 연구보고서, 또는 조사결과인가? 1차 자료인가 아니면 2차 자료인가?

3. 주장 논거

주장 논거(warrant)는 정책주장을 타당한 것으로 받아들이게 만드는 좋은 이유(good reason)를 말한다. 주장 논거는 정책관련 정보를 정책주장에 대한 지지(support)로서 해석하도록 해준다(앞의 '중국산

---

7) 사실적 증거가 정책 주장을 지지하는 정도는 ① 최신성(the most recent evidence), ② 주장관련성(relevance of evidence), ③ 충분성(sufficient evidence), ④ 인용 사례의 대표성, ⑤ 상대방 경험과의 일치성 및 이미 알려진 다른 증거들과의 일관성, ⑥ 입증 가능성, ⑦ 자료원의 신뢰성, ⑧ 용어의 명확성, ⑨ 중요 정보 포함성 등의 요소들에 의해 평가될 수 있다(Freeley, 1990).

배추 수입 확대'를 정당한 정책주장으로 뒷받침하는 논거로서 '배추의 공급확대는 배추 가격을 떨어뜨릴 것'이라는 것을 들 수 있다). 정책정보를 토대로 정책주장이 결론으로 도출되는 것을 뒷받침해주는 가정, 원리, 규칙, 전제, 신념 등이 주장 논거이다(Mason & Mitroff, 1981). 정책주장이 특정한 시간적, 공간적 맥락하에서만 타당한 반면에 주장 논거는 여러 상이한 상황에 적용될 수 있는 광범위한 일반적 언명이다.

정책주장의 신뢰도를 한정하는 것과 마찬가지로 주장 논거도 유보조건(reservation)을 부가함으로써 수정되거나 제한된다. 이런 유보조건은 상대방으로 하여금 그러한 논거가 타당하지 않은 조건이 있다는 것을 상기시킨다. 그런데 때로 주장 논거가 명백히 진술되지 않는 경우가 있다. 그 이유는 주장 논거를 명백한 것이라고 보아 굳이 언급할 필요가 없다고 생각하거나, 상대방이 주장 논거의 약점을 알아차리지 못하도록 토론자가 주장 논거를 숨기고 싶어 하기 때문이다(Rottenberg, 1985).

정책 관련 정보를 정책주장으로 전환시키는 추론과정에서 비록 동일한 정보라고 하더라도 서로 다르게 해석되고 상이한 정책주장이 도출되는 이유는 바로 주장 논거가 서로 다르기 때문이다. 주장 논거의 다양성으로 인해 경험적·규범적 차원의 토론이 가능하게 되는 것이다. 주장 논거에는 어떤 진술을 전개한 사람의 자격, 신뢰성에 근거하는 권위, '그럴 것 같다'는 토론자의 직관, 통찰력, 여러 개의 사례를 검토함으로써 도출되는 어떤 일반적인 원칙, 인과관계, 비교, 유추, 정책주장 도출의 방법, 그리고 가치 등 여러 유형이 있다(Mason & Mitroff, 1981; Rottenberg, 1985; Dunn, 2006 참조).

주장논거의 타당성을 평가하기 위해서는 다음과 같은 질문을 던져 볼 수 있다.

① 주장 논거는 어떤 유형의 것인가? 예를 들면, 권위인가, 이론인가, 아니면 직관인가?

② 정책이슈와 관련성이 있는 주장 논거인가?

③ 정책 관련 정보를 정책주장으로 전환시키는 근거로서 타당한가? 근거로 삼는 권위는 인정받을만한 사람이나 조직에 속하는 것인가? 근거로 든 사례들은 유사하거나, 일반화할 만큼 표본 숫자가 많은가? 근거로서의 원인이 허위이거나, 여러 원인들 중의 하나인 것은 아닌가?

④ 결합의 오류(전체의 한 부분에 해당하기 때문에 부분에도 해당된다는 논거를 제시), 또는 분해의 오류(전체에도 해당되기 때문에 부분에도 당연히 해당된다는 논거를 제시)를 범하고 있지는 않은가?

⑤ 다른 주장 논거로서 달리 생각해볼 수 있는 것은 없는가?

4. 보충 논거

보충 논거는 주장 논거에 대한 기초적 지지물(underlying support)을 의미한다(Mason & Mitroff, 1981). 주장 논거에 포함된 전제나 가정이 의문스럽거나, 주장 근거가 정책주장을 강력하게 뒷받침하기에는 불충분하다고 여겨지는 경우, 주장에 대한 더 근본적인 이유, 보충적인 이유가 요구될 때 보충 논거가 필요하다(예를 들면, 위의 주장 논거인 '배추의 공급 확대는 배추값을 하락시킬 것'의 보충 논거로 '가격은 수요공급의 균형점에서 결정된다'는 이론을 보충 논거로 제시할 수 있다). 보충 논거는 주장 논거 속에 포함된 전제와 가정을 재확인하거나 정당화하고, 주장 논거를 강화해 줄 수 있는 경험적 기초, 이론적 근거, 사회적 가치관, 이전의 정책선택, 그리고 주장 논거의 저변에 깔려있는 신념 등을 밝히는 역할을 한다(Mason & Mitroff, 1981).

보충논거의 타당성을 평가하기 위해서는 다음과 같은 질문에 답할 수 있는지를 확인하는 것이 필요하다.

① 보충 논거는 어떤 유형의 것인가?

② 주장논거의 타당성을 강화할 만큼 타당한가?

③ 다른 보충논거는 없는가?

5. 주장의 확신 정도를 나타내는 한정 수식어

하나의 정책 주장은 단지 '확률적으로'만 타당할 뿐이지 절대적으로 타당한 것이라고 볼 수는 없다. 정책주장을 도출해 내는 토대가 되는 정책관련 정보의 질적 수준과 양적 충분성 그리고 정책 관련 정보로부터 정책주장을 이끌어낼 수 있도록 뒷받침해주는 주장 논거의 타당성의 정도에 따라 정책주장은 0에서부터 1까지의 확률 척도로 신뢰성이 평가될 수 있다[8](Mason & Mitroff, 1981).

---

8) 확률이 0이라는 것은 '전혀 ~하지 않다(절대 ~해서는 안 된다)'는 것을 의미하고, 확률이 1이라는 것은 '명백히, 전적으로 ~하다(반드시 ~해야 한다)'는 것을 의미한다. 그 중간에는 '아마도', '혹시 ~일지 모르는', '~할 것 같지 않은' 등의 확률을 표시하는 부사가 한정 수식어로 사용될 수 있다.

6. 반론과 재반론

　반론(rebuttal, refutation)은 상대방이 제시하는 것과 다른 정책 관련 정보, 주장 근거, 또는 주장 등을 포함하는 논증을 전개함으로써 상대방이 제시하거나 주장하는 것에 대항하는 것을 말한다(Freeley, 1990). 이는 원래의 주장이 받아들여질 수 없거나 조건부로만 인정될 수 있는 조건을 진술하는 이차적인 결론 또는 논증들을 의미한다. 반론은 두 가지의 기능을 수행하는 데 하나는 주장이나 주장 논거가 받아들여질 수 없는 조건을 열거함으로써 일종의 안전판 역할을 한다(예를 들면, '~하지 않는다면 주장 논거는 지지될 수 있다'는 형식을 띤다). 반론의 또 다른 기능은 그 논증에 반대 견해를 가진 사람, 다른 정책을 주창하는 사람 등으로부터 오는 강한 도전과 반대를 드러낸다는 것이다. 반론은 논증에 제한을 가하고 신뢰성(plausibility)을 평가하는 데 도움을 준다(Mason & Mitroff, 1981). 만일에 강한 반론이 제기될 수 있다면 그 논증은 상대적으로 신뢰성이 낮은 것으로 평가될 것이고, 반대로 약한 반론만이 제기될 수 있다면 그 논증은 상대적으로 신뢰성이 높은 것으로 평가될 수 있을 것이다(Mason & Mitroff, 1981).

　반론은 주장이 참이 될 수 없는 가상 상황과 조건을 나타낸다. 반론은 논증에 활용된 정책 관련 정보, 주장 논거, 그리고 보충 논거를 수용할 수 없음을 주장하여 다른 논거를 제시할 수도 있고, 아니면 다른 주장(counter claims)을 제기할 수도 있다. 예를 들면, 위의 정책 정보에 대한 반론으로서 '배추 가격이 지속적으로 상승하고 있는 것이 아니라 일시적이다(다른 조사결과에 따르면)', 주장 논거에 대해 '중국산 배추의 공급확대가 배추 가격 하락을 가져오지 않는다(중국산 배추에 대한 선호도가 현저히 낮아 소비자들이 비싸더라도 한국산 배추를 구입하려 할 경우)'는 반론이 제기될 수 있다. 반론으로 인해 서로 주장을 달리하고(예를 들면, '배추 중간상들의 사재기를 단속하고, 중간상들이 창고에 대량 보관하고 있는 배추를 방출하도록 해야 한다'는 다른 주장이 있을 수 있음) 상이한 주장 논거를 이용하는 복수의 정책 관련자들 사이에 토론형식의 정책논쟁이 전개된다. 반론의 타당성을 평가하기 위해서는 앞에서 살펴본 정책주장, 정책정보, 주장논거, 보충논거 등에 대한 질문을 반복해 던져 볼 수 있다.

지금까지의 논의를 그림으로 그려 보면 아래 <그림 1>과 같다.

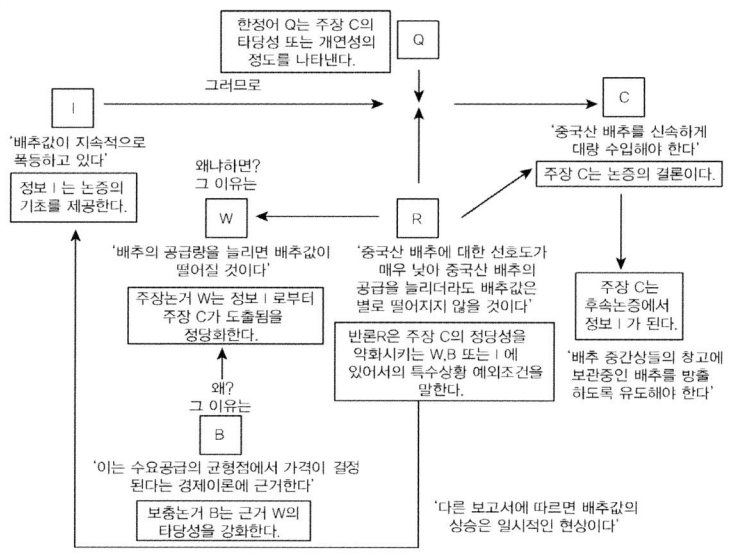

〈그림 1〉 정책논증의 구조

제4절 결론

정책분석이 정책전문가의 독점적 업무라고 보지 않는 한 정책토론은 정책분석의 중요한 요소 활동임에 틀림없다. 그리고 정책논증은 합리적 정책토론을 위한 유용한 도구라 할 수 있다. 그러면 정책논증이 합리적으로 구성·활용되기만 하면 합리적 정책토론이 이루어질 수 있는가? 그렇지는 않다. 정책논증의 합리적 구성과 활용이나 정책논증분석이 정책토론과 정책분석의 질을 제고하는 데 기여할 수 있는 것은 사실이지만 그것이 충분조건은 아니다. 정책토론 참여자의 자질과 성향, 활용 정보, 참여 대표성, 참여의 기회와 비용, 분위기, 그리고 시간과 비용 등 여러 조건들에 의해 합리적 정책토론의 가능성과 한계가 좌우될 수 있기 때문이다. 그러므로 합리적인 정책토론을 좌우하는 요소들을 구체적으로 확인하고 이들을 효율적으로 관리하기 위한 전략 수립과 제도 개선이 필요하다.

국내에서 정책논증에 대한 연구는 그리 오래 되지도, 활발하지도 않은 편이다. 과학적·계량적인 탐구를 통해 정책결정에 필요한 정보를 창출하는 것도 당연히 필요하고 중요한 일이지만 복수의 참여자, 다양한 관점, 지식과 경험, 이해관계 등을 더 잘 반영하기 위해 정책논증적 정책분석에 더 많은 관심을 기울일 필요가 있다. 정책논증에 관한 이론의 개발과 심화, 그리고 실제에서 전개되는 정책토론을 정책논증의 관점에서 분석하고, 정책분석을 정책논증적으로 시행하기 위한 실효성 있는 방안을 마련하는 것은 앞으로의 중요한 연구과제라 할 수 있다.

참고문헌

1. 국내문헌

강근복(2000), 『정책분석론 개정판』, 서울: 대영문화사.

_____(2007), "참여정책분석의 개념적 특성과과정", 「지방정부연구」, 11(3): PP.221~242.

김광수(1990), 「논리와 비판적 사고」, 서울: 철학과 현실사.

김재관(1993), 「한국 의료보험에 관한 정책논쟁분석 : 조합주의와 통합주의 논쟁을 중심으로」, 성균관대학교, 박사학위논문.

문태현(1992), "정책분석과 비판이론: Herbermas의 의사소통능력이론을 중심으로", 「한국행정학보」, 26(2): PP.265~280.

민찬홍(역)(1990), 『논리학 입문』, 서울: 이론과 실천사.

최종원(1995), "합리성과 정책연구", 「한국정책학회보」, 4(2): PP.131~160.

허범(1982), "가치인식과 정책학", In 『현대사회과학의 이해』, 서울: 대왕사.

____(1983), "정책연구에 있어서의 정책논쟁분석의 인식론적 분석과 방법론적 발전", 「사회과학」, 21: PP.21~39.

____(2009), "정책윤리분석의 구조화를 위한 하나의 제안: 민주주의 정책학의 관점", 「한국정책학회 춘계 학술대회 발표 논문」, PP.201~216.

2. 외국문헌

Dryzek, J. S. & Torgerson, D(1993), "Democracy and Policy Sciences: A Progress Report", Policy Sciences, 26: PP.127~137

Dunn, W. N(2006), *An Introduction to Public Policy Analysis(4th ed)*. Engliwood Cliffs: Prentice Hall.

Fisher, F(1986), Practical discourse in policy argumentation, In W. N. Dunn(Ed.), *Policy analysis: Perspectives, concepts, and Methods*. Greenwich, CT: JAI.

_____(1990), *Technocracy and the Politics of Expertise*: Sage.

_____(1993), Policy Discourse and the Politics of Washington Think Thanks, In F. Fischer & J. Forester(Eds.), *The Argumentative Turn in Policy Analysis and Planning*: Duke University.

_____(2003). *Reframing Public Policy: Discursive Politics and Deliberative Practices*, New York: Oxford University.

Fischer, F. & Forester. J(1993), *The Argumentative Turn in Policy Analysis and Planning*: Duke University.

Fisher, W. R(1987), *Human Communication as narration: Toward a Philosophy Of Reason, Value and Action*, Columbia, SC: University of South Carolina.

Freely, A. J. (1990). Argumentation and Debate: Critical Thinking for Reasoned Decision Making (7th ed.). Belmont, C.A.: Wadsworth Publishing Company.

Hendrick, R. M. & David, N(1992), "The Policy Sciences: The Challenge of Complexity". *Policy Studies Review*, 11(3): PP.310~328

Johnson, G. F(2005), "Taking Stock: The Normative Foundation of Positivist and Non-Positivist Policy Analysis and Ethical Implications of the Emergent Risk Society", Journal of Comparative Policy Analysis: Research and Practice. 7(2): PP.137~153

Kweit, M. G. & Kweit, R. W(1981), *Implementing Public Participation in a Bureaucratic Society*, New York: Praeger.

Mason, R. O. & Mitroff, I. I. (1981). Challenging Strategic Planning Assumptions. N.Y.: John Wiley & Sons.

Ozbkhan, H. (1969). "Toward a General Theory of Planning." In Jantsch, Erich(ed.). Perspective of Planning. Paris: OECD.

Rein, M(1976). *Social Science & Public Policy*, New York: Penguin Books.

Rottenberg, A. T(1985), *Elements of Argument*, N.Y.: St. Martin's Press.

Sternberg, E(1989), "Incremental versus Methodological Policy making in the Liberal State", *Administration and Society*, 21(May): PP.54~77

Toulmin, S. (1958). The Use of Argument. Cambridge: Cambridge University Press.

Trige, L. J(1972), "Policy Science: Analysis or Ideology", *Philosophy and Public Affairs*, 2: PP.66~110

Weimer, D. S(1998), "Policy Analysis and Evidence", *Policy Studies Journal*. 26(1): PP.114~128

제2장

평가활용과 평가오용의 이론적 고찰*

이봉락

제1절 서론

효율적인 국정 운영의 중요 수단으로 평가가 널리 이용되고 있다. 이런 추세는 정부 활동에 대한 성과 측정과 비효율성 제거를 핵심으로 하는 신공공관리론이 등장한 1980년대 이후 더욱 뚜렷하게 나타나고 있다. 우리나라도 예외는 아니어서 공공부문에 다양한 유형의 평가를 실시하고 있다. 최근 실시한 한 조사에 의하면 216개의 평가가 공공부문에서 수행된다고 한다(감사원 평가연구원, 2006: 54).

이런 다양한 평가는 정책/사업과 관련된 이해관계자에게 귀중한 정보를 제공해 줄 것이라는 희망을 가지고 수행된다. 즉, 평가를 통

---

* 본 연구는 박사학위논문(이봉락)의 이론적 배경을 바탕으로 수정 보완되었음.

해 산출된 다양한 평가결과 또는 정보가 의사결정자들에 의해서 활용된다는 것을 전제로 평가가 실시되는 것이다. 또 다른 측면에서, 평가를 수행하기 위해서는 많은 노력과 비용이 수반되기 때문에 평가를 통해서 얻은 귀중한 정보나 결과를 활용하지 않는다면 자원낭비를 초래한다는 것이다. 이와 같이 평가를 통해 산출된 중요한 정보의 활용과 평가에 소요된 자원낭비의 방지는 평가활용10)을 통해서 구현되고 해결될 수 있다. 그래서 평가활용은 평가의 정당성을 확보해 주어 평가의 존재 가치를 부여해 주는 중요한 활동이라고 제언할 수 있다.

하지만, 평가활용을 정확하게 파악하기 위해서는 다음과 같은 쟁점들이 논의되어야 할 것이다. 예를 들어, 잘못 수행된 평가의 평가결과를 활용하는 경우, 정당한 평가에 의해 산출된 평가결과를 잘못 해석하여 활용하는 경우, 활용자가 개인 혹은 조직의 목적을 위해 의도적으로 평가결과를 왜곡/조작하여 활용하는 경우 등 다양한 평가활용의 쟁점들이 고려되어야 할 것이다. 이런 쟁점들은 평가활용의 윤리적 측면인 평가오용에서 논의될 수 있다. 그래서 평가활용을 올바르게 이해하고 정확히 파악하기 위해서는 평가오용과 함께 논의하는 것이 필요하다.

그러나 평가활용의 중요성에 비해 국내의 경우 아직까지 연구가 부진한 수준이며, 더구나 평가오용에 대한 연구는 매우 극소수이다.

---

10) 평가활용의 대상은 평가결과(findings 혹은 results)이다. 이런 점에 착안하여 일부 국내 학자들은 평가결과 활용이라고 부른다(이윤식, 2002; 노유진, 2005; 강영철, 2006 등). 하지만 국외 학자들의 대부분은 평가활용(evaluation utilization, evaluation use)이라는 용어를 사용한다. 이런 용어상의 차이는 있지만, 평가활용의 대상으로 간주하는 부분은 동일하다. 그래서 본 연구에서는 평가활용과 평가결과 활용을 동일한 의미로 사용하며 경우에 따라서는 이를 혼용한다.

즉, 평가활용을 연구하는 학자가 국외에 비교해서 한정적이며, 연구 결과의 양적인 측면도 비교가 되지 않을 정도로 적고, 연구 주제의 다양성도 제한적이다[11]. 특히, 평가활용과 평가오용을 함께 고려하는 심도 있는 연구는 극히 희박하다.

이와 같은 국내 연구의 한계점을 극복하고자, 본 연구에서는 평가활용과 평가오용에 대한 선행연구를 체계적으로 정리하여 이론적으로 쉽게 이해할 수 있도록 도움을 주는데 목적이 있다. 구체적으로 그동안 수행된 평가활용과 평가오용의 선행연구를 국내·외로 나누어서 살펴볼 것이며, 이후 이론적 논의 중 핵심 부분인 개념과 유형, 그리고 평가활용과 평가오용의 관계에 한정해서 선행연구를 정리해 살펴볼 것이다. 이렇게 함으로써 평가활용과 평가오용을 보다 체계적으로 이해할 수 있는 기본적인 토대를 마련할 수 있을 것으로 기대한다.

제2절 평가활용과 평가오용의 연구 경향

본 절에서는 평가활용과 평가오용에 대한 연구가 어떻게 진행되어 왔는지를 살펴본다. 연구경향을 정리할 때에는 국내와 국외로 구분하여 설명한다. 그렇게 함으로써 평가활용과 평가오용의 연구 경향과 연구 수준을 쉽게 파악할 수 있을 것으로 생각한다.

---

11) 국내 평가활용의 연구가 부족하다는 논의는 평가활용의 연구경향에서 논의될 것이다.

1. 평가활용의 연구 경향

먼저 평가활용의 연구가 언제 시작되었는지 간단히 살펴보고, 이후 국외와 국내로 나누어서 연구 경향을 살펴본다. 이렇게 구분함으로써 국외 연구 수준과 비교해서 국내 연구 수준을 객관적으로 이해할 수 있을 것이다(이봉락, 2005: 76~82; 이봉락, 2007: 118~121; 이봉락, 2009: 13~26).

1) 평가활용 연구의 등장

1960년대 중반 미국 연방정부는 "위대한 사회(the Great Society)의 건설"이라는 명분아래 수많은 사회정책적 사업들을 의욕적으로 추진하였다. 그러나 추진된 사업들은 불행하게도 1960년대 말에 사업 실패가 드러나고, 그 결과 사업에 대한 대대적인 평가가 실시되는 계기가 되었다. 이때 평가를 수행한 평가자들은 자신들이 작성한 평가보고서가 정책결정자, 정책집행가 등에 의해서 저활용(underutilization)되는 사실을 발견했다(Alkin, Daillak and White, 1979: 14~15). 이와 같은 평가결과의 저활용에 대해서 최초로 연구한 학자는 1966년의 Carol H. Weiss이다(이봉락, 2005: 75)[12]. 그녀는 "평가활용: 비교 연구를 향하여"라는 제목으로 평가활용에 초점을 둔 논문을 발표했다. 그녀는 당시 평가연구의 관행에 대해서 "많은 평가는 형편없고, 더

---

12) Weiss가 1966년에 발표한 논문은 "Utilization of evaluation: Toward comparative study"(presented at the meeting of the American Sociological Association, Miami Beach, Florida, September 1966)이다. 당초 논문을 찾기 어려워 동일 논문으로 1972년에 학술지에 발표된 글을 참고했다.

많은 평가는 평범하다(Much evaluation is poor, more is mediocre.)"라는 비판적인 의견을 제시하였다. 또한 효과적인 평가활용의 증거가 존재하지만 저활용(underutilization)의 비율도 매우 높다고 주장하면서, 이런 저활용의 원인을 조직 체계(organizational system)와 현행 평가 관행(current evaluation practice)이라는 2개의 요인으로 설명하였다(이봉락, 2005: 75). 이처럼 당시 평가활용의 연구자들은 평가활용을 직접적이고 즉각적인 활용으로만 인식하였다[13]. Weiss의 연구 이후 많은 후속 연구들이 진행되었는데, 이하에서는 다양한 학자들에 의해서 수행된 연구 경향을 살펴본다.

2) 국외 평가활용의 연구 경향

국외 평가활용의 연구 경향은 다양한 방식으로 정리할 수 있다. 여기서는 평가활용 연구의 핵심 주제를 기준으로 크게 3가지 흐름으로 정리한다[14]. 본 연구에서 선정한 3가지 연구 주제란 평가활용의 영향요인, 평가활용의 방안으로 등장한 참여, 그리고 활용의 영향력이라는 주제이다.

(1) 평가활용의 영향요인 연구

앞서 설명한 바 있는 Weiss(1966)의 연구 이후에 일련의 학자들은

---

13) 평가결과의 직접적 활용 이외 간접적 활용에 대한 논의는 평가활용의 유형 부분에서 설명한다.

14) 국외 평가활용의 연구경향을 분류한 기준은 다음과 같다. 첫째, 평가활용의 영역에서 핵심 주제일 것. 둘째, 일시적인 관심의 대상이 아닌 연구자들의 지속적 관심을 받는 주제일 것. 셋째, 소수 연구자들의 연구 주제가 아닌 보편적인 연구 주제일 것. 넷째, 학회 차원에서 해당 주제를 중심으로 논문집을 발간할 것이라는 기준을 설정한다. 그래서 이런 기준을 만족시키는 영향요인, 참여, 영향력이라는 3가지 주제를 선정한다(이봉락, 2009: 14).

평가활용의 영향요인을 연구하기 시작했다. 특히, Henry와 Mark(2003: 294)가 1970년대 말부터 1980년대 초반까지를 평가활용 연구의 황금시기(golden age)라고 칭할 정도로 평가활용의 영향요인 연구가 많이 수행되었다. 물론, 평가활용의 영향요인은 최근 연구에서도 핵심 주제이다. 대표 연구로는 Patton 외(1977), Weiss와 Bucuvalas(1977), Alkin과 Daillak 그리고 White(1979), Liviton과 Hughes(1981), King과 Pechman(1984), Alkin(1985), Siegel과 Tuckel(1985), Cousins와 Leithwood(1986), Boyer와 Langbein(1991), Shulha와 Cousins(1997), Preskill과 Caracelli(1997), Hofstetter와 Alkin(2003) 등이 있다.

영향요인 연구는 평가활용 영역에서 가장 많이 연구된 연구주제이다. 예를 들면, Cousins와 Leithwood(1986)는 선행연구의 문헌 분석을 통해 영향요인을 분석하였다. 선정한 선행연구는 65편이지만 당시에 발표된 모든 연구를 연구 대상으로 하지 않는다. 즉, 1971년부터 1985년까지 수행된 실증적 연구만을 분석 대상으로 선정하였다. 결국 수많은 이론적 논의 및 질적 분석 연구는 제외되었다. 이처럼 국외에서 수행된 영향요인 연구는 그 수를 파악할 수 없을 정도로 많다.

(2) 평가활용의 극대화 방안으로 참여 연구

평가활용을 극대화할 수 있는 방안 중 참여(Participation)는 독립된 주제로 연구가 수행되었다. 부연하면, 평가 과정에 활용자들이 참여함으로써 평가결과에 대한 이해도를 높이고 결과적으로 활용자에 의한 평가의 활용도를 높일 수 있다는 논리에서 출발한 연구 주제이다. 평가활용에서 참여를 논의하는 대표적 연구로는 Green(1988), Turnbull(1999), Patton(1997),

Cousins와 Earl(1992), Cousins와 Whitmore(1998), Cousins(2003) 등이 있다.

한편, 평가 과정에 참여라는 주제는 Cousins와 Earl(1992), Cousins와 Whitmore(1998), Cousins(2003) 등에 의해서 참여평가(Participatory Evaluation)라는 주제로 별도의 연구가 진행되고 있다. Cousins(2003: 245)는 참여평가를 '평가기법과 논리에 숙련된 사람들이 평가활동을 수행하는 데 있어 숙련되지 않은 사람들(those not so trained persons)과 협조하는 파트너십의 관계에 있는 평가 방법'이라고 정의한다(이봉락, 2005: 78).

(3) 평가활용의 영향력 연구

평가활용에서 영향력(Influence)이라는 관점을 처음으로 제시한 학자는 Kirkhart(2000)이며, Henry와 Mark(2003), Mark와 Henry(2004)에 의해서 논리가 좀 더 발전되었다. Kirkhart(2000: 7)는 영향력을 '무형 또는 간접적인 수단을 통해서 다른 사람에게 영향을 줄 수 있는 사물이나 사람의 능력 또는 힘이라고 정의하면서, 활용(use)보다는 넓은 개념'으로 설명한다. 그는 '기존 연구들이 평가가 어떤 메커니즘을 거쳐서 영향을 주는지에 대하여 충분히 답을 하지 못하지만, 평가 영향의 관점을 이용하면 좀 더 장기적이고 광범위하게 발생하는 변화를 파악할 수 있다'라고 주장하였다.

또한, Kirkhart는 통합적 영향력 이론(integrated theory of influence)에 대해서 영향력의 원천(source), 시간(time), 의도(intention)라는 3가지 차원을 제시한다. 세부적으로 영향력의 원천은 평가과정과 평가결과 측면으로, 시간은 즉시적, 중기적, 장기적 시간으로, 의도는 의도한 영향과 의도하지 않은 영향 측면으로 구성하였다(Kirkhart, 2000: 8~9).

이상과 같이 살펴본 국외 평가활용의 연구 경향을 정리해 보면, 영향요인 연구가 가장 핵심적인 논의를 이루고, 평가활용 연구에서 기본적 논리를 형성해 주어 외연적 성장과 내연적 성숙을 불러 오고 있다는 것을 알 수 있다. 이상의 내용을 정리하면 다음 <표 1>과 같다(이봉락, 2009: 28).

〈표 1〉 국외 평가활용의 연구경향

구분	연구 경향
평가활용의 영향요인 연구	가장 핵심적인 연구 분야 연구 초기부터 현재까지 많은 연구 진행
평가활용방안 참여 연구	평가활용의 극대화 방안으로 등장 평가활용의 영향요인의 외연 확대
평가활용의 영향력	평가활용의 개념 확대 평가활용 영향요인의 내적 성숙

자료: 이봉락(2009: 28).

3) 국내 평가활용의 연구 경향

국내의 평가활용 연구는 국외에 비해서 아주 극소수에 지나지 않는 상황이다(이윤식, 2002: 55). 특히 2000년 이전 연구는 불과 3편에 불과하다[15]. 국내에서 평가활용연구는 2000년 이후부터 본격화

---

15) 2000년 이전 평가활용에 대한 국내 연구는 이윤식(1993), 노화준 · 황혜신(2001)의 연구를 통해서 확인할 수 있다. 2000년 이전 평가활용연구는 총 3편으로 이승종(1991), 전형원 · 김종후(1996), 노화준(1997) 연구이다.

되고 있다. 본 연구에서는 국내 평가활용의 선행연구를 평가활용의 이론적 연구와 실태분석 연구로 구분한다. 왜냐하면, 국외에 비교해서 국내 연구가 양적인 측면에서 부족하고, 다양한 주제를 연구하지 못하기 때문이다.

(1) 평가활용의 이론적 연구

그 동안 국내에서 수행된 평가활용의 이론적 연구들을 살펴보면 다음과 같다. 이승종(1991)은 연구경향, 평가결과가 활용되는 정도인 활용도 평가 등을, 전형원·김종후(1996)는 활용의 시각, 접근이론, 영향요인 등을, 전형원(2000)은 활용의 접근이론에 대해서, 이윤식·제갈돈·김주환 외(2005)는 성과관리를 통합적 관점에서 수행하기 위한 평가결과의 활용 방안을 소개한다. 이봉락(2005)은 국내·외 평가활용의 연구동향, 개념, 유형, 영향요인에 대해서, 오철호(2006)는 평가활용의 연구경향, 주요 쟁점을 정리하고, 인지심리학적 관점에서 스키마(Schema)와 스크립트(Scripts)라는 개념을 사용하여 평가활용의 인지과정을 설명한다. 이봉락(2007)은 국내·외 연구 동향, 평가활용의 개념을 정리하고, 내용분석을 통해서 선행연구에서 제시한 영향요인을 통합적으로 분석한다.

이상으로 국내 평가활용의 이론적 연구를 정리하면 다음 <표 2>와 같다.

〈표 2〉 국내 평가활용의 선행연구 - 이론적 연구

연구자	주요 내용
이승종(1991)	연구 경향, 활용도 평가, 활용도 측정 등
전형원 · 김종후(1996)	시각, 접근이론, 영향요인 등
전형원(2000)	접근이론 등
이윤식 · 제갈돈 · 김주환(2005)	통합적 성과관리를 위한 평가결과 활용 방안 등
이봉락(2005)	연구 경향, 개념, 유형, 영향요인 등
오철호(2006)	연구 경향, 주요 쟁점, 인지심리학적 관점 도입
이봉락(2007)	연구 경향, 개념, 내용분석을 통해 영향요인분석

자료: 이봉락(2009: 22)

(2) 평가활용의 실태 분석 연구

국내에서 수행된 평가활용의 실태 분석 연구들을 살펴보면 다음과
같다. 노화준(1997)은 금융실명제와 헤드스타드(Head Start) 프로그램
의 사례를 중심으로 정책학습과 연계하여 제시한다. 정명주(2000)는
1999년 정보화사업 평가결과의 활용을 Leviton과 Hughes(1981)의 영
향요인을 바탕으로 분석한다. 명승환(2002)은 정보화사업평가를 대상
으로 평가결과 활용의 부진원인을 제시한다. 오철호(2002)는 미국의
정신건강사업평가를 대상으로 정책결정자를 면접하여 영향요인들
간의 경로분석을 실시한다. 이윤식(2002), 이윤식 · 이기식(2003)은
중앙행정기관의 정부업무평가를 대상으로 활용 실태를 조사한다. 노
유진 · 안문석(2004), 노유진(2005)은 중앙행정기관의 정부업무평가
를 대상으로 영향요인을 분석한다. 이혜영 · 최성락(2005)은 지방자
치단체의 합동평가를 대상으로 인지적 측면과 행태적 측면에서 평
가활용이 발생되지 않음을 제시한다. 송희준 · 이근주 · 이명석(2005)

은 중앙행정기관 및 지방자치단체의 정부업무평가를 대상으로 평가
결과의 유용성, 평가의 활용방안 등을 조사한다. 강영철(2006)은 중
앙행정기관의 정부업무평가를 대상으로 인사반영 정도, 평가결과의
정책결정 반영 정도, 예산배정 반영 정도 등을 조사한다. 유승현
(2008)은 2006년 책임운영기관평가를 대상으로 영향요인을 경로분석
한다. 신열(2008)은 국가연구개발사업평가를 대상으로 사업평가결과
와 확정된 예산과의 관계를 분석한다. 이봉락·강근복(2009a)은 중앙
행정기관 자체평가를 대상으로, 이봉락·강근복(2009b)은 지방자치
단체 자체평가를 대상으로 경로분석을 통해 영향요인을 분석한다.
이봉락·강근복(2010)은 국가연구개발사업의 특정평가를 대상으로
활용자의 소속에 따라서 평가활용의 영향요인에 차이가 있는지를
분석한다.

이상의 국내 평가활용의 실태분석 연구를 정리하면 다음 <표 3>
과 같다.

〈표 3〉 국내 평가활용의 선행연구 –실태 분석 연구

연구자	연구 대상	연구 방법	주요 내용
노화준(1997)	금융실명제 헤드스타드사업	질적 분석 – 문헌분석	활용과 정책학습의 관계 설명
정명주(2000)	정보화사업평가	질적 분석 – 문헌분석	활용 영향요인의 기술적 사례분석
명승환(2002)	정보화사업평가	질적 분석 – 사례 연구	활용 부진 원인을 제시하고, 이를 극복하기 위한 방안으로 평가 설계 수정 제시
오철호(2002)	미국 정신건강사업	양적 분석 – 경로분석	기존 활용 모형을 통합한 모형을 통해 활용 영향요인 실증 분석

연구자	연구 대상	연구 방법	주요 내용
이윤식(2002) 이윤식 · 이기식 (2003)	정부업무평가 - 중앙행정기관	양적 분석 - 빈도분석	활용 목적, 유형, 영향요인, 저해요인, 정보통신기술의 활용에 대한 영향 실증 분석
노유진 · 안문석 (2004) 노유진(2005)	정부업무평가 - 중앙행정기관	양적 분석 - 빈도분석	중앙행정기관의 활용 유형 특성과 영향요인을 면접을 통해 분석
이혜영 · 최성락 (2005)	정부업무평가 - 지방자치단체 합동평가	양적 분석 - 빈도분석	평가 영향력 관점 도입하여 활용을 인지적, 동기 부여적, 행태적 측면에서 실증 분석
송희준 · 이근주 · 이명석 (2005)	정부업무평가 - 중앙 및 지방자치단체	양적 분석 - 빈도 분석	평가결과의 활용에 대한 실태 및 공무원들의 인식 실증 분석
강영철(2006)	정부업무평가 - 중앙행정기관	양적 분석 - 빈도 분석	평가결과의 활용 실태 및 공무원들의 인식 실증 분석
유승현(2008)	책임운영기관평가	양적 분석 - 경로 분석	평가 성공 관점을 바탕으로 영향요인 분석
신열(2008)	국가연구개발 사업평가 - 특정연구과제	양적 분석 - 상관 분석	평가결과와 예산 배분 간의 상관관계 분석
이봉락 · 강근복 (2009a)	정부업무평가 - 중앙행정기관	양적 분석 - 경로 분석	중앙행정기관의 자체평가에 대한 영향요인 분석
이봉락 · 강근복 (2009b)	정부업무평가 - 지방자치단체	양적 분석 - 경로 분석	지방자치단체의 자체평가에 대한 영향요인 분석
이봉락 · 강근복 (2010)	국가연구개발 사업평가 - 특정평가	양적 분석 - 회귀 분석	활용자의 소속에 따른 평가활용의 영향요인 차이 분석

자료: 이봉락(2009: 24)을 바탕으로 수정함

이상과 같이 살펴본 국내 평가활용의 연구 경향을 정리해 보면, 이론적 논의는 국외 연구를 정리하여 소개하는 경우가 많고, 실태 분석의 경우에는 주로 정부업무평가와 연구개발사업평가를 대상으로 한 영향요인 연구가 많은 비중을 차지한다. 또한 방법론적 측면에서는 빈도 분석을 통한 연구가 대다수라고 할 수 있다. 최근에는 단순 빈도 분석 이외의 경로 분석과 회귀 분석을 통한 영향요인 연구가 진행된다. 이상의 내용을 정리하면 다음 <표 4>와 같다(이봉락, 2009: 30).

<표 4> 국내 평가활용의 연구경향

구분	연구 경향
이론 연구	개념, 영향요인, 활용 방안의 외국 연구 소개 최근에는 인지심리학 접근 및 내용 분석 시도
실태 분석	외국 연구에 비해 평가활용 연구 부족 연구 대상 주로 정부업무평가, 연구개발사업평가 연구 방법론 주로 단순 빈도분석, 경로 분석 등

자료: 이봉락(2009: 30)을 바탕으로 수정함

2. 평가오용의 연구 경향

평가오용(misutilization or misuse)에 대한 논의는 평가활용 연구의 초기인 1960년대부터 등장한다(Suchman, 1967; Christie와 Alkin, 1999: 1 재인용). 하지만, 앞서 살펴본 바와 있는 평가활용처럼 많은 연구가 진행되지는 못했다. 평가오용이 지속적이고 다양한 연구로 수행되었다면 평가활용의 중요 주제가 되었을 것이다. 여기서는 앞의 기술 방식처럼 평가오용에 대한 연구 경향을 국외와 국내로 나누어서 살펴본다.

1) 국외 평가오용의 연구 경향

평가오용에 대한 선행연구의 공통적 특징은 실증적 분석이나 실태 분석이 아닌 이론적인 차원으로만 진행되고 있다는 점이다. 평가오용을 단일 주제로 논의한 대표적 연구들을 정리해 보면 다음과 같다.

Cook과 Pollard(1977)는 평가오용이 언제 발생하는지에 대해서 설명한다. Patton(1988)은 활용(utilization)과 오용(misutilization)은 전혀 다른 영역에서 작용한다고 주장하면서, 오용은 활용의 반대말이 아니라, 오용은 활용되는 하나의 방식으로 간주한다. Alkin과 Coyle(1988)는 Patton(1988)의 견해에서 한발 더 나아가서, 다양한 평가활용과 오용을 개념화한다. 즉, 이들은 오평, 활용, 불용, 오용, 남용의 상황을 구분하는 분류 체계를 제시한다. Christie와 Alkin(1999)은 Patton(1988)의 견해에 활용자의 의도라는 개념을 첨가하여 더욱 발전시켰다. 그들은 활용과 오용은 활용자의 적극적 개입(active participation)에 의해 달려 있다고 설명한다. 오용에 대한 최근 연구는 Cousins(2004)에 의해서 수행되었다. 그는 오용에 대한 기존 학자들의 견해를 통합하고, 의도적 활용자의 선택과 행동이라는 2개 기준으로 평가오용의 유형을 구분하여 설명한다. 이상의 내용을 정리하면 다음 <표 5>와 같다

〈표 5〉 국외 평가오용의 선행연구

연구자	주요 내용
Cook과 Pollard(1977)	오용의 발생 상황 설명
Patton(1988)	평가활용과 평가오용과의 관계 설명
Alkin과 Coyle(1988)	평가오용의 다양한 유형 제시
Christie와 Alkin(1999)	평가오용에 활용자의 의도 관점 추가
Cousins(2004)	선행연구 통합 후 새로운 기준에 의한 오용 설명

2) 국내 평가오용의 연구 경향

국내에서 평가오용을 단일 연구주제로 논의한 연구는 현재까지 전무한 상황이다. 대다수의 연구가 평가활용을 논의하면서 일부에서 평가오용을 소개한다. 하지만, 이와 같이 평가오용을 논의하는 연구 자체도 극히 소수이다. 대표적 연구로, 이승종(1991: 26)은 Cook 외 (1981)의 견해를 바탕으로, 저활용과 오활용의 구분이라는 측면으로 평가오용을 소개한다. 이윤식(2002: 57), 이윤식·이기식(2003: 176)은 Patton(1988), Alkin과 Coyle(1988)의 연구를 바탕으로 평가오용은 평가정보의 이해당사자나 수요자의 입장에서 윤리적인 문제로서 활용의 자세에 관한 것으로 평가오용을 설명한다. 노유진(2005: 70~71)은 Patton(1988)과 이승종(1991)의 견해를 바탕으로 평가결과 활용자가 자신들의 목적을 위해 평가결과를 수정하거나 왜곡시켜 사용하는 행위로 평가오용을 제시한다. 유승현(2008: 25~26)은 Patton(1988)과 Alkin과 Coyle(1988)의 연구결과를 소개하면서, 평가오용은 평가활용과 비활용의 비윤리적인 형태로서 이런 개념들을 명확히 구분하기 어렵다는 Alkin(1990)의 의견을 제시한다. 이봉락(2009: 42~45)은 평가오용에 대한 선행연구의 개념을 총괄적으로 정리하여 평가오용의 개념을 제시하고, Cook과 Pollard(1977), Patton(1988), Alkin과 Coyle(1988), Christie와 Alkin(1999) 등의 주요 연구 결과를 정리한다. 이상의 내용을 정리하면 다음 <표 6>과 같다

연구자	주요 내용
이승종(1991)	Cook 외(1981) 연구 소개, 평가오용 개념 소개
이윤식(2002) 이윤식·이기식(2003)	Patton(1988), Alkin과 Coyle(1988) 연구 소개, 평가오용 개념 제시
노유진(2005)	Patton(1988), 이승종(1991) 연구 소개
유승현(2008)	Patton(1988), Alkin과 Coyle(1988) 등 연구 소개
이봉락(2009)	Cook과 Pollard(1977), Patton(1988), Alkin과 Coyle(1988), Christie 와 Alkin(1999) 등 연구 소개

제3절 평가활용의 이론적 논의

본 절에서는 평가활용의 이론적 측면에서 중요성이 강조되는 개념과 유형에 대해서 살펴본다. 그동안 선행연구에서는 평가활용의 개념을 연구자의 자의적 관점에서 별도의 고민없이 정의하였으나, 여기서는 이를 체계적으로 정리해 보고자 한다. 아울러 선행연구에서 일반적으로 논의되는 평가활용의 유형에 대해서 종합적으로 살펴본다. 끝으로 평가활용을 평가목적이라는 측면에서 어떻게 연결될 수 있는지를 검토할 것이다(이봉락, 2005: 82~91; 이봉락, 2007: 113~117; 이봉락, 2009: 31~57).

1. 평가활용의 개념

평가활용(evaluation utilization, evaluation use)의 개념은 다양성을

지닌다. 개념적 다양성에 대한 우려는 연구 초기부터 최근까지 지적되고 있다. 이런 맥락에서 제기되는 학자들의 고민을 살펴보면 다음과 같다. 평가활용 연구의 창도자인 Weiss(1981: 25)는 '활용에 대한 개념적 합의를 이루지 전까지는 평가활용 연구가 서로 모순될 것이며, 활용 연구가 의사결정에 도움을 줄 수 있을 것이라는 희망은 가질 수 없다'라는 다소 비판적 견해를 제시한다. 또한 평가활용 연구가 상당히 진행된 최근에서도 Hofstetter와 Alkin(2003: 210)은 '평가활용에 대한 개념의 다양성은 평가활용 연구를 이해하는 데 있어 가장 큰 걸림돌이다'라는 학자적 고백을 하고 있다(이봉락, 2005: 83).

이와 같은 평가활용의 개념적 다양성을 정리하기 위해서 활용의 주체(Who), 활용의 대상(What), 활용의 목적(Why)이라는 3가지 기준을 제시한다[16](이봉락, 2007: 114~115; 이봉락, 2009: 33~38).

1) 활용의 주체 측면

활용의 주체(Who)에 대한 논의로, 누가 활용자가 될 수 있는가에 대한 주체적 측면이다.

Hofstetter와 Alkin(2003: 211), Alkin과 Daillak 그리고 White(1979: 226~228)는 활용자를 평가결과를 활용할 수 있는 자격 있는 활용자(admissible user)로 규정한다. Hofstetter와 Alkin(2003: 210~212), Alkin

---

16) 개념 규정의 기준을 3가지로 선정한 이유는 다음과 같다. 첫째, 선행연구에서는 활용의 개념적 다양성을 충분히 반영하지 못한다. 둘째, 국내의 선행연구에서 활용의 개념을 정의하기 위해 기준을 설정한 연구가 없다. 셋째, 활용연구가 초기 수준인 국내에서 활용의 다양한 영역과 학자들의 의견을 쉽게 정리하기 위해서 누가, 무엇을, 어떤 목적으로 활용하는지를 파악하는 것이 중요한 부분이라고 생각되어 3가지 기준을 설정한다(이봉락, 2009: 33).

과 Daillak 그리고 White(1979: 225~233)가 제시한 자격 있는 활용자로는 ① 평가가 수행되는 조직 내에서 평가를 감독하는 자(평가담당자, 평가기관), ② 평가결과를 자신의 적절한 행동지침으로 삼으려는 해당 정책/사업 관리자(사업관리자, 관리기관), ③ 평가 대상 정책/사업에 대해 영향력을 행사하는 외부 활용자(이해관계자, 집단) 등을 의미한다. 그리고 Hofstetter와 Alkin(2003: 211)은 자격 있는 활용자로 사업에 직접적인 이해관계를 맺고 있는 개인을 이해관계자(Stakeholder)라고 표현한다. 따라서 이들이 제시하는 활용자의 범위에는 평가 대상 정책과 관련된 조직 내부의 공식적 활용자(평가담당자, 사업관리자)와 조직 외부의 비공식적 활용자(이해관계자)까지를 포함한다.

한편, 활용자의 범위를 좁게 정의하는 대표적인 학자는 Patton(2003: 223~224)이다. 그는 의도적 활용자(intended users)와 비의도적 활용자를 구분하고 의도적 활용자만을 활용자로 간주한다. 그는 의도적 활용자를 '일차적(primary)으로 평가를 수용하는 개인(individuals)으로서 평가를 기꺼이 활용하고자 하는 평가에 관심이 있는 개인'이라고 정의한다. 단순한 이해관계에 있는 이해관계자는 잠재적 이해관계자라 표현하고 의도적 활용자의 범주에는 포함시키지 않는다. Patton(1986, 1997, 2003)은 평가 과정에 대한 참여자의 범주를 의도적 활용자(intended users)로 한정한다.

결국, Hofstetter와 Alkin(2003), Alkin과 Daillak 그리고 White(1979)는 활용자의 범위를 넓게 규정하여 개인수준을 벗어나 집단 수준으로까지 확대하고, 평가 대상 정책과 직접 관련된 평가담당자(기관), 사업관리자(기관)를 포함하여 간접적으로 관련된 이해관계자(집단)까지를 활용자로 본다. 하지만 Patton(2003)은 활용자의 범위를 좁게 보고, 개인 수준으로 한정하고 이해관계자를 배제한 의도적 활용자만을 활용자로 규정한다.

국내 학자들의 활용 주체 측면을 살펴보면, 활용자의 범위를 넓은 의미로 규정한다. 송희준·이근주·이명석(2005)은 평가 대상 정책과 관련된 정책결정자 등 당사자로, 명승환(2002)은 정책 및 사업에 관련된 잠재적 정보 활용자로, 이윤식(2002)과 정명주(2000)는 개인 보다는 조직 수준으로 정부부처 혹은 정책을 추진한 정부기관을 활용자로 본다. 즉, 대부분 개인을 포함한 조직수준까지 그리고 평가 담당자, 사업관리자를 포함한 이해관계자(잠재적 정보활용자)까지 활용자의 범주로 간주한다.

2) 활용의 대상 측면

활용의 대상(What)에 대한 논의로, 무엇을 활용할 것인지에 대한 객체적 측면이다.

평가를 통해 산출되는 것은 평가 보고서 그리고 보고서 외에 평가 대상 정책/사업에 대한 다양한 결과 및 정보들이다. 학자들은 평가를 통해 도출될 수 있는 산출물(평가 보고서, 각종 결과와 정보) 형태에 대해서는 대체로 합의를 하는 것 같다.

Hofstetter와 Alkin(2003), Alkin과 Daillak 그리고 White(1979)는 평가활용의 형태(form)라는 기준을 통해 이를 제시한다. 그들은 평가 보고서만이 의사결정을 위한 유일한 결과로 이해해서는 안 되고, 평가 보고서 이외의 다양한 결과들이 함께 누적되어 활용자들에게 영향을 미칠 수 있다는 점을 강조한다. 이런 부분은 Weiss(1980)가 제시한 관점과도 동일하다. 그녀는 평가는 누적 효과가 있다고 하면서, 의사결정은 평가 보고서라는 개별적 사건에 의해서 발생하는 것이 아니라 여러 결과들이 융합(accrete)되어 발생한다고 설명한다.

국내 학자들의 활용 대상 측면을 살펴보면, 대체로 평가의 산출물에 대해서 평가 보고서와 평가결과로 구분하여 제시한다. 평가 보고서로만 인지하는 경우로는, 송희준·이근주·이명석(2005)은 평가활동의 결과로 나타난 산출물로, 이외에 평가결과와 정보로 확대하는 경우, 명승환(2002)은 정책 평가의 평가결과로, 정명주(2000)는 정책에 대한 평가결과로, 이윤식(2002)은 평가결과로서 평가대상은 물론 평가과정을 포함한 평가 활동에 관한 정보로, 노유진·안문석(2004)은 평가과정 전체를 통해 얻은 정보를 활용의 대상으로 본다[17].

3) 활용의 목적 측면

활용의 목적(Why)에 대한 논의로, 왜 평가의 결과를 활용하는가에 대한 근원적 측면이다.

Hofstetter와 Alkin(2003: 212), Alkin과 Daillak 그리고 White(1979: 229~230)가 제시한 평가활용의 목적은 ① 의사결정을 내리기 위해서, ② 기존에 결정된 의사결정이나 조치를 구체화하기 위해서, ③

---

17) 국내 일부 학자들은 평가결과라는 용어 대신에 평가정보라는 용어를 사용한다(이윤식, 2002; 노유진·안문석, 2004; 유승현, 2008). 이는 평가의 산출물을 정보로 볼 것인지, 결과로 볼 것인지의 문제이다. 평가활용의 대상에 대한 차이가 아니라 활용 대상을 지칭하는 용어상 차이이다. 정보라는 용어보다 결과라는 용어가 평가활용의 대상을 구체적으로 표현하는 것으로 보인다. 그래서 여기서는 결과라는 표현을 사용하여, 평가결과를 평가결과보고서의 내용을 포함하여 평가결과보고서에 수록되지 않았지만 평가를 통해서 평가 대상 정책/사업에 대해서 알게 된 정보 및 사실로 정의한다.

태도 결정 또는 변경으로 정책/사업을 둘러싼 여론의 분위기나 태도를 변화시키기 위한 것이다. 그들은 자신들이 제시한 평가활용의 목적은 평가활용의 유형 중 수단적 활용과 개념적 활용에 해당된다고 설명한다. 즉, 평가대상 정책의 의사결정을 위해서 직접적으로 활용할 수 있고, 정책에 대한 분위기를 변경하는 데 간접적으로 활용할 수 있다는 것이다.

평가활용의 초기 연구에서는 평가결과가 해당 정책/사업과 관련된 의사결정에 직접적이며 즉각적으로 적용하는 것을 활용의 목적으로 한정한다. 평가활용의 기준을 평가결과의 채택이라는 기준에 한정하고, 지나치게 수단적 활용만을 강조하는 만큼 평가활용을 지극히 단순한 기준으로 판단한다(전형원·김종후, 1996: 79; 김명수, 2003: 214~216; Rich, 1977: 199~205; Alkin, Daillak and White, 1979: 25; Leviton and Hughes, 1981: 526~527; Weiss 외, 2005: 13 등).

그러나 평가결과를 직접적인 목적으로만 활용하는 것은 실제 활용의 모습을 설명하기에 한계가 있다는 의견이 제시되고(Weiss, 1981), 간접적인 목적으로도 활용될 수 있다는 측면이 부각되면서 다양한 활용 유형들이 제시된다. 간접적 목적을 위한 활용 유형으로 개념적 활용, 설득적 활용, 과정적 활용, 강요적 활용 등이 있다(김명수, 2003: 216~218; Patton 외, 1977: 143~144; Weiss, 1980: 383; Knorr, 1977: 173~175; Pelz, 1978: 351~352; Preskil and Caracelli, 1997: 217~218; Weiss 외, 2005: 12~30 등). 이 부분에 대해서는 이하의 활용유형에서 논의한다.

국내 학자들의 활용 목적 측면을 살펴보면, 직·간접적인 목적으로 활용하는 것으로 본다. 노유진·안문석(2004)은 정책이나 프로그램의 개발과 집행을 포함한 정부업무 전반의 추진을 위해서, 이윤식(2002)은 정책 결정 및 집행 등 정부업무 수행에 직·간접적으로 반영하기 위해서, 명승환(2002)은 특정한 결정을 내리는 데 있어 평가결과를 직접적으로 적용하거나 간접적으로 이용하고자, 정명주(2000)는 정책에 대한 평가결과를 해당 정부기관이 정책이나 프로그램을 수립하고 결정하기 위해서라는 활용 목적을 제시한다.

이상으로 평가활용의 개념적 다양성을 3가지 기준을 통해서 살펴보았다. 이를 쟁점별로 간략히 정리하면 다음 <표 7>과 같다.

<표 7> 평가활용의 개념적 다양성

구분 기준	협의	=========>	광의
활용 주체	개인 수준 의도적 활용자		개인 및 조직 수준 이해당사자까지 포함
활용 대상	평가 보고서		평가 보고서 평가결과
활용 목적	의사결정 직접적(수단적) 활용		의사결정, 태도 변화 등 직접적(수단적), 간접적(개념적 등) 활용

자료: 이봉락(2009: 38)

이와 같이 논의한 개념적 다양성을 3가지 기준에 맞게 정리하여 평가활용의 개념을 정리하면 다음과 같다. 활용의 주체는 '정책/사업에 관련된 당사자나 조직', 활용의 대상은 '평가 과정에서 산출되는 다양한 결과', 활용의 목적은 '정책/사업 과정에 직·간접적으로 반영하는 활동'으로 규정한다. 따라서 여기서는 평가활용이란, '정책/사업에 관련된 당사자나 조직이 평가 과정에서 산출되는 다양한 결과를 정책/사업 과정에 직·간접적으로 반영하는 활동'이라고 정의한다.

2. 평가활용의 유형

평가활용의 유형은 활용의 개념을 좁은 의미로 간주하던 초기 연
구경향에 대한 대안으로 등장한다(이봉락, 2005: 86). 초기 연구에서
평가활용은 평가 보고서에서 제시된 데로 이행하는 직접적인 활용
으로 간주했다. 따라서 평가활용의 유형은 수단적 활용 이외 다른
유형은 고려되지 못했다. 그 결과 평가활용의 범위는 좁게 형성되고,
평가 보고서를 따르지 않는 불용의 모습을 보고하는 연구가 등장했
다. 이후 평가활용의 초기 연구경향에 대한 대안으로 평가활용의 유
형을 다양하게 구분함으로써 평가의 활용 모습을 확장할 수 있었다.

평가활용의 유형에 대해서 학자들은 여러 유형을 제시하나, 일반
적으로 논의되는 평가활용의 유형은 수단적 활용, 개념적 활용, 설
득적 활용(Persuasive Use), 과정적 활용이다(Rich, 1977, 1981; Patton
외, 1977; 김명수, 2003; 이윤식, 2002 등). 이에 더하여 최근에는 강
요적 활용이 새로이 소개되고 있다(Weiss 외, 2005; 이봉락, 2005,
2007, 2009 등). 그 동안 학자들이 제시한 다양한 평가활용의 유형
을 정리하면 다음 <표 8>과 같다.

〈표 8〉 평가활용의 유형

기존 연구	수단적 활용	개념적 활용	설득적 활용	과정적 활용	강요적 활용
Rich(1977)	○	○			
Pelz(1977)	○	○	○		
Leviton과 Hughes(1981)	○	○	○		
Green(1990)	○	○	○		
Shadish외(1991)	○	○	○		

기존 연구	수단적 활용	개념적 활용	설득적 활용	과정적 활용	강요적 활용
Johnson(1998)	○	○	○	○	
Owen(1992)		○	○		
Turnbull(1999)	○	○			
Preskil과 Caracelli(1997)	○	○	○	○	
Patton(1997)	○	○	○	○	
Weiss(1998b)	○	○	○		
이윤식(2002)	○	○	○	○	
Hofstetter와 Alkin(2003)	○	○	○	○	
Weiss외(2005)	○	○	○	○	○
송희준외(2005)	○	○	○		
이봉락(2005, 2007, 2009)	○	○	○	○	○

자료: Johnson(1998), 이윤식(2002), 송희준 외(2005), 이봉락(2005, 2007, 2009) 연구 내용을 재구성함

1) 수단적 활용

수단적 활용(Instrumental Use) 또는 도구적 활용은 평가결과를 의사결정이나 문제해결 및 관리개선을 위하여 직접적으로 활용하는 것이다.

김명수(2003: 214)는 평가의 수단적 활용의 여부는 다음과 같은 조치가 취해졌는지에 따라 알 수 있다고 설명한다. 첫째, 정책/사업이 성공적이라고 판단된 경우, 해당 정책/사업의 계속적 실시 혹은 확대 실시가 있는지, 둘째, 정책/사업이 실패한 것으로 판단된 경우, 해당 정책/사업의 중단 혹은 수정 실시가 있는지 이다. 즉, 평가결과에 의해 평가대상 정책/사업이 직접적으로 영향을 받는다는 것을 의미한다. 또한 송희준 · 이근주 · 이명석(2005: 3)은 Valovirta(2002)의 견해를 바탕으로, 수단적 활용의 구체적 모습은 신규 사업의 착수나 기존사업의 존폐 · 축소 · 확대에 대한 정책결정이나, 인력과 예산

등 정책 수단의 변화 및 관리 개선 등에 연계될 때 나타나는 것으로 설명한다.

또한 Rich(1977: 199~205; 1981: 114~123)는 수단적 활용은 평가 결과를 의사결정 또는 문제 해결 목적을 위해 특정한 방식으로 활용되는 형태로 설명한다. 그는 평가활용을 단기적 의사결정과 장기적 의사결정으로 구분하면서, 평가가 있은 후 약 3개월 정도까지는 활용의 유형에서 수단적 활용이 많이 나타난다는 연구결과를 제시한다. 하지만 여기서 주목할 것은 장기적 의사결정에서도 수단적 활용은 존재를 한다는 점이다. 즉, 수단적 활용은 장·단기적 의사결정 측면에서 모두 나타난다는 것이다. 이와 같은 논의 맥락은 Weiss 외(2005: 13)에서 제시된다. 그들은 평가결과가 단기적 의사결정에서 바로 사용되는 즉시성(immediacy)과 같은 활용의 시점은 불필요한 것이라고 설명하면서, 의사결정자가 평가결과를 의사결정에 적용하는 데 수년이 걸리더라도 여전히 수단적 활용은 존재한다고 설명한다.

2) 개념적 활용

개념적 활용(Conceptual Use) 또는 계몽적 활용(Enlightenment use)은 평가결과를 다음 단계의 정책 과정에 직접 반영하는 것이 아니라, 정책문제에 대한 정책결정자와 정책집행자의 사고방식과 접근방법, 그리고 의사결정 방법에 변화를 유발하여 간접적으로 정책이나 유사한 정책에 영향을 미치는 경우를 말한다.

개념적 활용은 평가결과를 통하여 정책이나 기관에 대하여 과학적 인과관계에 입각한 문제인식 및 접근방법을 교육 및 훈련시키는 데 활용하는 것이다. 따라서 개념적 활용을 통하여 평가결과가 공유되며, 평가결과의 공유는 관련자 간에 정책에 대한 새로운 이해를 제고하여 공감대를 확산할 수 있게 된다(송희준 외, 2005: 3). 결국, 개념적 활용은 활용자의 관념이나 인식에 변화를 주어 간접적으로 평가대상 정책/사업에 영향을 주는 활용유형이다. 또한 Patton 외 (1977: 143~144)는 개념적 활용을 평가결과가 사업관리자의 지각에 점진적으로 영향을 미치는 것으로 설명한다. 즉, 평가결과가 서서히 다른 요인들과 더불어 사업에 관련된 의사결정 방향을 변화시킬 수 있는 영향까지도 포함시킨다.

이와 같은 개념적 활용은 의사결정자들이 비록 직접적이고 즉각적인 방법으로 평가결과를 활용하지 않더라도, 평가결과가 유용하다는 것을 알고 있을 때 발생한다. 또한 의사결정자는 장기적으로 미묘한 방식으로 평가결과에 영향을 받게 되며, 이런 개념적 활용은 정책/사업에 대해 영향을 미치는 가장 중요한 영향력을 지니고 있다고 Weiss 외 (2005: 14)는 설명한다. 따라서 개념적 활용은 평가의 결과가 어떤 특정한 의사결정에 영향을 미치지 않는다 하더라도 그것이 정책결정자나 사업관리자와 같은 평가결과의 활용자들의 평가대상 정책/사업에 대한 이해에 영향을 미치는 것을 의미한다(김명수, 2003: 216~217).

3) 설득적 활용

설득적 활용(Persuasive Use) 또는 상징적 활용(Symbolic Use)은 평가결과를 정치적·행정적 목적으로 활용하는 경우이다. 이것은 이미 결정된 정치적 입장을 정당화하거나, 상대방의 공격을 방어하는 데 활용하는 것이다. 즉, 정치인은 물론 다양한 이해집단, 그리고 일반 국민을 설득하는 자료로 활용하는 것을 의미한다. 따라서 평가결과는 관련자 및 관련 조직 그리고 과거나 미래의 의사결정 및 행동에 대한 정당성을 높이거나 낮추는 역할을 하게 된다(송희준 외, 2005: 3).

설득적 활용이 수단적·개념적 활용과 구별되는 차이점은 일반인들이 의사결정자들의 평가 함의를 따라가면서 의사결정자와 일반인들 사이의 상호 간 영향력(interpersonal influence)을 포함하는 점이다 (Leviton and Hughes, 1981: 528~529; 노유진, 2004: 75 재인용). 이런 점에 대해서 Tackett(2004: 16)는 설득적 활용은 다른 형태의 활용보다 의도적으로 활용되는 것으로, 평가결과를 활용하는 데 있어 영향력이라는 개념을 포함한다고 주장한다. 또한, Knorr(1977: 171~172)은 평가결과가 의사결정에서 기여할 수 있는 4가지 역할을 제시하면서, 상징적 활용은 평가결과가 선택적으로 활용될 때 또는 특정한 의도(평가 자료 선정과 개인적 이익 등)를 지닌 평가 의견을 정당화하기 위해 평가결과를 왜곡할 때 발생한다고 주장한다. 그렇지만, Weiss 외(2005: 13~14)는 이미 사회적 옹호를 받은 일련의 행동을 평가결과가 지지할 때, 이런 상황을 강화하기 위한 평가결과의 활용은 잘못된 것으로 보지 않고, 다만, 의사결정자가 평가결과를 왜곡하거나 중요한 평가결과를 생략한다면 그것은 평가오용(misuse)으로 상징적 활용과는 구분이 된다고 설명한다.

4) 과정적 활용

과정적 활용(Process Use)에 대해 Patton(1997: 88)은 '평가 과정을

통해 산출되는 평가결과와는 다르게 평가과정에서 관련 방식이 유용하게 활용되는 것'으로 설명한다. 이런 과정적 활용은 평가과정 동안 발생한 학습의 결과로써 평가에 포함되어 나타난 문화와 평가과정 내의 사업적·조직적 변화, 개인의 행태와 사고의 변화에 의하여 나타난다. 그리고 정책/사업에 대한 평가의 영향력은 평가결과에 의한 것이 아니라, 평가가 필요로 하는 사고 과정을 참여자들이 경험함으로써 나온다고 주장한다(2003: 229~231).

과정적 활용에 대한 보다 자세한 설명은 Preskil과 Caracelli(1997: 217~218)에 의해서 제시된다. 그들은 과정적 활용과 결과적 활용을 비교 설명한다. 과정적 활용은 '활용자가 평가과정에 참여한 결과로서 파생되는 인식적·행태적 변화이다. 이런 과정적 활용은 평가에 관련된 사람들이 평가과정 자체로부터 학습할 때 발생한다. 평가에 관련된 사람들의 사업에 대한 영향력은 평가결과에서 나오는 것이 아니라 평가가 요구하는 과정을 통해서 나오는 것'이라고 설명한다. 반면에, 결과적 활용은 '평가결과에 근거하여 정책/사업의 변경을 결정한 의사결정(수단적 또는 설득적 활용)이며, 이런 평가결과는 시간이 경과한 후에 활용자의 사고에 영향을 미치는 지식 기반의 한 부분이 될 수 있다(개념적 활용/계몽적 활용)'라고 설명한다.

이런 과정적 활용에 대해서 이윤식(2002: 63)은 평가활동에 참여한 사람들에게서 개별적으로 행위나 인식적 변화가 일어나거나 평가 절차나 문화와 관련해서 사업상 변화나 조직상의 변화가 일어나는 경우로서 평가활동을 직접 수행한 결과, 활용자가 평가자와 같이 생각하는 법을 학습하게 되는 것을 의미한다. 과정적 활용은 기술과 의사소통, 그리고 의사결정의 개선과 평가절차 활용의 제고, 더 나아가서 조직의 변화와 평가결과에 대한 확신 및 소유의식의 제고를 통해 그 대가를 장기간에 걸쳐 발생하게 되는데, 이런 점에서 수단적 활용 및 개념적 활용과 부분적으로 중복되는 평가활용 유형이라고 설명한다.

5) 강요적 활용

강요적 활용에 대해서 Weiss 외(2005: 12~30)는 기존의 수단적, 개념적, 설득적, 과정적 활용 이외에 평가결과가 조직 행동에 영향을 미치는 새로운 활용 유형으로서 강요적 활용(Imposed Use)을 제시한다(이봉락, 2005: 89~90). 그들은 사업의 축소/폐지는 사업평가에 의해서만 영향을 받는 것이 아니라, 사업평가와 다른 요소가 결합되어 사업 변경에 중요한 영향을 미친다고 설명한다. 구체적으로 사업 예산 지출에 대한 책임성 확대, 사업 효과성의 관리 항목 추가, 과학적 사업 운영 등의 요구 및 명령(mandate)을 상급 부서로 부터 받게 되어 하급 부서는 사업을 변경하게 되었다는 것이다. 그들은 강요적 활용은 전혀 새로운 개념이 아니며, 정부의 상급(higher level) 부서가 하급 일선(lower operating levels) 부서에게 특정한 행동을 요구하는 곳에서 발생할 수 있는 매우 광범위하게 만연된 활용유형이라고 설명한다.

결국, 강요적 활용은 의사결정자가 상급 기관의 요구 사항을 충족시키기 위해서 사업의 변경을 결정하는 경우에 발생하는 활용유형이라고 볼 수 있다. 이런 강요적 활용은 다음의 2가지 조건으로 발생한다고 생각한다. 첫째, 활용자가 평가결과를 받아들이려고 하지 않는다는 점이다. 즉, 평가결과에 대한 수용 거부 현상이 나타난다는 것이다. 둘째, 상급 기관(외부인 또는 외부 기관)에서 평가결과를 활용할 것을 요구한다는 점이다. 즉, 평가의 활용을 활용자가 자발적으로 결정하는 것이 아니라 타의에 의해서 평가활용이 요구된다는 것이다(이봉락, 2009: 54).

이상으로 살펴본 평가활용의 유형을 정리해 보면 다음 <표 9>와 같다.

<표 9> 평가활용의 유형 정리

활용 유형	주요 내용	주요 학자
수단적 활용	평가결과를 의사결정이나 문제해결 및 관리개선을 위하여 직접적으로 활용 평가결과를 의사결정 또는 문제 해결 목적을 위해 특정한 방식으로 활용	Rich(1977) Leviton과 Hughes(1981)
개념적 활용	활용자의 관념이나 인식에 변화를 주어 간접적으로 평가대상 정책/사업에 영향 줌 평가결과를 다음 단계의 정책 과정에 직접 반영하는 것이 아니라, 문제에 대한 정책결정자와 정책집행자의 사고방식과 접근 방법, 그리고 의사결정 방법에 변화를 유발하여 간접적으로 정책/사업이나 유사한 정책에 영향을 미치는 것	Pelz(1977) Patton(1997)
설득적 활용	평가결과를 정치적·행정적 목적으로 활용 이미 결정된 정치적 입장을 정당화하거나, 상대방의 공격을 방어하는 데 활용	Leviton과 Hughes(1981) Johnson(1998)
과정적 활용	평가과정을 통해 산출되는 평가결과와는 별개로 평가과정에서 관련 방식이 유용하게 활용되는 것 평가에 관련된 사람들이 평가과정 자체로부터 학습할 때 발생하며, 영향력은 평가결과에서 나오는 것이 아니라 평가가 요구하는 과정을 통해서 발생	Patton(1997) Preskill과 Caracelli(1997)
강요적 활용	정부의 상위(higher level) 부서가 하위 일선(lower operating levels) 부서에게 특정한 행동을 요구하는 곳에서 발생 의사결정자가 상위 기관의 요구 사항을 충족시키기 위해서 정책/사업의 변경을 결정하게 되는 경우에 발생	Weiss 외(2005) 이봉락(2005, 2007, 2009)

자료: 이봉락·강근복(2009a: 190)

3. 평가활용과 평가목적

여기서는 평가활용을 평가목적이라는 측면과 연계하여 논의한다 (이봉락, 2009: 55~57). 평가목적에 대해서 학자들마다 제시하는 부분은 다르다. 이는 평가의 어느 측면을 강조하는가에 따라서 평가목적이 달라지기 때문이다[18].

김명수(2003: 11~18)는 정책/사업 평가의 바람직한 목적으로 ① 정책과 관련된 의사결정에 필요한 정보 제공, ② 정책의 결과에 대한 책무성(accountability)의 요구 충족, ③ 기존 이론의 타당성 검증 또는 새로운 이론 개발이라고 설명한다. 노화준(2003: 44~49)은 Chelmlsky(1977: 6)의 견해를 빌어, 3가지 관점에서 평가의 목적을 제시한다. 첫째, 지식(Knowledge)과 학습(Learning)의 관점이다. 정부의 문제들과 이들 문제를 해결하기 위한 전략의 효과성에 관한 새로운 지식을 얻고, 평가 과정에서 제기되는 논쟁을 통한 정책학습을 위해서이다. 둘째, 관리의 관점이다. 정책과 행정의 관리 도구, 즉 정부 프로그램의 효과성과 능률성을 평가하고, 대안의 선택과 개선, 운영상의 능률성을 증가시키기 위해서이다. 셋째, 책무성의 관점이다. 정책결정자나 프로그램 관리자, 집행자들이 자신들에게 주어진 권한을 적절하게 행사하는지 혹은 그들의 의무를 정당하게 수행해 왔는지를 판단하기 위해서이다. 정정길 · 성규탁 · 이장 · 이윤식(2004: 25~31)

---

18) 평가를 가장 넓게 파악하는 학자들은 정책집행 후와 집행 중은 물론 정책 집행 전의 정책 결정 단계에서 이루어지는 모든 분석적 · 지적 활동도 평가로 보고 있다(Nagel, 1982; Rossi and Freeman, 1993). 이와 반대로 평가를 좀 더 좁게 파악하여 현재 집행 중인 활동에만 한정시키고 이미 종결된 집행활동은 제외시키는 경우도 있다(Nachmias, 1979; Rutman, 1980; 이찬구, 1997: 11 재인용).

은 평가의 목적을 3가지로 제시한다. 첫째, 필요한 정보 제공이다. 정책결정이나 집행에 필요한 정보를 제공하여 정책을 바람직스럽게 추진하도록 하는 정책과정상의 활용 기능을 위해서이다. 둘째, 책임성 확보이다. 정책 관련자가 정책과정에서 행하는 활동에 대하여 국민에 대한 책임을 지도록 하기 위해서이다. 셋째, 이론 구축에 의한 학문적 기여이다. 보수적인 목적으로서 정책 속에 내재된 변수 간의 인과관계를 검증하여 이론의 구축에 기여하기 위해서이다. 에버트 비둥(2004: 149~166; 이경옥 옮김)은 평가의 3가지 목적을 제시한다. 첫째, 책무성 확보이다. 일선 정책실무자들이 자신들에게 주어진 권한을 적절하게 행사하는지, 그들의 의무를 정당하게 수행하는지를 판단하기 위해서이다. 둘째, 프로그램의 향상이다. 프로그램의 운영과 방향을 점진적으로 개선하여, 조직의 목표를 달성하기 위한 수단으로 학습과 교정을 이용하기 위해서이다. 셋째, 기초지식의 향상이다. 이론 설정과 검증을 하여, 먼 장래의 프로그램 혁신을 위한 구체적인 기초를 제공하기 위해서이다.

학자들이 제시하는 평가의 목적을 종합해 보면, 첫째, 의사결정에 필요한 정보 제공(김명수, 2003; 정정길 외, 2004; 에버트 비둥, 2004), 둘째, 책무성 확보(김명수, 2003; 노화준, 2003; 정정길 외, 2004; 에버트 비둥, 2004), 셋째, 지식과 학습을 통한 프로그램 향상(노화준, 2003; 에버트 비둥, 2004), 넷째, 이론 구축(김명수, 2003; 정정길 외, 2004; 에버트 비둥, 2004)으로 정리할 수 있다.

평가목적과 평가활용과의 관계를 설정하기 위해서, 다음을 가정해 볼 수 있다. 즉, 정책/사업의 관련자들은 평가를 통해 산출된 결과를 즉각적으로 활용하거나, 아니면 시간을 두고 서서히 관련자들의 인식이나 가치관의 변화를 주면서 활용할 수 있다는 것이다(Preskil and Caracelli, 1997: 217~218; Patton, 1997: 88). 이를 바탕으로 평가목적과 평가활용의 관계를 정리하면 다음 <표 10>과 같다.

〈표 10〉 평가목적과 평가활용의 관계

시점	평가목적	평가활용
단기적	· 정책에 대한 의사결정 · 사업관리 개선 · 정책에 대한 책임성 확보	기본적: 수단적 활용, 설득적 활용 부수적: 개념적 활용, 과정적 활용
장기적	· 학습을 통한 사업 향상 · 가설 검증을 통한 이론 구축	기본적: 개념적 활용, 과정적 활용 부수적: 수단적 활용, 설득적 활용

자료: 이봉락(2009: 57)

첫째, 단기적인 평가목적에 따른 평가활용이다. 평가를 통해 산출된 결과를 즉시적으로 활용하는 경우와 관련된 평가 목적은 평가 대상 정책/사업의 의사결정에 반영, 적절한 정보를 통한 사업의 관리 개선, 해당 정책/사업에 대한 책임성 확보라고 할 수 있다. 결국, 이런 평가목적의 실현은 평가활용의 수단적 활용과 설득적 활용이 주류가 될 것이며, 부수적으로 개념적 활용과 과정적 활용 등이 해당될 것이다.

둘째, 장기적인 평가목적에 따른 평가활용이다. 평가를 통해 산출된 결과를 장기적으로 활용하는 경우와 관련된 평가 목적은 지식과 학습을 통한 프로그램 향상, 가설 검증을 통한 이론 구축이라고 할 수 있다. 결국, 이런 평가목적의 실현은 평가활용의 개념적 활용과 과정적 활용이 주류가 될 것이며, 부수적으로 수단적 활용과 설득적 활용 등이 해당될 것이다.

결국, 평가목적은 평가활용을 통해서 구체적으로 달성되는 것이다. 따라서 평가활용은 평가목적을 달성하기 위한 중요한 기본 전제가 된다는 것을 다시금 확인할 수 있다.

제4절 평가오용의 이론적 논의

본 절에서는 평가오용의 이론적 측면에서 평가오용의 개념, 평가활용과 평가오용과의 관계에 대해서 선행연구의 내용을 종합해서 살펴본다. 전술한 바와 같이, 그동안 평가오용을 단일 주제로 설정한 국내 연구는 전무한 상황이며, 외국 학자들의 연구를 단편적으로 인용하여 평가오용을 소개하는 실정이다. 이런 한계점을 극복하고자 여기서는 평가오용에 대한 선행연구의 내용을 체계적으로 정리해 보고자 한다(이봉락, 2009: 42~45).

1. 평가오용의 개념

평가오용(misutilization or misuse)에 대한 선행연구의 개념 정의를 살펴보면 다음과 같다. Alkin과 Coyle(1988: 333~336)는 활용자 자신의 목적을 위해서 평가결과를 조작 또는 왜곡하는 행위, Cousins(2004: 392)는 활용자가 평가결과를 정당하지 못한 방식으로 취급하는 것, 이승종(1991: 26)은 자기 주장의 합리화를 위하여 부정확한 평가결과를 사용하거나 공정하지 못한 방법으로 평가결과를 사용하

는 것, 이윤식(2002: 57)은 활용자가 자신들의 목적을 위해 평가결과
를 수정하거나 비뚤어지게 사용하는 행위로 정의한다.

이와 같이 선행연구에서 평가오용에 대해서 규정하는 개념은 대
체로 유사한 측면이 있다. 첫째, 활용자가 자신의 목적을 위해 평가
결과를 활용한다는 점이다. 둘째, 평가결과를 고의적으로 조작하거
나 부당한 방법으로 취급한다는 점이다. 이러한 유사성을 바탕으로
본 연구에서는 평가오용을 '평가 활용자가 자신의 목적을 위해 정당
하게 제시된 평가결과를 왜곡하거나 부당하게 취급하는 것'이라고
정의한다.

평가오용의 개념적 정의를 통해서 예측되는 것처럼 평가오용은
평가결과를 활용하는 활용자의 윤리적 문제이다. 이점에 대해서 이
윤식(2002: 57)은 활용자의 윤리적인 문제로서 활용의 자세(the manner
of use)에 관한 것이라고 설명한다. Christie와 Alkin(1999: 1)은 평가
윤리에 대한 대부분의 연구는 평가자의 관행(practices)과 원칙에 초
점을 두고 있지만, 평가오용은 활용자라는 다른 관점을 통해서 평가
윤리를 검토하는 주제라고 주장한다.

2. 평가활용과 평가오용의 관계(유형)

1) Cook과 Pollard(1977)의 견해

평가오용에 대한 초기 연구 중 Cook과 Pollard(1977: 161~163)는
다음의 경우에 평가오용이 발생한다고 제시한다. 첫째, 무익한 가설
에 근거하여 행동이 취해질 때 둘째, 조직 내 잠재적 활용자가 사회

과학방법론을 검토할 기술적 능력이 없는 경우 셋째, 정책/사업의 부정적 효과를 평가자나 활용자가 판단하려는 시도가 없을 때 넷째, 평가자의 말과 행동 사이에 일치감이 부족할 때 다섯째, 최종 보고서가 제시되기 전에 비공식적 네트워크를 통해 평가결과가 널리 전파되었을 때 여섯째, 특정 정책에 대해서 일회의 평가를 통한 보고서만이 있을 때에 평가오용이 발생한다고 설명한다. 이들 논의는 평가오용에 대한 개괄적 수준에 머물러 있으며, 평가활용과 평가오용과의 관계에 대해서 논의하지 않는다. 평가오용에 대한 보다 정교한 논의는 Patton(1988), Alkin과 Coyle(1988), Christie와 Alkin(1999), Cousins(2004) 등에 의해서 수행되었다.

2) Patton(1988)의 견해

평가오용에 대한 초기 연구 중 평가활용과 평가오용의 관계를 선구적으로 제시한 Patton(1988: 327~328)은 오용(misutilization)은 활용(utilization)의 정반대 개념이 아니며, 이 부분과 관련해서 2개 영역(dimensions)이 존재한다고 설명한다. 첫 번째 영역은 불용(non-utilization)과 활용의 영역이고, 두 번째 영역은 불오용(non-misutilization)의 영역이다. 그리고 다시 세부적으로 오용을 의도적(intentional) 오용과 비의도적(unintentional) 오용으로 구분한다. 비의도적 오용은 적절하고 타당한(appropriate and proper) 활용 촉진 과정을 통해서 교정될 수 있지만, 의도적 오용은 우리가 거의 관심을 기울이지 못하는 전혀 다른 문제라고 설명한다. 하지만 그는 스스로 비의도적 오용과 의도적 오용을 명확하게 설명하지는 못하겠다고 밝히고 있다.

또한 오용을 연구하는 것은 활용을 연구하는 것과는 전혀 다른 것이라는 설명도 함께 한다. 이상으로 Patton(1988)이 주장한 내용을 정리하면 다음 <그림 1>과 같다.[19]

불용(non-utilization)	활용(utilization)	
불오용(non-misutilization)	오용(misutilization)	
	비의도적 오용	의도적 오용

<그림 1> 평가활용과 평가오용의 관계 1

정리해 보면, 평가활용과 평가오용과의 관계를 선구적으로 설정한 Patton(1988: 327)은 평가오용이 평가활용의 반대말이 아니며, 오용은 활용되는 하나의 방식과 관련된 개념으로 본다. 이에 대해서 Patton(1988: 328)은 '활용이 증가하면, 오용도 함께 증가한다(as utilization increases, misutilization will also increase)'라고 설명한다. 그래서 오용은 부적절한 활용(inappropriate use)에 초점을 두는 것으로, 평가의 이해관계자나 활용자의 윤리적인 문제가 되는 것이다.

3) Alkin과 Coyle(1988)의 견해

Alkin과 Coyle(1988: 333~336)는 Patton(1988)의 견해에서 한발 더 나아가서, 평가활용과 평가오용의 관계를 다양하게 개념화하였다. 이들은 평가오용을 설명하기 위해서 새로운 개념으로 오평(misevaluation, 잘못된 평가)이라는 측면을 도입한다. 그들은 오평(misevaluation)과 평가오용 사이의 차이점을 다음과 같이 설명한다. 오평은 평가자가 평가

---

19) Patton(1988)의 원문에서는 평가활용과 평가오용의 관계를 그림으로 제시하지 않는다. 따라서 본 연구자가 Patton(1988)의 논의를 바탕으로 그림으로 작성한 것임을 밝혀둔다.

수행 과정에서 적절한 기준을 충족하지 못하거나 형편없이 평가를 수행하는 것이며, 평가오용은 활용자 자신의 목적을 위해서 평가결과를 조작 또는 왜곡하는 활용자의 행위이다. 결국, 그들의 주장은 오평은 평가자의 행위에 해당되는 것이고, 평가오용은 활용자의 행위에 속하는 것으로 정리할 수 있다.

Alkin과 Coyle(1988: 334~335)는 평가활용과 평가오용의 관계를 다음과 같은 기준으로 구분한다. 첫째, 적절하게 수행된(well done) 평가와 잘못 수행된(poorly done) 평가의 구분 둘째, 활용과 불용의 구분 셋째, 활용자의 의도적 목적의 구분 및 수행된 평가 품질에 대한 활용자의 인식 정도의 구분이다. 이런 기준을 통해서 오평, 활용, 불용, 오용, 남용을 구분한다. 그들이 설명하는 평가활용과 평가오용의 다양한 관계를 정리하면 <그림 2>와 같다.

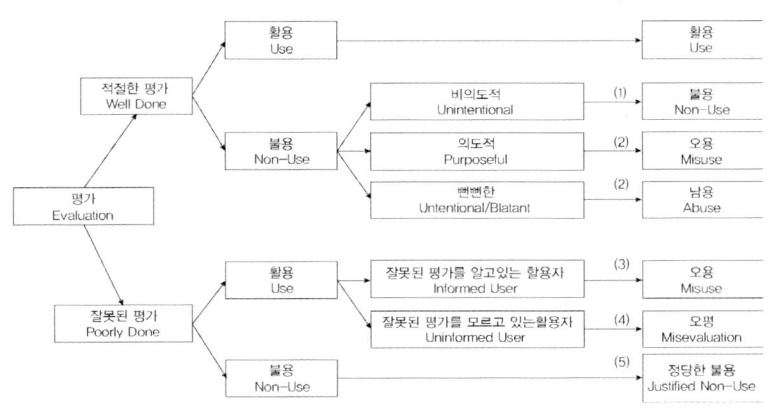

〈그림 2〉 평가활용과 평가오용의 관계 2

자료: Alkin과 Coyle(1988: 335)

Alkin과 Coyle(1988)가 제시한 평가활용과 평가오용의 관계를 세부적으로 살펴보면 다음과 같다. ① 적절하게 수행된 평가(well done)의 비의도적인 불용은 단순한 불용(non use)이다. ② 적절하게 수행된 평가의 의도적 불용은 명백한 오용(또는 남용, Abuse)의 사례이다. ③ 평가가 잘못(poorly done) 수행되었다는 것을 알고 있는(informed) 활용자가 평가결과를 활용하는 것은 속임수의 시도로서 오용이다. ④ 평가가 잘못 수행되었다는 것을 모르고 있는(uninformed) 활용자가 평가결과를 활용하는 것은 오용이 아니며 그것은 활용도 불용도 아니다(아마도 그것은 실수적 활용이라고 불릴 것이다). ⑤ 잘못 수행된 평가를 활용하지 않는 것은 정당한 불용(justified non-use)이다.

또한, Alkin과 Coyle(1988: 336~337)는 평가오용은 평가결과 이외에 평가 위탁(commissioning an evaluation)과 평가 과정(evaluation process) 단계에서도 발생할 수 있다고 설명한다. 그들이 제시하는 평가오용의 3개 범주 내용은 다음과 같다. ① 평가 위탁의 오용(상징적 이유로 평가 위탁. 예: 정치적 이익만을, 공개성만을, 자금 획득만을 위한 평가 위탁), ② 평가 과정의 오용(행동 지연을 위한 평가활용, 책임 회피를 위한 평가활용), ③ 평가결과의 오용(평가결과의 내용 변경, 평가결과의 선택적 보고, 건전한 평가의 뻔뻔한 불용, 실제 결과와는 다른 연구 결과의 선택, 결과의 부정확한 전달, 결과의 지나친 간소화, 필수 자격 조건의 생략)이다.

정리해 보면, 평가활용과 평가오용 간의 관계에 대한 보다 체계적이고 정교한 연구는 Alkin과 Coyle(1988)로부터 시작되었다고 말할 수 있다. 그들 연구가 지니는 의의를 살펴보면 첫째, 평가오용의 논의를 충실히 하기 위해 오평(잘못된 평가)이라는 새로운 개념을 사용하여 평가오용의 발생 가능성을 세분하였다. 둘째, Patton(1988)은 평가오용을 평가활용의 한 측면으로 설명하지만 다양한 관계에 대해서는 제시하지 못했으나, Alkin과 Coyle(1988)은 평가활용과 평가오용의 다양한 관계를 세부적인 형태로 유형화하였다. 이런 유형화를 통해서 평가활용과 평가오용을 이해할 수 있는 개념적 지평을 넓혀 주었다. 셋째, 평가오용이 다양한 영역(평가 위탁, 평가 과정, 평가결과)에서 발생할 수 있다는 점을 제시해 주었다. 선행연구는 평가결과의 오용에 한정해서 논의를 진행하지만, 평가 위탁 단계 또는 평가 과정 단계에서도 평가오용이 발생할 수 있다는 점을 제시해 줌으로써 평가오용을 보다 종합적으로 파악할 수 있는 기회를 제공해 주었다.

4) Christie와 Alkin(1999)의 견해

Christie와 Alkin(1999: 1~2)은 Patton(1988)의 견해에 활용자의 의도(intentionality)라는 개념을 첨가하여 더욱 발전시켰다. 그들은 평가활용과 평가오용은 활용자의 적극적 개입(active engagement) 의도에 달려있다고 설명한다. 즉, 활용은 활용하고자 하는 활용자의 적극적 개입이나 목적이 있어야 하는 것처럼, 오용도 활용자가 오용하겠다는 적극적 목적이 있어야 한다는 것이다. 그래서 활용은 적극적 측면의 극점에 있고, 불용은 소극적(passive) 측면의 극점에 있게 된다. 결국 활용자는 평가결과를 능동적으로 활용하거나 오용하게 되는데, 이때 적극적인 의도성이 존재한다. 따라서 평가결과를 왜곡하려는 의도적 목적 없이는 오용은 발생하지 않게 된다.

Christie와 Alkin(1999: 3~5)은 Alkin과 Coyle(1988: 336~337)가

제시한 평가오용의 3개 범주(평가 위탁, 평가 과정, 평가결과)를 세부적으로 설명한다. 이들이 제시한 평가오용의 영역을 정리해 보면 <표 11>과 같다.

〈표 11〉 평가오용의 영역과 사례

평가 단계	활용자 행위	결과
1. 평가 위탁	정치적 이득 공개성 자금 획득 공공 관계 전문적 위신 이전 결정의 정당화	오용
2. 평가 과정	중요한 결정의 지연 평가를 방해하기 위한 정치적 영향력 사용	오용 불완전한 평가
3. 평가 결과	결론의 재작성 결과의 선별적 보고 결과를 단순화하거나 과장함 초기 결과의 기각 결과 무시 결과의 부정확한 전달 실제결과에서 벗어난 결과를 추정함 불완전, 미완성된 결과 배포 무심결의 잘못된 표현 또는 결과의 의사소통	오용 뻔뻔한 불용

자료: Christie와 Alkin(1999: 4)

Christie와 Alkin(1999)이 제시한 평가오용의 3개 범주 내용은 다음과 같다. ① 평가 위탁 단계에서는 정치적 이득, 공개성, 자금 획득, ② 평가 과정 단계에서는 중요한 결정을 지연하기 위해 평가를 이용, ③ 평가결과 단계에서는 평가결과를 선택적으로 이용, 결과의 과장, 단순화, 무시 등의 활용자 행위가 있을 수 있다. 또한 이들은 활용자 행위의 결과로 오용, 불완전한 평가, 뻔뻔한 불용으로 나타날 수 있다고 설명한다. 구체적으로 오용은 활용자가 특정한 행동에 개입될 때 발생하고, 불완전한 평가는 평가가 완전해 질 수 없는 정도까지 방해를 받을 때 발생하고, 뻔뻔한 불용(blatant non-use)은 평가결과가 사업 의사결정에 제시될 때 고의적으로 행동을 취하지 않는(inaction) 것으로 설명한다.

Christie와 Alkin(1999: 6~8)은 오평(misevaluation)에 대해서도 추가 설명한다. 오평은 결함 있는 방법론, 부주의한 자료 수집, 조잡한 자료 분석 그리고 잘못된 보고 계획을 지닌 평가 때문에 발생된다고 본다. 따라서 오평이 발생하는 상황에서 평가결과를 활용하고자 하는 논리적 정당성은 존재하지 않는다(Alkin and Coyle, 1988)고 주장한다. 결국, 평가의 성실도가 확보되기 전까지는 누구든지 오평의 가능성에 직면하게 되고, 대부분의 활용 가능성은 오평이 없다는 것을 조건으로 한다고 정리할 수 있다.

또한, Christie와 Alkin(1999: 6~8)은 Alkin과 Coyle(1988: 334~335)의 논리를 발전 시켜 평가활용과 평가오용의 관계를 적절한 평가에 의한 평가결과 활용과 잘못된 평가(오평)에 의한 평가결과 활용으로 구분하여 설명한다. 이를 정리한 것이 <그림 3>과 <그림 4>이다.

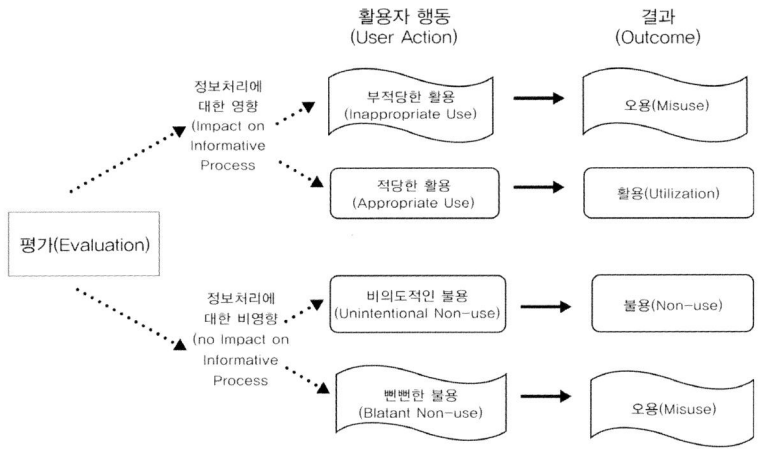

〈그림 3〉 평가활용과 평가오용의 관계 3-1

자료: Christie와 Alkin(1999: 7)

<그림 3>은 적절한 평가에 의한 평가활용과 평가오용의 관계를 설명한다. 적절한 평가에 의해 산출된 평가결과의 활용이라는 측면에서, Christie와 Alkin(1999), Alkin과 Coyle(1988: 334~335)의 차이점을 정리하면 다음과 같다. 첫째, Alkin과 Coyle(1988) 연구는 적절한 평가결과에 대한 불용의 유형을 3가지로 구분하고 이중 적절한 평가결과를 의도적으로 활용하지 않는 경우(의도적 불용)는 오용으로 규정하였다(<그림 2> 참조). 그러나 <그림 3>에서 Christie와 Alkin(1999)은 불용의 유형을 2가지로 구분한다. 즉, 이전에는 의도적으로 평가결과를 활용하지 않는 사례(의도적 불용)를 오용이라고 간주했으나, <그림 3>에서 Christie와 Alkin(1999)은 불용의 영역에서 의도적 불용을 제외하였다. 그리고 활용 영역에서 오용을 추가하여 부적당하게 평가결과를 활용하는 사례를 오용으로 포함시켰다.

둘째, Alkin과 Coyle(1988) 연구에서는 뻔뻔한 불용을 남용으로 규정하였으나, <그림 3>에서 Christie와 Alkin(1999)은 오용으로 취급한다. 전술한 바와 같이 이들은 뻔뻔한 불용을 고의적인 무행동(inaction)이라고 정의하면서 평가오용의 한 영역으로 포함시킨다.

<그림 4>는 잘못된 평가(오평)에 의한 평가활용과 평가오용의 관계를 설명한다. 잘못된 평가(오평)에 의해 산출된 평가결과의 활용이라는 측면에서, Christie와 Alkin(1999), Alkin과 Coyle(1988: 334~335)의 차이점을 정리하면 다음과 같다. Alkin과 Coyle(1988) 연구에서는 잘못된 평가의 결과인지를 모르고 활용하는 경우를 오평이라고 규정하였는데, Christie와 Alkin(1999)의 <그림 4>에서는 실수적 활용으로 규정한다. 이에 대해서 연구자들은 오평임을 알지 못하는 활용자에 의한 활용은 단순한 실수적 활용이라고 설명한다.

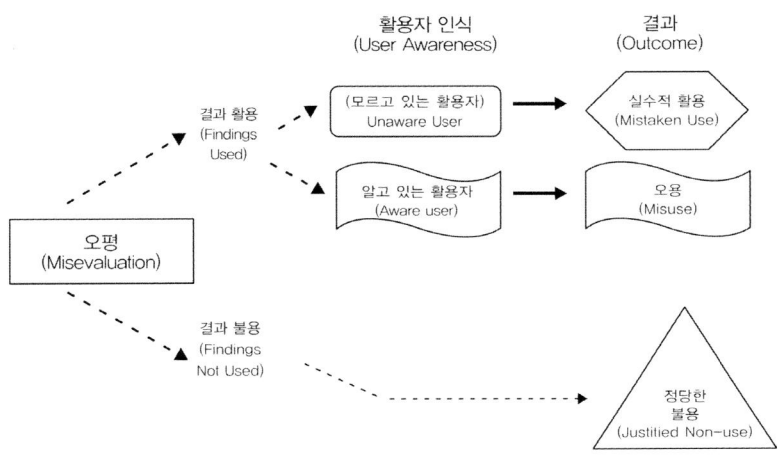

〈그림 4〉 평가활용과 평가오용의 관계 3-2

자료: Christie와 Alkin(1999: 7)

정리해 보면, Christie와 Alkin(1999)의 연구는 Alkin과 Coyle(1988)의 연구를 바탕으로 이론적 논의를 보다 체계적으로 진행한다. 이들 연구가 지니는 의의를 살펴보면 첫째, 평가오용이 발생하기 위한 전제 조건으로 활용자의 의도성이라는 요인을 제시해 주었다. 따라서 평가결과를 왜곡하려는 활용자의 의도적 목적이 평가오용을 발생시키는 전제 조건이라고 정리할 수 있다. 둘째, Alkin과 Coyle(1988)가 제시한 평가활용과 평가오용의 다양한 관계를 보다 체계적으로 정리했다. 물론, 기본적인 출발점은 동일하지만, 세부 관계의 유형을 다시금 정리하는 것은 의미가 있다(예, 오용 영역에 부적당한 활용을 추가, 오평을 실수적 활용으로 간주 등). 셋째, Alkin과 Coyle(1988)가 제시한 평가오용에 대한 3개 영역의 구체적 사례를 제시하였다. 이렇게 함으로서 평가오용의 구체적 상황을 쉽게 이해할 수 있다.

5) Cousins(2004)의 견해

평가오용의 최근 연구는 Cousins(2004)에 의해서 수행되었다[20]. Cousins(2004: 392)는 평가오용에 대한 기존 학자들의 견해를 통합하여 자신의 생각을 정리한다. 구체적으로 그는 첫째, 활용(Use)과 불용(Non-use)의 기준으로 평가결과를 활용하거나 또는 활용하지 않는 것으로, 둘째, 오용(Misuse)과 정당한 활용(Legitimate Use)의 기준으로 평가결과를 적절한 방식으로 취급하거나 또는 적절하지 못한 방식으로 취급하는 것으로 구분하여 제시한다.

---

20) Cousins(2004: 391)는 평가 윤리에 대한 대부분의 논쟁은 평가자의 행동과 행태에만 관심을 두었고, 활용자가 취하는 행동의 잠재적 효과에 대한 진지한 분석이 없기 때문에 불완전하다고 지적하면서 활용자의 평가결과에 따른 행동에 관심을 보인다.

Cousins(2004: 392~393)는 자신이 설정한 2개 기준을 교차 배치하여 총 4개의 영역으로 구분한다. 이를 정리한 것이 <그림 5>이다.

첫 번째 영역은 이상적 활용(Ideal Use)으로 평가결과가 구체적 의사결정을 지원(도구적 활용)하는 데, 학습을 촉진(개념적 활용)하는 데, 또는 상징적/설득적 활용(정치적 활용)을 위한 정당한 방법으로 활용되는 영역이다. 바로 첫 번째 영역인 이상적 활용에 대해서 그 동안 평가활용의 많은 연구가 수행되었기 때문에 첫 번째 영역에서 발생하는 평가활용에 대해서 우리는 상당히 많이 알고 있다고 설명한다.

두 번째 영역은 오용(Misuse)으로 ① 평가 논리나 방법에 숙달되지 못한 활용자가 잘못된 자료(bad data)를 무심코 활용하는 실수적 활용(Mistaken Use)과 ② 개인적 이해득실, 감춰진 조직적 이해관계 등에 의해서 활용자가 제시된 결과를 왜곡하는 유해한 활용(Mischievous Use)으로 구분한다. 두 번째 영역의 오용은 앞서 제시한 Alkin과 Coyle(1988), Christie와 Alkin(1999)이 주장한 오평(Misevaluation)의 결과(잘못 수행된 평가결과)를 무심코 또는 의도적으로 활용하는 것이라고 설명한다.

세 번째 영역은 부당한 불용(Unjustified Non-use)으로 타당한 평가결과가 유해한 활용자의 의도에 의해서 활용되지 못하는 것으로 남용(Abuse)이다. Alkin과 Coyle(1988), Christie와 Alkin(1999)은 이를 남용 또는 뻔뻔한 불용(Blatant non-use)이라고 표현한다.

네 번째 영역은 정당한 불용(Justified Non-use)으로 ① 평가자의 무능력, 잘못된 평가 설계, 평가결과의 흠을 알고 있는 활용자가 의식적으로 평가결과를 활용하지 않기로 결정한 합리적 불용(Rational non-use)과 ② 경쟁적 정보, 의사결정 또는 정책/사업 맥락의 변화 때문에 활용자가 평가결과를 활용하지 않는 정치적 불용(Political non-use)으로 구분한다.

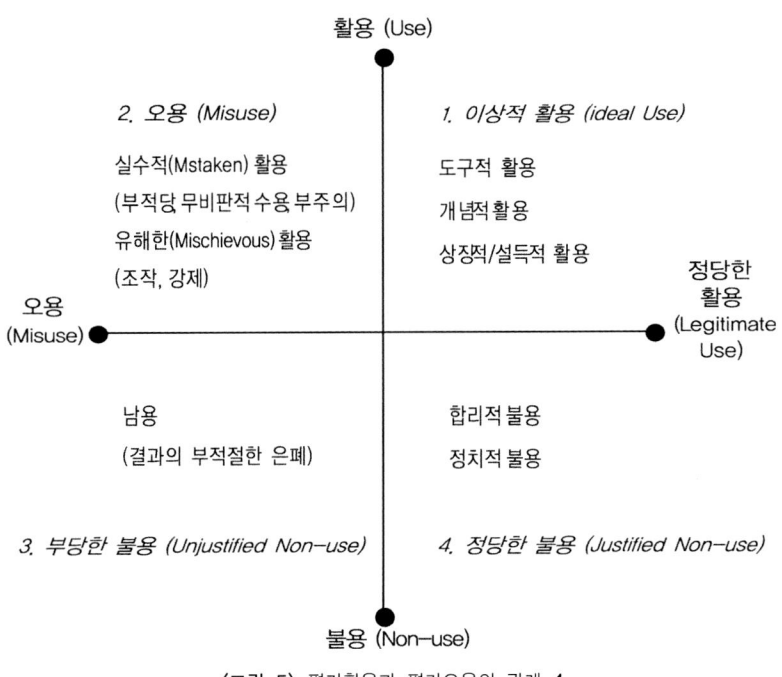

활용 (Use)

2. 오용 (Misuse)

실수적(Mstaken) 활용
(부적당 무비판적 수용 부주의)
유해한(Mischievous) 활용
(조작, 강제)

1. 이상적 활용 (ideal Use)

도구적 활용
개념적 활용
상징적/설득적 활용

오용
(Misuse)

정당한
활용
(Legitimate
Use)

남용
(결과의 부적절한 은폐)

합리적 불용
정치적 불용

3. 부당한 불용 (Unjustified Non-use)

4. 정당한 불용 (Justified Non-use)

불용 (Non-use)

〈그림 5〉 평가활용과 평가오용의 관계 4

자료: Cousins(2004: 392)

Cousins(2004) 연구의 의의를 정리해 보면 첫째, Patton(1988), Alkin과 Coyle(1988), Christie와 Alkin(1999)의 평가오용에 대한 연구 결과를 통합하여 새로운 관점에서 평가오용의 유형을 제시하였다. 이렇게 함으로서 선행연구에서 제시한 다양한 평가활용과 평가오용의 관계를 통합할 수 있는 계기를 마련하고자 하였다. 둘째, Cousins(2004)가 제시한 기준 중 첫 번째 기준은 Patton(1988: 327~328)의 견해를 바탕으로 한 것으로 판단된다. 즉, 활용과 오용은 전혀 다른 영역에서 작용하며, 그 영역은 활용과 불용의 영역, 오용과 불오용의 영역으로 구분된다는 견해를 이용한 것으로 보인다. 두 번째 기준은 Alkin과 Coyle(1988), Christie와 Alkin(1999)의 오평과 정당한 평가의 기준을 원용한 것으로 판단된다. 즉, 오평에 의한 평가결과를 활용하지 않는 것은 정당한 불용이라는 논리를 적용하기 때문이다. 셋째, 평가오용이 발생할 수 있는 다양한 차원의 영역을 파악하는 데 도움을 준다. 선행 연구에서는 평가오용이 발생하는 영역을 단일 차원으로 가정하는데, Cousins(2004)는 선행연구에서 주로 논의한 영역은 하나의 영역(이상적 활용 영역)에서만 그 의미성이 있고, 다른 다양한 영역은 미개척 영역이라는 것을 밝혀준다. 따라서 평가활용에서 추가적으로 연구해야 할 새로운 미개척지를 소개해 주며, 평가활용과 평가오용의 관계가 차원을 달리해서 존재할 수 있다는 것을 설명해준다.

6) 국내 학자들의 견해

앞서 살펴본 바와 같이, 국내 연구들은 평가오용을 단일 주제로 연구하지 않고, 평가활용을 논의하면서 부분적으로 언급하는 수준이다. 국내 학자들의 대표적 연구 내용을 정리해 보면 다음과 같다.

이승종(1991: 26)은 Cook 외(1980)의 견해를 빌어, 오용이란 자기 주장의 합리화를 위하여 부정확한 평가결과를 사용하거나 공정하지 못한 방법으로 평가결과를 사용하는 것을 의미하는 것으로, 이런 오용은 활용으로 간주하기는 어렵다고 주장한다. 또한 평가결과의 활용에는 2가지 차원이 있는데, 하나는 활용과 저활용의 연속선으로 표시되는 활용수준의 차원과, 또 하나는 적정 활용과 오용의 연속선으로 표시되는 활용의 적정성 차원이 있다고 설명한다. 그래서 만일 활용을 정확한 평가결과를 합리적인 방법으로 사용하는 것으로 한정하는 경우에는, 오용은 활용의 한 형태라고 보기 어렵다고 주장한다. 하지만, 이런 견해는 앞서 논의한 Patton(1988), Alkin과 Coyle(1988), Christie와 Alkin(1999), Cousins(2004)의 견해와 대치되는 내용이다. 즉, 외국 학자들의 대부분은 평가오용을 평가활용의 한 유형으로 보고 있지만, 이승종(1991)은 오용을 활용의 유형으로 간주하지 않는다. 이와 같은 이승종(1991)의 견해는 Cousins(2004)가 제시한 첫 번째 영역의 이상적 활용에 한정되는 좁은 의미의 평가활용이라고 정리할 수 있다.

이윤식(2002: 57)은 Patton(1988), Alkin과 Coyle(1988)의 견해를 빌려, 평가의 오용은 '활용자의 입장에서 윤리적인 문제로서 활용의 자세(the manner of use)에 관한 것이다'라고 설명한다. 따라서 평가오용은 평가의 미활용이나 저활용과는 다르게 부적절한 활용(inappropriate use)에 해당되는 것으로, 이는 평가자가 평가 시 형편없이 평가활동을 수행하거나 적절한 기준에 부응하지 못한 평가자의 행위인 오평(misevaluation)과도 구별되는 것으로 활용자가 자신들의 목적을 위해 평가결과를 수정하거나 비뚤어지게 사용하는 행위를 의미한다고 주장한다. 이런 이윤식(2002)의 견해는 Patton(1988), Alkin과 Coyle(1988)의 논의를 다시금 정리하여 설명해 주고 있다.

이외에 노유진(2005), 유승현(2008), 이봉락(2009)의 연구가 있지만, 선행연구의 견해를 소개하는 수준에 있어 추가적인 설명을 하지 않는다.

7) 종합

평가오용은 활용자가 자신의 목적을 위해 정당하게 제시된 평가 결과를 왜곡하거나 부당하게 취급하는 것으로 활용자의 윤리적인 측면이 중시되는 개념이다. 활용이 증가하면 오용도 증가할 수 있다는 Patton(1988: 328)의 견해처럼 평가오용의 가능성은 항상 존재한다. 하지만, 이승종(1991: 26)의 지적처럼, 평가활용을 정확한 평가 결과를 합리적인 방법으로 사용하는 것으로 한정하면, 평가오용은 평가활용의 방식으로 간주되지는 않을 것이다. 즉, Cousins(2004)가 제시한 이상적 영역에 한정하는 경우에서는 이런 논의가 설득력이 있다. 이런 관점에서 살펴본다면, 평가활용이 발생하는 영역을 정당한 측면(합리적 측면)과 부당한 측면(비합리적 측면)으로 구분할 수 있고, 정당한 측면이란 합리적인 목적을 위해 평가활용이 이루어지는 영역이고, 부당한 측면은 바로 평가오용이 발생하는 영역으로 구분할 수 있다. 그리고 평가활용은 정당한 측면에 발생하는 활용에 한정하여 논의할 수 있다.

하지만, 평가오용의 선행연구에서 살펴본 바와 같이, 평가오용은 평가활용의 한 형태이며, 평가활용에는 다양한 유형이 존재할 수 있다. 비록, 평가활용에 대한 선행연구의 대다수가 이상적 활용의 영역만을 연구 대상으로 삼고 있지만, 평가활용과 평가오용의 관계에서 살펴본 것처럼 다양한 활용 형태를 가정할 수 있다(예: 오용, 남용, 실수적 활용, 정당한 활용 등). 하지만, 다양한 활용 방식의 가능성을 제시함에도, 평가오용 연구가 실증적 분석 없이 이론적인 논의로만 연구되는 것은 어쩌면 실증적 분석이 곤란한 한계점 때문일 것이다. 왜냐하면, 조사 응답자들이 자신들의 평가오용 모습을 있는 그대로 연구자에게 나타내지 못할 가능성이 매우 높기 때문이다.

제5절 결론

여기서는 평가활용과 평가오용에 대한 선행연구의 경향을 국내·외로 구분하여 살펴보았으며, 평가활용과 평가오용의 개념과 유형 그리고 이들 간의 관계에 중점을 두고 검토하였다. 본 연구에서 살펴본 내용을 간략히 정리하면 다음과 같다. 첫째, 국내 연구 수준은 국외와 비교해서 상대적으로 미약했다. 특히, 평가오용 연구는 외국 학자들의 견해를 부분적으로 소개하는 수준이었다. 둘째, 평가활용의 개념은 다양성을 지니고 있어 이를 통합했으며, 일반적으로 인정되는 5가지 활용유형을 살펴보았다. 셋째, 평가오용은 평가활용과 관련된 윤리적 측면의 문제로 논의되며, 평가활용과 평가오용의 다양한 관계를 살펴보았다.

본 연구에서 살펴본 평가활용과 평가오용에 대한 처방적 내용은 상반되게 제시되어야 할 것이다. 즉, 평가활용은 극대화 방안이 모색되어야 하며, 평가오용은 최소화 방안이 제안되어야 할 것이다.

따라서 이하에서는 이를 구분하여 제안하고자 한다.

먼저, 평가활용을 극대화할 수 있는 방안은 평가활용의 영향요인이라는 관점을 통해서 모색할 수 있다. 선행연구에서 제시하는 영향요인은 연구자들의 개인적 관심과 연구대상의 특성에 따라서 다양하게 연구된다. 이런 다양한 영향요인 중 연구자들의 최대 관심 요인을 정리해보면, 활용 맥락, 평가제도, 평가결과, 상호작용 그리고 수용성이다. 이를 기준으로 평가활용의 극대화 방안을 정리하면 다음과 같다. 첫째, 활용 맥락 측면에서 (최고)관리자가 평가결과 활용에 지속적으로 관심을 유지하며, 평가결과 활용을 유도하는 제도적 규정을 마련하는 것이 필요하다. 둘째, 평가제도 측면에서 정책/사업적 전문성과 평가지식의 전문성을 동시에 지닌 평가자를 선정하는 것이 필요하고, 활용자가 동의할 수 있는 수준의 평가 항목과 지표가 개발되어야 한다. 셋째, 평가결과 측면에서 활용자가 쉽게 이해할 수 있는 용어로 평가결과를 제시하는 것이 필요하고, 활용자가 필요한 의사결정 시점 이전에 평가결과가 제공되어야 한다. 넷째, 상호작용 측면에서 평가자와 활용자 간에 지속적으로 의견을 교환하고, 활용자가 평가 과정에 참여할 수 있는 공식적이고 공개적인 통로가 마련되어야 한다. 다섯째, 수용성 측면에서 활용자의 정보 욕구를 충족시켜 줄 수 있는 정보가 평가결과에 담겨 있어야 하며, 활용자는 평가결과를 받아들이려는 개방적 마음을 지녀야 한다.

다음으로 평가오용의 최소화 방안에 대한 논의로, 평가활용의 활성화 방안(영향요인 연구)은 많이 연구되었지만, 평가오용의 최소화 방안에 대해서는 연구가 부족한 실정이다. 대부분의 선행연구는 활용자의 윤리적 문제로서 평가오용을 설명한다. 즉, 활용자의 윤리적 측면이 올바르게 정립되면 평가오용은 치유되는 것으로 기대하는 것 같다. 그래서 평가오용의 최소화 방안을 별도로 논의하지 않는 것으로 판단된다. 이를 다른 측면에서 살펴보면, 선행연구의 대다수는 평가오용 문제를 평가자가 아닌 활용자의 영역으로 간주한다는 것이다. 그래서 활용자 스스로 평가오용을 최소화하기를 기대하는 것으로 보인다. 하지만, Cousins(2004)는 평가오용의 최소화 방안을 구체적으로 제시한다. 그의 견해를 제시해 보면, 오용(Misuse)과 정당한 불용(Justified Non-use)은 오평(Misevaluation)에서 비롯된 것으로 평가자가 의도적 활용을 극대화할 수 있도록 기여함으로서 이상적 활용(본인이 설정한 첫 번째 영역) 영역으로 옮겨 갈 수 있다고 설명한다. 즉, 평가 자체가 올바르게 수행되어야 한다는 것을 강조한 것으로 이는 평가자의 역할에 초점을 맞추고 있다. 이런 관점은 선행연구자들이 평가오용을 활용자의 윤리적 문제로 해결하려는 측면과는 차이가 있다. 결국, 그는 활용자가 아닌 평가자의 역할을 강조하여 오평(잘못된 평가)이 발생하지 않도록 만들 것을 역설한다. 이점에 대해서 Cousins(2004)는 구체적으로 다음과 같이 설명한다. 즉, 그는 평가활용을 극대화하고 평가오용을 최소화하기 위한 방안으로 3단계 지침을 제시한다. 1단계는 평가를 치밀하게 분석하고 검토하며(즉, 메타 평가meta-evaluation를 수행할 것), 철저히 평가의 결점을 기록한다. 2단계는 상급(lead) 평가자에게 발견된 평가의 결점 내용과 결점을 극복하기 위한 대안을 제시한다. 3단계는 원래 계획된 평가 절차에서 어떤 문제가 발생하고 왜 부적절하게 되었는지를 활용자가 충분히 이해할 수 있도록 평가자가 설명한다. 이때 중요한 점은 고객 관점에서 의사소통해야 한다는 점이다. 정리하면, 이상의 3단계를 진행하면 잘못된 평가가 발생할 가능성은 낮아지고, 그렇게 됨으로서 평가활용은 증가하고 평가오용은 감소할 수 있다는 것이다. 따라서 이상의 논점을 바탕으로 평가오용을 최소화하기 위해서는 무엇보다도 타당하고 정당한 평가를 수행하여 정확한 평가결과를 제시하려는 평가자의 노력이 우선적으로 필요하다고 제언할 수 있다. 또한 평가자의 노력 이외에 활용자는 평가오용의 발생 가능성을 충분히 인식하여 이를 극복하려는 개인적인 노력도 함께 병행해야 할 것이다. 따라서 평가자와 활용자의 노력이 함께 어우러질 때 평가오용이 최소화될 수 있을 것이다.

앞서 살펴본 바와 같이, 평가활용은 이론적 측면 이외에 실증적 측면에서도 다양한 연구가 진행된 반면에 평가오용은 이론적 수준에 머물러 있다. 향후 평가오용이 지닌 한계점을 극복하여 심층적인 이론적 연구와 실증적 연구가 수행되기를 기대한다. 이때 본 연구가 이들 후속 연구의 기본적 토대로 기여하기를 희망하면서 이글을 마친다.

참고문헌

1. 국내문헌

감사원 평가연구원(2006), 「공공부문 평가제도 실태조사」, 감사원 평가연구원.

강영철(2006), 「정책평가결과 활용방안에 관한 연구」, 한국행정연구원.

김명수(2003), 『공공정책평가론(개정증보판)』, 서울: 박영사.

노유진(2005), 「정책평가결과 활용의 영향요인과 활용 유형의 특성에 관한 연구」, 고려대학교 대학원, 행정학 박사학위논문.

노유진·안문석(2004), "한국정부에 있어서 정책평가결과 활용의 영향요인과 활용 유형의 특성", 「정책분석평가학회보」, 14(3): pp.227~268.

노화준(1997), "정책개혁과정에 있어서 정책평가의 논점과 정책학습", 「행정논총」, 35(2): pp.31~55.

_____(2003), 『정책평가론(제3판)』, 서울: 법문사.

노화준·황혜신(2001), "1990년대 한국 정책평가연구의 동향 분석", 「정책분석평가학회보」, 11(1): pp.89~123.

명승환(2002), "활용을 위한 정책평가의 설계: 정보화사업평가를 중심으로", 「사이버커뮤니케이션학보」, 9: pp.125~148.

송희준·이근주·이명석(2005), "정책평가결과의 활용에 관한 연구", 「국정평가의 관리적·정치적 기능 재정립」, 성균관대학교 국정평가연구소 개소 기념 학술세미나.

신열(2008), "연구개발사업의 평가와 예산배분간 관계분석: 2005~2007년 특정연구과제 사례를 중심으로", 「정책분석평가학회보」, 18(2): pp.151~173.

오철호(2002), "Utilization of Policy Evaluation: Logic and Reality", 「한국정책학회보」. 11(4): pp.415~456.

_____(2006), "정책평가와 활용: 정치심리학적 관점에서", 「행정논총」, 44(4): pp.455~484.

유승현(2008), 「평가활용의 영향요인에 관한 연구: 구조방정식 모형에 의한 책임운영기관 사례분석」, 성균관대학교 대학원, 행정학 박사학위논문.

이경옥 옮김(1995), 『정책평가개론』, 서울: 한울아카데미(Vedung, Evert; Public Policy and Program Evaluation).

이봉락(2005), "정책평가 활용에 대한 이론적 재검토", 충남대학교 지역개발연구소, 「지역개발논총」, 17: pp.73~106.

_____(2007), 「정책평가 활용의 영향요인」, 한국정책분석평가학회 동계학술
　　　　대회 발표논문집, pp.109~142.

_____(2009), 「정부업무평가와 국가연구개발사업평가 활용의 영향요인 비교
　　　　연구」, 충남대학교 대학원, 행정학 박사학위논문.

이봉락 · 강근복(2009a), "중앙행정기관 자체평가의 활용요인 분석", 「한국정책
　　　　학회보」, 18(3): pp.187~219.

_____(2009b), "지방자치단체 자체평가활용의 영향요인 분석: 대전광
　　　　역시와 충청남도를 대상으로", 「지방행정연구」, 23(3): pp.45~79.

_____(2010), "활용자 소속에 따른 평가활용의 영향요인 차이 분석",
　　　　「한국행정연구」, 19(2): pp.65~101.

이승종(1991), "정책평가결과의 활용도 평가: 연구경향 및 방법", 「정책분석평
　　　　가학회보」, 1(1): pp.19~29.

이윤식(1993), "한국에 있어서 정책평가연구의 동향과 과제", 「정책분석평가학
　　　　회보」, 3(1): pp.57~82.

_____(2002), "기관평가 결과 활용의 개선방안에 관한 연구: ICT 활용과 평가
　　　　결과 활용의 관계를 중심으로", 「정책분석평가학회보」, 12(2): pp.53~83.

이윤식 · 이기식(2003), "지식기반사회에서 정책평가결과활용촉진을 위한 IT의
　　　　역할 분석", 「한국사회와 행정연구」, 14(1): pp.173~196.

이윤식 · 제갈돈 · 김주환 외(2005), "통합성과관리를 위한 평가결과활용방안에 관
　　　　한 연구", 「정책분석평가학회보」, 15(4): pp.199~225.

이찬구(1997), 「연구개발사업의 메타평가에 관한 연구」, 충남대학교 대학원, 행
　　　　정학 박사학위논문.

이혜영 · 최성락(2005), "평가영향의 관점에서 평가결과 활용에 관한 연구: 지
　　　　방자치단체 합동평가를 중심으로", 「한국사회와 행정연구」, 16(1):
　　　　pp.131~149.

전형원(2000), "공공정책평가의 평가활용에 관한 이론적 고찰", 군산대학교 지
　　　　역개발연구소, 「지역개발연구」, 12: pp.17~28.

전형원 · 김종후(1996), "정책평가 활용에 관한 이론적 연구", 군산대학교, 「논
　　　　문집」, 22: pp.75~94.

정명주(2000), "정보화사업 평가결과활용 분석: '99년도 정보화사업 중점평가
　　　　결과를 중심으로", 한국전산원, 「정보화저널」, 7(2): pp.57~74.

정정길 · 성규탁 · 이장 · 이윤식(2004), 『정책평가: 이론과 적용(신판)』, 서울:
　　　　법영사,

2. 국외문헌

Alkin, Marvin C. & Coyle, K(1988), "Thoughts on Evaluation Utilization: Misutilization and Non-utilization", *Studies in Educational Evaluation,* 14: pp.331~340.

Alkin, Marvin C(1985), *A Guide for Evaluation Decision Makers,* Beverly Hills: Sage Publications.

Alkin, Marvin C., Daillak, Richard & White, Peter(1979), *Using Evaluations: Does Evaluation Make a Difference?* Beverly Hills: Sage Publications.

Boyer, John F. & Langbein, Laura I(1991), "Factors Influencing the Use of Health Evaluation Research in Congress", *Evaluation Review,* 15(5): pp.507~532.

Cook, Thomas D. & Pollard, William E(1977), "Guidelines: How to Recognize and Avoid Some Common Problems of Mis-utilization of Evaluation Research Findings", *Evaluation,* 4: pp.161~164.

Cousins, J. B. & Earl, L. M(1992), "The case for participatory evaluation", *Educational Evaluation and Policy Analysis,* 14(4): pp.397~418.

Cousins, J. B. & Whitmore, Elizabeth(1998), "Framing Participatory Evaluation", in E. Whitmore(ed.), *New directions for evaluation: Understanding and practicing participatory evaluation,* N. 80, San Francisco: Jossey-Bass, pp.5~24.

Cousins, J. Bradley & Leithwood, Kenneth A(1986), "Current Empirical Research on Evaluation Utilization", *Review of Educational Research,* 56(3): pp.331~364.

Cousins, J. Bradley(2003), "Utilization Effects of Participatory Evaluation", in Thomas Kellaghan & Daniel L. Stufflebeam(eds.), *International Handbook of Educational Evaluation,* Klunner Academic Publishers, pp.245~266.

_____(2004), "Minimizing Evaluation Misuse as Principled Practice", *American Journal of Evaluation,* 25(3): pp.393~399.

Christie, Christina A. & Alkin, Marvin C(1999), "Further reflections on evaluation misutilization", *Studies in educational evaluation,* 25(1): pp.1~10.

Henry, Gary T. & Mark, Melvin M(2003), "Beyond Use: Understanding Evaluation's Influence on Attitudes and Actions", *The American Journal of Evaluation,* 24(3): pp.293~314.

Hofstetter, Carolyn. H. & Alkin, Marvin C(2003), "Evaluation Use Revisited", in Thomas Kellaghan & Daniel L. Stufflebeam(eds.), *International Handbook of*

Educational Evaluation, Klunner Academic Publishers, pp.197~222.

Johnson, R. Burke(1998), "Toward a Theoretical Model of Evaluation Utilization", *Evaluation and Program Planning,* 21(1): pp.93~110.

King, Jean A. & Pechman, Ellen M(1984), "Pinning a Wave to the Shore: Conceptualizing Evaluation Use in School Systems", *Educational Evaluation and Policy Analysis,* 6(3): pp.241~251.

Kirkhart, K. E(2000), "Reconceptualizing Evaluation Use: An Integrated Theory of Influence", in V. J. Caracelli & H. Preskill (eds.), *New Directions for Evaluation: The Expanding Scope of Evaluation Use,* No. 88. San Francisco: Jossey-Bass, pp.5~23.

Knorr, Karin. D(1977), "Policymakers' Use of Social Science Knowledge: Symbolic or Instrumental?" in C. H. Weiss (ed.), *Using Social Research in Public Policy Making,* Lexington, MA: Lexington Books, pp.165~182.

Leviton, Laura. C. & Hughes, Edward F. X(1981), "Research on the Utilization of Evaluation", *Evaluation Review,* 5(4): pp.525~548.

Mark, Melvin M. & Henry, Gary T(2004), "The Mechanisms and Outcomes of Evaluation Influence", *Evaluation,* 10(1): pp.35~75.

Patton, M. Q., Grimes, P. S, Guthrie, K. M, Brennan, N. J, French, B. D. & Blyth, D. A. (1977), "In search of impact: An analysis of the utilization of the federal health evaluation research", in C. H. Weiss (ed.), *Using social research in public policy making,* Lexington, MA: Lexington Books, pp.141~164.

Patton, Michael Quinn(1997), *Utilization-focused Evaluation*(3rd ed.). Beverly Hills, CA: Sage Publications.

_____(1988), "Six Honest Serving Men for Evaluation", *Studies in Educational Evaluation,* 14: pp.301~330.

_____(2003), "Utilization-Focused Evaluation", in Thomas Kellaghan & Daniel L. Stufflebeam(eds.), *International Handbook of Educational Evaluation,* Klunner Academic Publishers, pp.223~244.

Preskill, Hallie & Caracelli, Valerie(1997), "Current and developing conceptions of use: Evaluation use TIG survey results", *Evaluation Practice,* 18(3): pp.209~225.

Rich, Robert F(1977), "Use of social science information by federal bureaucrats: Knowledge for action versus knowledge for understanding", in C. H. Weiss(ed.), *Using social research in public policy making,* Lexington, MA:

Lexington Books, pp.199~211.

Shulha, Lyn M. & Cousins, J. Bradley(1997), "Evaluation use: Theory, research, and practice since 1986", *Evaluation Practice,* 18(3): pp.195~208.

Siegel, Karolynn & Tuckel, Peter(1985), "The Utilization of Evaluation Research", *Evaluation Review,* 9(3): pp.307~328.

Tackett, Wendy L(2004), *Use of evaluation findings in Michigan's 21st Century Community Learning Center Programs*, Ph. D. Dissertation, WESTERN MICHIGAN UNIVERSITY.

Turnbull, B(1999), "The mediating effect of participation efficacy on evaluation use", *Evaluation and Program Planning,* 22: pp.131~140.

Weiss, Carol H(1972), "Utilization of evaluation: Toward comparative study", in C. H. Weiss (ed.), *Evaluating action Readings in social and education,* Boston: Allyn and Bacon. Inc. pp.318~326.

_____(1980), "Truth Tests and Utility Tests", *American Sociological Review,* 45(2): pp.302~313.

Weiss, Carol H., Murphy-Graham, E. & Birkeland, S(2005), "An Alternate Route to Policy Influence: How Evaluation Affect D.A.R.E", *American Journal of Evaluation,* 26(1): pp.12~30.

Weiss, Carol H. & Bucuvalas, Michael J(1977), "The challenge of social research to decision making", in C. H. Weiss(ed.), *Using social research in public policy making,* Lexington, MA: Lexington Books, pp.213~230.

제2부

국가정책:
미래지향적 발전

제3장

國家 미래 인프라스트럭처[21] 政策 方向

– 基底 인프라스트럭처 개념의 제안과 적용을 중심으로 –

박기식

제1절 머리말

많은 사람들이 21세기를 정보통신의 시대라고 말하고 있다. 바야흐로 앨빈 토플러가 애기했던 제3의 물결이 지금 이 시대에 일고 있는 것이다[22]. 그가 말한 프로슈머(Prosumer) 시대의 도래를 실제로 우리는 최근 스마트폰의 앱 스토어 확산 등을 지켜보면서 일상생활에서 체감하고 있다. 오늘날 정보통신 서비스는 사업자가 생산하여 일방적으로 제공하던 시대를 지나 이제는 이용자가 서비스를 개발

---

21) 본 연구에서는 부득이 '인프라스트럭처'라는 용어를 원어 발음에 따라 그대로 사용하기로 하였다. 가능하면 한글화된 용어를 사용코자 여러 용어들을 전문가들과 검토하였으나, 우선 적절한 용어를 발견치 못하였을 뿐만 아니라 무리하게 한글화를 하는 경우 자칫 정확한 의미전달을 저해할 우려가 있다고 판단되었기 때문이다. 추후에 적절한 한글 용어가 발견되면 언제든지 대체하여 사용할 예정임을 미리 밝혀 둔다.

22) Alvin Toffler, The third wave, 1991.

하고, 그가 생산한 서비스를 앱 스토어에 올리는 시대로 변모하고 있다. 즉 소비자임과 동시에 누구나가 생산자가 되는 상황이 되다 보니, 그야말로 생산과 소비 상호 간의 융합에 의한 새로운 서비스가 기하급수적인 속도로 양적 증가를 하고 있다. 이는 좀 더 넓은 시각에서 보면 일반 대중에 의한 지식창조가 일어나고 있음을 의미한다. 달리 말하면, 머지않아 한 나라의 경제나 국가 발전은 국가가 전략적으로 민간 부문의 활력을 어떻게 일깨우고 이를 키워가며 또한 제대로 활용하느냐가 매우 중요한 요소로 부각될 수 있음을 암시한다고 할 수 있다.

한편, 최근의 선진 주요국을 살펴보면 그들이 미래에 국가의 지속적인 발전과 성장을 이루기 위해 저마다 각국의 상황에 따른 적절한 정책과 전략들을 도출하고 이의 실현을 위해 국가적 차원의 노력을 경주하고 있음을 알 수 있다.[23] 특히, 국가의 미래를 이끌어 갈 인프라스트럭처에 대한 정책 및 전략의 수립과 이를 성공적으로 구축하기 위해 적극적인 투자 등 많은 노력을 경주하고 있다. 이러한 움직임의 배경에는 적어도 다음과 같은 몇 가지 이유가 있다고 생각된다.

첫째, 선진국들의 경우 지난 세기로 산업사회로서의 발전이 어느 정도 마무리 되면서 소위 지식정보 사회로의 변화를 경험하게 되었다. 그러한 과정에서 많은 국가들이 그 변화의 속도가 종전과는 달

---

[23] 사실 이러한 노력은 비단 선진국들뿐만 아니라, 많은 개발도상국들의 경우에도 크게 다르지 않은 양상을 보여 주고 있는바, 가깝게는 아시아 지역의 중국, 베트남, 말레이시아 등이 대표적인 예라 할 수 있다.

리 매우 빠르게 일어나고 있음을 깨달았으며, 그 결과 앞으로 지속적인 선진국의 위상을 지키기 위해서는 무엇보다도 미래에 올 변화를 미리 예측하고 이에 선제적으로 대응하는 것이 중요하다는 것을 인식하였기 때문이다[24].

둘째, 미-소 양진영을 중심으로 한 이데올로기적 대립이 사라져가면서 한 나라의 경제적 역량이 국제 사회 속에서 그 나라의 국가 위상을 가늠하는 데 중요성을 더하게 되었다는 점이다. 오늘날 각국이 경제적 이해관계를 염두에 두고 자유무역협정(FTA)을 체결하는가 하면, 다른 한편으로는 자국의 경제 발전을 지속적으로 선도해줄 수 있는 미래의 성공요인을 갖추기 위해 보이지 않는 치열한 물밑 경쟁을 벌이고 있음이 사실이다. 특히, 비록 정책적 표현은 다를지라도 결국 자국의 상황에 가장 적합한 미래의 인프라스트럭처를 찾아내고 이를 성공적으로 구축키 위한 정책 수립과 실천 전략 도출에 각별한 관심을 보이고 있는 것이다.

마지막으로, 오늘날 대부분의 국가들은 국민들로부터 쉽게 충족시켜 주기 어려운 매우 다양하고도 많은 요구를 받아오고 있다. 국가가 이러한 요구들 각각에 구체적으로 대응하는 것이 갈수록 어려워지고 있음에 따라 대부분의 국가들이 국가체제와 산업의 밑바탕

---

24) 이것이 또한 본 연구를 준비하게 된 직접적인 이유의 하나이기도 하다. 즉, 산업사회로의 진입을 성공적으로 하지 못함으로 인하여 우리나라는 근세사의 한 부분을 어둡게 장식할 수밖에 없었지만, 다행히 정보화 사회로의 전이과정에 슬기롭게 대처함으로써 오늘날 세계 10위권의 경제대국에 이르게 되었다. 그러나 정작 향후에 다가 올 새로운 변화에 제대로 대응치 못한다면 다시금 국가의 앞날에 암운이 드리울 수도 있기 때문이다.

을 이루는 매우 기본적인 요구들이나 인프라스트럭처 쪽에 더 많은 관심을 가지게 됨은 당연한 것이라 할 수 있을 것이다.

위와 같은 상황과 문제의식을 염두에 두고 본 연구에서는 우리나라의 미래 인프라스트럭처의 정책방향에 관하여 논의하고자 한다.

보다 구체적으로 미래 인프라스트럭처 정책을 논의하기 위해 제2절에서는 먼저 인프라스트럭처의 개념에 관하여 살펴볼 것이다. 개념에 대한 논의와 더불어 뒷부분에서 다루게 될 미래의 "基底 인프라스트럭처(Infra of infrastructure)"[25) 개념 논의를 위해 필요한 인프라스트럭처의 유형과 종류, 속성, 그리고 계획 및 관리에 관한 내용도 간략히 검토할 예정이다. 제2절에서의 논의를 바탕으로 제3절에서는 인프라스트럭처의 역사적인 변천을 살펴 본 후에, 基底 인프라스트럭처라는 개념을 새롭게 제안하고, 基底 인프라스트럭처의 요건들을 살펴보기로 한다. 제4절에서는 제2절과 제3절에서의 논의들을 기반으로 우리나라의 基底 인프라스트럭처를 탐색해 보고, 향후

---

25) 본 연구에서 인프라스트럭처 정책을 살펴봄에 있어서 특별히 제안하고 강조하고자 하는 개념을 "基底 인프라스트럭처(Infra of infrastructure)"라고 명명하고자 한다. 브레인스토밍 과정에서 역사상 인프라스트럭처의 변화를 분석해 본 결과, 인프라스트럭처 중 한 시대에 국가나 사회의 가장 밑바탕에서 다른 여러 인프라스트럭처에 대해서 다시금 인프라스트럭처로 작용하는 인프라스트럭처가 있을 수 있음을 발견하였다. 이를 논의의 초기에는 "Infra of infra-structure"라고 부르기로 하고 이를 'IS'로 줄여 불러 왔다. 그러나 이를 우리말로 어떻게 명명하는 것이 적합할까에 대하여 전문가들과 수많은 논의를 거듭하였으며, 그러한 과정에서 "기본 인프라스트럭처", "기반 인프라스트럭처", "基底 인프라스트럭처", "메타 인프라스트럭처", "핵심 인프라스트럭처", "왕 인프라스트럭처" 등 많은 의견이 제시되고 검토되었다. 본 연구에서는 인프라스트럭처와 관련된 개념들 간의 미묘한 차이와 원래의 "Infra of infrastructure" 의미를 두고 고심한 끝에 이를 "基底 인프라스트럭처"라고 부르기로 하였음을 참고하기 바란다.

우리나라의 基底 인프라스트럭처 정책 추진 방향을 논의한 후, 제5절에서 논의를 종합하고 요약함으로써 본 연구를 마무리하고자 한다.

본 연구는 인프라스트럭처와 관련된 개념적 논의 및 새로운 개념의 제안과 이에 토대한 국가의 정책방향을 논의하는 것을 목적으로 하였기 때문에 특별한 계량적인 접근법이나 특정한 연구방법론을 사용하지는 않았다. 대신에 제2절과 제3절은 새로운 개념을 제안하고 도출키 위해 광범위한 문헌조사와 분석을 활용하였고, 제4절에서는 관련 분야의 핵심 전문가들의 의견을 모으고 이를 정리하기 위하여 여러 차례의 브레인스토밍 방법을 활용하였다.

제2절 인프라스트럭처의 概念에 관한 檢討

옥스퍼드영어사전에 따르면, 인프라스트럭처(Infrastructure)란 사회나 기업을 움직이게 하는 데 필요한 기본적인 물질적, 조직적인 구조를 의미하며,[26] 때로는 경제가 기능할 수 있게 해 주는 서비스나 시설 등을 의미하는 것으로 설명되어 있다.[27] 이 용어는 전형적

---

26) Online Compact Oxford English Dictionary,
  http://www.askoxford.com/concise_oed/infrastructure
27) Sullivan, arthur; Steven M. Sheffrin (2003). Economics: Principles in action.
  Upper Saddle River, New Jersey 07458: Pearson Prentice Hall. pp. 474. ISBN
  0-13-063085-3.
  http://www.pearsonschool.com/index.cfm?locator=PSZ3R9&PMDbSiteId=2781&
  PMDbSolutionId=6724&PMDbCategoryId=&PMDbProgramId=12881&level=4.

으로 도로망, 상하수도 시설, 전력망, 전기통신망 등과 같이 사회체제를 지탱해 주는 기술적 구조를 지칭하는 경우가 많다. 기능적 측면에서 살펴보면, 인프라스트럭처는 재화와 서비스의 생산을 촉진시켜 주는 것으로서, 예를 들면 도로망이 공장으로 원자재를 공급할 수 있게 해 주며 또한 생산된 제품을 시장에 보내어질 수 있도록 해 주는 것과 같다. 어떤 경우에는 인프라스트럭처라는 용어가 학교나 병원과 같은 기본적인 사회적 서비스를 포함하기도 한다.[28]

본 연구에서는 인프라스트럭처를 사회나 국가체제를 지탱해주는 기반으로서의 기술적 구조나 물리적 구조를 의미하는 것으로 보고자 한다. 앞서 살펴 본 바와 같이 인프라스트럭처(Infrastructure)는 기반 또는 하부구조 등의 뜻을 가지고 있다. 요즈음은 줄임말로서 인프라(infra)를 종종 사용하기도 하며, 이는 일반적으로 상하수도나 도로 등의 사회체제의 기반을 이루는 물질적, 기술적 구조들을 의미한다. 특히, IT분야에서는 어떠한 시스템이나 사업이 유효하게 작동토록 하는, 즉 기반으로 필요로 하는 설비나 제도를 말하기도 한다.[29]

인프라스트럭처는 하부구조 · 하부조직 등을 가리키는 일반적 용어이지만, 오늘날에는 경제활동의 기반을 형성하는 시설 · 제도 등의 의미로 더 많이 사용되기도 한다. 이러한 의미에서 인프라스트럭처는 많은 경우에 동력 · 에너지 관계시설, 도로 · 수로 · 공항 · 항

---

28) Infrastructure, American Heritage Dictionary of the English Language, http://education.yahoo.com/reference/dictionary/entry/infrastructure(accessed January 17, 2009)

29) IT용어사전

만 · 전신 · 전화 등의 교통 · 통신시설, 상하수도 · 관개 · 배수시설 등을 포함하기도 한다.

그러나 위에서 열거한 것들은 전통적인, 즉 좁은 의미의 인프라스트럭처(Infrastructure)라 할 수 있다. 최근에는 위에서 본 것과 같은 인프라스트럭처들을 포함하여 학교 · 박물관 등의 교육 · 문화시설, 보건 · 의료 · 복지 등의 시설, 국토보전 · 도시계획관계 등과 관련된 모든 시설 및 일반적 경제활동의 기초 조건을 구성하는 자본시설 등을 포함하여 보다 넓은 뜻으로 인프라스트럭처를 해석하는 경우가 대부분이다.[30]

1. 인프라스트럭처(Infrastructure)의 기본 개념

1) 인프라스트럭처 용어의 유래

인프라스트럭처라는 단어를 어원사전에서 확인해 보면 적어도 1927년 이후에 사용되어진 것으로 보이며, 어떤 시스템 또는 운영(operation)의 기반이 되는 구현물(installation)을 의미하는 것으로 되어 있다.[31] 옥스퍼드 영어사전에 따르면 인프라스트럭처라는 단어는 원래 프랑스어에서 온 것으로 되어 있으며, 라틴어의 아래(below)를 의미하는 "infra"라는 접두어와 구조(structure)라는 말이 조합된 것으

---

30) 두산백과사전, EnCyber & EnCyber.com
31) Online Etymology Dictionary, Douglas Harper, Historian.
http://dictionary.reference.com/browse /infrastructure

로 설명되고 있다. 아마도 인프라스트럭처라는 용어는 프랑스에서 처음으로 사용된 후에 제1차 세계대전 즈음에 영어권으로 넘어온 것으로 알려지고 있으며, 처음에는 군사 분야에서 주로 사용되어 오다가 후에 현대적 의미로 도시계획 분야 등에서 사용되어진 것으로 보인다.[32]

그 후 인프라스트럭처라는 용어는 1980년대에 들어오면서 미국에서 급속히 확산되기 시작하였으며, 그 이후 당시 수십 년간의 공공시설에 대한 불충분한 투자와 소홀한 관리 등으로 초래된 미국의 국가적인 '인프라스트럭처 위기'에 대한 공공 정책적 차원의 논의를 촉발시키게 되었다.

하지만, 그러한 공공정책에 관한 논의는 인프라스트럭처에 대한 개념의 불명확성으로 인하여 흐릿해지게 되었으며, 이에 미국 국가연구위원회(U.S. National Research Council)에서는 아래와 같은 의미로 공공 인프라스트럭처("public works infrastructure")를 정의하기에 이르렀다.[33] 즉, 인프라스트럭처란 고속도로나 상하수도 같은 특정

32) The Etymology of Infrastructure and the Infrastructure of the Internet, Stephen Lewis on his blog Hag Pak Sak, posted September 22, 2008.
http://hakpaksak.wordpress.com/2008/09/22/the-etymology-of-infrastructure
-and-the-infrastructure-of-the-internet/

33) 당시 US NRC의 문서 중 관련된 부분을 발췌하면 다음과 같음: "···both specific functional modes — highways, streets, roads, and bridges; mass transit; airports and airways; water supply and water resources; wastewater management; solid-waste treatment and disposal; electric power generation and transmission; telecommunications; and hazardous waste management — and the combined system these modal elements comprise. A comprehension of infrastructure spans not only these public works facilities, but also the operating procedures,

한 목적이나 기능을 위한 사회적 구조들은 물론 이것들이 통합되어진 형태의 구조들을 일컫는다. 그러므로 통합적으로 볼 때 인프라스트럭처란 단지 공공적 목적의 구조들뿐만 아니라 그것들을 기능케 하는 운용절차와 관리방식과 관련된 정책들을 일컫는다고 할 수 있다.

다른 한편, 케인즈 경제학에서는 인프라스트럭처라는 말이 생산을 촉진시키는 공공재를 의미하는 것으로 광범위하게 사용되어졌으며, 다만 유사한 목적을 갖더라도 사적재에 대해서는 이 말을 사용하지 않았다. 그러나 후기 케인즈 학파에서는 이 용어가 본격적으로 유행하였으며, 기술적 시스템이나 비즈니스 조직에 있어 기본적인 내부 프레임워크를 의미하는 정도로까지 일반화되는 경향을 보이게 되었다.[34]

2) 경성(hard) 인프라스트럭처와 연성(soft) 인프라스트럭처

일반적으로 인프라스트럭처를 분류하는 경우 흔히 경성 인프라스트럭처와 연성 인프라스트럭처로 자주 구분하고 있다. 우선 "경성(hard)" 인프라스트럭처란 근세 산업사회에서 국가의 유지를 위해 필요했던 대규모의 물질적 네트워크 자체를 일컫는다. 반면, "연성

---

management practices, and development policies that interact together with societal demand and the physical world to facilitate the transport of people and goods, provision of water for drinking and a variety of other uses, safe disposal of society's waste products, provision of energy where it is needed, and transmission of information within and between communities." Infrastructure for the 21st Century, Washington, D.C.: National Academy Press, 1987.

34) Keynes, John Maynard (2007) [1936]. The General Theory of Employment, Interest and Money. Basingstoke, Hampshire: Palgrave Macmillan. ISBN 0230004768 http://cepa.newschool.edu/het/essays/keynes/keynescont.htm.

(soft)" 인프라스트럭처란 금융시스템, 교육시스템, 의료시스템, 정부제도와 법체계, 응급서비스 등과 같이 한 나라의 경제, 의료, 문화 및 사회체제를 유지하는 데 필요한 모든 제도적 장치(institution)를 일컫는다.[35]

3) 핵심 인프라스트럭처(Critical infrastructure)

핵심 인프라스트럭처라는 말은 경성이든 연성이든 그것이 손상되거나 파괴되는 경우에 그것에 의존하고 있는 시스템이나 조직의 심각한 붕괴를 일으키게 되는 인프라스트럭처 요소들을 일반 인프라스트럭처와 구별하기 위하여 광범위하게 사용되고 있다. 예를 들면, 태풍이나 홍수 또는 지진 등이 강을 가로지르는 다리와 같은 운송망을 파괴하는 경우 그로 인하여 사람들이 피신하거나 긴급 서비스를 받을 수 없게 되는 것과 같은 심각한 문제를 일으키게 된다면 그러한 운송망을 핵심 인프라스트럭처라고 부를 수 있는 것이다. 마찬가지로, 온라인 예약시스템 같은 것이 항공사에게는 핵심 인프라스트럭처가 될 수 있을 것이다.

2. 인프라스트럭처의 전형적 속성

일반적으로 인프라스트럭처는 다음과 같은 전형적 속성들을 갖는 것으로 알려져 있다.

---

35) http://www.opendb.net/element/19099.php

1) 자본재로서의 특성

인프라스트럭처들은 일반적으로 서비스를 제공하는 자본재로서의 속성을 가진다. 일반적으로 인프라스트럭처 분야에 종사하는 사람들은 인프라스트럭처를 운영하고 감시하며 관리하지만, 해당 인프라스트럭처의 이용자나 고객에게 직접 서비스를 제공하지는 않는다. 그러므로 고객과 인프라스트럭처 분야에 종사하는 사람들 간의 상호작용은 서비스를 위한 과금이나 일정 관리 및 주문 등과 관련된 관리적인 일들에 국한된다.

2) 대규모 네트워크

대부분의 인프라스트럭처들은 수 세대에 걸쳐 건설된 대규모 네트워크 형태를 띠고 있으며, 그러한 연유로 한꺼번에 전체 시스템을 교체하기가 매우 어렵다. 그러한 네트워크는 대체로 지역적으로 한정된 지역에 서비스를 제공한다. 또한 그러한 시스템이나 네트워크의 서비스 역량이 이를 구성하는 부품들이 노후화되어 감에 따라 이것들을 지속적으로 교체하거나 보완함으로써 유지되기 때문에 일반적으로 오랜 수명을 가지게 된다.

3) 역사성과 상호의존성

인프라스트럭처 시스템이나 네트워크는 끊임없이 수정되고 개선되며 확장되는 한편, 다양한 요소들이 재건설되고 때로는 새로운 용도에 맞게 수정·폐지되는 등 오랜 시간을 두고 진화하게 된다. 그러한 시스템의 하위 요소들은 상호의존적이어서 이것들을 세부적으로 가르거나 분리하여 취급하기는 어려우며, 시장 메커니즘에 따라 거래하거나 처리하기도 쉽지가 않다. 또한 이와 같은 시스템의 상호의존성으로 인하여 하위 요소들은 실제로 그것이 가질 수 있는 기대수명보다 짧은 수명 동안만 그 역할을 하게 되는 경우도 종종 발생한다.

4) 자연스런 독점

인프라스트럭처 시스템은 규모의 경제성(economies of scale)을 위해 한 부처나 독립기관이 그러한 서비스를 제공하기 보다는 종종 비효율적인 측면을 나타내기도 하지만 일반적으로 여러 부처나 기관이 서비스를 제공하게 되는 등의 속성을 보이며, 이에 대한 자연스런 독점(natural monopolies)이 일어나는 경향이 있다. 이러한 인프라스트럭처 시스템은 막대한 초기 비용과 상상하기 어려울 정도의 가치를 내포하는 경우가 많다. 그러나 그러한 시스템이 일단 건설되고 나면 추가되는 고객이나 사용자에게 추가적 서비스를 제공하기 위한 비용은 그렇게 크지 않으며, 특별히 최대용량(peak capacity)을 증가시키거나 지역적으로 네트워크를 확장할 필요가 없을 때에는 이러한 비용이 무시할만한 수준에 머무는 것이 일반적이다.

3. 인프라스트럭처의 유형과 종류

1) 경성(hard) 인프라스트럭처

경성 인프라스트럭처는 사람이나 자동차, 물, 에너지 관련 정보 등을 원활하게 유통되고 흐를 수 있게 해주는 자본재를 가리키며, 이것들은 자동차의 운행이나 전자파의 전송 등을 가능케 해 주는 네트워크나 핵심적인 노드의 형태를 가지게 된다. 이러한 인프라스트럭처 시스템은 고정적 자산과 제어시스템, 그리고 그에 부속하는 건물과 기기 등과 그것들을 운용하고 관리하는 데 필요한 사항들을 함께 포함한다. 또한, 승용차나 버스들, 그리고 쓰레기 수거차는 물론 기본적인 에너지 및 통신관련 설비들도 포함한다. 우리 사회에 존재하고 있는 주요한 경성 인프라스트럭처들의 유형 및 종류들을 살펴보면 다음과 같다.

(1) 교통 인프라스트럭처
- 교량, 터널, 지하수로와 관련된 담벼락 등을 포함한 도로 및 고속도로망과 주변시설(연석, 보도, 주변 경관 시설 등)
- 관련 구조물과 역사(역광장, 승하차장), 탑승로, 신호 및 통신 시스템 등을 포함한 철도망
- 지속적인 유지보수 시설(예를 들면, 준설시설 등)을 포함한 운하와 수로 등
- 항구와 등대
- 관제시스템을 포함한 공항
- 대중 운송 시설(출퇴근 선로 시스템, 지하철, 전차, 트롤리와 버

스 등)

- 자전거 통로 및 보도
- 연락선(ferry) 등

(2) 에너지 인프라스트럭처

- 발전소, 전력 송배전로, 변전소 등을 포함한 전력네트워크
- 가스 배달망 및 가스 저장소, 분배소, 천연가스 파이프라인 등
  (때로는 액화가스를 나르는 배나 화물차뿐만 아니라 가스 유전
  을 포함하기도 함)
- 석탄 저장 설비와 운반 설비를 포함하는 석탄광산
- 지역 난방 시스템을 위한 난방수 생산 및 배분 네트워크 자원 등

(3) 물 관련 인프라스트럭처

- 물공급 파이프, 유수지, 펌프, 밸브, 여과장치 및 측정기 등 관리
  기기를 포함한 음료수 공급시스템
- 하수도 시스템
- 주요한 관개 시스템: 저수지, 관개 수로 등
- 주요 홍수 방재시스템: 제방, 방조제, 배수펌프시설, 방재용 수
  문 등

(4) 통신 인프라스트럭처

- 집배/배분을 포함한 우편 시설
- 교환기를 포함한 전화 회선망
- 이동전화망
- 방송 관리를 위한 규정과 표준을 포함한 TV와 라디오 전송국

- 수신국과 케이블 전송망을 포함한 CATV 물리적 네트워크(하지만 여기에는 콘텐츠 제공자들이나 CNN이나 MTV처럼 특정한 채널만을 위한 네트워크는 포함되지 않음)
- 인터넷 시스템을 작동하게 해 주는 프로토콜이나 기본적 소프트웨어 및 고속 데이터통신 케이블이나 라우터 등을 포함한 인터넷 백본(소셜 네트워크나 온라인 검색엔진과 같이 광범위하게 사용되는 웹기반 서비스들은 포함될 수 있으나 특정 웹사이트는 포함되지 않음)
- 통신 위성
- 해저 케이블
- 군사 목적이나 긴급사태 시의 서비스 등을 위해 사용되는 전용 통신망 등

(5) 쓰레기 처리 관련 인프라스트럭처
- 지자체의 쓰레기 재처리 시설
- 쓰레기 처리장/폐기장
- 쓰레기 소각장
- 물품 재활용 시설
- 위험물질 처리 시설 등

(6) 지구환경 감시 및 측정 네트워크
- 기상 감시 네트워크
- 조수 감시 네트워크
- 지진 감시 네트워크
- 측지를 위한 벤치마크

- GPS(Global Positioning System) 네트워크 등

2) 연성 인프라스트럭처

연성 인프라스트럭처는 전문화된 시스템이나 설비와 같은 자산뿐만 아니라 다양한 시스템을 관리하는 법제도들(rules and regulations)과 같은 비물질적 시스템도 포함하는 개념이다. 여기에는 금융 시스템이나 전문적인 기술 등을 가르치는 조직이나 훈련기관 등도 포함이 된다. 우리 사회에서 기능하고 있는 주요한 연성 인프라스트럭처들의 유형 및 종류들을 살펴보면 아래와 같다.

(1) 제도적 인프라스트럭처
- 은행이나 외국환 업무, 금융 절차 및 규정 등을 포함한 금융 시스템
- 정부제도 및 법체계: (여기에는 정부 건물, 법원, 감옥 등과 같은 공공시설이나 법제도를 집행하고 관리하는데 필요한 시스템들은 물론 정치, 입법, 사법 관련 제도나 체계 등이 포함된다.)
- 긴급 구호나 서비스 등을 위한 특수 운송수단, 건물, 통신 및 전달 시스템을 포함한 경찰 소방 등을 위한 시스템 등

(2) 산업 인프라스트럭처
- 생산 및 제조 관련 인프라스트럭처: 여기에는 산업 단지, 경제 특구, 산업에의 투입을 위한 광산 및 처리 시설, 산업 생산을 위한 에너지, 운송 및 수자원 제공시스템, 그리고 공공 안전제도, 때로는 산업 활동을 규제하는 환경 법규들도 포함된다.

- 농업, 임업 및 수산업을 위한 인프라스트럭처: 여기에는 식품 운송 및 저장 시설, 농산품 가격 지원 시스템, 농업 환경 기준, 식품 검사제도 및 동 산업들을 위한 연구 기관들, 허가 및 할당제도, 수렵 금지 제도, 산림 화재 예방 규정 등이 포함된다.

(3) 사회적 인프라스트럭처

- 보건 및 건강 관련 시스템: 이는 병원 시설, 건강 보험을 비롯한 건강관리를 위한 금융 시스템, 치료 및 치료 절차에 관한 규제 및 시험 시스템, 전문 의료인 양성 및 인증제도, 전염병 등 공중보건 비상사태에 대비한 조정과 규제 및 감시제도 등을 포함한다.
- 교육 및 연구 시스템: 이는 초중등 교육기관, 대학 및 전문학교, 연구기관과 이러한 기관들을 위한 금융지원 및 인증 제도를 포함한다.
- 사회복지 시스템: 이는 사회적 희생 상태에 놓인 사람들 및 빈곤층 등을 위한 국가지원시스템과 사적인 자선활동을 포함한다.

(4) 문화, 체육 및 여가를 위한 인프라스트럭처

이는 문화 및 스포츠, 여가와 관련된 아래와 같은 인프라스트럭처를 말한다.

- 스포츠 및 여가 관련 인프라스트럭처: 공원, 스포츠 시설, 스포츠 리그 및 협회 등
- 문화 인프라스트럭처: 콘서트 홀, 박물관, 도서관, 극장, 스튜디오 및 관련 훈련 센터 등
- 여행 및 관광 인프라스트럭처: 인공 및 자연 볼거리들, 컨벤션

센터, 호텔, 음식점 등과 관광객이나 여행자들을 위한 정보안내, 여행 보험 등과 같은 서비스

4. 인프라스트럭처의 계획과 관리

인프라스트럭처 자산의 관리 방식은 어떻게 인프라스트럭처를 객관적이고 측정 가능한 방식으로 운용되게 할 것인가라는 표준서비스(SoS: Standard of Service)의 개념에 토대를 두고 있다. 표준서비스란 인프라스트럭처의 기능이 제대로 작동케 하기 위하여 고려되어야 할 최저 품질 수준을 포함하는 개념이다.

본 연구는 우리나라의 미래 인프라스트럭처 정책 방향을 논의하는 데 그 주안점을 두고 있으므로 여기에서는 주요한 개념적 요소들만을 간략히 언급하기로 한다.

일반적으로 인프라스트럭처의 관리를 위해 필요한 핵심 요소들을 간략히 요약하면 다음과 같다.[36]

- 표준 서비스(Standard of Service)의 정의
- 인프라스트럭처가 어떻게 운용되어야 하는가에 대한 측정가능한 명세서 수립
- 최소 서비스 품질 수준의 규정
- 해당 인프라스트럭처를 관리하기 위한 전 생명주기적 비용 접근 방식 수립

---

36) http://en.wikipedia.org/wiki/Infrastructure

- 인프라스트럭처 관리 계획 수립

제3절 인프라스트럭처의 변천과 基底 인프라스트럭처
   개념의 제안

 본 절에서는 앞에서 살펴보았던 인프라스트럭처의 개념 및 특성과
종류 등에 관한 논의를 토대로 이러한 인프라스트럭처가 인류 역사
의 흐름을 따라 어떻게 변천해 왔는지를 살펴보고, 또한 基底 인프라
스트럭처의 개념 제안과 더불어 핵심 요건들을 살펴보고자 한다.

1. 인프라스트럭처의 변천에 대한 역사적 고찰

 공동체 및 사회나 국가를 지탱해 주는 것으로서의 인프라스트럭
처는 그 역할과 개념은 다소간 다를 수 있겠지만, 사실상 공동체나
사회 또는 국가가 존재할 때부터 동시에 존재하여 왔다고 볼 수 있
다. 예를 들면, 산업사회 이전까지 지속되었다고 볼 수 있는 농경시
대에는 농토, 관개 시설, 성이나 성벽 등이 중요한 인프라스트럭처
였다고 볼 수 있다. 물론 농경을 주로 하지 않았던 유목민족이나 또
다른 생활양식을 가졌던 사회에서는 그에 따른 상이한 인프라스트
럭처들이 존재하였을 것임은 자명한 것이라 할 수 있다.
 인류가 고대 원시 유목생활로부터 농경사회를 거쳐 산업사회로의

변천을 거쳐 오게 됨에 따라 이러한 인프라스트럭처들도 변화하게 되었음은 두말할 나위가 없다. 산업사회에서는 생산과 수송 등을 효과적으로 할 수 있게 해 주었던 증기기관 등 동력 생산시스템이나 전력 시스템, 배, 기차, 자동차, 항공기 등 운송 시스템, 지역과 지역을 원활하게 연결하여 주는 도로망 등이 대표적인 인프라스트럭처로서 역할을 담당하였다고 볼 수 있다. 아마도 산업사회에서의 基底 인프라스트럭처는 공장과 모든 수송수단을 움직일 수 있도록 해 주었던 동력생산시스템이었다고 볼 수 있을 것이다.

다시금 인류역사상 근대 250여 년간의 산업사회가 마무리되고 우리 사회가 지식정보사회로 접어들게 됨에 따라 국가나 사회적으로 중요한 인프라스트럭처도 이에 맞추어 변화하게 되었음은 물론이다. 즉, 지식정보사회에서는 기존의 농경사회나 산업사회의 인프라스트럭처들을 뒤로 하면서 정보통신, 정보시스템, 유무선통신망, 인터넷과 같은 인프라스트럭처들이 보다 중요한 위치를 점하게 되었다. 하지만, 이것이 종전의 산업사회에서 중요시되었던 도로망이나 전력공급망 등이 더 이상 인프라스트럭처가 아니라는 것을 의미하지는 않는다. 다만, 그러한 기존의 인프라스트럭처들보다 사회나 국가의 운용과 발전에 앞서 얘기한 새로운 통신이나 정보시스템과 같은 인프라스트럭처들의 역할이 더욱 핵심적인 역할을 하게 되었음을 의미한다고 할 수 있다.

이제 우리는 지식정보사회의 정점을 지나 또 다른 새로운 사회의 모습을 향해 나아가고 있다. 새롭게 다가올 사회에 대해서는 많은 전문가들과 미래 학자들이 다양한 용어를 사용하면서 예측도 하고 조망도 하고 있다. 혹자는 융합의 시대(Fusion Age)를 얘기하고, 또 다른 전문가들은 대변혁의 시대(Big Age)를 말하기도 한다. 두말할 것도 없이 우리가 미래를 예측하는 것은 결코 쉬운 일이 아니라는 점과, 또한 그러한 미래가 어떤 측면에서 보면 인간 스스로가 만들어 가는 측면도 없지 않음을 생각한다면 미래를 예측하거나 상상한다는 자체가 더욱 복잡하고 어려운 것임이 분명하다. 게다가 우리를 더욱 당혹스럽게 하는 것은 긴 인류 역사를 돌이켜 볼 때, 이러한 사회 변화의 속도는 점점 더 빨라지고 있다는 것이다.

그런데, 본 연구의 주요한 관심은 서두에 설명한 바와 같이 다가올 미래에 대비하여 과연 국가가 무엇을 새롭게 등장할 미래의 基底 인프라스트럭처로 인식하고 이에 효과적으로 대응함으로써 21세기에 대한민국을 세계적인 초강국 수준으로 만들 수 있을 것인가를 검

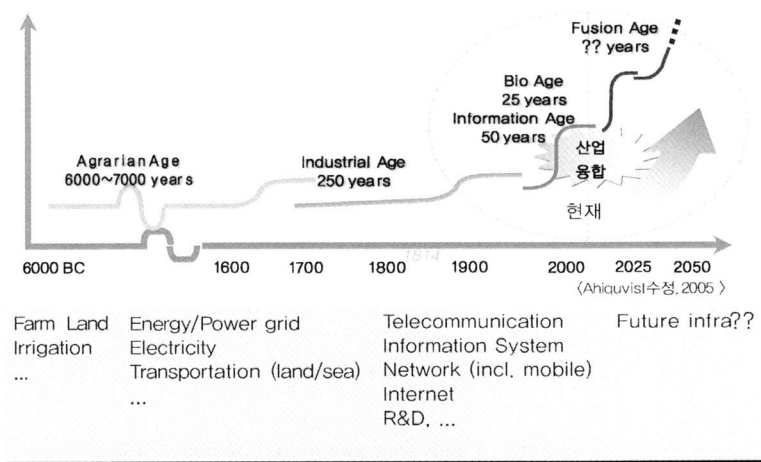

토·분석을 통해 제시해 보고자 하는 것이다. 위 그림은 이러한 관심을 염두에 두고, 지금까지 인류가 겪어온 역사를 통하여 과거의 인프라스트럭처를 살펴보고, 이를 통하여 앞으로 다가올 미래 인프라스트럭처에 대한 조망을 요약적으로 도식화한 것이다.

위 그림에서 보여 주듯이 인류의 역사적 흐름에 따른 인프라스트럭처의 변화를 살펴보면 몇 가지 특징을 발견할 수 있다. 즉, 한 가지 특징은 과거의 인프라스트럭처는 물리적 성격이 강했지만 오늘날 현대로 오면서 그러한 인프라스트럭처들이 보다 논리적 성격을 더 많이 가진다는 점이다. 다음으로 그러한 인프라스트럭처들이 과거에는 하드웨어 지향성을 가진 데 반하여 점점 최근으로 오면서는 그것들이 보다 소프트한 지향성을 더해 가고 있다는 점이다. 특히 이러한 변화의 흐름은 앞으로 다가올 현실 세계와 사이버 세계의 통합 환경 속에서는 더욱 두드러질 것으로 판단된다. 예를 들면, 오늘날 전력망이나 상하수도 망 못지않게 인터넷을 기반으로 한 온라인 망이 우리 생활에 매우 큰 영향을 미치고 있는 것 등이 그것이다.

그렇다면, 앞으로의 인프라스트럭처는 어떠한 모습을 가지게 될 것인가? 이는 다음에 基底 인프라스트럭처라는 새로운 개념을 제안하면서 아울러 이러한 질문에 대한 답변도 함께 구하고자 한다.

2. 基底 인프라스트럭처 개념의 제안

基底 인프라스트럭처란 앞서도 잠시 언급하였듯이 한마디로 인프라스트럭처의 인프라로서의 역할을 하는 인프라스트럭처(Infra of Infrastructure)를 의미한다. 즉, 인프라스트럭처가 사회나 국가체제를 지탱해 줌으로써 재화와 용역의 생산을 촉진하여 준다면, 基底 인프라스트럭처는 그러한 인프라스트럭처의 기본적 역할에 더하여 또 다른 인프라스트럭처들을 지탱해 주고 그러한 인프라스트럭처들의 인프라로서의 작용을 하는 것이라고 할 수 있다. 이러한 개념을 간략히 도식화하여 나타내 보면 아래와 같다.

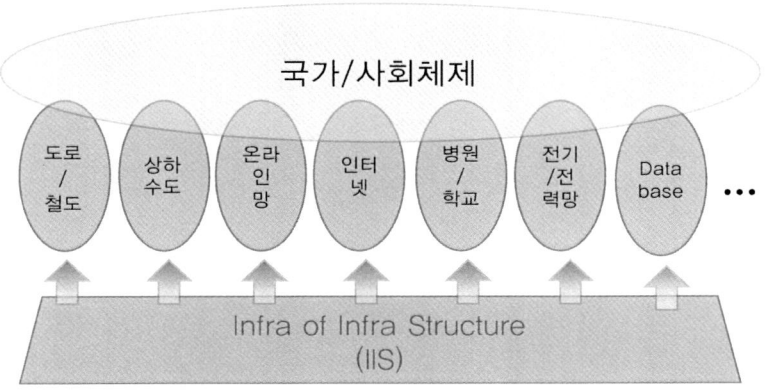

위 그림에서 보듯이 基底 인프라스트럭처는 말 그대로 인프라스트럭처들의 인프라스트럭처(Infra of infrastructure) 역할을 한다고 볼 수 있으며, 이러한 점에서 이는 수직적으로 한 차원이 다른 인프라스트럭처로서의 특징을 가진다고 볼 수 있다. 그러한 점에서 이는

여러 수평적 차원의 인프라스트럭처들 중에서 붕괴 시 그것이 지탱하는 사회나 국가체제를 마비시키게 되는 핵심 인프라스트럭처(Critical infrastructure)와는 차원이 다른 개념이라고 할 수 있다[37]. 이러한 점에서, 이를 단순히 매우 중요하다는 의미로 왕 인프라스트럭처(King infrastructure)나 기반 인프라스트럭처로 명명하기 곤란한 이유도 여기에 있다.

3. 국가 基底 인프라스트럭처의 요건

지금까지 살펴 본 바와 같이 한 국가의 미래 인프라스트럭처를 설정하고 이에 대한 중장기적 계획을 수립하여 성공적으로 이를 구현하고 활용하는 것은 한 국가의 미래 모습을 좌우할 수도 있는 매우 중요한 것이다.

여기에서는 지난 수개월간 전문가들의 브레인스토밍과 심층면접을 통하여 도출된 基底 인프라스트럭처의 요건들에 대하여 살펴보고자 한다. 요약하여 기술하면, 한 국가의 미래 基底 인프라스트럭처를 설정하는 데 중요한 기준들로서는 ① 미래지향성, ② 역사성, ③ 파급효과성, ④ 실현가능성, ⑤ 독창성 등이 제시되었다. 이들 각각에 대한 내용을 좀 더 자세히 설명하면 아래와 같다.

---

37) 예를 들면, 우리 사회가 지식정보사회로 접어들기 훨씬 전의 시점인 1970년대 말 정도로 돌아가서 생각해 볼 때 당시에 미래 基底 인프라스트럭처로서는 아마도 "디지털 기술"과 같은 것이 적절하였을 것으로 보인다.

1) 미래 지향성

무엇보다도 21세기 이후의 한 나라의 미래를 좌우할 수 있는 국가 基底 인프라스트럭처는 미래 지향성을 가져야 된다는 것이 그 첫 번째 요건이다. 미래지향성을 갖지 못한 것을 국가 基底 인프라스트럭처로서 인식하게 되는 경우에는 한 국가가 가지고 있는 자원의 유한성을 고려해 볼 때 기회비용을 발생시킴으로써 오히려 국가의 미래 발전을 도모하는 데 상대적으로 저해 요인이 될 수도 있음이 지적되었다.

앞에서 인프라스트럭처의 역사적 변천에서 살펴 본 바와 같이 인류 사회의 변화와 함께 基底 인프라스트럭처도 지속적으로 변화해 왔으며, 특정 시대별로 그 시대의 핵심이 되는 基底 인프라스트럭처들을 먼저 인식하고 이를 구축하여 효과적으로 활용한 국가들이 결국 한 시대를 주도해 왔음을 알 수 있다. 이는 미래에 대한 정확한 예측과 이에 대한 한발 앞선 준비가 한 국가의 미래 모습을 결정한다는 것을 의미한다.

다른 한편으로, 앞에서 간략히 언급한 바와 같이 우리 사회의 여타 다른 분야와 마찬가지로 인프라스트럭처 분야에 있어서도 그 변화의 속도가 갈수록 빨라져 가고 있다는 것이다. 좀 더 구체적으로 살펴보면, 우리는 오랜 농경시대의 인프라스트럭처를 뒤로 하고 200여 년 동안의 전력이나 에너지 지향적인 산업시대의 인프라스트럭처를 지나 최근에는 지식정보사회의 고점을 넘어 또 다른 새로운 사회의 모습으로 숨 가쁘게 넘어 가고 있다.

새롭게 다가올 사회에 대해서는 많은 전문가들과 미래 학자들이 다양한 용어를 사용해 가면서 예측과 조망을 내놓고 있다. 혹자는 융합의 시대(Fusion Age)를 얘기하고, 또 다른 전문가들은 대변혁의 시대(Big Age)를 말하기도 한다.[38] 분명 우리가 미래를 예측하는 것은 결코 쉬운 일이 아니며, 또한 그러한 미래가 어떤 면에서는 인간 스스로가 만들어 가는 측면도 없지 않음을 생각한다면 미래를 예측하고 이에 미리 대응한다는 것은 더욱 복잡하고 어려운 것임이 분명하다.

그러나 다가올 미래에 잘 들어맞는 국가 基底 인프라스트럭처를 제대로 인식하여 여기에 국가의 자원과 국민들의 노력을 경주토록 한다면 한 나라의 밝은 앞날을 약속받을 수 있는 만큼 이러한 미래의 변화를 예측한 국가 基底 인프라스트럭처의 인식과 설정의 중요성은 더 이상 부언할 여지가 없다.

2) 역사성

앞서 살펴본 바와 같이 인프라스트럭처의 중요한 속성 중의 하나는 역사성(historicity)과 상호의존성(interdependence)이라고 할 수 있다. 이는 H/W적 특성을 갖는 인프라스트럭처에서 뿐만 아니라 S/W적 특성을 갖는 인프라스트럭처에서도 마찬가지라고 할 수 있다. 상호의존성이란 앞서 인프라스트럭처의 개념에 대한 논의에서도 언급

---

38) Ahlquvist, 2005

되었듯이 인프라스트럭처는 사회 내의 다른 인프라스트럭처나 또는 산업 구성요소들과 밀접한 상호 연관성을 가진다는 것으로 이는 다음에 살펴 볼 파급효과성과 상당히 중첩되는 개념이라고 할 수 있다. 그러므로 여기에서는 인프라스트럭처의 역사성이 우리가 基底 인프라스트럭처를 논의함에 있어서 어떻게 고려되어야 하는지 만을 살펴보기로 한다.

인프라스트럭처의 역사성이란 간단히 말하면 전에 듣지도 보지도 못했던 전혀 새로운 인프라스트럭처가 하루아침에 생겨나는 것은 아니며, 또한 그렇게 될 수도 없다는 것이다. 영국의 철학자 에드워드 카(E. H. Carr)가 말하였듯이 미래란 과거와 현재의 연속선상에 놓여있는 것이라는 점을 상기한다면 이는 너무도 당연한 것이라고 할 수 있다.[39] 즉, 대부분의 인프라스트럭처는 오랜 시간을 두고 건설 또는 구축되고, 보완 및 개선되며 때로는 부분적으로 폐지되거나 추가되어 가면서 진화해 나아간다는 것이다. 다만, 앞에서도 살펴보았듯이 이러한 인프라스트럭처의 구축이나 보완 및 개선, 그리고 추가나 폐지에 걸리는 시간은 점점 짧아지고 있으며, 달리 말하면 인프라스트럭처의 변화 속도가 그 만큼 빨라지고 있다는 것을 의미한다.

위와 같은 역사성의 측면에서 국가 미래를 위한 基底 인프라스트럭처를 설정하고 구축함에 있어서 구체적으로 고려해야 할 사항들은 다음과 같다. 우선 국가 미래 인프라스트럭처는 그 국가가 과거

---

39) E. H. Carr, 1962

로부터 현재까지 겪어온 여러 가지 상황 요인들과 현재 해당 국가가 가지고 있는 역량 등을 종합적으로 고려하여 설정되어야 한다. 다음으로, 점점 빨라져가는 변화의 속도를 감안하여 그러한 미래 基底 인프라스트럭처의 인식을 통한 설정과 구현은 그 만큼 신속하게 이루어지지 않으면 안 된다는 점이다.[40]

3) 파급효과성

국가 발전의 핵심 동인의 역할을 할 국가 基底 인프라스트럭처는 한 국가의 경제 발전은 물론, 다른 인프라스트럭처에 대한 긍정적 효과와 국가 안위에서 국민 삶의 질에 이르기까지 광범위한 파급효과성을 고려하여 선정되어야 한다. 즉, 그러한 基底 인프라스트럭처가 설정되고 이것이 성공적으로 구축되었을 경우에 기존에 기능하고 있는 여러 가지 인프라스트럭처는 물론 산업 분야들에 광범위한 긍정적 파급효과를 줄 수 있어야 함은 물론, 여러 가지 사회 현안문제의 해결을 포함하여 무엇보다도 민주주의 국가의 주인이라 할 수 있는 국민들의 삶의 질 향상에도 적절히 기여할 수 있어야 한다.

최근 머서(Mercer) 컨설팅사가 세계 220여 개 도시의 삶의 질(Quality of Living)에 관한 조사보고서를 내면서 사용하였던 삶의 질을 평가하는 지표를 살펴보면, 우선 삶의 질을 결정해 주는 10개 분야를 대범주로 선정하고 다시 각 분야에 대한 세부적인 항목들을 발표한 바

---

40) 최근 아이폰의 App Store의 증가 속도는 한 달에 2~3배를 보여 줌으로써 최소한 과거 10여 년 전에 논의되었던 CPU나 메모리 등 IT 기술개발 속도의 10배 이상 빨라졌음을 예증해 준다.

있다. 동사가 삶의 질 평가를 위해 선정했던 10개 분야는 정치사회 환경, 경제환경, 사회문화환경, 의료보건서비스, 학교 및 교육, 자연환경, 공공서비스 및 교통, 여가, 소비생활, 주거 등이다[41]. 그러므로, 한 나라가 국가 基底 인프라스트럭처를 선정하고자 하는 경우에 국민의 삶의 질 향상도 중요한 요소가 된다고 본다면 이러한 10개 분야들에 대한 파급효과도 적정한 수준으로 고려되어야 할 것이다.

뿐만 아니라, 그러한 국가 基底 인프라스트럭처가 해당 국가의 과거로부터 현재까지 이어져 온 주요 핵심 산업들을 위한 경쟁력 제고 등에 큰 파급효과를 줄 수 있는 것이 되어야 함은 더 말할 나위가 없다. 더불어, 그 基底 인프라스트럭처가 해당 체제 내에 작동하고 있거나 미래에 등장이 예상되는 다른 인프라스트럭처들에 대해서도 큰 파급효과를 가지는 것이 되어야 함은 물론이다.

4) 실현 가능성

한 국가의 基底 인프라스트럭처가 갖추어야 할 또 다른 중요한 요건 중의 하나는 실현 가능성이라고 할 수 있다. 아무리 좋은 基底 인프라스트럭처를 인식하고 구상하였다고 하더라도 현실적으로 그것이 실현될 가능성이 희박하다면 이것이 미래 국가 발전을 위해 별 도움이 될 수 없을 것임은 자명한 일이다. 이러한 실현 가능성은 앞서 살펴본 역사성과도 관련이 되는 것으로 로마는 결코 하루아침에

---

41) Quality of Living worldwide city rankings 2010 - Mercer survey 출처: http://www.mercer. com/summary.htm?idContent=1173105

이루어지지 않았다는 말이 있듯이 하루아침에 전혀 새로운 구상을 하고 이를 실현한다는 것은 대단히 어려운 일일 뿐만 아니라, 설령 그것을 지난한 노력을 통해 실현한다 하여도 그 비용 및 기존의 타 인프라스트럭처들이나 산업들과의 연계성 등의 결여로 인하여 실패할 가능성이 대단히 높다고 하겠다.

그러므로 한 국가의 미래를 위한 국가 基底 인프라스트럭처를 논의하고 결정함에 있어서는 그러한 인프라스트럭처가 현실적으로 그 나라가 동원할 수 있는 여러 분야에 걸친 역량과 능력을 통하여 목표한 시기까지 성공적으로 구축될 수 있을 것인가를 면밀히 검토하여야 할 것이다.

5) 독창성

끝으로 국가 基底 인프라스트럭처의 선정에 있어서 중요한 기준 중의 하나로 독창성(creativity)을 들 수 있다. 물론 현재 세계 속에서 그 국가의 위상에 따라 독창성에 대한 해석과 그 중요성에 대한 해석은 다소간 달라질 수 있겠지만, 분명한 것은 독창성을 가지지 못한 基底 인프라스트럭처를 선정하고 이를 실현하는 것으로는 결코 세계 최고가 될 수는 없다는 것이다. 특정 국가의 전략이나 사례를 모방한 基底 인프라스트럭처를 가지고는 잘해 봐야 2등 이상은 할 수가 없을 것이다.

제4절 한국의 미래 基底 인프라스트럭처의 도출과 정책 추진 방향

본 절에서는 앞 절에서 살펴보았던 基底 인프라스트럭처의 개념과 역사적 변천 및 基底 인프라스트럭처 개념과 요건들을 중심으로 21세기에 대한민국이 가져야 할 국가 基底 인프라스트럭처를 설정·도출해 보고, 이러한 基底 인프라스트럭처를 위한 정책 추진 방향에 대하여 살펴보고자 한다.

1. 미래를 위한 한국의 基底 인프라스트럭처 탐색

우선, 앞에서 살펴본 국가 基底 인프라스트럭처의 요건들을 염두에 두고 21세기를 위한 대한민국의 基底 인프라스트럭처를 탐색해 보기로 한다. 본 연구에서는 해당분야의 전문가들을 대상으로 앞에서 살펴 본 基底 인프라스트럭처의 요건들을 중심으로 브레인스토밍과 심층면접을 통하여 한국의 基底 인프라스트럭처의 도출을 시도하였다.[42] 본 연구에서 전문가 심층면접과 브레인스토밍이라는 접근을 선택한 이유는 크게 다음과 같은 이유에서이다.

---

42) 브레인스토밍과 심층면접에 참석한 전문가들은 다음과 같다: 고상원(KISDI 실장), 김준수(한국지질자원연구원 책임연구원), 안재현(KAIST 미디어학과 교수), 양광호(ETRI 책임연구원), 양승택(전 정보통신부 장관), 오재인(단국대학교 교수), 오정훈(고려대 국제대학원 교수), 이건창(성균관대 경영학과 교수), 이광철(홍익대학교 경영학과 교수), 이종수(서울대 산공과 교수), 임용곤(한국해양연구원 소장), 정재영(전 성균관대학교 부총장/경영학과 교수), 정찬모(인하대 법학과 교수), 조성갑(전 ICA원장), 홍성필(연세대 법학과 교수) 등 15명이다(가나다순).

첫째, 제반 고려사항들을 계량화하여 미래를 위한 基底 인프라스트럭처를 도출 · 설정한다는 것이 결코 용이한 작업이 아닐 뿐만 아니라, 다른 한편으로는 설령 그러한 시도를 하여 결과를 도출한다 하더라도 그것의 타당성에 대해서는 계량화의 한계 등을 포함한 또 다른 문제의 소지가 있을 수 있다는 점이다.[43]

둘째, 본 연구와 같은 시론적 개념 제안에 대해서 성급한 계량적 접근은 자칫 논의의 초점을 실질적인 내용보다 분석 방법으로 옮겨 가게 할 수 있다는 점이다.

셋째, 특정한 基底 인프라스트럭처를 정치하게 도출하는 것도 의미가 적지 않겠지만, 본 연구의 보다 중요한 목적은 국가의 미래 발전을 위한 基底 인프라스트럭처라는 개념을 새롭게 제안하고 이를 탐색적으로 적용해 보는 데 있다는 점[44] 등이 그것이다.

1) 대한민국의 미래 基底 인프라스트럭처 도출

전문가들을 대상으로 하여 향후 대한민국의 미래를 위한 국가 基

---

43) 전문가들의 토론 결과, 基底 인프라스트럭처의 설정을 위한 고려 사항으로는 위에서 언급한 것들 외에도 실제로는 다양한 다른 요소들이 관련되어 있을 수 있을 뿐만 아니라, 계량적 접근을 시도하는 경우 基底 인프라스트럭처 선정의 기준이나 요소들 간의 상호의존성(interdependence) 또는 배타성(exclusiveness), 그리고 각각의 요소들이 갖는 상대적 중요성 또는 이에 따른 가중치 등에 대한 논쟁이 있을 수 있을 것이라는 의견들이 제시된 바 있다.

44) 추후 국가 基底 인프라스트럭처 개념에 대한 보다 활발한 논의를 통하여 이에 대한 공감대가 충분히 확산되고 난 후에 필요 시 계량적 방법론을 포함한 보다 체계적인 분석을 통한 추가 연구를 수행할 예정임을 밝혀 둔다.

底 인프라스트럭처를 도출키 위한 브레인스토밍과 심층면접 실시 결과를 종합하여 정리하면 아래와 같다.

우선, 우리나라의 미래 국가 基底 인프라스트럭처를 도출키 위한 브레인스토밍과 심층면접을 진행하는 동안에 전문가들로부터 많은 의견들이 제시 및 표출되었으며, 이들 중 중요한 것들을 요약하면 다음과 같다.

○ 미래 발전을 위한 국가 基底 인프라스트럭처는 지식사회 이후 미래 사회에 걸맞은 소프트하고 창의적인 것이 되어야 할 것이다.

○ 농경, 산업 시대에서 보아 왔던 물질적, 하드웨어 중심의 전통적 고정 관념에서 탈피하여야 한다.

○ 스크린골프, 내비게이션, 웹 스토아 등이 미래의 사회 변화 방향을 암시해 주는 것으로 볼 수 있으며, 이러한 연장선상에서 우리나라가 강점을 가지고 잘할 수 있는 무엇인가를 발견토록 하여야 한다.

○ 현실사회(real world)에서 뿐만 아니라 미래에 다가올 것으로 예상되는 사이버세상(cyber world)에서도 작동할 수 있는 것이어야 한다.

○ 우리나라가 세계 정상에 서기 위해서는 주요 선진국들의 전략과 동향을 분석하고 검토는 하되 이들을 앞지르고 선도해 나아갈 수 있으며, 실현가능한 것들 중에서 세계 최초로 국가적 차원의 基底 인프라스트럭처의 선언과 실현이 이루어져야 한다.

○ 기존 주요 산업과 새롭게 등장하게 될 산업의 미래 경쟁력을 지속적으로 제고해 줄 수 있는 것이어야 한다.

○ 날로 심각해져 가는 한국사회의 현안문제들에 대한 해결의 실
  마리를 제공해 줄 수 있어야 한다. 예를 들면, 고령화 문제, 교
  육 문제, 일자리 문제 등 현재 우리나라가 당면하고 있는 문제
  들에 긍정적인 영향을 주어야 되며, 적어도 부정적 영향을 주
  어서는 안 된다.
○ 우리나라의 기존 핵심 산업인 IT, 조선, 자동차, 제철, 원자력
  산업 등과의 보다 심화된 융합을 통한 국내 산업의 지속적 경
  쟁력 강화를 도모할 수 있어야 한다.

다음으로, 전문가들을 대상으로 하여 향후 대한민국의 미래를 위
한 국가 基底 인프라스트럭처가 무엇이 되어야 할 것인가에 관하여
아래의 표와 같은 프레임워크를 사고의 틀로 제시하고 의견을 취합
하는 과정을 거쳤다.

대상 \ 요건	미래 지향성	역사성	파급효과성	실현 가능성	독창성
I&C Tech.					
바이오 기술					
나노 기술					
대운하					
원자력					
…					

전문가들의 의견을 취합하여 중간 결과를 제시하고 다시 의견을
묻는 과정을 수차례 반복한 결과 위에서 살펴 본 미래지향성, 역사
성, 파급효과성, 실형 가능성, 독창성 등의 요건을 가장 잘 충족시켜

줄 수 있는 향후 대한민국의 미래를 위한 국가 基底 인프라스트럭처
는 "정보통신기술(ICT: Information and Communication Technology,
이하 I&C Tech. 라 함) 그 자체"가 되어야 한다는 데 다수의 의견이
일치하였다[45]. 여기에서 강조해 두어야 할 것 중의 하나는 기존에 우
리가 널리 얘기해 왔던 ICT나 IT와는 달리 우리의 미래를 견인해 줄
인프라 중의 인프라스트럭처는 정보 및 통신분야의 기술 그 자체가
되어야 한다는 점이다.[46]

대상 전문가들이 앞에서 살펴본 미래 基底 인프라스트럭처의 요
건들에 따라서 의견을 제시한 것은 아니지만, 왜 I&C Tech. 그 자체
가 국가 미래 基底 인프라스트럭처로 선정되어야 하는가? 에 대하
여 제시된 주요한 의견들만을 앞에서 살펴본 요건들을 중심으로 요
약·정리하면 아래와 같다.

첫째, 미래지향성의 측면과 관련된 전문가들의 의견은 다음과 같
이 집약되어진다.
 - 미국, 일본, 유럽 등에서 추구하고 있는 미래 국가 발전전략들을
   살펴보면 가장 많이 언급되어지고 있는 핵심 키워드가 IT 또는

---

45) 여기에서 굳이 약칭을 "I&C Tech."라고 하게 된 것은 이를 일반적으로 ICT 등으로 일컫
   게 되는 경우 많은 사람들이 우리가 흔히 써 오던 IT산업 내지는 ICT 산업을 말할 때의
   개념으로 혼동하는 경우가 토론 과정에서 여러 번 노정되었기 때문이다. 본 연구에서는 미
   래 국가 基底 인프라스트럭처로서 기존에 써 오던 IT 또는 ICT산업이 아니라 "Information
   and Communication 기술 그 자체"가 선정 되어야 함을 강조하고자 함이다.
46) 사실 지금까지 강조하고 많이 사용하여 온 ICT나 IT는 주로 정보기술 또는 정보통신 분야
   의 기술 그 자체를 지칭하기 보다는 동 분야의 제품이나 서비스, 또는 그러한 것과 관련
   된 산업분야를 일컫는 것으로 이해되어 왔다는 점에서 I&C Tech. 그 자체와는 적절히
   구분될 필요가 있다.

ICT로 나타나고 있다.

- IT나 ICT와 관련하여 "I&C Tech. 그 자체"는 앞으로 다가올 것으로 예측되는 사이버 세상과 현실 세계의 통합 환경에서도 매우 중요한 역할을 할 것이다.

둘째, 역사성과 관련하여 제시된 의견들을 요약하면 다음과 같다.
- 오랜 역사 속에서 우리 민족은 과거의 금속활자, 측우기 발명 등 기술에 강한 면모를 보여 왔음을 알 수 있다.
- 우리나라는 산업화에 뒤처짐으로써 근세에 어려움을 겪었으나, 20세기 후반에 시작된 지식정보사회로의 성공적 진입으로 선진국 대열에 진입할 수 있는 저력을 보여 주고 있다.
- 최근 IMF 경제위기 시 위기극복을 위하여 결정적 역할을 해 주었던 것이 IT산업부문이었으며, 최근(2003~2009년) 한국의 무역수지를 살펴보더라도 흑자를 가져오는 결정적 요인은 ICT 산업부문이었음을 알 수 있다.[47]

셋째, 파급효과성과 관련하여 제시된 전문가들의 주요한 의견은 다음과 같다.
- 우선 최근 I&C Tech.가 우리 생활과 산업 각 부문에 깊숙이 스며들고 있다는 증거들이 여러 곳에서 발견되고 있으며,[48] 이는

---

47) http://www.mke.go.kr 2010년 2월 4일 보도자료
48) 예를 들어, www.fast.de(2005) 자료에 따르면 2004년에서 2009년 사이 I&C Tech.는 기존의 통신 및 전자기기 제품을 넘어 산업 자동화화 건강관리 분야 등에서 급속한 확산을 보이고 있다. 또한, 그러한 추이와 더불어 이러한 I&C Technology에 대한 투자도 급속한 증가를 보이고 있음이 WISTA의 Digital Planet 2008 등 여러 자료에서 언급되고 있다.

정보통신기술이 사회와 국가 발전의 핵심인자로 급속히 부상하고 있음을 암시하고 있다.

- 또한, I&C Tech.가 최근 에너지, 수자원, 환경 및 공해, 재난 관리 분야 등에서 갈수록 중요한 역할을 해오고 있음도 막대한 파급효과성을 내포하고 있는 것이라고 할 수 있다.[49]

넷째, 실현 가능성에 관하여 제시된 의견들을 살펴보면 아래와 같다.
- 우선 한국은 최근에 IT 관련 산업에 있어서 적어도 외형상으로는 세계 속에서 최고 수준에 속하는 발전과 실적을 보여 왔다.
- 그 동안 상품화나 서비스 관련 기술에 있어서는 상당한 수준에 이르는 역량을 쌓아 왔으나, 아직까지 부품 및 핵심 원천 기술과 소프트웨어 분야에서는 제대로 된 역량을 갖추지 못하고 있음이 사실이며, 향후 이러한 분야에 대한 적극적 투자와 집중적 노력이 기존 서비스 또는 상업화 기술과의 시너지 효과창출에 결정적 역할을 하게 될 것이다.

마지막으로, 독창성과 관련하여서는 특별히 전문가들의 관심이 많이 표출된 분야이다. 이를 요약하면 아래와 같다.
- 한국이 세계 최고 수준의 국가로 거듭나고자 한다면 다른 여러 나라들의 전략을 세밀히 분석하고 검토하되 그것들을 따라가는 방식으로는 그러한 위상을 가질 수 없다.
- 지금까지 인류 역사를 통하여 여러 가지 인프라스트럭처들이 핵심적 역할을 수행해 왔으며, 각국이 나름대로 국가 발전을 위한

---

49) 2006년도에 발표된 Virginia Polytech Institute & State Univ.의 National Critical Infrastructure에 관한 자료는 이러한 흐름을 보여 주는 좋은 예라고 할 수 있다.

새로운 인프라스트럭처 들을 선언해 왔지만 기술 그 자체를 국가의 미래 基底 인프라스트럭처로 공식적으로 천명한 나라는 아직까지 세계 어디에서도 찾아볼 수가 없다.

위와 같이 각 전문가들의 의견을 취합하여 전체 의견을 형성하는 전 과정을 통해 "I&C Tech. 그 자체"를 한국의 미래 基底 인프라스트럭처로 설정하자는 데에 대부분 전문가들의 의견이 일치하였으나, 이에 대하여 일부 다른 의견 등을 보이거나 특별히 주목할 만한 의견들이 제시되기도 하였는바 이를 간략히 요약·제시하면 아래와 같다.

우선 우리나라의 미래를 위한 국가 基底 인프라스트럭처로 바이오 분야를 선정하면 어떤가 하는 의견이 제시되었다. 그러나 이러한 견해에 대해서 바이오 분야가 미래지향성이나 독창성 측면에서는 긍정적이나, 광범위한 분야로의 파급효과성이나 실현가능성 측면에 관하여 의문이 제기된 바 있다.

다음으로 이러한 미래 基底 인프라스트럭처의 설정 방법에 대한 보다 정치한 접근의 필요성이 제기되었으나, 이러한 방법론에 관한 부분은 향후 基底 인프라스트럭처의 개념 성숙과 더불어 향후에 더 많은 연구와 노력이 필요하다는 데에 공감이 이루어졌다. 또한, 국가 미래를 위한 基底 인프라스트럭처를 설정함에 있어서 절차와 방법론도 중요하겠지만, 다른 한편으로는 국가적 차원의 정책 담당자를 포함한 광범위한 주체들 간의 합의와 공감이 보다 효과적인 정책 집행을 담보할 수 있을 뿐만 아니라 더욱 중요한 의미를 가질 수 있

음이 지적되었다.[50)]

2. 국가 미래 基底 인프라스트럭처 정책 추진 방향

그러면, 앞서 살펴본 국가의 미래를 위한 基底 인프라스트럭처에 대한 정책 추진 방향은 어떻게 되어야 할 것인가? 여기에서는 이에 관한 기본적인 정책 추진 방향에 대하여 살펴보고자 한다.

우선 한 나라의 미래 基底 인프라스트럭처를 설정하고 이를 성공적으로 구축하기 위해서 가장 중요한 것은 국민적 합의와 공감대 확보라 할 수 있다. 최고통치권자뿐만 아니라 여·야 정치인들은 물론이고, 각종 전문가 집단과 일반 대중들이 심리적으로 공감함은 물론 이를 통해 나라의 미래를 희망적으로 밝혀 나아가겠다는 강한 의지가 집결되고 표출될 수 있어야 한다. 이를 위해서 정부의 관련 정책 담당자들과 전문가들이 노력해야 될 사항 중의 하나는 일방적인 정책선언이나 실행계획 발표와 같은 방식을 지양하고 결정과정에 가능한 한 많은 국민들이 참여하여 그들의 의견을 반영할 수 있도록 함으로써 동 정책에 관한 심리적 지지와 성원을 이끌어 내도록 하여야 할 것이다.[51)] 그렇게 함으로써 정부주도의 모습보다는 범국민적

---

50) 본 이슈에 대하여 설정 방법론과 절차 및 설정 과정에 참여한 주체들에 따라서 서로 다른 基底 인프라스트럭처가 도출될 가능성이 있다는 점도 지적되었으며, 모든 사회과학적 의사결정이 그러하듯이 만장일치로 하나의 基底 인프라스트럭처를 결정한다는 것은 결코 용이하지 않을뿐더러 이러한 측면에서 결정과정이나 절차보다도 합의 도출이 매우 중요하다고 판단된다.

51) 최근에 한국에서 국민적 관심을 불러일으킨 이슈로서 세종시 문제나 4대강 사업 추진 등

에너지를 충분히 활용할 수 있도록 추진됨이 바람직하다.

다음으로 국가 미래 基底 인프라스트럭처 정책을 성공적으로 추진기 위해서 중요한 사항은 투명하고 통합적인 중장기 플랜의 수립과 이에 대한 구체적인 실천 계획의 수립이라 할 수 있다. 앞서 제2절의 인프라스트럭처 계획과 관리부분에서 살펴본 바와 같이 미래 인프라스트럭처의 성공적 구축과 활용을 위해서는 무엇보다 계획 단계에서의 치밀한 준비가 매우 중요하다. 특히, 'I&C Tech. 그 자체'라는 基底 인프라스트럭처는 눈에 보이는 건축 구조물 등과는 달리 비가시성이 크다는 점에서 계획수립이 그 만큼 구체적이어야만 된다고 볼 수 있다. 그리고 基底 인프라스트럭처라는 것은 기존의 여러 가지 인프라스트럭처를 포함하여 거의 모든 산업부문에 영향을 미치게 된다는 점에서 조화로운 통합적 계획 수립의 중요성 또한 아무리 강조해도 지나치지 않을 것이다.

마지막으로, 이와 같은 미래를 위한 정책의 수립과 집행에 있어서 매우 중요한 것이 적절한 시기를 놓치지 않는 것이다. 본고에서 제안한 국가 基底 인프라스트럭처로서 'I&C Tech. 그 자체'에 대한 정부의 정책적 대응은 빠르면 빠를수록 그 효과가 클 것으로 예상된다. 왜냐 하면, 오늘날 우리 사회를 둘러싼 환경이 급속히 사이버세상을 향하여 움직여 가고 있을 뿐만 아니라,[52] 날로 심화되어가는

과 관련하여 가장 문제가 된 부분은 이러한 공감대 형성의 실패에 따른 강한 심리적 저항감에 그 뿌리를 두고 있다고도 할 수 있을 것이다.

52) 일례를 들어, 2010년 초부터 급속한 변화를 몰고 온 아이폰의 앱스토어의 Application 증가 속도를 보면 지난 2월초에 6만여 개였던 것이 3월초에는 20만 개에 이르는 모습을

국제경쟁 속에서 이와 같은 基底 인프라스트럭처에 관한 정책을 세계 최초로 천명하고 실행해 나아가는 것이 대단히 중요하기 때문이다.[53]

제5절 맺음말

본고에서는 미래 국가 발전을 이끌어 갈 '基底 인프라스트럭처'라는 개념을 새롭게 제안하였고, 이를 토대로 앞으로 대한민국이 가져야 할 미래 基底 인프라스트럭처 정책 방향에 대하여 논의하였다.

이러한 논의를 위하여 우리 사회에서 사용되어 오고 있는 인프라스트럭처의 개념과 인프라스트럭처의 역사적 변천, 그리고 基底 인프라스트럭처의 개념과 그것이 갖추어야 할 요건 등을 보다 구체적으로 살펴보았다. 이러한 논의가 국가의 미래를 밝혀 줄 하나의 씨앗이 되길 기대한다.

본고의 논의와 관련하여 향후 추가적인 연구를 요하는 남아있는 숙제들도 있다. 우선, 국가 基底 인프라스트럭처의 요건에 대해서는

보였다. 오래 전 Moore의 법칙으로 얘기되었던 컴퓨터나 반도체 관련 성능 등이 대략 18개월에 2배로 증가한다는 것은 이젠 전설 같은 옛이야기로 변해 가고 있다.

53) 지금 우리나라가 "I&C Tech. 그 자체"를 국가 미래 기저인프라스트럭처로 천명하게 되면 이는 대한민국이 세계 최초로 기술 그 자체를 인프라스트럭처로 선언한 나라로서 위상을 가질 수 있을 것이다. 또한 나중에 다른 나라가 유사한 전략을 가지고 한국의 모델을 따라온다 하여도 갈수록 가속화 되어가는 기술과 사회 변화 속도를 감안해 볼 때 한국을 추월하기는 대단히 어려울 것으로 예상된다.

앞에서 설명한 바와 같이 요건들 간의 상호연관성 및 중요도 등에 대한 추가적인 연구가 필요하다. 다음으로, 한국의 미래 基底 인프라스트럭처의 설정을 위하여 본 연구에서는 탐색적 수준으로 전문가들의 브레인스토밍을 활용하였으나, 이 부분에 대해서도 추후 이러한 브레인스토밍 결과를 참고로 하여 수렴 델파이 기법이나 설문조사 등을 실시하여 보다 구체적인 연구결과를 도출할 예정이다.

끝으로, 지금까지 논의한 국가 미래 基底 인프라스트럭처에 관한 모든 것들은 결코 생각만으로는 이루어 낼 수가 없다. 남보다 한발 앞서서 국가적 차원에서 정책과 전략을 구체적으로 수립하고, 이를 실천할 때에만 미래가 우리의 것이 될 것이다. 우리나라가 사업허가 범위와 법안 문제로 도입을 2년간이나 지체하여 기회를 놓쳐버린 스마트폰 앱 스토어는 이제 활용도가 1개월에 2배 이상 증가하여, 10개월이면 1000배를 상회하는 폭발적 속도로 질주하고 있다. 오늘날 후발주자는 결코 먼저 출발한 사람을 따라 잡을 수가 없는 상황이 벌어지고 있다. 또 다시 그러한 愚를 반복해서는 안 될 것이다. 모쪼록 부족하나마 본 연구가 대한민국의 밝은 미래를 열어가기 위한 하나의 의미 있는 출발점이 되었으면 한다.

참고문헌

1. 국내문헌

강근복(2000), 『정책분석론』, 대영문화사.

국가과학기술자문회의(기획)(2007), 「과학이 세상을 바꾼다」, 한국과학문화재
　　　단, ISBN 978-89-01-06951-7

권기헌(2008), 『정책학』, 박영사, ISBN 978-89-7189-564-1.

김철완·김태은 외(2005), 「IT839전략의 글로벌화를 위한 해외협력 강화방안
　　　연구」, 정보통신정책연구원.

김태은(2006), 일본의 IT 신개혁 전략, 「정보통신정책」 제18권 8호 통권 392호,
　　　정보통신정책연구원.

두산백과사전(2008), 「EnCyber & EnCyber.com」.

박기식(2010), 21세기 인프라스트럭처 정책방향(한국선진화재단 세미나 발표
　　　자료).

박세일(2008), 『대한민국 국가전략』, 21세기북스, ISBN 978-89-509-1633-3.

IT용어사전(2007).

양승택(2010), 끝없는 日新, 인투, ISBN 978-89-964512-1-1.

오명(2009), 『30년후의 코리아를 꿈꿔라』, 웅진지식하우스, ISBN 978-89-01-09370-3.

정보통신부·한국정보통신수출진흥센터(2006), 「2005년 IT 국제기구 활동 연
　　　차보고서」, 한국수출진흥센터.

정보통신정책연구원(2006), 「IT기반 미래국가발전전략연구 총괄보고서」.

페이스팝콘·에덤 한프트(2002), 『미래생활사전』, 인트랜스번역원 옮김, 을유
　　　문화사.

한국과학기술단체총연합회(2008), 「21C 선진한국을 위한 창조적 과학기술 정
　　　책」, KOFST Report.

허영선·김상배 외(2006), 『네트워크지식국가: 21세기 세계정치의 변환』, 을유
　　　문화사

2. 국외문헌

Ambrose, Stephen E(2000), *Nothing Like It In The World; The men who built the Transcontinental Railroad 1863 - 1869*, Simon & Schuster, ISBN 0-684-84609-8.

American Heritage Dictionary of the English Language.

Association of Local Government Engineers New Zealand(1998), *Infrastructure Asset Management Manual*, June 1998~Edition 1.1

Barrett, John Patrick(1894), *Electricity at the Columbian Exposition*, R. R. Donnelley & sons company, p.1.

Blenkinsop, John(2007), *Encyclopedia Brittanica*. (http://www.britannica.com/eb/article-9001800. Retrieved 2007-09-10.)

Brockman, John(2002), *The Next Fifty Years, Vintage books*, ISBN 0-375-71342-5.

Business Week(2009. 1. 7), Obama's Broadband Plan.

Bureau of Census data reprinted in Hughes, pp.282~283.

Carr, Edward Hallett(1962), *What is history?* Macmillan & Co. LTD., London.

D.O.D, Dictionary of Military and Associated Terms(2001 rev. 2005).

Engineers, Institution of Electrical(1880-3-24), "Notes on the Jablochkoff System of Electric Lighting", *Journal of the Society of Telegraph Engineers* IX (32): p.143.

Forbes.com(2009. 1. 6), The Tech Solution To the Recession.

Harper, Douglas, *Online Etymology Dictionary*.

Hofmann, Paul(1987), "Taking to the Highway in Italy", *New York Times*, 26 April 1987, 23.

IT Jungle(2009. 1. 12), There's No 1 in Barak Obama, But There is One in Bailout.

Kasem, Ajram(1992), The Miracle of Islam Science (2nd ed.). *Knowledge House Publishers*, ISBN 0-911119-43-4.

Keynes, John Maynard(2007) [1936], *The General Theory of Employment, Interest and Money*, Basingstoke, Hampshire: Palgrave Macmillan, ISBN 0230004768

Lay, M. G(1992), *Ways of the World, Sydney,* Primavera Press, pp.401, ISBN 1-875368-05-1.

Lewis, Stephen(2008), *The Etymology of Infrastructure and the Infrastructure of the Internet,* on his blog Hag Pak Sak, posted September 22.

Liverpool and Manchester(2007).
http://www.spartacus.schoolnet.co.uk/RAliverpool.htm. Retrieved 2007-09-19.

Mercer Consulting Co., *Quality of Living worldwide city rankings 2010* − Mercer survey.

Online Compact Oxford English Dictionary.

Patton, Phil(1986), *The Open Road: A Celebration of the American Highway*(New York: Simon & Schuster, 1986), p.77.

Sullivan, Arthur; Steven M. Sheffrin(2003), *Economics: Principles in action,* Upper Saddle River, New Jersey 07458: Pearson Prentice Hall, pp.474, ISBN 0-13-063085-3.

The Economist(2008), "The cracks are showing", 2008-06-26.

(http://www.economist.com/world/unitedstates/displayStory.cfm?story_id=11636517. Retrieved 2008-10-23.)

The electric telegraph, forerunner of the internet, celebrates 170 years BT Group Connected Earth Online Museum, Accessed July 2007

The New York Times(2008), "Money for Public Projects", November 19, 2008.

The Register(2009. 1. 6), IBM approves Obama's IT stimulus package.

Toffler, Alvin(1991), *The third wave.*

U.S. Department of Defense, JP1-02, Department of Defense Dictionary of Military and Associated Terms.

U.S. National Academy(1987), *Infrastructure for the 21st Century*, Washington, D.C.: National Academy Press.

Wall Street Journal(2009. 1. 5), IBM Chief: IT Investment Will Create Jobs.

Woodbury, David Oakes(1949), A Measure for Greatness: A Short Biography of Edward Weston, McGraw-Hill, p.83.

제4장

한국의 녹색성장정책과 향후 과제

황병상

제1절 머리말

세계가 환경문제와 기후변화에 대해 관심을 갖고 대책을 강구하기 시작한 것은 비교적 근래의 일이다. 1970년대 이후 지속가능발전에 대한 국제사회의 논의가 시작되었고, 2007년에 시작된 세계적인 경기 침체에 따라 선진국을 중심으로 경제회복의 원동력으로 녹색 뉴딜이나 저탄소 성장에 주목하면서 녹색성장정책이 더욱 확산되고 있다. 뉴욕타임즈의 토마스 프리드만이 세계가 에너지기후시대(Energy-Climate Era)로 접어들고 있다고 말한바 있듯이(Friedman, 2008), 세계의 많은 국가들이 기후변화에 대응하면서 경제발전을 지속하려는 의지를 갖고 저탄소 경제의 길을 가고 있다. 분명 우리는 지금 인류 문명사의 전환기에 살고 있는 것으로 생각된다.

기후변화에 관한 정부 간 패널(Inter-governmental Panel on Climate Change: IPCC)은 2007년 11월에 발표한 제4차 평가보고서(AR4)에서 2,500명의 과학자들이 검토한 결과 지난 100년간(1906~2005년) 지구표면의 기온이 섭씨 0.74 + / − 0.18도 정도 상승되었으며, 20세기 중반부터의 기온 상승은 온실가스 때문일 가능성을 90%의 수준으로 (very likely) 보고 있다.[54] 이런 추세대로 가면 2100년에 지구평균기온이 1.1~6.4℃ 증가하고 해수면이 0.18 ~ 0.59m 상승한다는 것이다[55]. 그러나 일부의 학자들은 45억년의 지구 역사에서 기후가 일정했던 적은 한 번도 없었고 오로지 빙하기와 간빙기만 존재하였을 뿐이라고 주장한다. 기후변화는 지구축의 기울기 변화에 따른 일조량의 높낮이가 기후변화의 주원인이며, CO_2의 증가는 지구온난화의 원인이 아니라 온난화에 따른 하나의 현상으로 보아야 한다는 것이다.

　　지구온난화에 대해서는 다양한 의견이 있지만 지구온난화로 예상되는 피해가 예측하기 어려울 정도로 크고, 대응을 잘못했다가는 회복불능의 상태로 가버릴 수 있기 때문에 적극적인 대비가 필요하다고 생각한다. 그러나 기후변화에 대한 비관적인 예측을 가지고 사람들을 공포로 몰아넣으며 자기영역을 확장하려는 일부의 불순한 의도는 종식되어야 함이 마땅하며, 기후변화에 관한 한 차분하면서도 알차게 준비하는 것이 중요하다고 생각한다. 환경을 보존하는 가운

---

54) 산업화 이전인 1750년 대기 내 탄소농도가 280ppm에서 2005년에는 379ppm으로 증가하였다고 발표하였다. 그러나 ppm이 1백만 분의 1을 나타내는 단위이므로 1백만 입자 중 280개, 즉 10,000개 중의 2.8개가 3.79개로 약 1개 증가한 것이 지구온난화를 가져온다는 주장은 일반인들 입장에서 쉽게 이해하기 어려운 것도 사실이다.

55) IPCC는 2010년 1월 20일에 동 보고서의 "2035년까지 히말라야 빙하가 녹아 없어질 것"이라는 예측에 대해 오류가 있었음을 시인한 바 있으며, 일부 내용에 대해서도 근거가 약하다는 비판을 받고 있다.

데 성장을 도모하는 새로운 패러다임의 세계적인 확산, 새로운 성장 동력의 필요성과 화석연료의 유한성 및 환경오염[56] 등의 이유로 인해 필자는 저탄소 녹색성장정책의 필요성과 당위성에 적극 공감한다.

선진국들은 기후변화에 대응할 뿐만 아니라 환경과 경제성장을 함께 추구하는 정책을 펴나가기 시작하였다. 예를 들면 EU는 2008년 12월 에너지-기후 종합정책(Energy-Climate Legislative Package)을 채택하여 시행 중에 있다. 이 정책을 통해 2020년까지 온실가스 배출량을 1990년 대비 20% 감축하고, 재생에너지비중을 총에너지소비량의 20%까지 확대하며, 에너지효율의 극대화를 통해 에너지소비량을 20%까지 감축할 계획이다. 영국은 2008년에 세계에서 처음으로 기후변화법(Climate Change Act 2008)을 만들고, '에너지기후변화부(Department of Energy and Climate Change: DECC)'를 신설하는 등 선도적으로 대응해 나가고 있다.[57] 오바마 미국대통령은 2008년 대선 캠페인 당시 "앞으로 10년간 태양열과 풍력을 비롯한 재생에너지 개발과 이용을 촉진하기 위해 1,500억 달러에 이르는 대규모 투자로 500만 개의 새로운 일자리를 창출하겠다"고 공약한 바 있다.

우리나라는 1999년의 '기후변화협약대응 종합대책'을 시작으로 이명박 대통령이 2008년 8월 15일 광복 63주년 및 건국 60주년 기념

---

56) 가까운 예로 2010년 4월 20일 미국 멕시코만에서 영국 석유회사 BP의 원유시추시설 폭발로 인한 원유유출 사고가 발생하였다. 동년 9월 19일에 '보텀 킬(bottom kill)'의 성공으로 유정이 완전히 봉쇄되었지만 약 5개월에 걸쳐 원유 약 490만 배럴이 바다에 유출된 것으로 추정되어 바다생태계에는 엄청난 재앙이었다(조선일보, 2010. 9. 21).

57) 영국의 브라운 총리는 2009년 1월 30일 스위스 다보스에서 열린 세계경제포럼에서 "우리는 현재의 경제적 어려움 때문에 기후변화를 국제적인 미결서류함으로 밀쳐놓을 수 없다. 대신에 우리는 일자리와 성장을 창조하는 길로서 저탄소 경제 건설을 긴요하게 활용하여야 한다"면서 "녹색기술과 에너지 효율성에 대한 투자는 세계경제를 회복하는 데 사실상 원동력으로서 역할을 할 수 있을 것이다"라고 연설하였다(황병상, 2010: 334).

식에서의 '저탄소 녹색성장'이라는 새로운 60년의 비전을 제시함에 따라 정부의 각 부처가 중심이 되어 적극적인 대응을 해 나가고 있다.

미국 예일대학과 콜롬비아대학이 공동으로 작업하여 2010년 1월 세계경제포럼에서 발표한 환경성과지표(Environmental Performance Index; EPI)[58]에는 조사대상 163개국 중 한국이 94위(2008년에는 51위)로 나타났고, OECD 30개 나라 중에서는 최하위에 위치하는 것으로 발표되었다. 삼성경제연구소가 평가한 녹색경쟁력지수는 조사대상 15개국 중 한국이 97.4로 11위(이지훈, 2008:15)로 평가되었다. 반면에 영국의 국제적 싱크탱크인 E3G(Third Generation Environmentalism)가 'G20 국가 저탄소경쟁력' 보고서에서 한국의 '저탄소경쟁력지수'가 프랑스와 일본, 영국에 이어 4위로 분석되었다. 이렇게 상당히 높게 평가된 배경으로는 효율적인 전기공급망, 녹색성장에 대한 과감한 예산투입 등 강력한 정책의지를 손꼽았다. 동 보고서에서 한국은 '저탄소개선지수'에서는 15위로, '저탄소 갭 지수'에서는 8위로 평가되었다[59].

2009년도에 발표된 국제에너지기구(IEA) 통계에 따르면 우리나라는 온실가스[60] 배출규모에 있어서도 2007년 에너지 연소부문 이산화탄소 배출량이 488.71백만t CO_2(세계 배출량의 1.7%)로 전 세계 국가 가운데 9위이며, 1990년~2007년 증가율은 113.1%로 세계 1

---

58) EPI는 2개 대분류, 6개 중분류, 25개 변수(2008년 기준)로 구성되어 있으며, 환경 관련 변수들의 개선정도에만 초점을 맞추고 있다.

59) '저탄소경쟁력지수'는 제품과 서비스 생산을 위해 배출되는 온실가스를 최소화할 수 있는 각국의 현재 경쟁력을 말한다. '저탄소개선지수'는 경제성장에 따라 각국의 저탄소경쟁력을 개선할 수 있는 능력을 말한다. '저탄소 갭지수'는 전지구 온실가스 농도를 450ppm CO_2로 안정화시키기 위해 달성해야 하는 저탄소개선지수와 실제 저탄소개선지수의 차이를 나타낸다.

60) 석유나 석탄 등 탄소연료를 이용할 때 발생하는 유해물질로 지구온난화의 원인으로 지목된다. 이산화탄소, 육불화황, 프레온가스, 메탄 및 이산화질소 등이 대표적이다.

위이다(IEA, 2009; 경제인문사회연구회, 2009: 127 재인용).

국가전체의 에너지효율성 정도를 나타내는 에너지원단위(TOE/GDP 1,000달러)를 보면 한국은 2007년 기준 0.323으로 0.104인 일본과 0.173인 독일을 비롯한 주요 선진국에 비해 크게 높은 수준이다. 동일한 양의 부가가치를 생산하는 데 한국이 일본보다 3배 이상 에너지를 쓴다는 의미이다. 이는 우리나라 산업구조가 에너지소비량이 많은 석유, 화학, 철강 등에 의존하고 있기 때문이다. 많은 선진국들은 서비스업 비중이 높은 반면에 한국은 여전히 제조업 중심의 산업구조를 갖고 있다.

본고는 기후변화에 선제적으로 대응하고, 환경과 경제성장을 함께 추구하는 한국의 녹색성장정책을 巨視的인 관점에서 政策의 構成要素별로 살펴보고, 앞으로 중점적으로 고려하고 추진해야 할 과제를 제안하는 것을 목적으로 한다. 연구의 시간적 범위는 이명박 대통령이 취임한 2008년 2월부터 2010년 9월 현재까지를 중심으로 살펴보고자 한다.

제2절 녹색성장정책의 배경과 개념

1. 녹색성장정책의 배경

예로부터 인간은 자연을 신령스러운 대상, 외경의 대상, 함께 살아가야 할 대상으로 여겨왔다. 인간이 가진 능력이나 기술이 자연이 지닌 엄청난 힘 앞에 무력했기 때문이다. 서구에서 기독교의 전파와 함께 오랫동안 지속되던 신(神) 중심의 세계관이 14세기 후반에서 15세기 전반부터 시작된 르네상스 이후 인간 중심의 세계관으로 변화된 이후 인류는 자연을 정복과 활용의 대상으로 간주하기 시작하였다. 이러한 변화는 18세기 중엽부터 20세기 초에 걸쳐 이루어진 산업혁명에서 절정에 이르게 되어 인류와 환경의 관계를 마치 정복자와 피정복자 같은 관계로 바꾸어 놓았다.

환경에 대한 학문적 관심은 19세기 후반에 태동한 생태학(Ecology)[61]으로 거슬러 올라간다. 생태학은 인간뿐만 아니라 생물체들 전체와의 상호의존성을 중시한다. 이런 점에서 1960년대부터 부상한 환경사와 맥을 같이한다. 생태학과 환경사적 접근은 인류사회를 전 지구적 생태계의 관점에서 이해한다는 점에서 그 동안 주류를 이루어왔던 물질 중심의 문명사관에 새로운 시각을 제시했지만 처방적 대안을 제시하지 못하는 한계를 가지고 있다(경제인문사회연구회, 2009: 147).

환경문제에 대한 국제사회의 논의는 1972년 로마클럽의 '성장의 한계(The Limits to Growth)' 보고서 발간과 같은 해 6월에 스웨덴의 스톡홀름에서 개최된 인간환경에 관한 회의(United Nations Conference on the Human Environment)가 계기가 되었다. 이 회의는 지구의 날 행사에 대한 관심을 국제무대에 올렸고, 지역의 오염, 특히 산성비 문제에 초점을 맞추었다. 이 회의를 통해 환경에 대한 관심과 개발, 성

---

61) 독일의 생물학자인 E. H. Haeckel이 1866년에 생물의 가계(개체나 생물군간의 물질이나 에너지의 왕래)에 관한 과학으로 정의한 생물학의 한 분야이다. '생태계에 관한 과학'을 비롯한 여러 가지 미묘한 차이(nuance)의 다른 정의를 한 경우도 있다. 개체생태학과 군집생태학으로 크게 나뉘어지지만 관심의 방향이나, 대상으로 하는 생물이나 장소에 따라서도 세분하여 개체군생태학, 생산생태학, 동물사회학, 식물사회학, 생태계생태학, 미생물생태학, 삼림생태학 등 여러 가지 분야가 있다(강영희: 2008).

장, 고용과 같은 경제적 개념 사이에서 긍정적인 고리를 찾기 시작했고(Edwards, 2005; 오수길 역, 2010: 36), UN 환경계획(United Nations Environment Programe; UNEP) 출범의 계기가 마련되었다.

이후 UN 세계환경개발위원회(World Committee on Environment and Development; WCED)는 1987년에 발간한 '우리 공동의 미래(Our Common Future); 일명 브룬트랜드 보고서'에서 지속가능발전에 대한 정의를 내린 바 있다. 이에 따르면 지속가능 발전은 '미래세대의 필요를 충족시키기 위한 잠재력을 훼손하지 않으면서 현재의 필요를 충족시키는 발전'으로 정의된다.

한편, 생태근대화론은 1982년 산업자본주의에 대한 대안으로 독일의 학자인 후버(J. Huber)와 예니케(M. Janicke) 등에 의해 주창되어 1984년 OECD 환경경제회의에서 국제적 지지를 얻었으며, 생태효율성(Eco-Efficiency)[62] 개념이 동의어로 통용되고 있다.

세계가 기후변화에 주목하게 된 계기는 1970년대 중반 경 미국 항공우주국(NASA) 내 고다드우주연구소(Goddard Institute for Space Studies; GISS)의 과학자 제임스 한센(James Hansen) 박사가 기후변화문제를 제기하기 시작하면서였다. 이후 1979년에는 기후변화에 관한 최초의 세계회의인 제1차 세계기후회의가 열렸다(조용성, 2008: 104, 김범준, 2010: 31 재인용). 기후변화협약은 1980년대 초반부터 유럽공동체(EC)를 중심으로 추진되기 시작하였다. 1988년 12월 유엔총회의 결정에 따라 세계기상기구(World Meterological Organization; WMO)와

---

62) 경제적 효율성(economic efficiency)과 생태적 효율성(ecological efficiency)의 합성어이다. 경제적 효율성과 환경적 효율성을 동시에 포괄하는 효율성을 의미한다(녹색성장위원회 용어사전, 2010).

UNEP가 공동으로 주관하여 IPCC를 설립하여 기후변화에 관한 과학적 기초와 기후변화의 사회·경제적 영향 및 적응방안, 온실가스 배출 완화방안 등에 대해 광범위하게 검토하고 평가보고서를 제출하도록 하였다.

지속가능발전론은 1992년 브라질 리우데자네이루에서 있었던 환경과 개발에 관한 유엔회의(UNCED)를 계기로 세계에 확산되기 시작하였으며, 이 회의에서 채택한 리우선언(Rio Declaration)은 환경적으로 건전하며 지속 가능한 발전에 대한 지지를 천명하였다. 세계 각국은 이 회의에서 '기후변화에 관한 유엔기본협약(United Nations Framework Convention on Climate Change; UNFCCC)'을 채택하여 지구온난화방지를 위한 국제적인 노력을 개시하였다. Edwards는 이를 '지속가능성 혁명(Sustainability Revolution)'으로 표현하고 있으며, 이 혁명의 결정적 계기를 1992년 동 회의 개최와 개인용 컴퓨터 및 인터넷의 획기적인 발전으로 보고 있다(Edwards, 2005; 오수길 역, 2010: 24).

1997년 교토에서 열린 기후변화협약 제3차 총회에서 기후변화협약의 구체적 이행방안으로 교토의정서를 채택하였으나, 2001년 11월에 이르러서야 제7차 당사국총회에서 교토의정서 이행방안이 최종 타결되어 2005년 2월 공식적으로 발효되었다. 이에 따르면 부속서 I에 명시된 37개 선진국과 EU는 제1차 이행기간인 2008년부터 2012년까지의 기간 안에 온실가스 배출량을 1990년 대비 평균 5.2% 의무적으로 감축해야 한다[63]. 2007년 12월 3일부터 15일까지 인도

---

63) 우리나라는 교토의정서상의 의무감축국가에는 포함되지 않았지만 동의정서의 유효기간이 2012년에 종료되면 2013년부터는 탄소감축의무국에 포함될 가능성이 높은 상황이다.

네시아 발리에서 열린 제13차 유엔기후변화협약 당사국 총회에서는 '발리 로드맵'이 채택되었다. 이에 따르면 2013년 이후 적용할 새로운 기후변화협약은 2년간의 협상을 거쳐 2009년 덴마크 코펜하겐 총회에서 결정하기로 하였다. 한편, 세계지속가능발전 정상회의는 2002년도에 요하네스버그 선언문을 채택하여 물·에너지·건강·생물다양성·빈곤 등 핵심쟁점분야에 대해 향후 10~20년간 지구전체가 추진할 과제와 이행계획에 합의한바 있다.

앞에서도 언급했듯이 2007년부터 시작된 세계적인 금융위기에 의한 경기 침체에서 벗어나기 위해 세계의 여러 나라가 녹색뉴딜이나 저탄소 성장에 주목하면서 녹색성장정책이 확산되기 시작하였다. UNEP는 2008년 10월 Green Economy Initiative(GEI)를 창설하였다. GEI는 청정기술, 재생에너지, 수도, 녹색교통, 폐기물 관리, 그린빌딩, 지속가능한 농업 및 산림과 같은 분야에 대한 정책, 투자 및 소비를 재조정하거나 새롭게 초점을 맞춤으로써 경제를 녹색화 하는 데 각국 정부들을 돕기 위하여 설계되었다.

2009년 12월 덴마크 코펜하겐에서 열린 제15차 기후변화 당사국 총회(COP15)에서 포스트 교토체제에 대한 협상타결을 위한 회의가 개최되었다. 하지만 온실가스 감축 및 대개도국 지원 이슈 등 핵심 의제에 있어서 선진국과 개발도상국 간에 첨예한 입장대립[64]이 계

---

64) "근본적인 원인은 기후변화에 대한 시각 차이에 있다. 개도국은 선진국이 과거의 산업화 과정에서 일으킨 문제라고 생각해 선진국이 선도적인 책임을 저야한다고 보는 반면, 선진국은 개도국으로부터 배출될 온실가스가 급증할 것이라는 점에만 주목하고 미래에 대한 책임을 강조한다. 선진국들은 자신들의 책임에 걸맞은 감축목표치와 개도국에 대한 재정 지원에 관한 구체안을 제시하지 못하면서 개도국의 동참만을 강조해 도덕적 설득력을 갖지 못했다. 개도국들도 능력에 상응한 기여라는 점을 인정하지 않고 이념적으로만 대응한 것도 실패의 원인이다. 그러나 더 큰 실패의 원인은 역시 선진국에 있다고 본다."(국민일보 정래권대사 인터뷰, 2009. 12. 21.)

속되어 구속력을 가진 합의도출에는 실패하고, 구체적인 사항은 2010년 11월 멕시코 칸쿤에서 열리는 회의로 협상시한을 1년 연장하였다. 다만 기온상승폭을 산업화 이전에 비해 2℃ 이내로 제한한다는 범지구적 장기목표를 포함한 정치적 결의안 수준의 코펜하겐 합의문(Copenhagen Accord)을 도출하였는데, 이 합의는 전체 당사국 총회에서 채택되지 못하고 28개 국가 간의 임의적인 합의에 그쳤지만 향후에 참조할 주요한 준거를 마련하였다는 점에서 의의가 있다.

2. 녹색성장정책의 개념

녹색성장(Green Growth)이란 용어는 2000년 1월 이코노미스트지가 처음 사용한 것으로 알려져 있다. 동년 1월 스위스 다보스에서 열린 세계경제포럼에서 보고된 예일대 보고서는 각국의 경제정책은 환경영향에 대한 평가 없이는 적절하게 판단될 수 없음을 주장하면서 '환경 지속가능성(environmental sustainability)'에 대한 5가지 기준에 의해 각국의 순위를 매겼다.[65] 이코노미스트지가 이 내용을 기사화하면서 은유적 용어로 녹색성장을 사용한 것으로 생각된다(황병상, 2010: 329).

그 후 이 용어는 아시아태평양지역에 국한된 정책적인 개념으로 쓰이기 시작하였다(MCED, 2005: 9). 2005년 3월 서울에서 열린 UNESCAP(유엔 아·태경제사회위원회)이 주최한 MCED(아·태 환경

---

65) 이 보고서에 의하면 노르웨이, 아이슬란드, 스웨덴 같은 북유럽 국가들이 높은 순위로 나타났으며, 영국은 7위, 한국은 20위로 평가되었다(Economist, 2000. 1. 27).

과 개발에 관한 장관회의)는 '녹색성장 서울 이니셔티브(Seoul Initiative Network on Green Growth: SINGG)'를 채택하였다. 이 회의에서는 아·태지역 내 저개발 국가들이 경제성장과정에서 환경의 질을 저하시켜온 선진국들과 달리 당면한 빈곤문제를 해결하기 위해 경제성장을 추구하면서도 환경을 훼손하지 않는 상생방안을 마련하도록 '녹색성장'이라는 용어를 사용했다고 한다(윤순진, 2009: 225). 이 회의에서 녹색성장의 개념을 정립하는 데는 정래권 당시 UNESCAP 환경과 지속가능발전국장의 노력이 컸다.[66] MCED(2005: 9~10)가 추구한 녹색성장 접근은 경제성장과 환경 지속 가능성이라는 두 가지 책무를 조화시키는 것을 추구하였다.

녹색성장이란 개념은 이명박 대통령이 2008년 8월 이를 한국의 국가비전으로 선포한 이후 글로벌화하고 있다. UNESCAP이나 미국 브루킹스연구소의 보고서 등에 널리 사용되고 있으며, 2009. 6. 24.~6. 25.에 파리에서 열린 OECD 각료회의이사회(의장: 한승수 국무총리)는 각료성명서와 한국이 제안한 '녹색성장 선언문(Declaration on Green Growth)'[67]을 채택한 바 있다.

대통령의 2008년 8월 15일 기념축사에 따르면 저탄소 녹색성장은

---

66) 그는 녹색성장 개념의 개발자와 MCED 조직팀 리더의 역할을 겸하였으며, "환경적 지속 가능성을 보호하는 데 있어서 오염통제만으로는 충분하지 않다. 우리는 우리의 생산과 소비패턴에서 생태학적 효율성을 향상시켜야 한다. 녹색성장은 전체로서 우리사회의 생태효율성(eco-efficiency)을 향상시킴으로써 우리의 제한된 수행능력에 대한 환경적인 압박을 최소화하면서 빈곤 감소에 필요한 경제적인 성장을 막 추구하고 있다"라고 주장한 바 있다(MCED, 2005: 9). 외교통상부 기후변화대사를 거쳐 2010년 5월부터 환경개발국장(UNESCAP)으로 근무 중이다.

67) 경제위기 극복과 환경적·사회적으로 지속가능한 성장이 모든 국가들이 당면하고 있는 핵심과제라는 데 인식을 공유하고 경제위기 극복과 위기 이후의 경제성장을 위해 녹색성장전략 추진노력을 강화한다는 등의 내용을 담고 있다.

'온실가스와 환경오염을 줄이는 지속 가능한 성장'으로서 '녹색기술과 청정에너지로 신성장동력과 일자리를 창출하는 신국가 발전 패러다임'이다. 미래기획위원회(2009: 40)에 의하면 녹색성장이란 '신재생에너지 기술과 에너지 자원 효율화 기술, 환경오염 저감기술 등 녹색기술을 신성장동력으로 하여 경제·산업 구조는 물론이고 전반적인 삶의 양식을 저탄소·친환경으로 전환하는 국가발전전략'이라고 정의한다. 2010년 4월 14일부터 발효된 저탄소 녹색성장 기본법에는 '에너지와 자원을 절약하고 효율적으로 사용하여 기후변화와 환경훼손을 줄이고 청정에너지와 녹색기술의 연구개발을 통하여 새로운 성장동력을 확보하며 새로운 일자리를 창출해 나가는 등 경제와 환경이 조화를 이루는 성장'으로 정의하고 있다.

이지훈 외(2008: 1)는 '저탄소화와 녹색산업화에 기반을 두고 경제성장력을 배가시키는 신성장개념'으로 정의하며, 김범준(2010: 24)은 녹색성장을 '기후변화에 대한 국제적 노력에 효율적이고 공정한 방식으로 동참하면서 선진국과의 1인당 소득격차를 지속적으로 축소하는 성장'으로 정의하고 있다.

여기서 지속가능발전과 녹색성장 간의 관계를 정립할 필요가 있는데, 녹색성장 개념이 지속가능발전 개념보다 하위의 개념으로 파악된다. 이는 녹색성장이 지속가능발전의 추상성·광범위성을 정책 실현 가능성면에서 보완하는 개념(녹색성장위원회, 2009a: 40)이라거나 '지속가능발전'으로 가기위한 실천전략이 바로 '녹색성장'(미래기획위원회, 2009: 42)이라는 설명에서 알 수 있다. 녹색성장과 유사한 개념으로는 녹색경제(Green Economy)가 있다. UN이 사용하고 있는 녹색경제는 '자연과 인간의 가치를 존중하며, 적절한 보수의 좋은 일자리를 창출하는 경제'라고 정의되고 있다.

녹색성장을 환경과 경제가 상호 시너지 효과를 갖는 성장전략으로만 이해한다면 좁은 의미의 접근으로 보여 진다. 정부가 발표한 <녹색성장 국가전략> 등의 자료를 보더라도 녹색성장은 삶의 질 개선과 국가위상 제고까지 포함하는 좀 더 넓은 개념으로 이해되며, 영국 등 선진국의 정책기조나 목표를 살펴 볼 때도 좀 더 종합적인 국가발전전략으로 이해된다.

제3절 한국의 녹색성장정책

1. 녹색성장정책의 전개

한국에서 지속가능발전에 대한 논의는 지방의제 21(1995), 국가의제 21(1996), 대통령자문 지속가능발전위원회 설치(2000) 등을 통해 전개되었으나 정책방향을 제시하는 도덕적 선언 수준으로 구체적인 정책수단이나 추진시한에 대한 구속력을 가진 내용이 갖춰지지 않았다. 기후변화와 관련해서는 1999년부터 '기후변화협약대응 종합대책'을 시행하였다.

2008년 8월 대통령은 '저탄소 녹색성장'을 새로운 비전의 축으로 제시하고, 녹색성장을 이끌고 새로운 문명을 주도하겠다는 야심찬 포부를 밝혔다. 부문별 주요계획으로는 2008년 8월 27일 국가에너지위원회에서 '제1차 국가에너지기본계획'을 의결하였고, 동년 9월

19일에는 '기후변화대응 종합기본계획'을 국무총리실에서 수립하였으며, 2009년 1월 13일에는 제29회 국가과학기술위원회에서 녹색기술 연구개발 종합대책(안)을 의결하였다.

2009년 7월에는 국무회의에서 녹색성장정책의 근간이 되는 '녹색성장 국가전략 및 5개년 계획'을 의결하였다. 이 계획은 10대 정책 분야에 2009년부터 2013년까지 5년간 107.4조 원을 투자하여 녹색산업 전 분야에 150만 명의 일자리를 창출하는 목표를 천명하였다(녹색성장위원회, 2009b: 373). 저탄소녹색성장기본법은 2009년 12월 29일 임시국회 본회의를 통과하여 2010년 1월 13일 제정되었으며, 동년 4월 14일부터 시행되고 있다. 하위법령인 '저탄소녹색성장기본법시행령'은 대통령령 제22124호로 2010년 4월 13일 제정되어 그 다음날부터 시행되고 있다.

우리나라는 선진국 중심의 기후변화규제정책에 신속히 대응하기 어려운 제조업 비중이 높은 국가[68]이며, 녹색산업·기술 수준 역시 취약한 상황이지만, 교토의정서상의 의무감축국이 아닌 나라로서는 거의 유일하게 정부차원에서 스스로 나서서 선진국 수준의 저탄소 정책을 추진하고 있다.

참고로 경제인문사회연구회(2009: 133~141)는 우리나라의 녹색성장 추진여건에 대해 <표 1>과 같이 SWOT분석을 하고, 이를 토대로 녹색성장 전략의 추진방향을 다음과 같이 정리한 바 있다. ① 녹색기술혁신을 통해 새로운 성장동력을 확보하고 나아가 우리의 경제체질을 개선해야 한다. ② 에너지의 소비구조를 획기적으로 개

---

68) 한국은행의 '2008년 상업연관표 작성결과'에 따르면 국내총산출액 중 제조업은 48.8%, 서비스업은 38.4%를 차지하고 있다(뉴시스, 2010. 4. 29).

선해야 한다. ③ 녹색성장 전략을 삶의 질 향상을 위한 시책과 연계하여 추진해야 한다. ④ 중앙정부, 지자체, 기업 그리고 국민이 함께 저탄소 사회를 만들어 가는 체제를 구축해야 한다.

〈표 1〉 녹색성장 추진여건: 장단점 및 기회·위협요인

강점(Strength)	약점(Weakness)
· 반도체, 정보통신 등 첨단기술 우수 · 세계수준의 산업기반 보유 · 녹색성장에 대한 정부의 강력한 추진의지 · 우수한 기술실용화 능력 보유 · 우수한 잠재적 인적자원의 보유	· 에너지 다소비형 산업구조 · 탄소정보 관리체계 미비 · 신재생에너지분야 산업 취약 · 녹색기술 수준 선진국 대비 50~70% · 녹색문화에 대한 국민들의 인식 부족
기회요인(Opportunity)	위협요인(Threat)
· 글로벌 리더가 없는 녹색기술시장 선점가능성 · 저탄소 산업구조로 전환함으로써 고유가 시대에 대응 · 녹색시장 선도국으로서의 국가브랜드 제고 · 녹색성장을 통한 경제·사회 선진화	· Post-2012 기후체제에서 온실가스 감축의무를 부담하게 될 개연성 · 선진국의 환경규제 강화 등 보호무역주의 강화추세 · 기존산업의 경쟁력 약화 가능성 · 친환경 제품구매 및 공공요금 인상에 따른 서 민층의 가계부담 가중

자료: 경제·인문사회연구회(2009: 140)

우리나라의 온실가스 배출은 2006년에 599.5백만tCO_2eq(이산화탄소 환산톤)를 배출하였으며, 1990년 이래 연평균 4.5%의 증가율을 보였다. 부문별 비중을 보면 에너지 부문이 총배출량의 84.3%, 산업공정 부문이 10.6%, 농축산 및 폐기물 부문이 5.1%를 배출하여 에너지 부문이 절대적인 비중을 차지하였다. 에너지 부문에서 발생하는 온실가스 중 이산화탄소만을 가지고 세부부문으로 나누어 살펴보면, 2006년 배출량을 기준으로 발전부문이 36.1%를 차지하고, 산업부문이 31.7%, 수송부문이 20.0%, 가정·상업부문이 11.4%, 공공 및 기타부문이 0.9%를 차지하는 것으로 나타났다(경제·인문사

회연구회, 2009: 225～227).

2. 녹색성장정책의 구성요소 분석

한국의 녹색성장정책을 정책의 핵심적인 구성요소인 정책기조, 정책목표 및 정책수단으로 나누어 살펴보고자 한다. 여기서 정책기조[69]를 고찰하는 이유는 녹색성장정책이 국가차원에서 새롭게 시도되는 정책으로서 정책의 기본이념과 국가 최고지도자의 정책의지가 중요하기 때문이다. 정책목표는 정책을 통하여 실현하고자 하는 바람직한 상태를 의미하며, 일반목표와 부문목표 등으로 구분할 수 있다. 정책수단은 문자 그대로 정책목표 달성을 위한 수단이다. 본고에서는 녹색성장정책의 정책특성 등을 고려하여 집행기구, 재정, 규제, 유인책 및 설득으로 구분하여 분석하고자 한다(황병상, 2010: 333).

1) 정책기조

<녹색성장 국가전략>에는 녹색성장정책 패러다임의 대두를 지속가능발전론과 생태근대화론의 발전적 통합으로 설명하고 있다. 지속가능발전론이 제시하는 미래사회의 목표가치를 수용했으며, 생태근대화론의 이론적 대안으로 화석연료 의존형 경제방식을 탈피하여 경제지속성과 저탄소 환경성을 구현할 수 있는 녹색성장에 대한 논

---

69) 정책기조(policy paradigm)란 '정책의 방향, 내용, 성격, 과정 등을 규정해 주는 사고정향, 이념, 철학, 사상 등 정책의 기초적·논리적 전제로서의 기본적 준거가치이다(박정택, 1995: 79). 다시 말해서 그것은 어떤 정책에 대하여 최고관리자가 가진 기조철학이고 그 정책의 밑뿌리이다(허범, 1988: 89, 고순주, 1997: 24에서 재인용).

의가 본격화되었다. 아울러 2008년 말 금융위기에 따른 세계경기 침체에 대한 대응으로 제시된 녹색뉴딜이 녹색성장의 정당성 제고에 가세하였다(녹색성장위원회, 2009a: 37~39).

이명박 대통령이 공식석상에서 처음으로 녹색성장을 강조한 것은 2008년 7월 9일 일본 홋카이도 도야코에서 열린 16개국 정상이 참석한 선진8개국(G8) 기후변화 확대정상회담에서였다. 여기서 대통령은 2050년까지 온실가스 배출량을 절반으로 감축하고자 하는 범지구적인 장기목표에 적극 동참할 것이며, 온실가스를 감축하면서도 경제가 성장하는 녹색성장과 저탄소사회로의 이행에 선진국과 개발도상국의 가교역할을 하겠다고 말했다. 아울러 온실가스에 따른 지구의 당면위기를 새로운 성장의 기회로 삼아야 하며, 온실가스 감축을 위한 기술개발은 새로운 시장과 좋은 일자리를 창출하여 경제성장을 이끄는 신성장동력이 될 것이라고 강조하였다. 이어서 2008년 7월 11일 제18대 국회 시정연설에서 녹색성장시대를 열어야 한다고 강조했다.

2008년 8월 15일 건국 60주년 기념식에서 대통령은 '저탄소 녹색성장'을 새로운 비전의 축으로 제시했다. 그는 "녹색기술은 정보통신기술, 생명공학기술, 나노기술, 문화산업기술을 아우르면서도 이를 뛰어 넘습니다. 녹색기술은 좋은 일자리를 많이 만들어 '일자리 없는 성장'의 문제를 치유할 것입니다. … 정보화시대에는 부의 격차가 벌어졌지만 녹색성장시대에는 그 격차가 줄어들 것입니다. 녹색성장은 한강의 기적에 이어 한반도의 기적을 만들 미래 전략입니다. … 산업화는 늦었지만 정보화를 앞당겼듯이 대담하고 신속하게 나아간다면 반드시 녹색강국으로 거듭날 수 있습니다"라고 연설했다. 이 날의 선언 이후 우리나라는 본격적으로 녹색성장정책을 추진하게 되었다.

대통령은 2009년 2월에 '코드 그린'의 저자인 프리드만을 접견한 자리에서 "녹색성장은 석유자원이 없는 우리나라에서는 가야만 하고 갈 수 밖에 없는, 선택의 여지가 없는 유일한 살 길"이라는 발언을 통해 변함없는 녹색성장 추진의지를 밝힌 바 있다. 2009년 9월 23일 유엔 본부에서 개최된 제64차 유엔총회에 참석한 대통령은 '세계에 기여하는 대한민국: 글로벌 코리아와 녹색성장'이라는 주제로 기조연설을 했다. 이 연설에서 대통령은 "녹색성장 5개년 계획에 따라 향후 5년간 녹색 분야에 매년 GDP의 2% 정도를 투입할 것입니다. 이는 유엔에서 권고하는 녹색투자의 2배에 달하는 수준입니다. 저탄소 녹색성장전략은 환경이 경제를 살리고, 경제가 환경을 살리는 선순환 구조를 만들어내 지속가능한 성장을 이루자는 것입니다. 저탄소 녹색성장 전략은 당면한 기후변화위기와 경제위기를 극복하는 가장 효과적인 방법입니다"라고 역설한 바 있다.

또한 2009년 12월 코펜하겐에서 열린 유엔기후변화협약 당사국총회에 참석한 대통령은 기조연설을 통해 "기후변화 문제의 시급성을 감안할 때 우리에게는 이제 말이 아닌 행동, 무엇보다 나부터(Me First)의 태도가 요구된다"며, "한국은 자발적 감축국가이자 먼저 행동하는 선도자(Early Mover)로서, 많은 국제사회가 권고하는 최고 수준의 온실가스 감축목표를 설정했고, 스스로 성장과 보전이 조화된 녹색성장정책을 펼쳐 나감으로서 개발도상국들의 모범이 되려고 한다"라고 말했다.

아울러 대통령은 국제적 계간지인 글로벌 아시아(Global Asia)에

'패러다임의 전환: 글로벌 녹색성장으로의 길(Shifting Paradigms: The Road to Global Green Growth)'이란 제목의 기고를 통해 녹색성장은 "산업화 시대의 기업 사고방식과 라이프 스타일에서 경제성장, 기업의 사회적 책임, 그리고 환경보호에 대한 필요를 만족시키는 새로운 길로의 사회·문명적인 패러다임의 변화를 수반한다. 그것은 '녹색'과 '성장'이 더 이상 서로 상충되는 개념이 아니라는 발상의 전환이다"라고 강조한 바 있다. 아울러 '녹색'과 '성장'을 양립시키기 위한 필수요건으로 새로운 패러다임의 전환을 이끌 정치적 의지와 리더십, 국민들이 새로운 패러다임을 받아들이고 그에 맞는 사고와 행동양식을 가질 것, 앞의 두 요건을 뒷받침하기 위한 기술적 혁명 등 세 가지를 들었다(Global Asia, 2010. 1. 1).

2010년 8월 15일 광복 65주년 경축사에서 대통령은 "녹색경제 시대에는 산업화, 정보화 시대와 달리 대한민국의 원천기술로 세계를 주도하는 제2, 제3의 삼성, 현대가 나올 것입니다. 이를 위해서 정부는 녹색기술 연구개발(R&D)체제를 대폭 강화해 나가겠습니다. 그리하여 2020년까지 세계 최고의 녹색강국 꿈을 이뤄 나갈 것입니다"라고 연설하였다.

이상과 같이 한국은 지속가능발전론과 생태근대화론을 발전적으로 통합하여 새로운 사회·문명적인 패러다임으로 녹색성장정책을 추진하고 있다. 아울러 국정최고 책임자인 대통령이 녹색성장을 국가발전의 새로운 비전으로 인식하고, 강력한 정책의지를 가지고 실천해 나가고 있다. 특히 녹색성장으로의 변화의 시대에 국제사회에서 한국이 선도적인 역할을 하겠다는 포부를 가지고 있다.

2) 정책목표

<녹색성장 국가전략>은 2020년까지 세계 7대, 2050년까지 세계 5대 녹색강국 진입을 비전으로 설정하고 있다. 이를 위해 3대 전략과 10대 정책방향을 제시하였다. 3대 전략은 기후변화적응 및 에너지 자립, 신성장 동력 창출, 삶의 질 개선과 국가위상 강화이다. 10대 정책방향은 ① 효율적 온실가스 감축 ② 탈석유·에너지자립 강화 ③ 기후변화 적응역량 강화 ④ 녹색기술개발 및 성장동력화 ⑤ 산업의 녹색화 및 녹색산업 육성 ⑥ 산업구조의 고도화 ⑦ 녹색경제 기반조성 ⑧ 녹색국토·교통의 조성 ⑨ 생활의 녹색혁명 ⑩ 세계적인 녹색성장 모범국가 구현 등이다. 10대 정책방향은 다시 50대 실천과제로 분류된다(녹색성장위원회, 2009a: 53~58).

2009년 11월 17일 국무회의를 통해 한국은 국가 온실가스 중기감축목표를 2020년 배출전망치(BAU: Business As Usual) 대비 30% 감축하기로(2005년 대비 4% 감축)[70] 확정하였다. 이는 국가온실가스 감축목표에 대한 당초 3개 시나리오 중 가장 높은 수준이며, 교토의정서에서 정한 감축의무대상국(부속서Ⅰ 국가)이 아닌 나라들 가운데 처음으로 자발적으로 목표치를 제시한 것이다.

부문별 주요 목표를 살펴보면 먼저 2008년 9월에 국무총리실에서 수립한 '기후변화대응 종합기본계획'에는 ① 기후친화산업을 신성장동력으로 육성 ② 국민의 삶의 질 제고와 환경 개선 ③ 기후변화

---

70) 이 목표는 미국의 22.4%, 일본 27.9%, EU 9.4~20.7% 보다 높은 수준이며, 미국 에너지정보청(EIA)이 BAU 전망을 기준으로 평가하더라도 우리나라는 22.7%로서 미국 20.1%, 일본 35.2, EU 18.1~28.3%와 비교할 때 상응성을 확보하고 있다(김용건·김익재, 2010: 172).

대처를 위한 국제사회 노력을 선도하는 것 등을 목표로 설정하였다. 이를 위해 기후친화산업의 육성·보급과 수출경쟁력 강화, 기후변화 적응대책 추진으로 안전사회 구축, 개도국 지원 및 국제협력 활성화 등 총 11개의 추진과제를 설정하였다.

2009년 1월에 의결된 녹색기술 연구개발 종합대책(안)의 3대 목표는 첫째, 녹색과학기술역량 부문에서 기술수준을 2009년 현재 선진국대비 50~70% 수준을 2012년에 선진국대비 80%, 2020년에는 선진국대비 90%를 달성하며 둘째, 녹색산업경쟁력 부문에서 2012년에 녹색기술 일자리를 16만 명 창출하며, 세계시장점유율을 2008년에 에너지 분야 1.4%와 환경 분야 3.3%인 것을 2012년에 7%이상 달성, 2020년에 10%이상 달성으로 설정하였다. 셋째, 환경지속성 부문에서는 2012년에 20위권 진입, 2020년에 10위권 진입으로 설정하였다. 아울러 녹색기술을 예측기술, 에너지원기술, 고효율화기술, 사후처리기술, 무공해 산업경제(지식기반) 육성으로 대분류하고, 27대 중점육성기술을 선정한 다음 단기(5~10년) 집중개발, 중장기적(10~20년) 개발, 장기(20년 이상) 지속개발로 분류하였다(국가과학기술위원회, 2009: 12~13).

그러나 여기서 환경지속성을 가지고 목표를 설정한 것은 문제가 있다. 왜냐하면 환경지속성지표(ESI)는 미국 예일대학의 환경법·정책센터(Yale Center for Environmental Law and Policy)가 콜롬비아대학, 세계경제포럼(WEF) 및 유럽공동체위원회의 Joint Research Center와 공동으로 발표한 지표인데 2005년까지만 발표되었으며,[71] 2006

---

71) 우리나라의 2005년도 환경지속성지표는 조사대상 146개국 중 122위를 기록하였으며, 이는 OECD 가입국으로서 조사대상이 된 29개 국가 중 최하위이다(Yale Center for

년 이후에는 2년마다 환경성과지표(EPI)만이 발표되고 있기 때문이다. 앞으로는 국가적인 목표설정 시 좀 더 세심한 준비가 요구된다.

2008년 8월에 국가에너지위원회에서 마련한 제1차 국가에너지기본계획을 살펴보면 다음과 같다. 동 계획은 2008년부터 2030년까지 추진하는 것을 목표로 정책의 기본방향을 3E, 즉 에너지 안보(Energy Security), 효율(Energy Efficiency), 친환경(Environmental Protection)의 조화로운 균형을 통해 저탄소녹색성장을 구현하는 데 두고 있다(국가에너지위원회, 2008: 44).

동 계획에서 에너지부문 녹색성장의 5대 비전과 지표를 설정하였다. 즉, 에너지자립사회 구현을 위해 석유와 가스 자주개발율을 2006년 3.2%에서 2030년까지 40% 수준으로 끌어올리며, 전체 발전설비 비중에서 태양광, 풍력 등 신재생에너지 설비비중을 2006년 2.2% 수준에서 2030년 11%로 확대하는 것이다. 에너지 저소비사회로의 전환을 위해 에너지원 단위를 2006년 0.347에서 2030년 0.185로 낮추며, 석유의존도를 2006년 43.6%에서 33%로 낮추는 것이다. 아울러 에너지 빈곤층 비율을 2006년 7.8%에서 2030년에는 0%를 달성하며, 녹색기술 수준을 선진국 대비 현재 60% 수준에서 2030년 세계 최고수준으로 끌어올려 신성장동력화하겠다는 것이다(<표 2> 참조). 아울러 원자력발전소의 설비비중을 2006년 26%에서 2030년 41%로 확대하는 목표를 세웠다.

정부는 동 계획을 통해 2030년까지 에너지수입액 344억 달러를 절감하고, 우리가 통제 가능한 에너지[72] 비중을 2007년 27.5%에서

Environmental Law and Policy, 2005: 4~5).

72) 통제가능에너지란 자주개발 석유 · 가스 · 석탄 + 신재생에너지 + 원자력이다.

2030년 65% 이상으로 대폭 상승시키고, 신재생에너지 분야에서 95만 명의 신규고용을 창출하는 동시에 관련 세계시장 점유율을 현재 0.7% 수준에서 2030년 15% 이상으로 확대하는 효과를 기대하고 있다.

〈표 2〉 에너지부문 녹색성장의 5대 비전과 지표

5대 비전	지표	2006년	2030년
에너지자립사회 구현	자주개발률	3.2%	40%
	신재생에너지보급률	2.2%	11%
에너지 저소비사회로 전환	에너지원단위	0.347	0.185
탈석유사회로 전환	석유의존도	43.6%	33%
더불어 사는 에너지사회 구현	에너지빈곤층 비율	7.8%	0%
녹색기술과 그린에너지로 신성장동력과 일자리 창출	에너지기술 수준	60%	세계최고 수준

자료: 국가에너지위원회(2008: 45)

3) 정책수단

(1) 집행기구

녹색성장정책은 범부처적인 정책이기 때문에 아래에 열거하는 주요 정부부처 또는 기관 외에도 교육과학기술부, 국토해양부, 농림수산식품부, 문화체육관광부, 보건복지가족부, 중소기업청, 농촌진흥청, 산림청, 방위사업청 및 기상청 등이 각 부처의 역할과 기능에 맞게 녹색성장을 추진하고 있다.

집행기구 측면에서 부족한 점은 바로 뚜렷한 정책기조와 목표를 탄탄하게 뒷받침할 단일화된 집행조직이 없다는 것이다. 관련 업무를 각 부처에 분산시켜 둠으로써 녹색성장정책의 '주관부처'가 없는 것이다. 집행조직이 나뉘어져 있다 보니 힘을 하나로 결집하지 못하고, 거의 모든 부처가 관련정책들을 쏟아내면서 부처 간 중복과 내홍이 일어나고 있지만 이를 해결해 줄 조정기구는 마땅히 없는 상황이다.

가. 녹색성장위원회

녹색성장위원회는 녹색성장 관련 정책적 기능을 총괄하는 상위위원회이며, '녹색성장위원회설립및운영에관한규정'(2009. 1. 5, 대통령훈령)에 따라 설치되었다. 동 위원회는 기존의 3개 위원회(기후변화대책위원회, 에너지위원회, 지속가능발전위원회)의 기능을 통합하여 설립되었다. 기후변화대책위원회는 폐지하고, 에너지위원회와 지속가능발전위원회는 관계부처에 존치하되 위원장은 장관 또는 민간위원장으로 조정하는 등의 조치가 있었다.

저탄소녹색성장기본법 제15조에 의하면 동 위원회는 저탄소 녹색성장정책의 기본방향에 관한 사항, 녹색성장국가전략의 수립·변경·시행에 관한 사항, 기후변화대응 기본계획, 에너지기본계획 및 지속가능발전기본계획 등에 관한 사항을 심의하는 기능을 가지고 있다. 1차 위원회는 2009년 2월 16일에 개최되었다. 2010년 7월에 구성된 2기 녹색위원회의 위원장은 국무총리와 민간위원장(양수길 박사)이 공동으로 맡고, 위원은 민간위원 36명과 기획재정부장관, 교육과학기술부장관, 지식경제부장관, 환경부장관, 국토해양부장관 등의 당연직위원 14명을 합하여 총 50명으로 구성되어 있다.

동 위원회의 업무를 효율적으로 지원하기 위해 위원회에 녹색성장기획단을 설치하였다(2009. 1. 21). 단장은 청와대 녹색성장환경비서관과 가급 고위공무원의 공동단장 체제로 운영되며, 하부에 60명

이내의 전문가 워킹그룹과 녹색성장기획팀 등 6개 팀(2010년 8월 현재 직원 수는 61명)을 두고 있다. 아울러 지방자치단체에는 시ㆍ도지사 소속으로 지방녹색성장위원회를 두고 있다.

나. 환경부

환경부는 환경정책실에 녹색환경정책관, 환경보건정책관, 기후대기정책관을 두어 녹색성장의 핵심부처 중 하나로 기능하고 있으며, 온실가스 및 에너지 목표관리제도의 주무부처이기도 하다. 또한 산하에 국립환경과학원과 한국환경공단을 두어 관련 기능을 수행하고 있다.

저탄소녹색성장기본법 시행령 제36조에 따라 환경부는 산하에 국가온실가스종합정보센터를 2010년 6월 15일 설립하였다. 동 센터는 국가 및 부문별 온실가스 감축목표 설정의 지원, 국제기준에 다른 국가온실가스 종합정보관리체계 운영, 온실가스ㆍ에너지 목표관리제 업무지원, 저탄소 녹색성장 관련 국제기구ㆍ단체 및 개발도상국과의 협력 등을 추진한다. 동 센터의 조직은 기획총괄팀, 정보관리팀, 감축목표팀 등 3개 팀, 25명으로 구성되어 있다.

다. 지식경제부

지식경제부는 제1차관 산하에 성장동력실, 제2차관 산하에 에너지자원실을 두고 있다. 에너지자원실에는 기후변화정책관, 에너지사업정책관, 자원개발정책관, 에너지절약추진단을 두어 녹색성장을 견인하는 한 축으로서의 역할을 하고 있다.

라. 글로벌녹색성장연구소(GGGI: Global Green Growth Institute)

GGGI는 대통령이 2009년 2월 코펜하겐 기후변화당사국 총회에서 설치를 약속한 이후 설립이 추진되어 2010년 5월 14일에 설립인가 및 등기를 완료하였으며, 동년 6월 16일에 개소하였다. 임무는 탄소배출 감축, 지속 가능성 향상 및 기후 회복력 강화와 함께 경제성장과 발전 촉진에 헌신하는 것이다. 특히 개발도상국들의 개발에 대한 열망을 저탄소와 기후변화에 탄력적으로 대응하는 녹색성장계획을 통해 실현하도록 지원하는 역할을 한다.

이사회 의장은 한승수 전국무총리가 맡고 있으며, 니콜라스 스턴 런던정경대 교수가 부의장이자 자문위원회 의장이다. 비영리기구인 기후정책 이니셔티브(Climate Policy Initiative)의 대표인 토머스 헬러 스텐퍼드대 교수, 기후변화관련 비정부기구인 클라이미트 워크스(Climate Works) 재단의 할 하비 대표 등도 이사로 참여하고 있다.

GGGI의 현재 위상은 국내 비영리연구소이지만 2012년까지 국제조약에 기반한 국제기구로 전환을 목표로 하고 있다. 본부는 서울에 두지만 해외 여러 곳에 지역사무소를 두는 글로벌 연구소 형태로 운영될 예정이다. 해외 지역사무소로는 브라질, 인도네시아, 에티오피아, 중국, 영국 등이 물망에 오르는 것으로 알려졌다. 운영자금은 우리 정부가 향후 3년간 매년 1천만 달러를 지원하기로 했지만 독일, 노르웨이, 아랍에미리트, 일본 등도 자금협력을 검토하고 있는 것으로 알려져 있다.

마. 한국환경정책 · 평가연구원

1992년 한국환경기술개발원으로 설립되었다가 1997년에 현재의 이름으로 명칭이 변경되었으며, 국무총리산하 경제 · 인문사회연구회에 소속된 정부출연연구기관이다. 환경문제의 국제협력 강화를 위해 글로벌녹색전략연구센터 등을 조직으로 두고 있다.

2008년 12월 확정된 '국가기후변화적응종합계획'에 따라 2009년 7월에는 '국가기후변화적응센터'가 연구원 내에 설립되어 국내외 기후변화적응 네트워크 구축과 전문적 연구를 수행 중이다. 동 센터는 2010년 한-아시안국가연합(ASEAN) 기후변화적응 파트너십구축 및 적응기술 지원사업을 추진하고 있으며, 이를 통해 기후변화적응능력이 부족한 아시아 개도국의 기후변화 적응능력 배양을 지원할 계획이다.

(2) 재정
가. 정부 재정투자

<녹색성장 5개년 계획>에 따르면 <표 3>과 같이 2009∼2013년간 107.4조 원의 재정투자계획이 수립되어 있다. 이는 UNEP가 GGND 보고서(Global Green New Deal Policy Brief)를 통해 GDP의 1%를 녹색경제 인프라구축에 투자하도록 권고하는 수준보다 두 배 높은 GDP의 2% 수준이다. 이 계획은 연평균 10.2% 증액하여 투자하는 것으로 계속사업 투자소요, 신규사업 추진, 국책과제 지원 필요성 등을 감안하여 정부 재정규모 증가율보다 다소 높게 설정되었다. 세부적인 투자규모는 2009∼2013 국가재정운용계획 수립 및 예산편성 과정에서 확정될 예정이다(녹색성장위원회, 2009b: 373).

〈표 3〉녹색성장 5개년계획의 10대 정책분야 재정투자계획(2009~2013)

10대 정책방향	실 천 과 제	재정투자 계획 및 규모(조원)			
		2009	2010 ~11	2012 ~13	합계
효율적 온실가스 감축	− 탄소를 줄여가는 사회 − 저탄소를 지향하는 그린 한반도 등	1.0	2.2	2.5	5.7
탈석유・에너지 자립강화	− 에너지저소비・고효율사회 구축 − 청정에너지 보급 확대 − 원자력 공급능력 확충 등	2.8	5.6	6.5	14.9
기후변화 적응역량 강화	− 기후감시 및 조기대응체제 구축 − 기후친화형 해양이용 및 관리 − 지속가능한 산림경영 등	4.8	21.4	10.1	36.3
녹색기술개발 및 성장동력화	− 녹색기술개발투자의 전략적 확대 − 녹색기술개발을 위한 국제협력 활성화	2.0	4.3	5.0	11.3
산업의 녹색화・녹색산업육성	− 자원순환형 경제・산업구조 구축 − 녹색 중소・벤처기업 육성 등	0.8	1.8	2.0	4.6
산업구조의 고도화	− 신성장동력 첨단융합산업 육성 − 고부가 서비스산업 육성	1.6	3.9	5.4	10.9
녹색경제 기반 조성	− 탄소시장 육성 − 녹색상품・사업에 대한 조세지원 등	0.3	0.7	0.8	1.8
녹색국토・교통의 조성	− 녹색국토・도시의 조성 − 녹색 건축물 확대 − 자전거이용 활성화 등	4.7	9.5	11.0	25.2
생활의 녹색혁명	− 녹색성장 교육 및 녹색시민 양성기반 구축 − 녹색생활의 실천 확산 등	0.4	0.8	0.8	2.0
녹색성장 모범국가 구현	− 글로벌 녹색성장 실현에 협력하는 국가 − 개도국 녹색성장을 도와주는 국가 등	0.1	0.3	0.3	0.7
합 계[1)		17.5	48.3	41.5	107.4

주1) 합계금액이 불일치한 것은 정책과제들에 대한 중복투자를 제외하였기 때문임.
자료: 녹색성장위원회(2009a: 56~58, 2009b: 373~374)

나. 민간자금 투자유도

제4차 녹색성장위원회(2009. 7. 6.)에서 정부는 '녹색투자 촉진을 위한 자금유입 원활화방안'을 발표했다. 2013년까지 녹색펀드, 녹색예금, 녹색채권 등으로 2조 원의 민간자본을 조달해 녹색산업에 투자한다는 계획이다.

저탄소녹색성장기본법 제29조에는 녹색기술 및 녹색산업에 자산을 투자하여 그 수익을 투자자에게 배분하는 것을 목적으로 하는 녹색산업투자회사를 설립할 수 있는 근거를 제공하고 있다. 정책금융공사는 녹색산업펀드(녹색산업투자회사 1호)를 1차로 500억 원 규모로 조성했다. 동 공사가 470억 원을 투자하고 민간운용사들이 30억 원 규모로 참여하는 것이다(아시아경제, 2010. 6. 22). 펀드운용은 상은자산운용이 맡는다. 한편 비상장 중소벤쳐기업의 녹색인증 기술자금을 지원하기 위해 별도의 자(子)펀드로 중소기업창업투자조합도 조성할 계획이다.

중소기업청에서는 주요 녹색부품·소재의 국산화를 위해 현재 1,000억 원대인 녹색·신성장투자펀드 규모를 1조 1,000억 원대로 늘리기로 했다(파이낸셜뉴스, 2010 7. 12). 아울러 산업은행, 기업은행을 중심으로 녹색펀드를 조성(2,500억 원 규모)하여 투자에 착수할 예정으로 알려졌다.

아울러 녹색기업에 대한 신용보증기금·기술보증기금의 보증을 2009년 2.8조 원에서 2013년 7조 원으로 확대할 계획이다. 2009년에는 계획금액을 크게 상회한 4.3조 원을 지원한 바 있다. 아울러 녹색 중소기업에 대한 정책자금 지원을 2009년 1,300억 원에서 2013년 6,600억 원으로 확대할 계획이다. 2009년에는 이미 계획보다 많은 1,730억 원이 지원되었다.

한편 국내 30대 대기업이 2011년부터 2013년까지 3년간 녹색성장 분야에 22조 4,000억 원을 투자한다고 제8차 녹색성장보고대회(2010. 7. 12)에서 발표하였다. 이는 2008년부터 3년간 투자한 총액

15조 1,000억 원 대비 48.2% 증가한 규모다. 세부분야별로는 신재생에너지 등 청정에너지 분야에 8조 9,000억 원, 그린카에 5조 3,000억 원, 차세대 전력장치 분야에 4조 3,0000억 원이 각각 투자될 예정이다(파이낸셜뉴스, 2010. 7. 13).

(3) 규제

가. 온실가스 및 에너지 목표관리제

정부가 온실가스 다배출, 에너지 다소비 업체 등 관리대상 업체나 건물을 지정하여 연간단위와 5년 단위로 온실가스 배출량과 에너지 사용량 감축에 대한 목표량을 부과한 뒤 그 실적을 관리하는 제도이다. 실적을 원칙적으로 공개토록 한 것은 정확한 통계자료를 확보하고, 향후 총량제한 배출권 거래제가 성공적으로 도입될 수 있는 토대를 마련하기 위한 것이다. 아울러 기업들이 기술개발, 산업공정 개선 등을 통해 온실가스 배출과 에너지 사용을 줄이고 녹색산업에 대한 투자를 확대하는 등 녹색경영 촉진을 위한 것이기도 하다.

관리대상은 산업, 발전, 농·축산, 건물·교통, 폐기물 관련 사업자이다. 이 제도는 녹색성장기본법 제42조에 근거를 두고, 동법 시행령 제26조에 의해 환경부에서 총괄하되, 농업·축산분야는 농림수산식품부가, 산업·발전분야는 지식경제부가, 폐기물분야는 환경부가, 건물·교통분야는 국토해양부가 관장하게 된다.

정부는 당초 2007년 국내 총온실가스 배출량(6억 2,000만 톤)을 기준으로 약 70%를 차지하는 것으로 추정되는 600여 업체 및 사업장이 관리대상에 포함될 것으로 추산하였으나, 2010년 9월에 470개 업체에 대해 관리업체 지정을 마쳤다.[73] 2011년 9월까지 업체별 감

축목표를 설정한 후 2012년부터 제도를 본격 시행할 계획이다. 정부
는 감축량을 초과 달성한 업체에 대해 녹색기업 인증 시 가산점 부
여, 환경개선자금과 에너지절약시설 융자 시 우대, 우수기업 표창,
에너지절약시설 투자 시 투자금액 20% 세액공제, 에너지이용 합리
화 자금 융자확대 등의 인세티브를 검토 중이며, 목표량을 충족시키
지 못하면 못한 만큼의 패널티 부과도 검토 중인 것으로 알려졌다.

나. 신재생에너지 발전의무 할당제(Renewable Portfolio Standard; RPS)

에너지사업자에게 공급량의 일정비율을 신재생 에너지를 사용하
여 생산하도록 의무화하고, 의무량을 충족하지 못할 경우 부담금을
징수하는 제도이다. 이 제도는 이미 영국[74]과 스웨덴, 캐나다, 일본,
호주 등에서 도입해 운영 중에 있다. RPS가 시행되면 직접적으로 신
재생에너지 공급을 의무화하므로 발전차액 지원제도에 비해 신재생
보급목표 달성에 유리할 뿐만 아니라 소요예산의 예측이 가능하여
신재생에너지 보급에 따른 재정적 부담을 완화할 수 있다. 그리고

---

73) 관리대상업체 기준은 최근 3년간 사업장 온실가스 배출총량이 125,000 CO₂ 톤, 에너
지 사용량이 500테라줄(Terajoule)을 초과하는 곳이고, 사업장 추정기준으로는 3년간 온
실가스 배출량이 25,000 CO₂ 톤, 에너지 사용량이 100테라줄을 초과하는 곳이다. 1테
라줄은 약 23.88에너지환산톤(TOE)이다. 1TOE는 원유 1톤(7.41배럴)의 발열량 1,000
만kcal가 기준이 된다(디지털타임즈, 2010. 5. 28). 2010년 온실가스 및 에너지 목표관
리업체 총 470개는 산업·발전분야 374개, 건물·교통분야 46개, 농업·축산분야 27
개 그리고 폐기물 분야 3개이다.

74) 영국에서는 재생에너지자원 사용의무제도(The Renewables Obligation; RO)로 시행되고
있다. 이 제도는 1990년에 도입되었던 '비화석연료의무제도(Non—Fossil Fuel Obligation;
NFFO)'를 계승하여 2002년 4월부터 운영되고 있으며, 현재는 2008 에너지법 제37조
에 근거를 두고 가스 및 전기시장청(Ofgem)에 의해 관리되고 있다. 이는 영국에서 재생
가능한 자원으로부터의 전기생산에 인센티브를 주기 위해 고안된 것으로 2010/11 회계
년도의 전기생산 비율목표를 10.4%에 두고 있다(황병상, 2010: 340).

사업자 간 시장원리에 의한 경쟁을 유도하여 신재생에너지에 대한 투자와 가격형성을 효율적으로 유도할 수 있는 장점이 있다.

이 제도를 규정하는 '신에너지및재생에너지개발·이용·보급촉진법' 개정안이 2010년 3월 국회를 통과했고 시행령과 시행규칙이 심사 중에 있으며, 2012년에 시행될 예정이다. RPS가 시행되면 에너지 사업자는 자체생산, 외부구매 또는 과징금 납부 등을 의무적으로 이행해야 한다. RPS 시행령 고시안에 따르면 RPS 공급의무자의 연도별 의무비율은 2012년 2.0%로 시작해 2016년까지 매년 0.5%씩 올리고, 2016년부터는 매년 1%씩 늘려 2022년께는 10%가량의 부담을 지게 된다.

에너지관리공단은 태양광분야 시장창출을 위한 RPS 시범사업을 시행하여 2009년 12월 시범사업 참여 희망사업자를 접수해 평가위원회를 통해 50여개의 사업자를 선정했다. 선정된 사업자는 태양광으로 생산·공급된 발전량에 대한 인증서(REC)를 동 공단 신재생에너지센터에서 발급받아 RPA 기관에 판매하게 된다. RPA 기관인 한국수력원자력, 중부발전, 남동발전, 서부발전, 남부발전 및 동서발전 등 6개 발전회사는 이 시범사업을 통해 2009년 14.5MW를 시작으로 2011년까지 총 101.3MW의 신규 태양광발전 시장을 창출할 계획이다.

다. 에너지공급자 효율의무화제도(Energy Efficiency Resource Standard; EERS)

전력 및 가스를 보다 효율적으로 생산·전환·수송·이용할 수 있도록 에너지 공급업체들에게 에너지 절감목표를 의무적으로 부여해 이를 달성하면 인센티브를, 그렇지 않으면 페널티를 주는 제도이다. 지식경제부는 에너지이용합리화법 개정(안)을 마련하여 2010년 9~10월 국회에 제출할 계획이다. 아직 의무부과 대상을 한국전력, 한국가스공사, 한국지역난방공사 등 3개 에너지 공기업만으로 할지 도시가스공사까지 포함할지 명확하게 결정되지 않은 상태이다.

라. 에너지 소비효율 등급표시제 및 연간 에너지비용 표시제

에너지 소비효율 등급표시제는 에너지절약형 제품의 보급확대를 위해 에너지이용합리화법에 1992년 처음 도입되었으며, 2010년 8월 현재 전기냉장고, 선풍기, 자동차 등 22개 품목이 대상이다. 에너지 소비효율 등급은 정부가 제시한 에너지소비효율이나 에너지 사용량에 따라 1~5등급으로 구분되며, 생산업체로 하여금 에너지절약형 제품을 생산·판매하도록 유도하는 것을 목적으로 한다. 지식경제부는 기술수준의 향상에 따라 전기냉장고 등 5개 제품의 1등급 효율기준을 12%~67% 상향 조정했으며, 대표적 저효율 조명기기인 백열전구는 2013년까지 단계적으로 퇴출되며, 가스온수기는 신규로 포함하기로 2010년 6월에 관련 규정을 일부 개정하여 2011년 1월부터 시행하기로 했다.

한편 에너지관리공단은 전기냉장고, 세탁기, 에어컨 등 13개 가전제품에 대해 연간 사용하는 전기요금을 표시하는 '연간 에너지비용 표시제'를 2010년 7월부터 시행했다. 연간예상 평균 전력소비량에 전력단가(160원)를 곱해 연간예상 전기요금을 제품에 부착하도록 의무화한 것이다.

마. 자동차 온실가스 배출규제

녹색성장위원회는 2009년 7월 6일 청와대에서 대통령 주재로 제4

차 회의를 열어 '자동차 연비 및 온실가스기준 개선방안'을 마련했다. 지식경제부 및 환경부와 함께 만든 이 방안에 따르면 자동차 제작사가 연비(17km/ℓ 이상)와 온실가스 배출량(140g/km 이내) 기준 두 가지 중 하나를 자율적으로 선택하도록 하는 '선택형 단일규제'를 도입한 것은 미국과 유럽 시장을 동시에 겨냥한 것이다.

연비 기준은 최대 수출시장인 미국(2012년부터 16.6km/ℓ 이상)보다 높게, 온실가스 배출량 기준은 국내 업계의 상황을 감안해 유럽연합(EU, 130g/km 이내)보다 다소 낮게 잡았다. 국내 자동차 업체들은 2012년부터 회사별로 내수 판매차 가운데 30%의 평균 연비 또는 온실가스 평균 배출량을 새로운 기준에 맞춰야 한다. 또 2013년에는 60%, 2014년에는 80%로 적용 대상이 확대되고 2015년에는 내수용으로 출고된 100%의 차량이 기준을 충족하도록 했다.

이를 지키지 않을 경우 완성차업체를 대상으로 벌과금제도를 두기로 하고 2012년 시험실시 후 2013년부터 도입할 계획이다. 자동차 업계의 부담을 덜어주기 위해 온실가스 감축량만큼 발행되는 '크레디트(credit)' 거래를 통해 2012년부터 한 업체가 기준을 초과 달성할 경우에는 다른 업체에 크레디트를 판매할 수 있도록 했고, 50g/km 이하인 '초저탄소 그린카'에 대해서는 제조사의 평균 배출량을 계산할 때 추가로 인센티브를 준다. 한편 현재 배기량 기준인 자동차 세제는 2012년부터 연비 및 온실가스 배출량 기준으로 바꿀 계획이다.

바. 탄소세

탄소세(Carbon Tax)는 에너지 소비와 제품생산과정에서 발생하는

1tCO$_2$당 부과하는 세금이다. 1990년대 초반부터 핀란드, 스웨덴, 네
덜란드, 덴마크 등이 탄소세를 도입하였고, 영국도 이와 유사한 기
후변화부과금(CCL: Climate Change Levy)을 2001년 4월에 도입하
였다.[75]

정부는 2012년께 탄소세를 도입할 예정이며, 유연탄 등 1차 에너
지[76]와 전기 등 2차 에너지에 세금을 매기는 방향으로 가닥을 잡고
있는 것으로 알려졌다. 탄소세는 GDP의 2% 정도 수준이 될 것으로
예상되며 녹색산업 · 기술, 친환경자동차 개발에 재투자하는 방향으
로 세금을 사용할 방침인 것으로 알려졌다.

OECD(2008)는 이산화탄소 1톤당 25달러의 탄소세를 도입함으로
써 세계적으로 온실가스 배출을 크게 줄일 수 있으며, 온실가스로
인한 사회적 비용을 '부담 가능한' 수준인 GDP의 1% 정도로 낮출
수 있을 것으로 전망한 바 있다. 그러나 탄소세 도입은 각국의 상황
이나 국민부담 등을 종합적으로 감안하여 신중히 결정해야 할 사안
으로 생각된다. 탄소세에 따라 국제경쟁력이 저하되는 산업이 없도
록 부담이 상대적으로 낮은 서비스 산업 중심의 탄소세를 도입한다
든가, 기업부담을 줄여주기 위한 법인세 경감, 각종 환경부담금 통
합 등의 조치를 함께 검토하는 것이 바람직할 것으로 생각한다. 아

---

75) CCL은 온실가스를 배출하는 천연가스와 석탄, 전력에 대해 세금을 부담시키는 반면 신재
생에너지에 대해서는 면제된다. 산업, 상업 및 공공부문에 부과되며 전력생산자와 가정부
문은 면제된다. 2008년 4월부터 적용되는 현재 CCL의 요율은 전력이 kWh당 0.456펜
스, 가스는 kWh당 0.159펜스, 액화석유가스 등은 kg당 1.018펜스, 기타 원자재는 kg
당 1.242펜스로 부과된다(황병상, 2010: 340).

76) 현재 1차 에너지인 석유에는 교통에너지세가 부과되고 있어 탄소세를 도입할 경우 이중
과세의 문제가 발생됨에 따라 정부에서는 탄소세와 교통에너지세를 통합하지 않고 투 트
랙으로 추진하는 것을 시사하였다(이투뉴스, 2010. 7. 2).

울러 탄소배출권 거래제 도입과의 상관관계에 대한 연구도 심도 있게 이루어져야 할 것이다.

사. 탄소성적표지제도

이 제도는 제품 및 서비스 생산, 수송(유통), 사용, 폐기 등 전 과정에서 발생한 온실가스 배출량을 이산화탄소 배출량으로 환산하여 부착함으로써 궁극적으로 온실가스 감축을 도모한다. 환경부가 환경사업기술원(KEITI)를 통해 제도를 운영하고 있으며, 1단계인 탄소배출량 인증과 2단계인 저탄소상품 인증으로 구성된다. 탄소성적표지 인증제품을 2009년 111개 품목에서 2010년에는 261개까지 확대할 계획이다.

이 제도는 영국을 비롯한 스웨덴, 미국, 캐나다 등에서 현재 시행되고 있는 탄소라벨링제도(Carbon Labelling)와 유사하기는 하나 아직까지 국제기준에 충족하는 보고서를 제출할 수 있는 수준은 아니다. 지식경제부에 따르면 2010년 5월 프랑스 의회는 자국 내에서 판매되는 상품에 대해 '탄소라벨' 부착을 강제하는 법을 통과시켰다. 1년 6개월의 시범운영기간이 지나면 프랑스에서 생산되거나 수입·유통되는 모든 제품에는 탄소라벨을 부착해야만 한다. 외국의 탄소라벨링제도에 대한 연구를 통해 탄소성적표지제도의 개선이 필요한 상황이다.

아. 신재생연료 의무화제도(Renewable Fuel Standard; RFS)

이 제도는 연료공급자에게 수송용 연료의 일정비율을 바이오디젤, 바이오에탄올 등 바이오연료로 공급하도록 의무화하는 것이다. 이는 이미 미국, 영국, 독일, 프랑스 등에 도입된 제도이며, 우리 정부는 이 제도의 도입방안을 2010년 중에 만들 계획이다.

(4) 유인책

가. 탄소배출권 거래제

저탄소녹색성장기본법 제46조에는 시장기능을 활용하여 효율적으로 국가의 온실가스 감축목표를 달성하기 위하여 '총량제한방식의 배출권거래제'[77]를 포함하는 온실가스 배출권을 거래하는 제도를 운영할 수 있다고 규정하고 있다. 정부는 2010년 정기국회를 통해 배출권거래법을 제정하고 2011년부터 배출권거래제를 추진할 예정으로 알려졌다. 이와는 별도로 국내기업들은 이미 청정개발체제(CDM: Clean Development Mechanism)를 통한 탄소배출권확보에 나서고 있다[78], 환경부는 배출권거래제와 연계하여 이르면 2011년부터 '카본 옵셋(Carbon Offset: 탄소상쇄)제도'[79]를 도입할 예정이다.

탄소배출권 거래제도는 온실가스 감축을 비용효과적으로 감축하는

---

77) 배출권은 할당하는 방식에 따라 총량제한방식(Cap-and-Trade)과 기준인정방식(baseline-and-Credit)으로 구분된다. 총량제한방식은 배출량 한도를 정하고 그 만큼의 배출권을 할당해 이를 서로 거래할 수 있도록 한 것으로 이 배출권이 거래되는 시장을 할당량시장이라고 부른다. 반면 기준인정방식은 기준배출량을 설정하고 이보다 적게 배출한 만큼을 저감량 인정분으로 서로 거래할 수 있도록 한 것으로 이런 배출권이 거래되는 시장을 프로젝트시장이라고 부른다.

78) CDM은 기업이 온실가스를 감축할 수 있는 설비·기술 투자를 통해 UN으로부터 감축한 실적만큼 온실가스 배출권을 승인받는 것을 말한다. 삼성전자는 탕정 LCD공장의 육불화황(SF6) 분해설비를 새로 설치하고 배출되는 육불화황의 90%를 분해할 수 있는 것으로 연간 55만 톤을 처리할 수 있으며, 이를 2010년 2월 UN에 CDM사업 승인을 신청했다. 한솔홈데코는 뉴질랜드에 8800ha(2600만 평)의 조림지를 확보하여 여기서 확보된 탄소배출권을 뉴질랜드에 판매한 바 있다(조선일보, 2010. 3. 8).

79) 산림조성이나 폐기물 처리시설에서 발생하는 온실가스 감축활동을 통해 감축한 온실가스를 상쇄하는 만큼의 탄소배출권을 매입하는 제도로서 K-CRS로 시행예정이다. 해외에서 운영되는 CDM사업 등으로 등록하기엔 규모나 비용이 적은 국내 비산업부문에 적용할 예정이다(이투뉴스, 2010. 9. 30).

것을 목표로 영국이 세계에서 처음으로 도입하여 2002년 4월 1일부터 2006년 12월까지 실시한 이후 EU의 배출권거래제도(EU-ETS)에 계승되었다(황병상, 2010: 342). 삼성경제연구소 기후변화센터가 개발한 동태적 연산일반균형 모형을 활용해 시뮬레이션한 결과에 따르면 탄소배출권거래제가 직접규제보다 온실가스 감축비용을 60% 정도 절감하는 것으로 분석됐다. 세계은행 자료에 의하면 세계 탄소배출권[80] 시장규모는 2005년 109억 달러에서 2007년 630억 달러, 2010년에는 1,500억 달러로 예상되고 있다.

정부에서 탄소배출권거래소[81] 설치계획을 밝힘에 따라 서울, 부산, 광주, 대구 등 지방자치단체들이 유치선언을 하고 경쟁에 뛰어든 상황이다. 환경부는 2010년 1월부터 '탄소배출권거래제 시범사업'을 게시하여 삼성전기(주) 등 29개 사업장, (주) 신세계이마트 등 3개 업체의 총 169개 대형건물, 15개 광역자치단체 등 총 494개 공공기관이 참여하고 있다.[82] 녹색성장위원회(2009a: 102)에 의하면 장기적으로 우리나라 주도로 범아시아 지역을 통합하는 탄소배출권

---

80) 현재 유럽기후거래소(ECX)에서 거래되는 탄소배출권은 '유럽배출허용량(EUA)'과 '인증배출감축량(CER)' 등 두 종류다. EUA는 유럽연합이 매년 감축목표에 따라 국가별로 할당하며, 각국은 이를 탄소감축대상인 기업에 재할당한다. 1EUA는 1t의 탄소를 배출할 수 있는 권리로 현재 14달러 안팎에 거래된다. CER은 교토의정서에 따라 열대우림보호 등 CDM사업에 투자해 인정받은 것으로, 1CER은 12달러 안팎에 거래된다(조선일보. 2010. 7. 31).

81) 현재 세계적으로는 유럽기후거래소(ECX), 노르드 풀(Nord Pool), 시카고 기후거래소(CCX) 등 총 10여개의 탄소거래소가 운영 중이나 유럽기후거래소(ECX)가 회원사 15,000사 및 거래비중 86.7%로 시장점유율 1위이다.

82) 시범사업 기간 중 온실가스 감축목표는 기준년도('05~'07 평균) 대비 절대량기준으로 사업장·대형빌딩은 평균 △1%, 공공기관의 경우 최소 △2% 이상이며, 제3자 전문검증기관을 활용하여 배출량 검증을 실시할 예정이다(환경부 보도자료, 2009. 12. 29). 지역단위 공공기관 간 배출권거래제 시범사업을 통해 1,534회에 걸쳐 총 7,655 CO_2 톤이 거래되었다(녹색성장위원회, 2010. 8. 3).

거래소 및 탄소은행 설립계획도 가지고 있다.

나. 녹색인증제

녹색인증제는 녹색기술, 녹색사업, 녹색전문기업을 정부가 확인해 주고, 확인된 기술과 기업에 각종 금융지원 혜택을 제공하고, 정부가 인증한 녹색사업과 기업에 투자하는 일반인 대상 녹색펀드·녹색예금·녹색채권에 이자소득 비과세 등 세제지원[83]을 하는 것이다. 영국은 2008년 6월부터 '저탄소 녹색기업 인증제'를 도입했으며, 현재 휴렛팩커드(HP), 리코(Ricoh) 등 70여개 회사가 인증을 받은 상태다. 지식경제부는 민간전문가와 정부산하 평가기관관계자 총 17명으로 녹색인증심의위원회를 구성하고 2010. 5. 17. 첫 회의를 개최했다. 녹색인증의 전담기관은 한국산업기술진흥원이 맡고 있고, 분야별로 에너지기술평가원, 산업기술평가원 등 9개 기관이 평가기관으로 지정돼 있다. 녹색인증심의위원회(위원장: 한민구 서울대 교수)가 2주 간격으로 열려 심의를 담당하고 있다. 녹색인증은 신청에서 발급여부 안내까지 모두 온라인상에서 이루어지므로 녹색인증 홈페이지(www.greencertif.or.kr)에 기관회원으로 가입해 기관등록인증서를 발급받아야 한다. 중소기업인 경우 정부에서 녹색기술 인증 성능시험검사 비용의 50%를 지원한다. 대상은 10대 분야 256개 기술과 95개 사업이며, 녹색기술 인증을 받은 기업 중 녹색기술에 의한 매출액비중이 30% 이상인 기업은 녹색전문기업으로 확인해 준다.

---

83) 녹색펀드투자자는 투자금액의 10% 한도로 최대 300만 원까지 소득공제를 받을 수 있고, 배당소득에 대해서도 비과세된다. 만기 3년 이상인 녹색예금과 녹색채권 이자소득에 대해서도 비과세이다. 녹색예금은 2,000만 원, 녹색채권은 3,000만 원까지 가입할 수 있다 (전자신문 2009. 10. 6).

지식경제부, 기획재정부 등 8개 부처는 논의를 통해 2010년 8월에 녹색인증 활성화 방안을 내놓았다. 즉, 녹색산업융자지원 확대(녹색인증기업의 신재생에너지설비와 에너지절약시설 등 산업별 보급융자사업 참여 시 우대 등), 판로마케팅 지원강화(정부발주공사 우대등), 기술사업화 기반 조성(녹색전문기업 부설연구소의 병역특례지원 강화 등), 사업화 촉진 시스템 구축(국가 R&D사업 참여 시 우대, R&D성과물의 녹색인증 신청과 국내외 특허출원을 지원) 등이다. 2010년 8월 9일 현재 녹색기술 94건, 녹색사업 1건, 녹색전문기업확인은 13개 기업으로 총 108건이 녹색인증을 받았다.

다. 친환경 세제지원

정부는 R&D지원에 관한 '조세특례제한법 시행령'을 개정하여 2010년 1월부터 신성장동력 및 원천기술분야 연구개발비용의 20% (중소기업은 30%)를 소득세와 법인세에서 공제하고 있다. 이는 OECD국가 중 최고수준이며, 일반적인 R&D 세액공제율 3~6%(중소기업 25%) 보다 최대 7배나 높은 수준이다. 신성장동력 및 원천기술 분야 R&D 비용 지원대상 기술은 모두 28개 분야 91개 기술이 선정되어 있다. 신성장동력 분야에서는 LED응용 · 바이오제약의료기기 · 탄소저감에너지 등 10개 분야 46개 기술이 선정됐고, 원천기술에는 금속 · 원자력 · 우주 등 18개 분야 45개 기술이 최종 세제지원 대상기술로 선정됐다. 이 같은 선정 결과를 담은 조세특례제한법 시행령 개정안은 2010. 2. 9. 국무회의에서 확정되어 동년 1월 1일부터 소급 적용되고 있다.

아울러 에너지절약시설 투자세액공제 시한을 2009년 말에서 2011

년 말로 연장하고 대상을 확대하였으며, 하이브리드 자동차에 대한 개별 소비세 면제 및 신재생에너지 생산 및 이용기자재 관세 경감의 일몰도 당초 2009년 말에서 2011년 말로 연장한 바 있다. 또한 2010년부터 고효율에너지기자재, 에너지효율 1등급 제품, 신재생에너지 설비 인증 제품 등을 생산하는 에너지신기술 중소기업에 대한 조세 지원이 강화되었다. 이에 따라 창업 후 3년 이내 에너지신기술 중소 기업으로 확인받는 기업은 최초 소득이 발생한 과세연도를 포함해 4년간 법인세, 소득세의 50%를 감면받게 되었다.

기획재정부는 대통령이 주재한 제8차 녹색성장위원회에서 '녹색 경쟁력 강화를 위한 재정·금융지원 강화방안'을 발표했다. 이에 따르면 녹색산업 핵심 원재료에 대한 기본 관세율 인하, 신재생에너지 생산 및 이용기자재에 대한 관세경감 대상 품목확대, 탄소저감 및 친환경자동차 관련 기술 등 녹색성장 관련 신기술을 외국인투자 조세감면 대상에 추가하는 등의 지원이 이루어진다(기획재정부 보도자료, 2010. 7. 12).

라. 그린홈·그린빌리지 지원

2004년 시작된 태양광 10만 호 보급사업이 2009년 초에 2020년을 목표로 '그린홈 100만 호 보급사업'으로 확대 개편되었다. 이는 태양광, 태양열, 바이오, 소형풍력 및 지열 등 신재생에너지원을 일반주택에 설치할 때 설치비의 최대 60%까지 무상 지원하는 사업이다. 그린홈은 2008년까지 24,675호가 보급된 바 있다. 아울러 2009년 20개소가 지원된 그린빌리지 사업도 2010년도에 70개소까지 늘릴 계획이다. 이는 10가구 이상의 마을단위에 신재생에너지설비 설치를 지원하는 사업이다.

마. 친환경건축물인증제와 건물에너지효율등급제도

친환경건축물인증제는 건축물을 초기 계획단계부터 폐기단계까지 전 과정에 걸친 환경성능에 대한 평가를 수행하고 그 결과에 따른 환경성 등급을 인증하는 제도로 국토해양부와 환경부가 운영하고 있다. 건축법의 위임에 따라 만들어진 '친환경건축물의 인증에 관한 규칙'이 2008. 5. 27. 제정되었으며, 2010. 5. 17. 일부 개정되었다. 이에 따라 모든 용도의 신축건물로 대상이 확대되었으며, 1만㎡ 이상의 면적을 가진 공공건축물에 대해서는 인증을 의무화하였다. 인증등급도 최우수, 우수, 우량, 일반 4단계로 세분화해 최우수와 우수 등급에만 취득·등록세를 감면하는 등의 인센티브를 부여한다. 아울러 기존 건축물이 친환경 건축물 인증을 받을 때에도 친환경 건축물 등급에 따라 취득·등록세를 최대 15%까지 경감해주고 환경개선 부담금도 감면하는 등의 혜택을 제공한다. 인증을 위한 평가는 에너지 분야 외에도 토지이용과 교통, 생태환경, 실내환경 등 4개 분야에 대해 실시한다.

건물에너지 효율등급제도는 2001년에 도입되어 국토해양부와 지식경제부가 운영하고 있다. 당초 에너지 효율이 높은 18가구 이상 신축공동주택을 대상으로 에너지 절감률에 따라 1~3등급으로 인증을 부여하던 제도에서 2010년부터 신축 업무용 건물까지 확대하였고 등급도 5등급으로 세분화하였다. 아울러 평가항목도 난방에너지 1개에서 난방, 냉방, 환기, 급탕, 조명에너지까지 모두 5개로 확대했다. 특히 신축 업무용 공공건물에 대해서는 2010년 1월부터 건물에너지효율 1등급 취득을 의무화할 예정이다. 에너지효율 1등급은 연간 단위면적당 1차 에너지소요량이 300kWh/㎡ 미만인 건물로서 1등급에 가까울수록 에너지효율을 극대화한 건물이다.

인증 건축물에 대해 지방세법에 따라 5~15%의 취득세와 등록세를 경감해주고 있다. 특히 건물에너지효율 1등급과 친환경건축물인증 최우수등급을 모두 받을 경우 취득·등록세의 15%를 감면한다. 2010. 7. 13. 개최된 '제8차 녹색성장위원회 보고대회'에 녹색성장위원회 등이 내놓은 공공녹색시장 확대방안에 따르면 공공건물의 입찰참가자자격사전심사(PQ)와 적격심사에서 친환경건축물인증과 건물에너지효율등급인증 등의 실적을 우대할 방침이다.

바. 탄소포인트제

탄소포인트제는 국민 개개인이 온실가스 감축활동에 직접 참여하도록 유도하는 제도로 가정, 상업시설, 기업이 자발적으로 감축한 온실가스 감축분에 대해 포인트를 산정하고 이에 대한 인센티브를 지방자치단체로부터 제공받는 범국민적 기후변화 대응활동이다. 2010년 8월 환경부 발표에 의하면 전국 232개 지자체 중 230개 지자체와 총 123만 세대가 참여하고 있으며, 한국환경공단이 이 제도의 운영을 지원한다. 탄소포인트는 현금, 탄소캐쉬백, 교통카드, 상품권, 종량제 쓰레기봉투, 공공시설 이용 바우처, 기념품 등 지자체가 정한 범위 내에서 선택할 수 있으며, 탄소포인트를 탄소캐쉬백으로 전환하는 경우 5만여 개의 OK캐쉬백 가맹점 및 탄소캐쉬백 가맹점에서 현금처럼 사용이 가능하다.

사. 발전차액보조금제도

2001년 10월부터 도입된 발전차액지원제도(Feed in Tariff)는 신·재생에너지 종류별로 예산지원한도를 정하고 신·재생에너지 사업자의 손실분을 정부가 보전하여 주는 제도이다. 신·재생에너지 생산단가가 기존의 화석연료 에너지 생산단가보다 높기 때문에 지원하는 제도로 2008년에는 1,196억 원, 2009년에는 2,626억 원의 정부 예산이 지원되었다.

그러나 이 제도를 일부 사업자가 악용하는 경우가 있었고, 정부주도의 가격 결정 및 지원 등으로 인해 사업자 간의 경쟁과 경제논리에 따른 합리적인 가격 형성 등을 방해한다는 비판이 있었다. 이에 2010년 2월 국회에서 '신에너지및재생에너지의개발·이용·보급촉진법' 개정을 통해 2011년까지 점진적으로 발전차액지원을 줄인 뒤 2012년에 이를 폐지하고 '신·재생에너지 발전의무 할당제(RPS)'로 바꾸기로 했다.

(5) 설득
가. 녹색정보포탈 운영, 홍보책자 발간 및 언론홍보

녹색성장위원회 홈페이지(http://www.greengrowth.go.kr)는 국내외 소식, 녹색정책, 녹색생활·참여 및 녹색지식 등 녹색성장과 관련된 다양한 정보를 제공하고 있다. 녹색기술정보포털(http://gtnet.go.kr)은 그동안 여러 곳에서 분산적으로 제공하던 녹색기술정보, 즉 기술정보, 산업·시장정보, 정책정보 및 연구성과정보 등을 2009년 12월 말부터 원스톱으로 제공하고 있다. 환경부 산하 국립환경과학원은 환경연구종합정보서비스(http://erip.nier.go.kr)를, 환경부와 한국환경공단은 기후변화홍보포털(http://www.gihoo.or.kr)을 운영하고 있다.

문화체육관광부는 녹색성장의 개념과 의미, 해외사례 등을 소개한 단행본인『녹색부국으로 가는 길』과『녹색성장, 대한민국의 그린오션 전략』을 2008년 12월에 발간했다. 2009년에는 미래기획위원회가『녹색성장의 길』을, 녹색성장위원회가『세상을 바꿀 한국의 27가지 녹색기술』을 발간했다.

한편 정부는 신문과 방송 등에 녹색성장에 대한 공익광고와 녹색생활 실천에 관한 홍보를 다수 시행하고 있으며, 인터넷에 녹색성장 관련 UCC도 제작하여 올리고 있다. 녹색성장위원회는 2010년 2월에 유명 연예인들을 녹색성장홍보대사로 위촉하여 녹색성장 홍보물 출연, 각종 행사 참석 등을 통해 대중들이 친근감을 느끼도록 노력하고 있다. 또한 '2010 대한민국 공익광고제'는 학생부와 일반부를 대상으로 '저탄소 녹색성장'을 주제로 동년 8월 17일부터 9월 7일까지 작품을 접수한 바 있다.

나. 녹색생활운동의 촉진

환경부는 2008년 10월부터 그린스타트(Green Start) 운동을 본격 전개하고 있다. 이 운동은 온실가스 줄이기 실천운동으로서 가정, 상업, 수송부문의 온실가스 배출량을 효율적으로 감축해 나가자는 국민운동이다. 2010년 6월까지 224개의 전국 및 지역 네트워크를 구축하였으며, 약 7천 명의 그린리더를 육성하였고, 약 120만 명의 그린스타트 서명운동도 전개하였다. 2009년 4월부터는 지구의 날(4월 22일)을 전후로 한 1주간을 기후변화주간으로 선포하여 기후변화의 심각성과 녹색생활 실천을 체험할 수 있는 행사를 시작하였다.

2009년에는 77만 명, 2010년에는 75만 명이 다양한 행사에 참여하였다.

2009년 8월 24일에 환경부는 '저탄소 녹색생활 실천 확산방안'을 제5차 녹색성장위원회에서 발표하였다. 먼저, '범국민 녹색생활운동 본격화'라는 전략을 추진하기 위하여 '녹색생활의 지혜[84]'를 전국에 확산하고, 각 단체가 자율적으로 특성에 맞는 '1사 1기후운동'을 추진하며 지역에서는 주민참여형 녹색생활 체험행사(4월 기후변화주간, 반기별 온실가스 진단주간, 피서철 녹색여행 만들기 등)를 지속적으로 전개하기로 하였다. 아울러 가정의 녹색생활과 녹색소비를 촉진하기 위해 가정에 '저탄소 녹색생활 양식'을 보급하고, 녹색 식생활 국민운동을 전개하는 등 노력을 기울이기로 했다. 특히, 친환경농산물의 비중을 2009년 5%에서 2012년 9%로 대폭 확대할 계획이다. 또한 직장에서는 '쿨맵시 운동' 전개, '친환경운전 10계명' 등 다양한 녹색교통 캠페인 실시, 자전거 활성화 기업·사업장에 대한 포상, '보행자의 날' 지정과 같은 걷기 활성화를 위한 대책 등을 추진하기로 했다.

다. 녹색성장교육

녹색성장위원회와 교육과학기술부 등은 '녹색성장교육 활성화 방안'을 마련하여 2009. 8. 24. 동위원회 제5차 회의에 보고하였다. 이 방안은 3대 전략, 8대 정책과제로 수립되어 있다. 먼저, 초중등 녹색

---

84) 사회의 각 부문별·생활패턴별 녹색생활 실천사항으로 10개 분야(가정, 직장, 학교, 군부대 등) 80개 세부실천사항으로 구성되어 있다. 예를 들면 가전제품 플러그 뽑아두기, 여름철 냉방온도는 26℃~28℃, 겨울철 난방온도는 18℃~20℃ 유지하기, 출·퇴근 시 대중교통 이용하기 등이다.

성장교육 강화전략은 녹색성장, 교육과정 개발 및 제도화, 녹색성장교육 교과서 및 교재개발, 녹색성장교육 교원 연수체계 구축, 녹색성장교육 선도 교육기관 육성, 학교 안·학교 밖 녹색성장교육 연계 등 5개 정책과제로 구성되어 있다. 대학 및 범시민 녹색성장교육 강화전략은 녹색성장교육 거점대학 육성, 녹색생활을 위한 범시민 교육기반 조성 과제로 구성되었고, 녹색성장교육 세계화 전략은 녹색성장교육 관련 국제사회 공조 과제로 구성되어 있다.

이상과 같은 8대 정책과제는 녹색성장 교육센터 지정·운영, 녹색경진대회 개최, 지역의 다양한 교육시설과 연계 체험학습 강화, UN 지속가능교육10년(UNDESD)의 국제이행에 협조 등 총 29개의 세부과제로 구체화되어 있다. 교육과학기술부, 환경부, 행정안전부, 지식경제부, 국방부 등이 수행하는 2009년부터 2012년까지의 추진 일정도 마련되었다.

라. 녹색외교

한국은 개도국에서 출발하여 2010년 초에 경제협력개발기구(OECD) 개발원조위원회(DAC)에 공식 가입하였다. 국제사회에서 '원조를 받던 나라'에서 '원조를 주는 나라'로 전환에 성공한 유일한 국가가 됨으로써 선진국과 개도국 사이에서 두 그룹의 의견을 조율할 수 있는 좋은 위치에 서있다.

한국은 '녹색성장 모범으로 인정받는 국가', '개도국의 녹색성장을 도와주는 국가'를 지향한다. 국제사회가 권고하는 최고 수준의 온실가스 감축목표를 설정했고, 스스로 성장과 환경보전이 조화된 녹색성장정책을 펼쳐 나감으로써 국제사회의 모범이 되고, 개도국에는 기후변화 예측 등을 위한 정보시스템 구축 및 관련기술 지원[85] 등을 하려고 한다. 한국은 국제 기후변화대응 및 녹색성장 논의를 위해 G8, APEC, OECD, MEF[86] 등 다자무대에 적극적으로 참여하여 새로운 패러다임 확산에 노력하고 있다.

우리 정부는 효과적인 Post-2012 기후체제 형성에 기여하기 위해 개발도상국의 적극적인 참여를 촉진할 수 있는 방안으로서 개도국 감축행동(NAMA, Nationally Appropriate Mitigation Actions) 등록부 설치, 개도국 감축행동을 통한 탄소 크레디트제공, 개도국의 자발적인 감축행동에 관한 차별화된 검증체제(Measurement Reporting and Verification) 등 건설적인 대안을 제안하였다. 특히, 우리정부가 적극적으로 주장했던 NAMA 등록부 설치,[87] 개도국의 자발적 감축행동에 대한 검증체제 등은 최종 코펜하겐 합의문에 반영되어 국제협상에서 소기의 성과를 거둔 것으로 평가된다. 기후변화협상은 내용 측면에서 뿐만 아니라 형식적인 측면에서도 우리 정부의 높아진 외교

---

85) 예를 들면, 2009년 6월 제주도에서 열린 한·아세안 특별정상회의에서 대통령은 "아세안이 녹색사업을 통해 신성장동력을 창출해 경제성장과 기후변화 대응 간 선순환을 이루어내도록 적극 지원해나갈 계획"이라며 '동아시아 기후파트너십'에 2억 달러를 지원하겠다고 밝혔다.

86) MEF(Major Economies Forum)는 청정에너지 활용을 통한 온실가스 감축을 목표로 한국, G8 등 17개 주요국으로 구성된 포럼이다. 2009년 7월 이탈리아에서 열린 G8 기후변화관계회의에서 10대 전환적 기술에 대한 선도국을 지정했고, 우리나라는 이탈리아와 공동으로 스마트그리드 선도국으로 지정되었다. 이후 국제실무회의 등 회원국 의견수렴을 거쳐 로드맵을 완성하여 2009년 12월 덴마크 코펜하겐에서 열린 MEF에서 발표한 바 있다.

87) 개발도상국의 감축행동인 NAMA에는 세 가지가 있다. 개도국이 선진국의 재정지원을 받아 시행하는 행동, 스스로 자신의 재원으로 하는 감축행동, 탄소 크레디트를 받기 위해 하는 감축행동 등이다. 이번 코펜하겐 합의는 이 중 첫 번째 감축행동에 대해서만 등록부에 기록하도록 합의가 됐고 향후 유엔의 검증을 받게 된다(국민일보 정래권대사 인터뷰, 2009. 12. 21).

력과 위상을 보여주었다(박태주, 2010: 376~377).

제4절 한국 녹색성장정책의 향후 과제

앞에서 한국의 녹색성장정책을 정책의 주요 구성요소인 정책기조, 정책목표, 정책수단별로 나누어 살펴보았다. 우리나라는 교토의정서 상의 의무감축국이 아닌 나라로서는 거의 유일하게 정부차원에서 스스로 나서서 선진국 수준의 녹색성장정책을 추진하고 있다. 정책 기조는 녹색성장론을 새로운 사회·문명적인 패러다임으로 인식하고 있으며, 대통령은 각종 국제회의, 국내연설 및 국제계간지 기고 등을 통해 강력하고도 변함없는 녹색성장 정책 추진의지를 밝히고 있다.

또한 정책목표면에서는 2050년까지 세계 5대 녹색강국 진입을 비 전으로 천명하였으며, 부문별로는 '기후변화대응 종합기본계획', '녹 색기술연구개발 종합대책(안)'및 '제1차 국가에너지기본계획' 등을 통해 선진국보다 높거나 상응하는 수준의 목표를 설정하였다.

따라서 정책기조와 정책목표의 면에서는 세계 어느 나라와 비교 해도 앞서거나 상응하는 수준으로 생각되므로 정책수단 측면에서 한국이 앞으로 녹색성장정책을 전개해 나가는 과정에서 중요하게 고려해야 할 과제들을 제안하면 다음과 같다.

1. 집행기구 측면

첫째, 에너지와 기후변화 문제를 총괄 관리할 중앙행정기구로서 '녹색성장부(Ministry of Green Growth)'의 설치가 필요하다. 에너지와 기후변화는 21세기 지구촌이 당면한 매우 중요한 도전과제이므로 우리나라가 녹색성장분야에서 리더역할을 지향하고 있는 것을 가시적으로 나타내는 조치를 정부조직개편 시에 반영하는 것이 바람직하다. 구체적으로는 현재의 녹색성장기획단, 환경부의 기후대기 및 녹색환경 부문, 지식경제부의 에너지 자원부문 등을 통합하여 하나의 신설 부처를 만드는 방안을 제안한다. 세계최초로 '녹색성장부'를 설치하여 국제적으로는 녹색성장전략을 글로벌화하고, 국내적으로는 한 부처가 중심적인 역할을 하면서 여타부처들은 시스템적으로 움직여 나갈 수 있기를 기대한다.[88)]

이러한 부처 신설은 2010년 3월에 저탄소 녹색성장기본법시행령 제정을 앞두고 온실가스 감축 관련 주무를 어느 부처가 맡을 것이냐를 놓고 지식경제부와 환경부가 서로 자신들이 맡아야 한다며 합의점을 찾지 못하자 대통령이 직접 나서서 중재했던 사례에서 보듯이 앞으로 관련 업무에 대한 부처별 주도권 싸움을 미리 예방하고 보다 체계적으로 관련 정책을 추진하기 위한 것이다. 아울러 현재 대통령 직속으로 녹색성장위원회가 있지만 현재 부처 간 업무조정 등의 역할은 하지 못하고 있는 상황인 점도 고려한 것이다.

---

88) 영국은 2008년 노동당정권에서 에너지기후변화부를 만들어 현 보수당정권에서도 그대로 운영하고 있고, 호주와 덴마크도 기후와 에너지관련 단일부처를 두고 있는 점도 고려하였다(황병상, '녹색성장부 설치가 필요하다', 조선일보, 2010. 10. 28).

녹색성장부의 설립은 지금이 바로 그간 2년여에 걸쳐 전체적인 그림을 그리고 달성할 목표를 정한 단계로부터 보다 구체적인 정책 집행에 들어가야 하는 시점이라는 점에서도 긴요하다. 현재 검토단계 또는 제도형성단계에 있는 각종 규제제도와 유인책들을 보다 효율적으로 만들고 제도 안정화단계로 진행시키는 역할을 해야 하기 때문이다.

둘째, GGGI는 당초 설립 취지대로 장기적으로 한국이 설립을 주도한 최초의 국제기구로 승격할 수 있도록 정부의 뒷받침과 노력이 필요하다. 2012년까지 정부 간 조약에 따른 국제기구로의 전환이 가능하도록 예산과 인력의 충분한 지원이 중요하다. 한국이 녹색성장이라는 새로운 패러다임의 전도사같은 역할을 할 수 있도록 GGGI가 싱크탱크의 역할을 할 수 있기를 기대한다.

2. 재정 측면

첫째, 가능한 범위 내에서 정부재정투자의 증대가 필요하다. <녹색성장 5개년 계획>에 따라 설정된 '09∼'13년간 107.4조 원의 재정투자는 연평균 21.48조 원 규모이다. 국가 전체의 재정을 감안하여 정한 목표치이겠지만 영국이 2009년부터 3년간 저탄소 성장을 위해 518억 파운드(약 93.24조 원, 연평균 31.08조 원) 투자와 비교해 볼 때 가능한 범위 내에서 증액이 필요하다.

둘째, 한정된 예산범위 내에서 기후변화 적응역량 강화, 녹색산업 육성과 녹색기술개발 등을 위한 선택과 집중이 필요하다. 녹색산업은 아직 초기 단계이므로 선도기업과의 격차가 크지 않기 때문에 집중적으로 육성한다면 성공 가능성이 충분하다고 본다. 신재생에너지 개발을 위한 인프라 구축, 온실가스감축 및 에너지 효율성 향상기술 개발은 공공재적 성격이 크므로 정부의 연구개발지원이 필요하다. 특히 에너지소비와 온실가스 배출을 줄이는 녹색기술개발에 집중하는 것이 가장 중요하다고 생각한다.

셋째, 민간기업의 녹색연구개발을 위한 투자유도가 필요하다. 정부의 녹색성장을 위한 투자는 궁극적으로 기업들의 행동을 변화시키기 위한 것이므로 민간기업들이 자발적으로 재정투자를 하도록 유도해야 한다. 2010년 3월에 미국의 환경전문 비영리단체인 퓨환경그룹이 펴낸 'G20 신재생에너지 정책보고서'에 따르면 2009년 한국의 신재생에너지 부문에 대한 민간 투자는 2,000만 달러로 19위이며, 전체 G20회원국 투자의 0.02%에 불과했다. 이는 기업이 단기적으로 이익을 창출하기 어려운 분야라고 생각하여 아직 투자를 하지 않고 있는 것이므로 선진국과의 격차가 더 벌어지지 않도록 정부의 투자유도가 긴요하다.

3. 규제 측면

첫째, 현재 검토단계 또는 제도형성단계에 있는 규제제도들이 한국의 상황을 감안하여 효율적으로 만들어지고 제도 안정화단계로 진행되어야 한다. 에너지 효율향상의무화제도(EERS)는 2010년 정기국회에 제출할 계획이며, 이미 제도의 골격이 마련된 온실가스 및 에너지 목표관리제와 신재생에너지 발전의무할당제(RPS)는 2012년에 본격 시행될 예정으로 있다. 이러한 제도들이 제조업 비중이 높은 우리 경제의 특성과 활력을 저해하지 않으면서 녹색성장에 순기능적으로 작용하도록 면밀한 제도설계가 요구된다. 유럽연합도 에너지·기후변화대응정책의 기본방향 가운데 하나로 자국산업의 경쟁력이 위협받지 않아야 된다는 점을 강조하고 있다.

둘째, 2012년께 도입예정으로 있는 탄소세 설계 시 자발적으로 탄소배출 저감에 동참하는 기업들에 대한 혜택이 고려되어야 한다. 영국은 탄소배출 감축목표를 달성한 기업에 기후변화부담금의 80%를 면제하는 기후변화협약(CCA)[89]을 함께 운영 중이며, 고용주의 국립보험부담금 0.3% 완화 등으로 상쇄하고 있는 점을 고려할 필요가 있다.

셋째, 자동차 온실가스 규제방안의 개선이 필요하다. 2009년 7월에 연비 17km/ℓ, 온실가스 배출량 140g/km 기준 중 업계가 선택해 준수토록 하는 제도를 도입키로 한 바 있다. 그러나 환경부는 2010년 9월 고시안에서 연비와 온실가스 측정방식을 현행 '시내주행모드'에서 '복합모드'로 바꾼다고 발표했다. 복합모드란 시내주행모드에 고속도로모드를 합한 것으로 연비는 평균 17%가량 상승하고, 온실가스는 평균 14.5% 줄어든다. 이러한 측정방식변경으로 저절로 연비가 향상되고 온실가스가 줄어드는 것 같이 보이게 된다는 비판을 받고 있으므로 이에 대한 개선이 필요하다.

---

89) CCA는 기후변화협약(Climate Change Agreement)의 약자로 영국에서 2000년에 도입되었다. 이는 환경식품 및 농촌부(DEFRA)와 산업체 사이의 12년간의 협약이다. 기후변화협약에 동의하는 기업은 탄소배출에서 달성된(동의된) 부가적인 감축에 대한 대가로 기후변화부담금의 80%를 할인받는다(황병상, 2010: 342).

4. 유인책 측면

첫째, 배출권거래제도의 주도면밀한 설계가 필요하다. 배출권 거래제는 온실가스 감축기술의 개발 및 확산을 촉진하고, 기후변화대응 연구수행 등을 위한 재원으로 활용될 수 있을 뿐만 아니라 국제탄소시장에 접근하는 수단이 될 수 있으므로 효과성과 신뢰성을 갖춘 제도설계가 요구된다. 예를 들면 총량제한방식이 제조업 중심의 우리나라 산업체의 경쟁력을 약화시킬 우려가 없는지 면밀한 분석을 먼저 한 후에 보완책이 제도에 반영되어야 할 것이다. EU의 배출권거래제도 역시 비회원국에 대한 경쟁력약화를 우려해 알루미늄·화학산업을 적용대상에서 제외시키고 있는 점을 고려할 필요가 있다.

둘째, 녹색인증제에 대한 개선이 필요하다. 2010. 8. 9. 현재 녹색인증은 총 108건에 불과하다. 녹색인증의 기준이 상당히 높고,[90] 녹색인증에 대한 혜택이 크지 않아 인증을 받으려는 기업이 많지 않다는 우려의 목소리들이 있는 만큼 녹색인증제에 대해 기업들을 대상으로 면밀한 조사와 분석을 거쳐 개선(안) 마련이 필요하다.

셋째, 신재생에너지 분야에 기업이 보다 쉽게 진입할 수 있는 유인책 개발과 산업과 수송부문 등에서의 세제지원에 개선할 점이 없는지 검토가 요청된다. 이미 녹색인증, 친환경 세제지원 등 유인책이 있지만 기업이 자발적으로 온실가스를 줄이고 신재생에너지 개발에 착수하도록 유인책에 대한 심층적인 검토가 필요하다. 물론 경

---

90) 녹색전문기업은 녹색기술에 의한 매출비중이 총매출액의 30% 이상인 기업으로 규정되어 있다. 그러나 신재생에너지 관련 중소기업의 경우 아직 초기 시장형성 단계인데다 오랜 기간 R&D에 치중했기 때문에 실질적으로 매출이 크게 일어날 수 없는 상황이라는 주장이 있다(가스신문, 2010. 9. 17).

쟁력 있는 기업들의 적극적인 참여를 유도할 수 있도록 지원의 차별화가 중요하며, 지원사업이나 피지원기업에 대한 공정한 평가가 기본적으로 요구된다.

넷째, 녹색기술개발에 연구주체인 기업, 대학, 정부출연연구기관이 개방형 혁신[91]을 할 수 있도록 제도적 정비가 필요하다. 신재생에너지기술 등 새로운 기술을 개발하는 데 있어서 내부역량에만 의존하지 말고 국내적으로는 산학연협력, 국제적으로는 국제협력을 적극적으로 활용해야 한다. 특히 국제적으로 여러 국가의 비교우위를 다양한 형태로 활용할 필요가 있다.

다섯째, 녹색기술이 고급 일자리 창출에 실질적인 효과를 가져올 수 있도록 정부차원의 세부적인 대책이 마련되어야 할 것이다. 녹색성장을 통해 좋은 일자리의 증대가 가능한 것으로 상정하고 있지만 실제로 일자리 창출에 도움이 되는지에 대해서는 이견이 있는 것이 사실이기 때문이다. 맥킨지 그룹 산하 맥킨지글로벌연구소의 '녹색성장산업에 대한 정책대안' 보고서에 따르면 풍력, 태양광 같은 청정에너지나 녹색산업이 고용률이나 경제성장률을 끌어올리기에는 역부족이라고 평가했다. 대신 일자리를 늘리는 데는 서비스산업이 최고라고 조언한 바 있다. 미국에서는 수년 전 부처 녹색산업의 열풍이 불었지만 미국노동통계청이 2009년 8월 기준 발표에 따르면 바이오 기술과 청정기술이 만들어 낸 고용율은 전체의 0.2%와 0.6%

---

91) 개방형 혁신(Open innovation)은 미국 UC 버클리대학의 겸임교수인 Henry W. Chesbrough가 2003년에 제창한 기술혁신의 새로운 패러다임이다. 즉, 기업이 연구, 개발, 상업화에 이르는 기술혁신의 과정을 개방하여 외부자원을 활용하는 것을 말한다. 이러한 개념은 기존의 혁신 네트워크와 유사한 개념이지만 네트워크 자체에 그치지 않고 기술의 외부원천을 다양한 방법론을 통해 내부로 흡수하는 역할을 강조한 개념이다(안치수, 2010: 1).

로 건설(4.9%), 금융(5.9%), 소매업(11.3%)에 훨씬 못 미치는 실정이다.

한국정부의 녹색뉴딜 프로젝트는 4대강 살리기, 녹색교통망 확충, 녹색숲 가꾸기, 그린홈·그린스쿨 사업 등을 통해 건설·단순생산 등 '일시적 일자리'를 주로 창출하는 것이라고 비판받고 있다. 또한 세계 여러 나라가 자국의 신재생에너지 설비를 구매할 때 자국 내에서 생산된 제품으로 한정하는 경향에 따라 국내기업이 신재생에너지 설비의 수출을 위해 해외 현지에 공장을 세우고 있다. 이에 따라 국내고용 증가에는 별 도움이 되지 않는다는 보고도 유념할 필요가 있다.

5. 설득 측면

첫째, 녹색성장정책에 대한 소통 강화가 필요하다. 녹색연합, 환경운동연합 등 환경관련 단체와 일부 전문가 및 개인들이 녹색성장정책에 대해 부정적인 입장을 취하고 있고, 원칙적으로는 찬성하더라도 구체적인 정책추진 방법이나 정책집행 등에 대해 이견과 불만을 가진 기업들이 있는 것도 사실이다. 따라서 정책대상집단과의 소통, 일반 국민과의 소통을 강화하여 녹색성장정책의 형성과 결정 및 집행 등 모든 정책과정에서 나타난 의견이 수렴되고 반영되어야 한다. 특히 일반 국민 수준에서는 아직까지 녹색성장정책의 구체적인 정책수단에 대해 이를 받아들일 분위기가 성숙하지 않은 측면이 있기 때문이다.

둘째, 녹색생활 확산을 위한 보다 효과적이고 지속적인 캠페인이 필요하다. 대중교통 이용 등 녹색교통 활성화, 기업과 가정부문의 에너지 절약 등에 대한 홍보와 설득을 어린이, 청소년, 직장인, 주부, 노인 등 대상에 맞게 펼치는 것이 필요하다. 정부 각 부처와 지방자치단체의 노력으로 녹색생활 실천이 확산단계에 있지만 아직까지 국민들의 실생활에 깊이 스며들고 있지는 못한 듯하다. 다양한 언론매체를 활용하여 녹색생활이 뿌리내리도록 지속적인 노력이 필요하다.

셋째, 녹색성장정책의 확산과 국제적 역할 강화를 위한 녹색외교의 강화가 필요하다. 영국의 고든 브라운 수상이 개도국에 대한 재정지원을 역설하였듯이[92] 한국이 기후변화 협상에 있어 개도국을 지원하고, 선진국과 개도국 간 가교역할을 강화하여 국제기후체제형성에 기여한다면 국제무대에서 우리의 리더십을 향상시켜나갈 수 있을 것이다.

제5절 맺음말

2007년 10월 1일 스페인 마드리드에서 열린 에너지 관련 학술대회에서 조제 마누엘 두라옹 바호주(José Manuel Durão Barroso) EU 집행위원장은 우리가 '제3차 산업혁명', 즉 저탄소시대(The Low Carbon Age)의 직전에 서있다고 연설한 바 있다.[93] 바야흐로 세계는 저탄소

---

92) 브라운 수상은 2009년 12월 17일 코펜하겐 정상회담에서 개발도상국의 탄소감축을 위해 선진국들이 2010년 1월부터 2012년까지 매년 100억 달러의 재정지원이 필요하며, 2020년까지는 매년 1000억 달러를 목표로 해야 한다고 촉구한 바 있다(황병상, 2010: 334).
93) 약 250년 전 영국인 제임스 하그리브스(James Hargreaves)가 처음으로 제니방적기

녹색성장이라는 새로운 시대로 진입하고 있다. 유엔환경계획(UNEP, 2009)은 한국의 녹색성장 비전과 전략을 1962년 수립된 제1차 경제성장 5개년 계획에서부터 강조한 '양적 성장'에서 저탄소 '질적 성장'으로 국가의 성장패러다임을 변환하고자 하는 중대한 시도로 평가한 바 있다. 집단지성 사이트인 위키피디아에도 녹색성장은 한국 정부가 처음으로 제안한 전략모델로 이제는 세계적인 개념으로 발전하고 있다고 설명하고 있다.

본고는 한국의 녹색성장정책을 정책기조, 정책목표 및 정책수단으로 나누어 고찰하였다. 정책기조는 녹색성장론을 지속가능발전론과 생태근대화론을 발전적으로 통합한 새로운 사회·문명적인 패러다임으로 인식하고 있으며, 국정최고 책임자인 대통령이 녹색성장을 국가발전의 새로운 비전으로 인식하고 강력한 정책의지를 가지고 실천해 나가고 있다. 특히 국제사회에서 녹색성장정책으로 글로벌 리더십을 발휘하겠다는 포부를 가지고 있다.

정책목표면에서는 <녹색성장 국가전략>을 통해 2020년까지 세계 7대, 2050년까지 세계 5대 녹색강국 진입을 비전으로 설정하고 있다. 또한 국가 온실가스 중기감축목표를 선진국에 비해 높거나 상응하는 수준인 2020년 배출전망치(BAU) 대비 30% 감축하기로(2005년 대비 4% 감축) 확정하여, 감축의무대상국이 아닌 나라들 가운데 처음으로 자발적으로 목표치를 제시하였다. 부문별로는 '기후변화대

(Spinning Jenny)를 발명하면서 제1차 산업혁명이 시작되었고, 이 증기시대(The Age of Steam)는 작업과 여행 및 소통의 새로운 방식을 창조하면서 사회를 변화시켰다. 그후 약 100년 뒤 독일인 니콜라스 오토(Nicolaus Otto)가 내연기관을 발명하면서 제2차 산업혁명이 시작되었고, 이 석유시대(The Age of Oil)는 과학, 의학 및 수송에서 거대한 진전이 있었을 뿐만 아니라 전 세대에서는 상상할 수 없는 규모의 번영을 창조했다 (Barroso, 2007. 10. 1. 연설문).

응 종합기본계획'을 통해 기후친화산업을 신성장동력으로 육성하는 등의 목표를 세웠고, 녹색기술 연구개발 종합대책(안)에는 녹색과학기술역량 부문에서 기술수준을 '09년 현재 선진국대비 50~70% 수준을 2012년에 선진국대비 80%, 2020년에는 선진국대비 90%를 달성한다는 등의 목표를 수립하였다. 국가에너지기본계획에서는 에너지자립사회 구현을 위해 석유와 가스 자주개발률을 2006년 3.2%에서 2030년까지 40%수준으로 끌어올리며, 전체 발전설비 비중에서 태양광, 풍력 등 신재생에너지 설비비중을 2006년 2.2%수준에서 2030년 11%로 확대하는 등의 목표를 가지고 있다. 따라서 정책기조와 정책목표의 면에서는 세계 다른 나라와 비교해볼 때 앞서나가는 수준으로 판단되었다.

정책수단 측면은 집행기구, 재정, 규제, 유인책 및 설득으로 나누어 세부적인 내용들을 고찰하였다. 집행기구는 녹색성장위원회, 환경부, 지식경제부, 글로벌녹색성장연구소, 한국환경정책 · 평가연구원을 살펴보았다. 재정은 정부 재정투자와 민간자금 투자유도로 나누어 검토하였다. 규제는 온실가스 및 에너지 목표관리제, 신재생에너지 발전의무할당제(RPS), 에너지공급자 효율의무화제도(EERS), 에너지 소비효율 등급표시제 및 연간 에너지비용 표시제, 자동차 온실가스 배출규제, 탄소세, 탄소성적표지제도, 신재생연료 의무화제도(RFS)를 고찰하였다. 유인책으로는 탄소배출권거래제, 녹색인증제, 친환경 세제지원, 그린홈 · 그린빌리지 지원, 친환경건축물인증제와 건물에너지효율등급제도, 탄소포인트제 발전차액보조금제도를 살펴보았다. 설득으로는 녹색정보포탈 운영, 홍보책자발간 및 언론홍보, 녹색생활운동의 촉진, 녹색성장교육, 녹색외교에 대해 검토하였다.

이상과 같은 고찰을 거쳐 정책수단 측면에서 향후 중요하게 고려해야 할 과제들을 제안하였으며 이를 정리하면 <표 4>와 같다.

<표 4> 한국 녹색성장정책의 정책수단 측면에서의 향후과제

정책수단	향후과제
정책기구	① 에너지와 기후변화 문제를 포함하여 녹색성장정책을 총괄관리 할 중앙행정기구로서 녹색성장부(Ministry of Green Growth)의 설치 ② GGGI는 당초 설립 취지대로 장기적으로 한국이 설립을 주도한 최초의 국제기구로 승격할 수 있도록 정부의 뒷받침과 노력이 필요
재정	① 가능한 범위 내에서 정부재정투자의 투자증대 ② 한정된 예산범위 내에서 기후변화 적응역량 강화, 녹색산업 육성과 녹색기술개발 등을 위한 선택과 집중 ③ 민간기업의 녹색연구개발을 위한 투자유도
규제	① 검토단계 또는 제도형성단계에 있는 규제제도들이 목적달성에 효율적이도록 만들어지고 제도 안정화단계로 진행되어야 함 ② 탄소세 도입 시 자발적으로 탄소배출 저감에 동참하는 기업들에 대한 혜택 고려 ③ 자동차 온실가스 규제방안의 개선
유인책	① 배출권거래제도의 주도면밀한 설계가 필요 ② 녹색인증제에 대한 개선 ③ 신재생에너지 분야에 기업이 보다 쉽게 진입할 수 있는 유인책 개발과 산업과 수송부문 등에서 친환경적인 세제지원 개선 ④ 녹색기술개발에 연구주체들이 개방형 혁신을 할 수 있도록 제도 정비 ⑤ 녹색기술이 고급 일자리 창출에 실질적인 효과를 가져올 수 있도록 세부적인 대책
설득	① 녹색성장정책에 대한 소통 강화 ② 녹색생활 확산을 위한 보다 효과적이고 지속적인 캠페인 ③ 녹색성장정책의 확산과 국제적 역할 강화를 위한 녹색외교의 강화

또 하나 잊지 말아야 할 것은 신재생에너지의 개발도 중요하지만 에너지 절약을 포함한 에너지효율의 중요성을 인식하고 실천하는 것이다. 2008년 12월 31일자 타임지는 미국의 미개발 에너지원(America's Untapped Energy Source)으로 효율성 향상(Boosting Efficiency)을 강조하고 있다. 미국에서 가장 큰 전기회사 중 하나인 듀크에너지는

에너지효율을 석탄, 천연가스, 원자력, 재생에너지에 이은 제5의 연료(The Fifth Fuel)94)라고 주장하고 있다. 에너지 효율성이 곧 새로운 에너지원이라는 개념이다. 절약을 통해 남는 에너지를 다른 분야의 수요에 공급하면 화석연료나 핵연료 사용감소, 에너지 시설설비억제, 온실가스 배출감소 등으로 이어질 수 있기 때문에 기업과 가정에서의 적극적인 실천이 긴요하다고 생각한다(황병상, 2010: 347). 2009년에 지식경제부 내에 에너지절약추진단이 설치되고, 여러기관에서 많은 캠페인이 이루어지고 있지만 좀 더 일반 국민들의 실생활에 흡수될 수 있도록 지속적인 노력이 요청된다.

한국은 앞으로 선진국과 개도국 간에 가교 역할을 수행함으로써 국제기후변화체제 구축에 능동적인 역할이 기대된다. 아울러 녹색성장에 대한 도전을 국민의 삶의 질 향상, 과학기술과 산업혁신의 기회로 활용하기 위한 부단한 노력이 필요하며, 2010년 11월 11일과 12일 서울에서 열리는 제5차 G20 정상회의가 국가위상 제고 및 발전 패러다임 전환의 역사적 출발점이 될 것으로 기대한다. 저탄소 시대의 초입에 서있는 한국의 도약과 발전은 오늘 우리가 어떤 정책 방향을 설정하고 어떻게 향후과제를 실행해 가느냐에 달려 있을 것이다.

---

94) 이와 일맥상통하는 것으로 네가와트(negawatts)라는 개념이 있다. 이 용어는 미국 록키 마운틴 연구소의 환경학자 에머리 로빈스(Amory Lovins)가 1989년 캐나다 몬트리올에서 열린 그린 에너지 학회에서 처음 사용하였다. 에너지 효율성 덕분에 생산되지 않은 전기를 의미하며, 생산된 전기인 메가와트(megawatts)의 상대적 개념이다.

참고문헌

1. 국내문헌

강영희(2008), 『생명과학대사전』, 아카데미서적.

경제인문사회연구회(2009), 「녹색성장: 한국 경제 · 사회 발전의 새로운 패러다임」.

고순주(1997), 『환경정책변동의 맥락과 특성에 관한 연구 - 정책기조, 목표 및 수단을 중심으로』, 충남대학교 대학원 박사학위논문.

국가과학기술위원회(2009), "녹색기술 연구개발 종합대책(안)"

국가에너지위원회(2008), "제1차 국가에너지기본계획", 제3차 국가에너지위원회 안건.

권순우 · 신창목 외(2009), 「SERI 전망 2010」, 삼성경제연구소.

김범준(2010), 「주요국가의 녹색성장 법제에 관한 비교법적 연구(Ⅳ)」, 한국법제연구원.

김상협(2009), "녹색성장 정책추진현황과 활용방안", 「신성장동력포럼 리포트」, 15: pp.4~19.

김용건 · 김익재(2010), "기후변화대응정책의 성과와 과제", 「이명박정부 2년 미래성장 기반 구축: 성과와 과제」, 경제인문사회연구회, pp.165~176.

김정해 외(2009), "기후변화대응 정책조정체계 비교연구", 「정부 간 정책연계 '현실과 전망'」, 한국정책학회 추계공동학술대회 발표논문집, pp.29~51.

녹색성장위원회(2009a), 「녹색성장 국가전략」, 서울.

_____(2009b), 「녹색성장 5개년 계획」, 서울.

_____(2009c), 『세상을 바꿀 한국의 27가지 녹색기술』, 서울: (주)영진닷컴.

문화체육관광부(2008a), 「녹색부국으로 가는 길」.

_____(2008b), 「녹색성장: 대한민국의 그린오션 전략」, 서울.

미래기획위원회(2009), 『녹색성장의 길』, 서울: 중앙북스(주).

박세일(2010), 『창조적 세계화론』, 서울: 서울대학교출판문화원.

박정택(1995), "정책기조의 정책학적 의의와 개념적 구조", 「사회과학논문집」, 14(2): pp.71~86. 대전대학교.

박태주(2010), "기후변화 글로벌 리더십, 위의 책임과 과제", 「제3회 국정과제 공동세미나 발표원고자료집」, pp.362~380, 경제 · 인문사회연구회.

안치수(2010), 「개방형 혁신활동 및 성과의 영향요인에 관한 실증분석」, 충남
　　대학교 대학원 박사학위논문.

윤순진(2009), "저탄소 녹색성장'의 이념적 기초와 실재", 「환경사회학연구
　　(ECO)」, 13(1): pp.219~266,

이지훈 외(2008), "녹색성장시대의 도래", CEO Information 제675호, 삼성경제연
　　구소.

장진규·이재억(2009), 「저탄소 녹색성장을 위한 과학기술정책 과제」, 과학기술
　　정책연구원.

정정길 외(2003), 『정책학 원론』, 서울: 대명출판사.

좌승희(2010), 『좌승희박사의 대한민국 성공경제학』, 서울: 일월담.

허 　범(1988), "공공정책의 형성과 집행", 허범 외, 『행정학개론』, pp.75~101,
　　서울: 대영문화사.

황병상(2010), "영국의 저탄소 성장정책과 시사점", 「2010 한국정책학회 하계
　　대회 및 국제학술회의 발표논문집」, pp.327~349.

2. 국외문헌

Edwards, Andrés(2005), *The Sustainability Revolution: portrait of a paradigm shift*, 오
　　수길 역(2010), 『지속가능성 혁명』, 서울: 시스테마.

Ellis, K., Baker, B. & Lemma, A(2009), *Policies for Low Carbon Growth*, Overseas
　　Development Institute.

Freedman, Thomas(2008), *Hot, Flat, and Crowed*, 왕윤종 감수, 『코드 그린: 뜨겁고
　　평평하고 붐비는 세계』, 서울: 21세기 북스.

HM Government(2009a), *Investing in a Low Carbon Britain*.

＿＿＿＿＿＿＿＿(2009b), *The UK Low Carbon Transition Plan: National strategy for
　　climate and energy*.

＿＿＿＿＿＿＿＿(2009c), *The UK Low Carbon Industrial Strategy*.

＿＿＿＿＿＿＿＿(2009d), *The UK Renewable Energy Strategy*.

HM Treasury*(2009), Budget 2009*.

　　　　　(2010), Budget 2010.

House of Commons Environmental Audit Committee(2010), *Carbon Budgets*.

IEA(2009), CO_2 *Emissions from Fuel Combustion Statistics*, OECD Publishing.

OECD(2008), *OECD Environmental Outlook to 2030*.

Renewable Fuels Agency(2009), *The renewable Transport Fuel Obligations Order*

　　　　2007(as amended).

UNEP(2009), *Overview of The Republic of Korea's Green Growth National Vision.*

UNESCAP(2006), *Green Growth at a Glance: The way forward for Asia and the Pacific.*

Yale Center for Environmental Law and Policy et al(2005), *2005 Environmental Sustainability Index.*

제5장

창조형 국가 연구개발 사업을 위한 정책방향*

이찬구

제1절 서론

1960년대 이후의 우리나라 과학기술정책은 선진국에서 이미 검증되었거나 성숙된 산업으로 자리 잡은 분야를 대상으로 기존 기술과 지식을 받아들여 적절하게 개량하여 국제 경쟁력을 확보하는 추격형 전략이 큰 성과를 거둔 것으로 평가되고 있다. 그러나 1990년대 이후 국가의 전체적인 발전 정도에서는 물론이고 과학기술 분야에서도 특정 부문에서 세계를 선도하는 분야가 점차 많아지면서, 기존처럼 선진국의 발전 경로와 전략을 답습하는 추격형 전략으로는 더 이상의 국제 경제경쟁력을 확보하고 지속적인 성장 잠재력을 확충

---

* 이 글은 "이찬구, 「국가 R&D 패러다임 전환 연구: 추격형에서 창조형으로」, 2009, 12., 한국과학기술기획평가원"의 내용에 기초하여 작성되었음을 밝힙니다.

하는 것이 불가능하게 되었다.

따라서 최근 그동안의 국가발전 전략에서 핵심적 역할을 수행해 온 국가 R&D 관련 정책의 전환 필요성에 대한 공감대가 커지면서 이를 뒷받침할 수 있는 이론적 논의의 필요성이 점차 커지고 있는 상황이다. 즉, 최근 논의가 확산되고 있는 추격형에서 창조형으로 국가 R&D 패러다임을 전환하기 위해 필요한 정책 환경과 이를 위한 주요 조건 등을 좀 더 체계적으로 분석하고 정리할 필요성이 커지고 있다 할 것이다.

특히, 1990년대 이후부터 개발도상국을 벗어나 선진국으로의 진입 과정에서 오랜 정체를 겪고 있는 우리로서는 우리나라의 경제·사회 여건에 부합되는 국가 R&D 전략을 성공적으로 추진할 수 있는 새로운 창조형 패러다임으로 전환할 필요성이 절실한 상황이라고 할 수 있다. 그리고 이러한 국가 R&D의 새로운 패러다임으로의 전환 요구는 연구현장에서는 물론이고 국가 정책부서와 연구지원 기관 등에서도 공통적으로 제기되고 있는 상황이라는 점에서 더욱 더 필요성이 크다 할 것이다.

한편, 우리나라에서는 1990년대 중반 이후부터 과학기술 또는 연구개발의 창조성 또는 혁신성을 높이고자 하는 일련의 연구들이 관련 연구기관의 연구자를 중심으로 꾸준하게 이루어져 왔다. 기존 연구들은 공통적으로 과거와 같은 모방형 또는 추격형 R&D 전략으로는 향후 국가·사회 발전에 필수적인 독창적이고 혁신적인 지식과 기술의 창출이 더 이상 불가능함을 지적하면서, 미래의 과학기술과 연구개발 전략이 탈추격형, 총체적 혁신정책, 제3세대 혁신정책, 창조형 차세대 혁신정책 등으로 전환될 필요성을 강조하고 있다. 다만,

대부분의 기존 연구들은 주요한 논의 대상으로 연구자, 연구 조직, 연구 환경 등으로 설정하고 있어, 국가 R&D 자체를 분석 대상으로 한 연구는 많지 않은 실정이다. 일반적으로 효율적인 R&D를 위해서는 연구자, 연구 조직, 연구 환경 등이 유기적으로 연계되어야 함을 생각하면, 국가 R&D 자체를 대상으로 창조성, 창의성, 혁신성 등을 제고할 수 있는 정책 환경을 조성하기 위한 학술적 측면의 연구가 필요하다 할 것이다.

이상과 같은 실무적이며 학술적인 필요성에서, 이 연구는 선진국을 지향하는 우리나라의 국가 발전에서 필수적인 국가 R&D 전략을 기존의 추격형에서 창조형으로 전환하기 위해 필요한 국가 차원에서의 정책 환경과 조건 등을 논의하고자 한다.

한편, 이 연구는 주로 문헌 분석과 현장 전문가들과의 면담으로 이루어 졌다. 우선 이론적 논의 및 연구분석틀의 설계에서는 기존 국내·외 연구결과들이 주로 활용되었다. 그리고 창조형 R&D를 위한 정책환경 논의에서는 관련 문헌 분석과 함께 우리나라의 국가 R&D 수행에서 중요한 주체인 정부출연 연구기관에 근무하는 연구자들과의 면담이 일부 이루어졌다.

제2절 관련 이론 및 선행연구 검토

본 절에서는 이 연구의 가장 핵심적인 용어인 창조성(creativity)의 개념을 먼저 논의한 다음에, 이에 근거하여 창조성을 구성하는 요소들을 찾아보게 될 것이다. 이어서 창조성의 발현에 요구되는 또는 필요한 일반적인 정책 환경이 추격형과 어떻게 다른 지를 원론적인 관점에서 살펴보고자 한다. 다음에는 국내 연구자들이 과학기술 또는 연구개발의 창조성을 제고하기 위해 논의하고 있는 선행 연구들을 검토하게 될 것이다. 선행 연구의 검토 대상을 국내로 한정한 것은, 이를 통하여 현재의 우리나라 국가 R&D가 당면하고 있는 현안들을 좀 더 심층적으로 분석하고자 하는 이유에서이다.

1. 창조성의 개념 및 유형

1) 창조성의 개념

일반적으로 과거의 기존 관념을 타개하여 새로운 현상을 만들어 나가는 과정이나 상태를 표현하는 용어로는, 창조적, 창의적, 혁신적 등을 생각할 수 있을 것이다. 이들 중에서 '창조적'과 '창의적'은 영어의 creative를 우리말로 옮기는 과정에서 발생한 차이라고 할 수 있을 것이다. 따라서 양 용어는 혼용하여 사용될 수 있을 것이나, 이 연구에서는 창조적 또는 창조성을 채택하고자 한다.

창조성의 개념에 대해서는 그동안 많은 학자들이 자신들의 관점에서 다양하게 제시하고 있으나, 일반적으로는 '새롭고(novel, original), 유용하며(useful), 품질 높은(high-quality) 상태를 만들어 낼 수 있는 능력'으로 정의되고 있다. 이러한 정의에 따르면 창조적이기 위해서는 새로움, 유용성, 고품질의 세 가지 요소를 동시에 충족시켜야 하며, 이 중에서 한 가지라도 결여한 상태는 창조적이라고 할 수 없을 것이다. 또한 다른 관점에서는 창조성을 '개인이나 조직이 변화하는 환경에 최적으로 적응하고 더 나은 가치를 창출하기 위해 노력하는 과정에서 나타나는 부산물'로 설명하기도 한다(강정하, 2009: 10). 따라서 창조성은 과거와는 다른 새로운 것을 생각해 내고 구체화해 나가는 능력과 행동양식이라고 할 수 있을 것이다.

한편, 창조성과 관련된 용어로는 혁신(innovation)을 생각할 수 있다. 창조성과 혁신 모두 과거와는 다른 형태의 새로움을 추구하는 것으로서 유사한 개념이라 할 수 있으나, 창조성은 혁신의 전체 과정에서 초기의 아이디어 발현 단계를 중시하는 개념이라면, 혁신은 아이디어의 창출과 선택, 실행의 모든 단계를 포괄할 수 있지만 후반부의 실행과 결과를 좀 더 강조하는 것이 기존의 입장이었다. 따라서 일반적인 관점에서 본다면 창조성과 혁신은 새로움을 추구하는 전 과정에서 어느 단계를 중시하느냐에 따라 다소간 달라질 수 있는 개념이라고 할 수 있을 것이다.

그러나 최근에는 조직행동론 연구자들을 중심으로 창조성의 개념을 개인의 새로운 아이디어 창출뿐만 아니라 새로운 제품, 서비스, 과정, 절차 등의 다양한 요소들의 생성을 의미하는 좀 더 포괄적인 개념으로 확장시키고 있다. 이러한 견해에 따르면 창조성을 아이디어의 발현 단계뿐만 아니라 선택, 실행, 결과 등 모든 단계에 적용될 수 있는 포괄적인 개념으로 이해할 수 있을 것이다.

이상과 같이 확장된 창조성의 개념을 과학기술 또는 연구개발 활동에 적용하면, 초기 단계에서의 아이디어 창출뿐만 아니라 이의 선택, 연구개발 실행, 결과 판단, 활용 등의 모든 단계에서 과거와는 다른 새롭고 유용하며 질적으로 높은 생각, 견해, 시각, 관점 등을 만들어 나가는 과정과 행동으로 이해할 수 있을 것이다. 이러한 관점에서 국가 R&D 활동의 창조성을 생각해보면, 연구기획, 연구수행 및 관리, 성과 평가, 결과 활용의 모든 단계에서 연구자와 관련 연구조직이 창조성을 최대한 발휘할 수 있는 환경을 만들어 나가는 것이라고 할 수 있을 것이다.

2) 창조성의 유형

특정 국가나 사회에서 창조성이 왕성해지기 위해서는 창조적인 개인, 창조적인 집단·조직, 창조적인 국가 정책 등이 상호 조화를 이루면서 상승작용을 하는 구조가 형성되어야 할 것이다. 그동안은 개인과 조직의 창조성에 관한 연구들이 주로 이루어져 왔으나, 최근에는 창조성을 국가 정책 전반 또는 과학기술정책 관점에서 논의하려는 시도가 이루어지고 있다(과학기술부, 1998; 손병호·현재호, 1999). 개인이나 조직의 창조성이 구체적 결과로 나타나고 그것이 사회적 성취로 연결되기 위해서는 이를 용인하고 수용할 수 있는 사회·문화적 조건이 매우 중요하게 작용할 것이다. 이런 의미에서 창조성을 정책 또는 국가 차원으로 확대하려는 논의는 관련 정책환경 또는 정책대안의 효율성과 적실성을 높일 수 있다는 측면에서 의미가 크다 할 것이다. 다시 말해 개인 및 조직 수준에서의 창조성이 왕성하게 발현되기 위해서는 이를 뒷받침할 수 있는 정책 및 국가 차원에서의 창조적인 환경이 먼저 조성될 필요가 있다 할 것이다.

이런 관점에서 창조성은 개인 창조성, 조직 창조성, 국가 창조성으로 유형화할 수 있을 것이며, 각각의 내용을 간략히 정리하면 <표 1>과 같다.

〈표 1〉 창조성의 유형

구분	개인 창조성	조직 창조성	정책/국가 창조성
성과 관점	- 독창적이고 유용한 아이디어 창출	- 원천과학 확보를 통한 현상 타개	- 과학기술 발전기여 - 미래 신산업 창출
특성 관점	- 창조적 성격/스타일	- 다양성/자기조직화 - 학습 조직	- 독립적이며 창조적인 연구집단의 육성 - 학습형 국가혁신 체계
과정 관점	- 창조적 사고 과정 - 연상	- 창조적 의사결정 과정 - 집단 시너지 효과	- 국가 혁신체계 내의 지식의 흐름과 융합 - 민주적 의사결정
환경 관점	- 내발적 동기부여	- 창조적 연구 분위기 - 실패용인 학습 조직	- 창조적 연구문화/풍토 - 창조성 및 사람 중시 - 지원 중심의 연구관리

자료: 과학기술부(1998), 김갑수 외(2002)에서 재인용

이러한 창조성의 유형에 근거하여 국가 R&D의 창조성을 생각하면, 창조적인 연구 성과가 산출되기 위해서는 연구자 개개인의 창조성과 연구기관의 조직 창조성이 핵심이 되면서 이를 뒷받침할 수 있는 국가 차원에서의 창조적인 정책 환경이 조성되어야 한다는 것을 알 수 있다. 따라서 이 연구에서도 이러한 관점에서 국가 R&D를 기존의 추격형에서 창조형으로 전환하기 위한 사항들을 논의하게 될 것이다.

2. 창조적 R&D의 개념 및 특징

앞에서 논의한 창조성의 일반적인 개념에 비추어 볼 때 창조적인 연구개발(R&D)의 정의는 과학기술 분야 또는 경제·사회적 상황에 따라 달라질 수 있을 것이다. 이에 따라 선진국은 물론 국내에서도 기존과는 다른 형태의 독창적·창의적이면서 위험성이 큰 연구를 지칭하는 용어들을 각기 다르게 사용하고 있는 실정이다.

우선 미국에서는 '전환적' 연구(Transformative Research) 또는 '고위험-고보상' 연구(High-Risk, High-Reward Research)로, 유럽연합(EU)에서는 '최첨단' 연구(Frontier Research)로 명명하고 있으며, 영국에서는 '고잠재-고파급' 연구(High-Potential, High-Impact Research)라는 용어를, 핀란드에서는 '돌파형' 연구(Breakthrough Research)라는 용어를 사용하고 있다. 한편, 국내 연구자들은 위와 같은 선진국의 사례들을 분석·종합하여 '탈추격형' 연구(송위진 외, 2007), '고위험 혁신적' 연구(차두원 외, 2007), '창의적 프론티어' 연구(김왕동·이민형, 2008) 등을 채택하고 있다. 이들 여러 용어 중에서도 비교적 상세하게 그 내용을 설명하고 있는 미국의 고위험-고보상 연구와 유럽연합의 최첨단 연구의 개념을 살펴봄으로써, 선진국이 과거와는 다른 형태의 연구개발을 어떤 관점에서 접근하고 있는지를 가늠할 수 있을 것이다.

먼저 미국은 고위험-고보상 연구를, ① 장기적 관점에서 광범위한 분야를 대상으로 유용한 연계성을 가진 결과를 창출할 수 있는 연구, ② 중대한 국가적 필요성에 초점이 맞추어진 연구, ③ 매우 참신하거나 다학문적인 특성으로 전통적인 전문가 평가(peer review)를 통해서는 선정되기가 어려운 연구 등으로 정의하고 있다(America COMPETES Act).

그리고 유럽연합(EC, 2005)은 최첨단 연구를, ① 새로운 지식의 창조와 개발을 리드하는 연구로 기반지식의 발견, 이론적·경험적 이해의 발전, 일반적인 지식을 혁신적으로 발전시킬 수 있는 연구(창의성), ② 본질적으로 위험성을 내포한 연구로 새로운 연구 분야의 개발을 위한 접근방법이 명확하지 않은 연구(위험성), ③ 기초연구와 응용연구를 동시에 추구하며 과학과 기술의 연계성이 필요한 연구로서 기초연구와 응용연구의 구분에 따른 문제점을 최소화할 수 있는 연구(과학과 기술의 연계), ④ 이론적 배경, 개념적 접근, 관련 기술 및 연구방법론 등이 각기 다른 다양한 분야를 효과적으로 연계할 수 있는 학제적(inter-disciplinary), 다학문적(multi-disciplinary), 범학문적(trans-disciplinary) 성격을 가진 연구(융합성)로 설명하고 있다.

한편, 각국들이 추진하고 있거나 제안하고 있는 새로운 연구사업들은 혁신의 유형이라는 관점에서 볼 때, 점진적 혁신(incremental innovation)보다는 급진적 혁신(radical innovation)에 기반하고 있다는 공통적 특징을 보이고 있다. 급진적 혁신이 과거와의 연계성을 가지면서도 한편으로는 과거와의 단절이 필수적이라는 점을 생각하면 창조적 R&D 역시 급진적 혁신의 특성들을 많이 가지고 있다 할 것이다. 이런 측면에서 점진적 혁신과 급진적 혁신의 각기 다른 특성을 이해하는 것은 창조적 R&D의 기본적인 개념을 이해하는 데에 많은 도움이 될 것이므로, 각 혁신유형이 가지고 있는 특징을 정리하면 <표 2>와 같다.

구분	점진적 혁신	급진적 혁신
유형	– small 'r'과 big 'D' – 기존의 과학적 · 공학적 지식에 새로운 방법을 응용하며, 기존 시장에 제시된 표준에 근거	– big 'R'과 때때로 big 'D' – 창의적 신지식 발견을 통한 새로운 경쟁법칙 및 표준 제시
목적	– 시장수요 충족을 위한 기술혁신: 기술 · 시장의 부분적 확대를 위한 혁신	– 기술주도형 급진적 혁신: 새로운 시장 창출을 위한 혁신
진행경로	– 선형적/연속적 – 아이디어 생성에서 상업화까지 연속적 · 정형화 과정 거침	– 비선형적/불연속적/산발적 – 기술, 시장, 자원, 조직, 시간, 비용 등의 불확실성으로 성공 과정이 불연속적 · 가변적
기간	– 단기: 6개월~2년	– 장기: 보통 3년 이상
위험/보상	– 낮은 위험/적은 보상: 완벽하고 세부적인 사업계획 수립 가능 – 성공 확률: 40~80%	– 높은 위험: 기술적 위험, 막대한 비용 · 시간 소요로 많은 사업 실패 – 높은 보상: 성공 시 안정적 경쟁위치 및 기술주도자 위치 확보
사업화	– 낮은 불확실성으로 초기부터 완벽하고 세부적인 사업화 가능	– 초기의 불확실성으로 인해 기술 · 시장 학습 후, 불확실성 감소와 함께 사업화 추진

자료: 차두원 외(2007: 5)에서 재인용

    이상과 같이 각국에서 정의하고 있는 새로운 형태의 연구 개념과 이들 연구들이 내포하고 있는 급진적 혁신의 특성 등을 종합하면, '창조적' 연구란 기존의 연구 분야와 비교하여 창의성, 도전성, 다학문적 특성을 가지고 있는 매우 참신한 연구로서, 급진적 혁신에 따른 성공의 고위험성과 불확실성을 내포하고 있다 할 것이다. 그럼에도 불구하고 성공하는 경우에는 경제 · 산업 · 사회 · 문화적으로 커다란 파급력을 가짐은 물론 각 분야 간 연계성의 잠재력이 매우 큰 연구가 될 것이다.

3. 창조형 R&D 전략의 특징

우리나라를 포함하여 선진국 진입의 문턱에 도달한 국가들의 연구개발 또는 기술혁신 전략의 진화단계는 경로 추종, 경로 실현, 경로 창출의 3단계를 거치는 것으로 논의되고 있다. 1단계인 경로 추종(path-follower)의 연구개발 전략은 선진기술의 도입과 모방이 연구개발의 중심이 되는 단계를 말하며, 경로 실현(path-revealing) 단계는 도입된 선진기술을 개량하고 향상시켜 독자적인 발전 경로를 만들어 나가는 연구개발 전략을 의미하는 것이다. 이에 반해 3단계인 경로 창출(path-creating)은 세계적인 경쟁력을 가진 새로운 기술, 제품, 공정 등을 독자적으로 창출해 나가는 과정이라고 할 수 있다(최영락, 2009: 3~4).

이상과 같은 연구개발의 3단계 진화 전략에서 경로 추종과 경로 실현의 2단계까지는 연구개발의 목표가 기존에 존재하는 지식, 기술, 제품을 대상으로 한다는 점에서 추격형 연구개발 전략으로 분류할 수 있을 것이다. 이러한 추격형 R&D는 일반적으로 후발국가나 개발도상국가가 선택하는 전략으로서, 선진국가의 생산 방식과 기술의 모방 및 학습을 통해 해당 선진국을 쫓아가는 형태의 연구개발로 나타나게 된다. 반면에 과거와는 구별되는 전혀 새로운 지식, 기술, 제품 등을 목표로 연구개발이 진행되는 경로 창출의 단계는 본 연구에서 말하는 창조형 연구개발 전략이라고 할 수 있을 것이다. 이러한 의미의 창조형 R&D 전략은 특정 분야에서 선두그룹을 형성하는 국가군에서 지속적인 우위를 유지하거나 국가 전체적으로 미래 신산업 분야를 개척하고자 하는 경우에 사용하는 전략이라고 할 수 있다.

이상과 같이 R&D 전략에서 추격형과 창조형은 전혀 상반된 문제의식에 기반하고 이를 풀어 나가는 문제해결 방법과 기술혁신 방식 또한 달라질 수밖에 없게 되는데, 이를 간단히 정리하면 <표 3>과 같다.

〈표 3〉 추격형과 창조형의 R&D 전략 비교

분 류	추격형 R&D 전략		창조형 R&D 전략 (경로 창출)
	경로 추종	경로 확인	
문제 의식	모방을 위한 문제풀기	혁신을 위한 문제풀기	혁신을 위한 문제정의
해결 문제	확 실	확 실	불확실
해결 방법	확보 가능	불확실	불확실
핵심 요소	역행 엔지니어링	공정기술	아키텍처/디자인
기술혁신 방식	집단적 학습	집단적 재조합	집단적 창조성

자료: 최영락(2009: 4)

이처럼 R&D 정책 또는 전략에서 추격형과 창조형은 기본적인 문제의식과 기술혁신 방식 등의 전제가 상이하기 때문에 이를 뒷받침하는 정책환경 또한 달라질 수밖에 없을 것이다. 이와 관련해서는 국가발전론 또는 국가혁신체제론 등과 연계되어 많은 연구결과들이 축적되어 있는 상황이다.

기존 연구들을 종합하면, 추격형 R&D에서는 안정된 혁신 환경하에서 비교적 단순하고 불확실성이 낮은 문제를 단선적인 문제해결 방식으로 처리가 가능함으로 문제해결의 효율성을 강조하게 된다. 따라서 정부 정책도 공급자 중심의 정책들이 주로 채택되며 정부가 직접 개입하는 형태로 정책집행이 이루어지게 된다. 이에 따라 행정체제도 조직의 효율성을 강조하는 일원적 · 폐쇄적이며 높은 계층제를 구성함으로써 부처 간 교류가 어려워지는 현상을 초래하게 된다. 이러한 결과로 선진기술의 도입 · 모방이 강조되는 연구개발 전략이 수행되며, 연구성과는 주로 단기적인 응용기술 또는 개선 중심의 역엔지니어링 기술로 나타나게 될 것이다.

이와는 반대로 창조형 R&D는 불확실성과 복잡성이 높은 혁신 환경하에서 해결책을 알 수 없거나 모호한 문제를 대상으로 연구개발이 이루어지게 된다. 따라서 수요자 중심의 정책이 수립 · 집행되며 간접적이고 혁신환경을 지원하는 정책이 주로 채택됨으로 정책의 효율성보다는 절차적 정당성이 강조된다. 그리고 이러한 정책을 실행하기 위한 행정체계는 분권형의 참여형 거버넌스로서 정책조정 및 통합기능을 강화하는 형태로 나타나게 된다. 다시 말해 창조형 R&D에서는 새로운 지식과 기술의 창출능력이 필요하고 이를 위해서는 독창적이고 기초적인 분야의 지식과 기술이 연구성과의 핵심을 이루기 때문에, 지식과 지식, 지식과 기술 간의 고도의 통합능력이 필요할 가능성이 높아진다 할 것이다.

이상과 같이 추격형과 창조형의 R&D가 각각 기초하고 있는 정책환경의 차이는 <표 4>와 같이 정리할 수 있을 것이다. 한편으로 이러한 차이는 과거의 발전 국가론에서 미래의 지식 · 정보 국가로의 전환을 위해서도 반드시 필요한 사항들이 될 것이다.

<표 4> 추격형과 창조형 R&D의 정책환경 비교

구분	추격형 R&D 전략	창조형 R&D 전략
환경적 요소	−안정된 혁신 환경 −문제의 복잡성, 불확실성 낮음	−혁신 환경의 불확실성・복잡성 증대 −정책문제의 복잡성・불확실성 높음
해결책	−단선적 문제해결 방식 −효율성 중심의 문제 해결 가능 −정책의 효율성 강조	−해결책을 알 수 없거나 모호 −복잡한 문제해결 방식 −정책의 절차적 정당성 강조
정책기제 특성	−직접적인 정부 개입 −정책 활용 강조 −공급자 중심의 정책결정과 집행 −정부주도적인 과학기술정책 −재빠른 모방자(fast follower) 전략	−간접적이며 혁신환경 지원적 −정책실험 강조 −수요자 중심의 정책결정 및 집행 −사용자・시장 중심의 기술혁신 정책 −창조적 혁신가(creative innovator)전략
행정체계	−높은 계층제 −폐쇄적・일원화된 체계 −부처 할거주의로 부처 간 교류 낮음 −조직의 효율성 강조	−분권화된 네트워크 −참여형 거버넌스 −정책조정 및 통합기능 강화 −조직체계의 탄력성, 학습 기능 강조
기술혁신	−효과적인 선진기술 도입・모방 강조 −단기적 응용기술 강조 −개선 중심의 역 엔지니어링 기술 강조	−새로운 기술창출의 필요성 강조 −기술통합 능력 강조 −독창적・기초적 연구개발 −국제적 기술교류 및 네트워크 강조

자료: 송위진 외 4인(2007: 298)

4. 선행연구 검토와 논의 전개의 틀

1900년대 중반부터 국내에서도 기업과 공공 부문의 기술혁신과 연구개발의 창조성・혁신성 등을 주제로 한 이론 및 사례 연구들이 꾸준히 진행되어 오고 있다(김승환, 2009; 김왕동, 2008; 김왕동・이민형; 2008; 김형주・이정협・손동원, 2008; 박항식, 2008; 성지은・송위진, 2007; 송위진・황혜란, 2006, 2009; 송위진, 2008; 이민형, 2009; 이장재・오해영, 2007; 최영락 외, 2005; 최영락, 2009). 기존 연구들을 창조성의 수준을 기준으로 개인 창조성, 프로젝트/프로그램 창조성, 집단/조직 창조성, 환경(정책/국가) 창조성으로 분류한 다음에, 각각의 연구가 수행한 분석대상과 주요 연구내용을 간략히 정리하면 <표 5>와 같이 나타낼 수 있다.

<표 5> 창조성 관련 기존 국내 연구결과 종합

창조성 수준	연구자	분석 대상	주요 내용
개인	김승환(2009)	대학/공공연구소	세계 최고 과학자의 창조적 역량 분석을 통한 증진 방안
	김왕동(2008)	공공연구소	연구자의 창조성 증대를 위한 연구문화 조성 방안
프로젝트/프로그램	송위진·황혜란(2006)	중소기업	부품 및 조립업체 간 수평적 공동개발을 통한 아키텍처 혁신사례 분석
	최영락 외(2005)	대기업/공공연구소	DRAM, TFT LCD, CDMA의 혁신사례 분석
	김왕동·이민형(2008)	대학/공공연구소	창조성 증대를 위한 연구관리 시스템 논의
	이민형(2009)	공공연구소	전략적 인프라 기초연구사업 추진
집단/조직	송위진(2008)	대학/공공연구소	우수성과 창출한 8개 연구팀 창조성 발현 사례 분석
	김왕동·이민형(2008)	대학/공공연구소	공공 연구개발 조직의 창조적 연구환경 논의
	김왕동(2008)	공공연구소	조직설계, 문화, 연구협력, 연구펀딩 별 정책대안 논의
	송위진·황혜란(2009)	중소기업	기술 심화형, 신기술 기반형, 아키텍처 혁신형 논의
	이민형(2009)	공공연구소	기초원천 연구 강화를 위한 정책과제 논의
환경 (정책/국가)	성지은·송위진(2007)	민간/공공	핀란드와 한국 간의 총체적 혁신정책 비교·분석
	이장재·오해영(2007)	민간/공공	제3세대 혁신정책 논의 (정책대상·초점 변화 필요)
	박항식(2008)	민간/공공	신정부의 과학기술정책 방향
	김승환(2009)	대학/공공연구소	창조형 연구환경 조성 방안
	최영락(2009)	민간/공공	창조형 혁신을 위한 정책방향

이들 기존 연구들은 공통적으로 우리나라의 기업이나 국가의 연구개발 또는 기술혁신 전략이 과거처럼 선진국을 따라 잡는 형태로는 국가·사회가 요구하는 문제를 해결할 수 없을 뿐 아니라 더 이상 신산업 창출에도 기여할 수 없다는 위기의식에 근거하고 있다. 대부분의 연구는 기존 논의 및 해외의 유사사례 분석 등을 통해 창조성의 각 수준별 증대 및 확대를 위한 정책환경과 대안을 규범적으로 논의하고 있다. 다만, 송위진·황혜란(2006; 2009)과 송위진(2008)은 민간과 공공 부문에서 성공한 연구개발의 사례분석을 통해 연구사업이나 연구 집단에서 창조성이 발현되는 조건과 특성들을 논의하고 있다는 차이가 있다. 그러므로 이들 연구들이 논의·제안하는 여러 정책대안들은 향후 우리나라의 연구개발과 기술혁신을 창조적으로 수행하고 이의 결과로 창조성과 혁신성 높은 지식과 기술을 산출하는 데 많은 기여를 할 수 있을 것으로 판단된다.

한편, 기존 연구들이 논의하고 있는 창조성 증대방안의 많은 내용들은 국가 R&D에도 유용하게 활용될 수 있을 것이다. 즉, 연구개발의 주체가 민간이건 공공 부분이건 간에 R&D의 전 과정에서 창조성이 발현되고 증대되기 위해서는, 참여 연구원 개개인의 독창성과 창조성, 프로젝트/프로그램 내용의 혁신성과 첨단성, 연구집단 및 조직의 개방적·창조적인 문화 및 합리적인 연구관리 체계, 정책과 국가 수준에서의 창조성·개방성·혁신성을 지원하는 환경이 필요하기 때문이다. 이런 측면에서 기존 연구들이 논의·제안하고 있는 많은 내용들은 직접 또는 부분적인 수정과 보완을 통하여 본 연구가 의도하고 있는 국가 R&D의 패러다임을 창조형으로 전환하기 위한 사전적인 연구로서의 가치가 충분하다 할 것이다.

이상과 같은 유용성에도 불구하고 국가 R&D라는 측면에서 기존 연구들의 정책대안을 검토하여 보면, 연구기획, 연구수행, 성과평가, 성과확산의 연구관리 전(全) 과정을 다루기보다는 연구기획이나 연구수행 등 연구관리 과정의 앞 단계를 중점적으로 다루고 있다는 한계를 가지고 있다 할 것이다. 국가 R&D의 창조성이 충분히 발현되기 위해서는 앞서 논의한 개인, 집단/조직, 정책/국가 수준에서의 창조성이 연구개발의 전 과정에서 실현되어야 가능할 것이다. 따라서 기존의 많은 유용한 연구결과에도 불구하고 창조적인 국가 R&D를 수행하기 위해서는 과거와는 다른 관점에서의 전략을 수립하기 위한 연구가 필요해 지는 것이다. 즉, 국가 R&D 자체를 연구주제로 설정하고 연구개발의 전 과정에서 개인, 집단/조직, 정책/국가 차원의 창조성이 극대화될 수 있는 정책환경과 대안들을 도출하는 연구가 수행될 필요가 있다.

이상과 같은 이유로 효율성과 적실성을 갖춘 국가 R&D의 창조성을 논의하기 위해서는 <창조성 수준>과 <연구관리 과정>을 매트릭스 개념으로 조합하여 논의하는 것이 좀 더 의미가 있을 것이다. 즉, 연구관리의 각 단계에서 각 수준의 창조성을 발현 또는 극대화하기 위한 관점에서 논의를 전개할 필요가 있는 것이다. 한편, 현실에서는 연구개발의 모든 단계에서 각 수준의 창조성이 동일한 비율로 요구되는 것은 아닐 것이다. 그러므로 본 연구에서도 각 연구개발의 단계에서 상대적으로 중요성이 크다고 판단되는 창조성을 상정하고 이에 대한 논의를 좀 더 중점적으로 진행하게 될 것이다. 이런 관점에서 본다면 연구기획에서는 개인 창조성과 정책·국가 창조성이 더 의미가 있으며, 연구수행 단계에서는 집단·조직의 창의

성과 정책·국가의 창조성이 동등하게 중요한 요소로 작용할 것이다. 그러나 성과평가와 성과확산의 단계에서는 상대적으로 정책과 국가 차원의 창조성이 더 많은 영향을 미칠 가능성이 크다 할 것이다. 이상의 논의를 종합하여 본 연구에서 사용하고자 하는 분석과 논의 전개의 기본적인 틀을 <표 6>과 같이 제시하고자 한다.

〈표 6〉 분석과 논의 전개의 기본 구조

창조성 수준 연구관리 과정	개인 창조성	집단/조직 창조성	정책/국가 창조성
연구기획	○	△	○
연구수행	△	○	○
성과평가	△	-	○
성과확산	△	-	△

제3절 국가 R&D 창조성 증진 방안

일반적으로 창조형 연구는 혁신성, 도전성, 다학문성, 융·복합성, 고위험성, 불확실성, 고영향·고파급력, 다분야 연계성 등의 특징을 가지고 있는 것으로 논의되고 있다. 따라서 우리나라의 국가 연구개발이 창조형으로 전환되기 위해서는 연구기획부터 성과확산의 연구관리 전 과정에서 각각의 단계에 부합되는 창조적인 연구의 특성들이 최대한 발현되고 유지될 수 있는 정책조건 및 대안들이 마련되어야 할 것이다. 이러한 관점에서 본 절에서는 앞에서 논의한 창조형 연구개발 전략의 특징을 바탕으로, 제2절 4항에서 제시한 분석틀에 기초하여 향후 우리나라의 국가 연구개발을 창조형 패러다임으로 전환하기 위해 필요한 정책방향을 원칙적인 측면에서 중점적으로 모색·논의하고자 한다. 따라서 본 연구에서는 원칙적인 정책방향을 구체화하기 위한 실행적인 성격의 정책 대안 논의는 논의 전개에 필요한 최소한으로 한정될 것이다. 이런 측면에서 향후 본 연구에서 제시하는 연구관리 단계별 정책방향의 구체화에 필요한 실행전략을 마련하기 위한 추가 연구가 이루어질 필요성이 크다 할 것이다.

1. 연구기획 단계

국가 연구개발사업의 연구기획 단계에서의 창조성 증진 방안은 향후 국가 연구개발 전체의 창조성에 지대한 영향을 미치는 중요한 요인이 될 것이다. 연구기획을 통해 국가 연구개발의 연구 분야, 연구 주체, 연구비 규모, 연구수행 방법, 성과평가, 성과확산 등에 관한 내용이 결정되는데, 이 과정에서 연구자 개인과 연구 집단 및 조직이 창조성을 충분히 발휘할 수 있는 여건이 사전적으로 마련되어야 하기 때문이다. 특히, 연구기획 단계에서는 개인 창조성을 증진하는 정책 환경이 좀 더 중요해 질 수 있는데, 우선적으로 도전성과 모험성을 갖춘 신진 연구자들이 국가 연구개발사업에 참여할 수 있는 기회를 최대한 제공해야 하기 때문이다. 이런 관점에서 국가 연구개발의 기획단계에서 각각의 창조성 수준에서 고려될 수 있는 정책조건과 대안은 <표 7>과 같이 요약할 수 있을 것이다.

창조성 수준	주요 정책조건 및 대안
개인 창조성	－ 상향식(bottom-up)에 의한 연구비 비중의 확대 － 신진 연구자 중심의 개인 연구과제 및 연구비 확대 － 순수기초 분야의 학자에게 기본 연구비 지원
집단/조직 창조성	－ 운영체계 등 연구조직의 소프트웨어 개혁에 중점
정책/국가 창조성	－ 원천기술 창출역량 제고를 위한 기초연구 투자 확대 － 단기·경쟁적 펀딩보다 장기·안정적 펀딩으로 전환 － 풀뿌리 기초연구와 전략적 인프라 기초연구의 조화 － Bottom-up과 Top-down의 전략적 균형

1) 개인 창조성 증진 방안

국가 연구개발사업의 연구기획 단계에서 연구자 개인의 창조성을 증진·유지하기 위한 정책대안으로는 다음과 같은 3가지를 우선적으로 검토할 수 있을 것이다.

첫째, 상향식(bottom-up) 연구기획에 의한 연구과제 선정 비율과 연구비 지원 비중을 확대한다.

일반적으로 널리 통용되는 연구기획 방법 중에서 하향식(top-down)은 국가 차원에서 전략적으로 수행되는 대규모의 연구개발 사업에 적합하고, 상향식은 새로운 분야에서 독창적이고 모험적인 연구과제 등을 폭 넓게 발굴하고자 하는 경우에 좀 더 유용한 방법으로 알려져 있다. 즉, 하향식에 의한 연구기획은 연구자들에게 좀 더 높은 사고의 유연성과 더 많은 자율성을 제공할 수 있어 기존 학문의 전통적인 사고를 타파할 수 있는 연구주제를 발굴할 가능성을 높여 줄 수 있는 장점이 있기 때문이다. 또한 창조적 연구는 본질적으로 문제 자체가 정의되어 있지 않으며 문제를 해결하기 위한 방법도 알려져 있지 않기 때문에, 정부나 연구관리 기관이 어떤 획일적인 기준을 가지고 연구과제를 발굴하고 연구자를 선정하는 것이 어렵게 된다.

이상의 이유로 창조적 연구사업을 적극 추진하고 있는 미국과 영국 등의 선진국에서도 상향식 연구기획의 비중과 기회를 점차 확대하여 나가는 추세이다. 우리나라도 최근 상향식에 의한 방법으로 연구지원 분야와 예산을 지속적으로 확대하고는 있으나, 대형화된 기존의 국가 연구개발사업 구조로 인해 획기적인 지원을 기대하기는 쉽지 않은 실정이다. 또한 상향식에 의한 연구지원이 주로 대학의 연구자들에게 집중되는 경향이 있어, 공공 연구개발의 또 다른 핵심 주체인 정부출연 연구기관의 연구자들에게는 상대적으로 기회가 적은 것이 사실이다. 그러나 향후에는 국가 연구개발사업의 구조를 개선하여 공공 부문 전체적으로 상향식에 의한 연구 지원을 확충함은 물론 후술하는 국가 전략적 차원에서의 인프라 기초연구의 활성화를 위해서도 정부출연 연구기관의 연구자들이 참여할 수 있는 상향식 연구과제의 비중을 좀 더 확대할 필요가 있을 것이다.

둘째, 신진 연구자를 중점적으로 지원할 수 있는 개인 연구과제와 이를 위한 연구비가 확대되어야 한다.

국가 연구개발사업을 통해 창조적인 연구성과가 지속적으로 발현되기 위해서는 개인 연구자, 특히 박사 학위를 취득한 지 얼마 지나지 않은 신진 연구자들의 새로운 아이디어가 지속적으로 발아하고 이들 아이디어가 씨앗이 되어 연구기관 또는 국가 차원의 중·대형 연구과제로 발전·승화되는 연계 체계가 만들어져야 한다. 창조적인 연구 분야에서의 국내·외의 성공사례를 분석할 때, 독창적이고 파급력이 지대한 연구성과는 젊은 신진 연구자들의 창조적 연구역량이 극대화될 때 나타나는 경향이 강하기 때문이다(김왕동·이민형, 2008: 28).

그러나 현재 우리나라 국가 연구개발사업의 예산 구조를 보면 신진 개인 연구자를 위한 소규모의 씨앗형 연구비의 비중이 미약한 것으로 나타나고 있다. 이는 국가 연구개발사업을 주관하는 정부 부처의 예산확보 용이성과 맞물리면서 국가 연구개발사업이 중·대형화되어 소규모의 씨앗형 연구에 대한 지원이 어려워졌기 때문이다. 다행히 최근에는 점차 신진 연구자들을 위한 소형 연구과제에 대한 지원이 강화되고 있으나 선진국과 비교해 볼 때 아직도 개선의 여지가 많다 할 것이다(김왕동, 2008: 37~38). 따라서 신진 연구자들의 창조적 연구 활동을 촉진하기 위해서는 개인 연구자 지원을 선진국과 유사한 비중으로 확대하면서,[96] 이들에 대한 연구비 규모도 기자재 구축비용 등을 감안하여 1인당 1억 원 수준으로 상향 조정하는 방안을 검토할 필요가 있을 것이다(김왕동·이민형, 2008: 28).

한편, 연구사업의 대형화 현상은 대학보다는 정부출연 연구기관의 연구사업 구조에서 더욱 두드러지게 나타나고 있는데, 향후 공공부문의 역할과 관련하여 국가 연구개발사업의 추진에서 전략적인 인프라 기초연구 분야에서의 개인 연구과제 비중을 지금보다 높일 필요가 있을 것이다. 그리고 궁극적으로는 정부출연 연구기관의 역할을 과거와 같은 산업계의 기술지원 중심에서 국가·사회의 문제 해결을 위한 지식과 정보 창출 중심으로 전환하면서 이를 제도적으로 뒷받침할 수 있도록 정부출연 연구기관의 기본사업 예산구조를 변경해야 할 것이다. 즉, 현재와 같이 정부출연 연구기관의 기본사업비가 연구 분야별로 균분되는 구조를 탈피하여, 해당 연구기관의

---

96) 미국 국립과학재단의 경우, 2005년도에 창조적 연구를 위한 개인 및 신진 연구자 지원의 비중이 전체 연구사업 중 77% 수준인 것으로 나타나고 있다.

임무와 연계시켜 신진 연구자들을 위한 개인 연구 과제를 확대하는 방향으로 전환되어야 할 것이다.

셋째, 순수기초 분야를 연구하는 학자들에게 큰 조건 없이 기본 연구비를 지원하는 사업을 운영한다.

즉, 많은 연구비가 요구되지 않는 순수기초 분야의 연구자들에게 장기간 안정적인 연구비를 지원하여 풀뿌리 연구환경을 조성할 필요가 있을 것이다. 통상적으로 순수이론 분야에 종사하는 연구자들에게 필요한 연구비는 그다지 크지 않으나, 성과 창출에 시간이 많이 걸릴 뿐만 아니라 구체적인 연구일정을 예측하기도 어렵고 연구성과의 계량화 또한 힘들기 때문에 연구비 수주와 평가에서 어려움을 겪는 경우가 많은 것으로 알려지고 있다. 따라서 학계가 동의하여 선정된 순수이론 분야에 종사하는 대학 및 연구기관의 학자들에게 연 1,000만 원에서 3,000만 원 규모의 연구비를 최단 2년에서 최장 20년 이상에 걸쳐 무조건 지원하는 형태의 프로그램이 운영될 필요가 있을 것이다(김승환 외, 2009: 76).

2) 집단/조직 창조성 증진 방안

연구 집단 및 조직 차원에서의 창조성 증진 방안으로는, 국가 연구개발사업의 중요 수행 주체인 공공 연구조직의 운영체계 등 소프트웨어적인 측면의 개혁에 우선적으로 중점이 두어져야 한다.

이와 관련하여 정부는 2008년에 우리나라의 대표적인 공공 연구조직인 정부출연 연구기관의 지배구조를 기존의 3개 연구회 체제에서 교육과학기술부 산하의 기초기술연구회와 지식경제부 산하의 산

업기술연구회의 부처별 2원화 체제로 변경하였다. 또한 2009년부터
는 2개 연구회 모두 연구회 산하 연구기관의 소속변경을 포함한 광
범위한 형태의 지배구조 및 조직변경 작업을 추진하고 있다.

그러나 공공 연구조직의 창조성 발현 관점에서 볼 때 상위 수준에
서의 지배구조 변화보다 더 중요한 것은 연구자의 행태에 직접적인
영향을 미치는 단위 연구기관 수준에서의 운영시스템의 변화와 개
혁이라고 할 것이다. 현장 연구자들은 상위 수준의 제도개혁보다는
기관 차원의 운영시스템에 더 민감하게 반응하기 때문이다. 다시 말
해 공공 연구조직의 창조성은 연구자의 소속이 어디인가 보다는 집
단이나 기관의 운영시스템이 얼마나 창조성을 고양할 수 있도록 설
계 · 운영되느냐에 좌우될 수 있기 때문이다. 예로서 연구기관의 사
업구조, 예산구조, 연구관리, 평가제도 등이 연구조직의 창조성을 촉
진하는 방향에서 구축되어 있을 때 연구자들의 창조적인 성과가 극
대화된다고 할 수 있다. 따라서 향후 국가 연구개발사업의 연구기획
단계에서는 조직변화와 같은 하드웨어 개혁보다는 운영시스템 혁신
과 같은 소프트웨어적인 측면에 좀 더 중점이 두어져야 할 것이다
(김왕동, 2008: 35, 45).

3) 정책/국가 창조성 증진 방안

국가 연구개발사업을 창조형으로 전환하기 위한 정책/국가 차원
에서의 창조성 증진방안은 다음과 같은 3가지가 우선적으로 검토되
어야 할 것이다.

첫째, 원천기술(generic technology)의 창출역량 제고를 위하여 기

초연구에 대한 투자를 계속하여 확대하여 나가야 할 것이다.

원천기술은 기초과학과 산업기술 또는 공공기술 간을 연결하여 주는 분야로서 응용의 잠재력은 매우 크나 아직 시장성이 보장되지 않아 투자에 대한 위험부담이 높고 기술의 이용범위가 넓어 파급효과가 매우 큰 특징을 가지고 있다. 즉, 원천기술은 기초과학에 뿌리를 두고 있으면서도 창조성, 신규성, 위험성, 파급력이 높은 기술로서 새로운 산업의 형성을 가능하게 하는 특성 때문에 정부나 공공부분이 담당하여 발전시켜야 할 기술 분야로 인식되고 있다(이공래, 2000: 21). 이러한 이유로 미국, 영국, 일본 등의 선진국도 원천기술 확보를 위한 기초과학 또는 기초연구에 대한 투자를 국가 정책적으로 확대하여 나가고 있는 실정이다.

원천기술은 성격에 따라 선도기술(pathbreaking technology), 핵심기술(critical technology), 기반기술(infrastructural technology) 등으로 구분할 수 있다(이장재, 1993). 선도기술은 기술개발 성과가 기대되는 기간이 10년 이상의 장기로서 신산업을 창출할 가능성이 있는 기술을 말하며, 핵심기술은 기술개발이 완료된 후 5~10년 이내에 산업화나 실용화가 이루어질 것으로 예상되거나 현재 부분적으로 산업화가 진행되고 있는 기술을 의미한다. 기반기술은 다수의 산업 분야에서 공통적인 활용이 예상되는 기술로서, 표준화기술, 생산기술, 설계기술, 생산관리기술, 디자인기술 등이 포함될 것이다.

최근 우리나라도 미래 신성장동력 창출의 일환으로 각 분야에서의 원천기술 확보를 위한 투자를 강화하여 나가는 추세이다. 그러나 지금까지는 비교적 단기간에 산업화로 연결될 수 있는 핵심기술 중심으로 연구개발 투자가 이루어져 왔다고 할 수 있을 것이다. 그러나 향후에는 장기적으로 국가 전략 분야에서의 원천기술을 확보할 수 있는 선도기술과 기반기술에서의 기초연구를 수행하기 위한 투자를 지속적으로 유지·확대할 수 있는 정책환경이 마련되어야 할 것이다.

둘째, 연구비 지원방식이 단기·경쟁적인 펀딩에서 장기·안정적 펀딩으로 전환되어야 한다.

창조적 연구에 대한 선진국의 연구비 지원방식을 살펴보면, 창조적인 연구 프로그램의 경우 단기적인 경쟁 프로젝트 지원방식보다는 장기적인 안정적 펀딩방식이 더 효과적일 수 있음을 보여주고 있다. 기존의 연구결과들에 의하면 단기적인 펀딩방식은 문제의 소지가 적고 좀 더 예측가능하고 안정적인 활용 연구를 선호하도록 유도하는 반면, 안정적인 장기 펀딩은 폭넓고 깊이 있는 연구를 가능하게 하는 것으로 나타나고 있다(Bourke and Butler, 1999). 또한 경쟁 프로젝트 펀딩 방식은 연구자들로 하여금 외부의 단기 니즈에 민감하게 만들고 이의 해결을 위해 단기간에 안정적으로 해결할 수 있는 기존 연구주제를 선호하게 하여 장기 기초연구보다는 응용연구에 집착하도록 유도하는 경향이 있다(Laudel, 2006).

이러한 기존 연구결과는 향후 우리나라의 창조적 연구를 위한 예산지원 방식에서 시사하는 바가 크다 할 것이다. 우리나라도 최근에 소규모 개인연구의 지원 비중을 점차 증가시키고는 있으나, 전통적으로 우리는 중장기의 안정적인 펀딩보다는 단기 펀딩을 선호하는 경향이 강하였다. 또한 장기 펀딩을 시행한다 하더라도 잦은 행정처리 요구와 평가를 시행하여 왔으며, 소규모 개인 수준의 지속적인 펀딩보다는 대규모 연구집단 중심의 펀딩을 선호하여 왔다. 이는 정부 부처와 연구비 지원기관들이 장기지원으로 인한 위험을 최소화하고자 가능한 단기 펀딩을 선호하게 되고, 장기펀딩 시에도 관리실패의 위험을 최소화하고자 잦은 서류작업과 평가를 요구하기 때문이다(김왕동, 2008: 80).

그러나 향후에 국가 연구개발사업의 창조성이 증대되기 위해서는 과거의 단기·경쟁적 펀딩에서 장기·안정적 펀딩으로 정책전환이 이루어져야 할 것이다. 그리고 이를 위해서는 연구비 지원기관들이 사전에 치밀한 연구기획을 통해 창조적 연구과제에 적합한 연구과제 선정 방식과 이에 적합한 전문가들을 활용함으로써 장기 펀딩에 따르는 실패 가능성을 최소화하려는 노력이 수반되어야 할 것이다.

셋째, 상향식(bottom-up)에 의한 '풀뿌리 기초연구'와 하향식(top-down)에 의한 '전략적 인프라 기초연구'를 조화시켜 수행할 필요가 있다.

국가·사회 차원에서의 창조적 연구가 분야별로 조화를 이루기 위해서는 연구개발사업의 성격에 따라 하향식 연구기획과 상향식 연구기획을 선택적으로 활용하여 연구비 규모와 지원기간 등을 차별화하는 전략이 필요할 것이다. 즉, 도입기 단계의 학제 간 융합 분야, 안전·복지 분야, 거대과학 분야 등에서는 하향식의 연구기획으로 전략적으로 대규모의 연구지원을 추진하되, 개인 연구자 등을 대상으로 해서는 소위 풀뿌리 또는 씨앗형 연구 등과 같이 상향식 연구기획을 통해 참신한 아이디어와 전문성을 갖춘 신진 연구자들의 창조적 연구에의 참여 확대를 유도하는 정책이 마련되어야 할 것이다(차두원 외, 2007: 23).

이러한 관점에서 기존의 통상적인 기초연구와 함께 국가 전략기술 분야의 핵심 원천기술 확보를 위한 전략적 인프라 기초연구를 조화시키는 정책이 마련되어야 할 것이다. 새로운 전략적 인프라 기초연구 사업은 기존의 풀뿌리 중심 사업과는 차별화된 국가 차원의 전략성이 강조되는 사업으로서 전략 분야에서의 중점적인 기초연구 기능을 담당하고 국책사업의 활성화를 위한 동력사업으로서의 역할을 담당하게 될 것이다. 또한 전략적 인프라 기초연구 지원은 단순히 풀뿌리 연구 등을 보완하는 수준이 아니라, 그동안 선진 과학기술의 추격연구에 몰입하면서 소진되어 온 국가 과학기술 기초역량의 획기적인 활성화 차원에서 접근할 필요도 있을 것이다(이민형, 2009: 6~8).

2. 연구수행 단계

연구수행 단계에서 국가 연구개발사업의 창조성을 증진하기 위한 정책 환경을 각각의 창조성 수준에 맞추어 정리하면 <표 8>과 같다. 앞의 연구기획 단계에서는 개인 창조성을 증진하기 위한 정책 환경이 상대적으로 중요했으나, 연구수행 단계에서는 연구집단 또는 연구조직의 창조성을 확대·증진하기 위한 정책 환경들이 좀 더 중요해질 것이다. 이는 본격적인 연구수행 단계에서는 연구책임자 개인의 창조성은 물론 전체적으로 함께 연구를 수행하는 연구팀의 창조성을 자극하고 극대화할 수 있는 여건이 마련되어야 하기 때문이다.

창조성 수준	주요 정책조건 및 대안
개인 창조성	– 전문가적 팀 리더(기관장) 임명
집단/조직 창조성	– 소규모의 약한 계층제적이며 다학제적인 공공 연구집단 육성 – 부서 간, 연구기관 간, 산·학·연 간 협력 강화 – 글로벌 과학기술 네트워크 구축
정책/국가 창조성	– 상위 수준에서의 공공 연구체계 재설계 – 창조적 연구자 중심의 예산관리 시스템 도입

1) 개인 창조성 증진 방안

본격적인 연구수행 단계에서 연구자 개인의 창조성을 극대화하기 위해서는 전문가적 역량을 보유한 팀 리더나 기관장을 임명하는 것이 필요하다.

일반적으로 창조적인 연구성과는 창조적인 일반 연구자가 창조성과 혁신성이 높은 리더나 기관장 밑에서 함께 일할 때 가장 높게 발현되는 것으로 나타나고 있다. 이런 측면에서 우리나라의 핵심 연구조직인 정부출연 연구기관의 현재 상황은 종종 전문성과 무관하게 연공서열에 의해 상급자들이 리더 역할을 맡음으로써 창조적인 연구자를 효과적으로 리드하거나 창조적인 연구문화 조성에 한계를 갖는 것으로 분석되고 있다. 또한 연구기관장의 선임에서도 해당 분야의 최고 권위자보다는 외부로부터의 정치적인 관계나 마케팅 역량이 뛰어난 사람이 임명되는 경향이 강함에 따라 한 연구기관을 세계적인 연구기관으로 육성하는 데 큰 한계를 보이고 있는 상황이다. 따라서 연구수행 과정에서 창조적인 연구자들이 역량을 충분히 발휘할 수 있도록 하기 위해서는 전문성에 근거해 연구팀의 리더와 기관장이 선임될 수 있도록 관련 제도를 정비함은 물론 창조적인 연구문화 정착을 위한 조직문화 개혁운동이 뒷받침 되어야 할 것이다(김왕동, 2008: 36).

2) 집단/조직 창조성 증진 방안

연구수행 단계에서는 상대적으로 연구집단 및 조직의 창조성을 높이기 위한 정책 환경이 중요한데, 우리나라의 경우 특히 다음과 같은 방안들이 우선적으로 검토되어야 할 것이다.

첫째, 소규모의 약한 계층제적이며 다학제적인 특성을 가진 공공 연구집단을 집중적으로 육성해야 한다.

공공 연구조직의 창조성과 관련해서는 Hollingsworth(2006)와 EU(2007)의 연구가 잘 알려져 있다. Hollingsworth는 미국, 영국, 프랑스, 독일의 기초 바이오메디컬 분야의 250개 공공 연구조직을 대상으로 중요한 발견에 영향을 미치는 국가적 수준의 제도적 특성과 조직적 특성을 규명하는 연구를 진행하였다. 이에 따르면 중요한 발견을 이룩한 창조적 공공 연구조직과 중요한 발견을 거의 이루지 못했거나 전혀 없었던 비창조적 공공 연구조직 간에는 <표 9>와 같은 특징적 차이가 있는 것으로 밝혀지고 있다.

〈표 9〉 창조적 또는 비창조적 공공 연구개발 조직의 특성

창조적 연구 조직	비창조적 연구 조직
− 상대적으로 소규모 조직	− 상대적으로 대규모 조직
− 높은 유연성	− 낮은 유연성
− 신지식의 높은 통합	− 내부적으로 고도로 분화된 조직
− 과학적인 다양성 통합능력을 소유한 리더	− 과학적 다양성 통합능력 부족한 관리형 리더
− 약한 계층적 권한 및 관료주의	− 강한 계층적 권한 및 관료주의 체계
− 연구인력 구성의 적절한 다양성	− 과학적 다양성을 소유한 인력 고용능력 부족

자료: Hollingsworth(2006: 434)

또한 EU가 2005년 1월부터 2007년 3월 사이에 수행한 '창조적 역량과 고도의 혁신적 연구진흥(CREA)' 연구는 유럽과 미국의 NT 와 BT 분야 20개 창조적인 연구개발팀에 대한 심층사례 분석을 토대로 <표 10>과 같이 공공 연구개발 조직의 창조성 촉진 요인과 저해 요인을 규명하였다.

이런 측면에서 우리나라의 대표적인 공공 연구 집단인 대학과 정부출연 연구기관의 행태를 분석하여 보면, 공통적으로 비창조적 연구 조직의 특성 또는 창조성을 저해하는 요인들이 거의 모두 나타나고 있는 것으로 볼 수 있다. 특히, 대학에서는 독립된 학과(부) 중심주의로 인해 전문 연구자들의 유동성이 거의 없으며, 정부출연 연구기관의 경우는 대규모 하위조직 체계로 인해 강한 계층제적 관리형태가 만연되어 있는 상황이다. 따라서 향후에는 대학은 물론 정부출연 연구기관에서도 소규모이며 낮은 계층제적인 형태의 다학제적 연구조직을 구성·운영할 수 있는 제도적 장치가 마련되어야 할 것이다.

〈표 10〉 공공 연구개발 조직의 창조성 촉진 및 저해 요인

창조성 촉진 요인	창조성 저해 요인
– 소규모 연구 집단 – 개인의 과학적 관심사 추구의 자율성 보장 – 방향을 제시하는 연구 미션의 존재 – 과학적 스킬과 도구상의 보완적 다양성을 지닌 조직 환경 – 비계획적인 다학제적 접촉을 지원하는 조직 배치 – 촉진형 리더십 스타일 – 자금 활용의 유연성 – 연구 인력의 유동성 존재 – 과학적 명성과 기풍 보유 – 분야 내 경쟁 존재	– 연구비 지원기관의 제약 – 하위 과학자의 독립성에 대한 제약 – 다학제적 상호작용상의 제약 – 연구시간 단축에 대한 기관의 요구

자료: EU(2007)

둘째, 연구기관 내 부서 간, 연구기관 간, 산·학·연 간 협력이 한층 강화되어야 한다.

기술의 복잡성과 융·복합 현상이 가속화되고 있는 시대에 정부 출연 연구기관과 대학 등 공공 부문이 창조적 연구성과를 창출하기 위해서는 지식의 다양성과 이종분야 간의 융합이 전제되어야 한다. 하지만 현재의 공공 연구체계는 산·학·연 간은 물론 대학과 정부 출연 연구기관 간, 정부출연 연구기관 간, 연구기관 내 연구팀 간의 협력이 쉽지 않은 구조이어서 새로운 지식의 융합에 한계를 지니고 있는 것으로 논의되고 있다.

따라서 향후에는 공공 연구 부분에서 효과적인 지식융합을 통해 창조적인 연구성과가 발현되기 위해서는 공공 연구 조직의 구조를 유연하게 설계·운영하여 협력이 용이한 체계로 전환할 필요가 있다. 예로서, 정부출연 연구기관 간에 융·복합이 자연스럽게 이루어 질 수 있도록 정부출연 연구기관 내부의 조직설계가 필요할 뿐만 아니라, 출연연구 기관 간, 산·학·연 간 융·복합 연구가 이루어 질 수 있도록 정부 차원의 다양한 협동 및 공동 연구 프로그램이 마련되어야 할 것이다(김왕동·이민형, 2008: 25~26).

한편, 연구기관 내 부서 간, 연구기관 간, 산·학·연 간 협력활동은 철저히 상호 필요성에 기반하여 추진되어야 한다는 점에 유의해야 할 것이다. 상호 협력의 시점과 협력 유형의 결정, 협력 파트너 선정 등은 정부 또는 연구관리 기관과 같은 제3자 기관이 아닌 협력 당사자 간의 철저한 상호 니즈와 이니셔티브에 기반을 두어야 한다는 점이다. 즉, 당사자 간 협력의 이유가 각기 상이할 수 있으므로 사전적으로 특정 협력 유형을 성공모델로 상정하여 놓고 하향식으로 일괄 추진하는 것은 많은 문제를 야기할 수 있기 때문이다. 따라서 국가 연구개발사업의 창조성 증진 방안으로서의 다양한 연구 주체 간 연구협력은 반드시 당사자의 필요와 이해관계에 기초한 상향식 방법으로 추진되어야 할 것이다(김왕동, 2008: 65~66).

이외에도 공공 연구기관 간 또는 학ㆍ연 협력의 추진에서는 산업계의 수요를 간과하지 않도록 특별히 유의해야 할 것이다. 특히, 학ㆍ연 협력의 궁극적인 목적이 산업계에 필요로 하는 창조적인 연구성과 창출과 인재양성에 있으므로, 학ㆍ연 협력에 관한 모든 기획, 관리, 평가 제도의 설계 및 구축에서 산업계의 필요를 반드시 반영해야 할 것이다. 이를 위해서는 정부나 학ㆍ연 협력 당사자들이 주관하는 자문단이나 평가단 구성 시에 산업계의 전문가를 균형 있게 배분하는 방안을 마련해야 할 것이다(김왕동, 2008: 65).

셋째, 글로벌 관점에서 과학기술 협력 네트워크를 적극적으로 구축ㆍ강화해야 한다.

연구자나 연구 집단이 세계 수준의 창조적인 연구성과를 창출하기 위해서는 글로벌 과학기술 네트워크를 중심으로 한 개방형 혁신체계를 구축하여 연구자들이 당대 최고 과학자와의 만남을 통해 최전선 지식에 노출될 필요가 있을 것이다. 이를 위한 실천적인 내용으로는 해외 유명 연구소의 국내 유치와 국내 연구소와 연구팀의 해외 진출을 활성화해야 할 것이다. 또한 다양한 학술행사, 석학 초청 등을 수행하기 위한 과학활동 허브를 국내에 구축하는 것도 고려할 수 있을 것이다(김승환 외, 2009: 75).

또한 세계적으로 의미 있는 연구성과를 창출하기 위해서는 창조성 높은 연구책임자 뿐만 아니라 최정예의 연구팀 구성이 필수적이다. 그러나 현재 우리나라의 상황은 우수한 과학자가 있어도 공동 연구를 하면서 이들을 지원할 수 있는 세계적 수준의 연구팀 형성에 어려움을 겪는 것으로 나타나고 있다. 따라서 세계적 역량을 갖춘 국내의 과학자에게 국내·외를 불문하고 정원 외의 교수 또는 연구원 선발권을 부여함으로써 창조적 연구를 수행하는 연구자들의 글로벌 네트워크 구축을 지원할 필요가 있다(김승환 외, 2009: 84~85).

한편, 개방형 혁신체계(open innovation) 구축이라는 측면에서 국가 연구개발사업에 외국 연구기관 및 국내에 소재한 외국 연구기관의 참여 허용 여부는 과학기술의 국제협력이라는 측면에서 매우 중요한 이슈로 등장하고 있다. 이와 관련하여 최근 OECD 국가들에서 주로 bottom-up 방식으로 이루어져 오던 공공 연구기관들의 국제협력을 이제는 정부가 정책적으로 이들의 국제협력을 추동하는 입장으로 바뀌고 있다. 따라서 이런 관점에서 자국에 있는 외국 연구기관 및 연구자들에게 국가 연구개발사업에의 참여를 허용하는 OECD 회원국들이 점차 증가하고 있다(오동훈, 2008: 24). 따라서 우리나라도 국가 연구개발사업의 국제 네트워크를 강화하기 위해 기술 분야별 우선순위를 정하고, 이에 적합한 국가와 협력 대상 연구기관들을 선별하여 양자 간 협력을 지원하는 방식을 검토할 필요가 있을 것이다.

3) 정책/국가 창조성 증진 방안

연구수행 단계에서의 정책 및 국가 창조성 증진 방안으로는 상위 수준에서의 공공 연구체계 재설계와 개인 지식자본 계정이라는 새로운 예산회계 시스템의 도입이라는 2가지의 정책대안이 논의될 것이다.

첫째, 창조적 연구개발사업의 효율적 추진을 위해서는 상위 수준에서의 공공 연구체계의 재설계가 필요하다.

최근 정부는 창조형 시대의 기술환경 변화에 효과적으로 대응하기 위하여 다양한 형태의 신규 국가 연구개발사업을 기획·운영하고 있다. 그러나 이러한 창조형 신규 사업들의 근본 취지를 효과적으로 달성하기 위해서는 개별 사업 차원에서의 상세한 연구기획뿐만 아니라 이들의 운영에 근본적으로 영향을 미치는 상위 차원에서의 공공 연구체계의 재설계가 뒷받침되어야 할 것이다. 창조적 연구를 위한 환경이 구비되기 위해서는 현재와 같이 공공 부문의 연구개발 주체들이 각개 약진하는 형태로 국가 연구개발사업을 수행하는 현행 제도의 보완이 절대적으로 필요하기 때문이다.

예를 들어 창조적 연구관련 사업을 효과적으로 추진하기 위해서는 정부출연 연구기관 간, 정부출연 연구기관과 대학 간 등의 융·복합 연구가 활성화될 수 있는 제도적 조건과 물리적 여건이 마련되어야 할 것이다(김왕동·이민형, 2008: 28~29). 이를 위한 하나의 방안으로서 암묵지의 교류가 가능한 융·복합 연구가 활성화될 수 있도록 분산형 협동연구 방식이 아닌 장소 집중형 협동연구 방식의 추진을 적극적으로 고려해야 할 것이다.

둘째, 일반적인 예산체계와 구별되는 창조적 연구자를 특별히 지원하기 위한 새로운 예산 시스템, (가칭) 개인 지식자본 계정의 도입을 검토할 필요가 있다.

국가 연구개발에서 창조적 성과관리를 위해서는 국가 전략기술 분야별로 창조적인 과학자를 선발하여 이들에게 안정적인 연구예산을 지원하고 자율적으로 책임지고 관리하는 방식의 새로운 형태의 예산시스템이 도입될 필요가 있다. 즉, 연구자 개개인의 창조역량이 지속적으로 활성화되기 위해서는 안정적이고 지속적인 예산지원이 중요하며, 고위험 기초연구에 과감하게 도전하기 위해서는 자율적인 연구활동이 이루어질 수 있는 충분한 예산위임이 이루어져야 할 것이다. 이런 측면에서 국가·사회 차원에서 필요한 전략적 인프라 기초연구 사업을 수행하는 창조적 연구자들에게는 개인의 지식자본 투자라는 새로운 패러다임에 기초하여 연구비를 지원하는 방안을 고려할 수 있을 것이다(이민형, 2009: 10).

현재의 예산지원 시스템과 차별화되는 개인 지식자본 투자의 기본 개념은, 창조적 연구활동에 필요한 충분한 규모의 연구비를 안정적으로 지원하고 연구활동에 대한 자율권을 충분히 위임하되, 성과에 대한 책임을 강화하는 형태의 연구비 지원 방식이 될 것이다. 개인 지식자본 계정에서는 우수한 연구성과를 창출한 연구자에게는 추가 자본투자를 실시하나, 불량한 성과에 대해서는 연구활동에 사용된 발생원가에 차등적 원가구매를 실시하여 개인 지식자본의 차등 보전을 실시하게 될 것이다. 이에 따라 개인 지식자본이 일정 수준으로 잠식되면 개인 지식자본 계정이 청산되고 해당 연구자는 국가 연구개발 사업에서 퇴출되는 절차를 밟게 될 것이다(이민형, 2009: 11).

3. 성과평가 단계

성과평가 단계에서의 창조성 증진 방안은 상대적으로 그동안 논의가 적게 이루어 졌던 부분이다. 따라서 개인과 연구 집단·조직의 창조성보다는 정책·국가의 창조성 증진방안이 좀 더 의미를 갖게 될 것이다. 향후 정책과 국가 차원에서의 관련 정책대안들이 좀 더 체계적으로 수립되어 성과평가에서의 패러다임이 창조형으로 전환될 수 있는 토대가 마련되어야 하기 때문이다. 성과평가 단계에서의 구체적인 정책대안들은 <표 11>과 정리할 수 있다.

〈표 11〉 성과평가 단계에서의 국가 R&D 창조성 증진 방안

창조성 수준	주요 정책조건 및 대안
개인 창조성	− 성실 실패 제도의 도입·운영
정책/국가 창조성	− 전문가 평가제도(peer review)와 차별화된 선정·평가제도 운영 − 단기성과(output)보다는 중·장기 성과(outcome/impact)로의 평가패러다임 전환

1) 개인 창조성 증진 방안

성과평가에서 개인 창조성을 극대화할 수 있는 방안으로는, 도전적이고 열정적인 연구수행에도 불구하고 연구성과 목표를 달성하지 못한 경우에는 성실 실패(honorable failure)를 인정하는 장치가 마련되어야 한다.

연구수행 중에 국내·외의 다른 연구자들에 의하여 동일 혹은 유사한 연구성과가 달성된 경우에는 특별한 제재조치 없이 연구를 중단하게 하거나, 연구목표를 상향 조정하여 수행했으나 실패한 경우에는 성실 실패를 인정하는 것이다. 이처럼 성실 실패를 인정하고 이의 인정 범위를 넓혀나가게 되면 창조적인 연구자들이 실패를 두려워하지 않고 좀 더 적극적으로 관련 사업에 참여할 수 있음은 물론

연구수행 과정에서도 모험과 도전을 두려워하지 않는 연구문화를 조성하는 데에도 많은 도움이 될 것으로 예측된다(차두원 외, 2007: 25).

2) 정책/국가 창조성 증진 방안

성과평가 단계에서 정책·국가 차원의 창조성 증진방안으로는 다음과 같은 2가지의 정책대안이 특별히 검토되어야 할 것이다.

첫째, 불확실성이 높은 창조적 연구의 합리적 평가를 위해 전문가 평가제도(peer review)와 차별화된 선정·평가 제도를 운영해야 한다.

전문가 평가제도는 전 세계적으로 가장 보편적으로 활용되는 선정·평가 제도임에는 틀림없는 사실이다. 그러나 기존 연구결과에 따르면 전문가 평가방식은 연구과제 선정에서는 전통적인 학문을 따르는 주류 연구에는 과다한 연구비를 책정하는 반면, 전통에 얽매이지 않는 주류에서 벗어난 연구들에 대해서는 다소간 비우호적인 것으로 나타나고 있다(Bourke and Butler, 1999). 또한 성과평가에서도 전문가 평가방법은 연구자의 창조적 역량보다는 과거 실적 중심으로 평가가 이루어지는 경향이 강하므로 도전적이고 불확실성이 높은 연구내용의 수용이 어렵다는 단점을 내포하고 있다(차두원 외, 2007: 24; 이민형, 2009: 7).

따라서 창의적 연구가 국가 차원에서 정착되기 위해서는 기존의 전문가 평가제도를 보완할 수 있는 새로운 연구과제 선정·평가 제도의 도입이 필요할 것이다. 먼저 창조적 연구과제의 선정을 위한 방법으로는 해외 사례 분석에서도 나타났듯이, 소규모 연구과제의 경우에는 연구비 지원기관의 사업 책임자에게 책임과 권한을 위임하는 방법, 해외의 유명 석학에게 전권을 부여하는 방법, 다양한 분야의 전문가로 다학제적 평가위원회를 구성하고 이들에게 창조적 연구의 특성을 인식시키는 방법 등이 고려될 수 있을 것이다. 또한 최종 연구성과를 명확히 예측할 수 없는 창조적 연구에서는 기존 연구들보다는 좀 더 유연한 성과평가 방법이 도입되어야 할 것이다. 즉, 논문, 특허, 기술료 등 전통적으로 활용되던 유형적인 평가기준보다는 연구결과의 창조성, 혁신성, 잠재성 등을 판단할 수 있는 무형성과 또는 지적자본 관점에서의 평가지표 개발이 필요할 것이다(이찬구, 2007). 또한 성과평가의 방법과 시기 등을 연구자가 사전에 제시하게 하거나 연구종료 시점보다는 일정한 시간이 경과한 다음에 추적평가 또는 영향평가 등을 시행하는 방법이 도입되어야 할 것이다.

둘째, 창조적 연구의 성과평가에서는 단기성과(output) 보다는 중·장기성과(outcome/impact)를 좀 더 중시하는 패러다임의 전환이 있어야 한다.

연구개발의 성과평가에서는 연구성과나 실적을 무엇으로 볼 것인가에 따라 그 방법과 과정도 달라져야 할 것이다. 이런 측면에서 현행의 보편적인 평가제도에서는 논문, 특허, 프로그램, 기술료 등과 같은 단기적이면서도 유형의 연구 산출물에 1차적인 관심이 집중되어 있다고 할 것이다. 그러나 전형적인 지적활동인 연구개발의 각종 결과물이 단기적·유형적인 것에만 한정되지는 않을 것이다. 즉, 연구개발을 통하여 연구자의 능력 향상, 실패를 통한 지식축적, 사회 각 부분에의 지식이전 및 확산, 연구조직의 대외 평판 향상 등과 같은 또 다른 차원에서의 가치 있는 중·장기적인 무형적인 성과들도 산출될 수 있기 때문이다(이찬구, 2005: 196). 특히, 연구결과의 불확실성과 잠재적인 파급력이 높은 창조적인 연구 분야에서는 연구 과제 종료 직후의 1차성과(output)만으로 연구목적의 달성 또는 성 공 여부를 판단하는 것이 매우 부적절해지게 된다. 이런 측면에서 창조적 연구의 성과평가에서는 단기적인 유형의 산출물에 더하여 중·장기적인 무형의 결과까지도 함께 고려해야만 해당 연구의 진 정한 가치를 판단할 수 있게 될 것이다.

4. 성과확산 단계

성과확산 단계에서의 국가 연구개발사업의 창조성 증진방안에 대 한 논의는 다른 연구관리 단계에서의 논의와 비교할 때 많지 않은 편이다. 그럼에도 불구하고 기존 연구들과 해외 사례 등을 참고하여 각각의 창조성 수준에서 논의 가능한 증진방안은 <표 12>와 같이 정리할 수 있다.

〈표 12〉 성과확산 단계에서의 국가 R&D 창조성 증진 방안

창조성 수준	주요 정책조건 및 대안
개인 창조성	– 지식재산권 제도 및 기술료 제도의 개선
정책/국가 창조성	– 기초연구 성과의 실용화를 위한 부처 간 지식연계 사업 추진

1) 개인 창조성 증진 방안

국가 연구개발사업의 성과확산 단계에서 연구자 개인들의 창의성 이 촉진되기 위해서는 국가연구개발사업의 지식재산권과 기술료 제

도가 산업계 등 다른 부문으로의 확산을 촉진할 수 있도록 작용하여
야 할 것이다.

그동안 우리나라의 국가 연구개발사업에서는 성과물의 소유권 제
도와 기술료 제도의 모순점이 대학이나 정부출연 연구소의 기술이
전 장애요인으로 작용한다는 비판이 지속적으로 제기되어 왔다(김해
도, 2009: 641). 이에 따라 정부는 2008년에 '국가 연구개발사업의
관리 등에 관한 규정'을 개정하여, 국가 연구개발 성과물의 지식재
산권 단독 소유 원칙을 강화하면서 비영리기관이 징수하는 기술료
의 정부환수 제도를 폐지하는 등의 제도개선을 추진하였다.

그러나 이러한 제도개선에도 불구하고 현행 우리나라의 국가 연
구개발사업에서는 기술료 산정과 징수 등에서 현장 연구자보다는
정부 또는 연구관리 기관 중심의 제도가 여전히 남아 있는 것으로
논의되고 있다(박정희·문종범, 2009: 449). 즉, 성과확산 단계에서
각종 지식재산권의 소유제도와 기술료 제도가 연구자에게 불리하게
작용한다면 연구자와 연구기관들은 오랜 기간에 걸쳐 파급력이 큰
연구과제의 발굴과 수행보다는 단기적이고 가시적인 연구과제를 선
호하는 경향이 강해질 것이기 때문이다.

따라서 앞으로는 국가 연구개발사업의 성과확산 단계에서도 연구
자 개인들의 창조성을 자극하고 촉진하는 방향으로 관련 제도들이 수
립·운영되어야 할 것이다. 이를 위해서는 우선적으로 기술료 산정을
정부출연금 등 공공 자금의 투입 정도가 아니라 이전기술의 시장가치
에 근거하며, 기술료 징수대상을 최종평가에서 '성공' 판정을 받은 연
구과제가 아니라 실제로 사업화 실적이 발생한 과제로 하며, 기술료의
징수율을 참여기업의 형태와 함께 기술의 실제 가치를 고려하는 등의

정책대안이 마련되어야 할 것이다(박정희·문종범, 2009: 449~453). 또한 미국, 일본, 독일 등의 선진국에서는 국가 연구개발사업에 대해 정부가 기술료를 징수하는 제도 자체가 없다는 사실도(송충한·김해도, 2008: 16), 향후 우리나라가 관련 제도의 개선과 보완을 추진하고자 때 중요한 , 사례가 될 수 있을 것이다. 즉, 대학과 정부출연 연구기관 등의 국가 연구개발 주체가 각종 지식재산권을 소유하고 있는 경우 참여 연구자와 소속 연구기관의 자율적이고 합리적인 판단으로 기술이전의 대상, 시기, 방법, 절차, 징수율 등을 결정할 수 있도록 제도개선이 이루어질 필요성이 크다 할 것이다.

2) 정책/국가 창조성 증진 방안

국가 연구개발사업의 성과확산을 위한 정책·국가 차원의 창조성 증진 방안으로는, 창조적인 기초연구를 통해 창출된 성과의 신속하고 효율적인 실용화를 위해 관련 부처 간 지식연계 사업의 추진이 필요할 것이다.

많은 자원과 역량이 투입된 국가 연구개발사업의 창조적인 연구결과는 전체 국가 차원에서 적극적인 실용화와 확산으로 연계되어야 할 것이다. 창조성 높은 연구성과들은 그 자체로서도 산업계의 경쟁력 향상이나 국가·사회의 문제해결에 기여할 수 있으나, 많은 경우 활용 목적이나 확산 분야의 특성에 맞게 추가적인 연구개발 또는 연계 연구가 필요한 경우가 많을 것이다. 이를 원활하게 추진하기 위한 방안의 하나로 교육과학기술부가 수행하는 기초원천사업과 지식경제부, 보건복지부, 환경부 등이 수행하는 산업원천 또는 실용화 사업을 연계하기 위한 관련 부처 간 지식연계 사업(Knowledge Bridge Program)의 추진이 검토되어야 할 것이다(이민형, 2009: 12).

즉, 창조성 높은 기초과학 또는 기초원천 연구의 성과가 개발단계 및 실용화 사업으로 빠르게 연계될 수 있도록 관련 정부 부처가 공동 원천기술 개발 사업을 추진하는 것이다. 이는 최근 기초연구와 응용연구 간의 구분이 없어지는 기술혁신 변화를 반영할 수 있는 방법의 하나로서, 기초과학이나 기초원천 연구 중에서 원천기술 개발로 연계될 수 있는 성과를 발굴하여 부처 간 공동 원천기술개발 사업으로 추진하고자 하는 것으로서, 기본 개념은 <그림 1>과 같이 나타낼 수 있다.

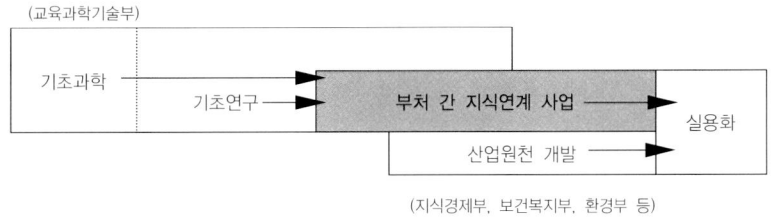

〈그림 1〉 부처 간 지식연계 사업 개념도

제4절 결론

본 연구는 우리나라의 경제 · 사회 발전에서 많은 기여를 하여 온 국가 연구개발사업의 패러다임을 추격형에서 창조형으로 전환하기 위해 필요한 정책조건과 대안 등을 논의하기 위하여 수행되었다. 구체적인 논의 전개에서는 창조성의 정의를 살펴보고 창조성의 유형을 개인 창조성, 집단/조직 창조성, 정책/국가 창조성으로 분류하였다. 다음에는 이러한 기초개념에 근거하여 추격형 전략과 대비되는 창조형 연구개발 전략의 특징을 논의하였다. 그리고 본 연구의 핵심 내용인 우리나라의 국가 연구개발사업을 창조형으로 전환하기 위한 논의 전개의 기본 구조는, 연구관리의 4대 과정인 연구기획, 연구수행, 성과평가, 성과확산의 각 단계에서 개인 창조성, 집단/조직 창조성, 정책/국가 창조성을 각각 증진하기 위한 매트릭스 개념의 분석틀을 제안하였다.

이상과 같은 분석틀에 근거하여 구체적인 논의에서는 연구기획 단계에서 6가지, 연구수행 단계에서 6가지, 성과평가 단계에서 3가지, 성과확산 단계에서 2가지 등 총 17가지의 정책 조건 및 대안을 제시·논의하였다. 한편, 이상의 정책 조건과 정책 대안의 논의는 구체적이고 실천적이라기보다는 다분히 방향제시적이고 지침적인 성격의 내용들을 좀 더 많이 포함하고 있는 것이 사실이다. 이는 본 연구의 1차적인 목적이 향후 우리나라의 국가 연구개발 사업의 패러다임 전환에 필요한 기본적이고 원칙적인 정책환경을 도출·논의하고자 하는 데에서 기인하는 불가피한 일이라 할 것이다. 그러므로 본 연구는 향후 국가 연구개발사업을 기존의 추격형에서 창조형으로 전환하고자 할 때 필요한 다양한 형태의 창조성 증진전략을 마련하기 위한 기초 정책자료로서의 활용성이 좀 더 기대된다 할 것이다.

본 연구가 창조성 또는 창의성 등을 주제로 한 과거의 다른 연구들과 구별되는 점은 분석과 논의를 좀 더 체계적·종합적으로 전개하였다는 점에서 찾을 수 있을 것이다. 기존 연구들은 많은 경우 국가 연구개발사업을 창조형 또는 창의형으로 전환하기 위한 방안들을 연구관리의 한 국면(局面)만을 대상으로 하거나 창조성의 유형을 구분하지 않고 혼합적으로 논의하는 한계가 있었다. 즉, 기존 연구들은 대부분 연구기획과 연구수행의 단계에서 필요한 창조성 증진방안들을 중점적으로 다루고 있어 성과평가나 성과확산 단계에서 필요한 창조성 증진방안에 관한 논의는 상대적으로 적은 것으로 분석되고 있다. 또한 논의하는 창조성의 유형이 구분되지 않아 이에 근거한 집행전략 또는 정책수단의 강구에서 구체적인 정책대상을 구분·확정하기가 쉽지 않은 문제가 발생할 수 있는 것으로 나타나고 있다. 현실의 정책집행에서는 정책효과를 기대하는 대상 집단이 달라지면 이에 따라 정책수단과 집행전략도 변화되어야 하는데, 창조성의 유형을 구분하지 않은 논의는 예상되는 정책효과가 발생하지 않거나 비효율적인 정책집행이 발생할 가능성이 커질 수 있기 때문이다. 이런 측면에서 연구관리의 단계와 창조성의 유형을 매트릭스 개념으로 조합하여 국가 연구개발사업의 창조성 증진방안을 논의하고 있는 본 연구결과는 연구개발 현장에의 적용가능성이 좀 더 높아질 수 있을 것으로 기대한다.

앞에서 설명하였듯이 본 연구에서 제안·논의하고 있는 여러 정책조건 및 대안들은 구체적이고 실천적이라기보다는 다분히 방향제시적이고 지침적인 성격을 강하게 나타내고 있다. 또한 본 연구는 주로 문헌연구에 기초하여 이루어졌기 때문에 특정 사안에 대하여 현장 연구자들이 느끼고 있는 문제점을 충분히 반영하지 못하고 있는 한계를 가지고 있다 할 것이다. 따라서 본 연구의 완성도를 제고하기 위해서는 여기에서 제시하고 있는 전체적인 정책방향에 따라 정부나 연구관리 기관의 관점이 아닌 현장 연구자의 입장에서 연구관리의 각 단계에서 3가지 유형의 창조성을 구체화하기 위한 각각의 실천전략을 마련하기 위한 후속연구가 필요하다 할 것이다.

참고문헌

1. 국내문헌

강정하(2009), "과학적 창의성의 발현", 과학기술정책연구원, 「과학기술정책」, 2009년 여름호: pp.8~15.

김승환(2009), 「세계 수준 과학자 배출과 창의형 과학기술 환경 조성」, 서울: 교육과학기술부.

김왕동(2008), 「공공연구 조직의 창의성 영향요인 및 시사점(정책연구 2008-15)」, 서울: 과학기술정책연구원.

김왕동·이민형(2008), 「창의적 프론티어 연구환경 조성에 관한 탐색(STEPI 과학기술정책 이슈 제8호)」, 서울: 과학기술정책연구원.

김해도(2009), "한·미 국가 연구개발사업의 지식재산권 관리제도 비교", 「기술혁신학회지」, 12(3): pp.638~661.

김형주·이정협·손동원(2008), "정부의 R&D 정책과 연구개발 네트워크의 구조 및 공간적 특성: 한국의 국가연구개발사업 사례를 중심으로", 「한국경제지리학회지」, 11(3): pp.319~333.

과학기술부(2008), 「과학기술 40년사」, 서울: 한국과학기술단체총연합회.

노환진(2009), "탈추격형 과학기술정책", 「2010년 제17차 정책세미나 자료집」, 대전: 국가생명공학정책연구센터.

박정희·문종범(2009), "산업기술지원 연구개발사업의 기술료 제도개선에 관한 연구", 「기술혁신학회지」, 12(2): pp.430~456.

박항식(2008), "새 정부의 과학기술 정책 방향", 한국행정학회, 「2008년도 하계학술대회 발표 논문집」, pp.323~334.

성지은·송위진(2007), "총체적 혁신정책의 이론과 적용: 핀란드와 한국의 사례", 「기술혁신학회지」, 10(3): pp.555~579.

송위진·성지은·김연철·황혜란·정재용(2007), 「탈추격형 기술혁신 체제의 모색」, 서울: 과학기술정책연구원.

송위진·황혜란(2006), "탈추격 체제에서 부품업체의 기술혁신 활동: 휴대전화 부품업체 사례 연구", 「기술혁신학회지」, 9(3): pp.435~450.

_____(2009), "기술집약형 중소기업의 탈추격형 기술혁신 특성 분석", 「기술혁신연구」, 17(1): pp.49~67.

송위진(2008), "탈추격형 공공부문 연구활동의 특성 분석", 「기술혁신연구」, 16(1): pp.239~259.

송충한 · 김해도(2008), "대학의 기술이전 촉진을 위한 국가 연구개발사업의 기술료 제도 개선방안", 「기술혁신학회지」, 11(1): pp.1~22.

오동훈(2008), 「개방형 혁신(Open Innovation)의 세계적 추세와 정책방향(kistep 이슈페이퍼 2008-080」, 서울: 한국과학기술기획평가원.

이공래(2000), 「기술혁신 이론 개관」, 서울: 과학기술정책연구원.

이민형(2009), 「창조 선도형 R&D 체제로의 전환을 위한 기초원천 연구 추진체제 개선 방안(STEPI Insight 제 23호)」, 서울: 과학기술정책연구원.

이병헌(2006), 「국가연구개발사업의 새로운 성공모델 탐색: FTTH 기술개발 사례(kistep 이슈페이퍼 2006-06)」, 서울: 한국과학기술기획평가원.

이장재(1993), 「국가 연구개발사업의 비교 연구」, 서울: 과학기술정책연구원.

이장재 · 오해영(2007), 「제3세대 혁신정책 패러다임의 등장과 정책 과제(kistep 이슈페이퍼 2007-02)」, 서울: 한국과학기술기획평가원.

이찬구(2005), "정부출연 연구기관 평가에서 지적자본 모형의 적용 필요성", 「한국행정학보」, 39(1): pp.195~217.

_____(2007), "연구기관의 지적자본 측정과 성과평가", 한국행정연구원, 「한국행정연구」, 15(4): pp.111~142.

차두원 · 손병호(2007), 「일본 이노베이션 25 최종보고서 분석 및 시사점」, 서울: 한국과학기술기호기평가원.

차두원 · 김현철 · 손병호(2007), 「주요국의 고위험 혁신적 연구지원 동향 및 시사점(kistep 이슈페이퍼 2007-10)」, 서울: 한국과학기술기획평가원.

최영락 · 이대희 · 송용일 · 정윤철(2005), "한국의 기술혁신 모형: 새로운 지평을 향하여", 「기술혁신연구」, 13(1): pp.1~17.

최영락(2009), "창조형 차세대 혁신을 위한 제언", 과학기술정책연구원, 「과학기술정책」, 2009년 여름호: pp.3~7.

2. 국외문헌

Bourke, P. and L. Butler(1999), "The Efficacy of Different Modes of Funding Research : Perspectives from Australian Data on the Biological Sciences", *Research Policy*, 28: pp.489~499.

Diaz, Maruja Gutierrez(2009), "Learning, Innovation, Creativity : Summit on Global Learning Industry Challenges", presented at *Learning Impact 2009*, Barcelona,

May 11~14 2009.

EC(2005), "Frontier Research: The European Challenge", *High-Level Expert Group Report*, EUR21619.

European Research Council(2009), *Towards a World Class Frontier Research Organisation: Review of the European Research Council's Structures and Mechanisms*.

EU(2007), *Creativity Capabilities and the Promotion of Highly Innovative Research in Europe and the United States*, EU-NEST /CREA-511889.

Hollingsworth J. R(2006), "A Path-Dependent Perspective on Institutional and Organizational Factors Shaping Major Scientific Discoveries", in J Hage and M Meeus(eds.). *Innovation, Science and Institutional Change: A Research Handbook*, London : Oxford University Press, pp.423~442.

HM Treasury, Department of Trade and Industry, Department for Education and Skills, UK(2004), *Science and Innovation Investment Framework*, London : HMSO.

HM Treasury, Department of Trade and Industry, Department for Education and Skills, Department of Health, UK(2006), *Science and Innovation Investment Framework: Next Steps*, London: HMSO.

Laudel, G(2006), "The Art of Getting Funded: How Scientists Adapt to Their Funding Conditions", *Science and Public Policy*, 33(7): pp.489~504.

Sargent, John(2008), "Research, Development and Innovation in the 111th Congress", Washington D.C.: Congressional Research Service.

Stirling, Andy(2009), "The Direction of Innovation", presented at *Workshop on Nanotechnology Innovation Policy*, Wellington, New Zealand, March 19 2009.

제6장

방송통신 융합의 제도적 수용 분석

고순주

제1절 서론

1. 방송통신 융합의 전개

2000년대 초반 디지털 기술이 사회 전반에 적용되기 시작하고, 초고속인터넷의 보급이 확대되면서 방송통신 분야에도 '융합화(convergence)'라는 큰 변화의 물결이 출렁이기 시작했다.

본래 방송과 통신은 서로 다른 욕구에서 출발하였다(한국전자통신연구원, 2003). 방송의 근원적인 욕구는 '유희하는 인간(Home Ludens)'[97]

---

[97] Homo Ludens는 네덜란드의 문화사학자 J. 호이징가(1872~1945)가 제창한 개념으로서 종래에는 유희가 문화 속에서 발생하는 것으로, 문화가 상위개념이라고 생각하였으나 호이징가는 이러한 견해를 역전시켜, 문화는 원초(原初)부터 유희되는 것이며 유희 속에서 유희로서 발달한다는 주장을 하였다(한국전자통신연구원, 2003).

에서 찾을 수 있다. 방송은 본래 "볼거리와 들을거리를 다른 사람이 즐길 수 있도록 널리 풀어서 보낸다(Broadcast)"는 의미를 내포하고 있다. 과거 인간의 이러한 유희적 성향은 직접 참여를 통한 놀이나 연극과 같은 형태로 충족되었으나 오늘날에 이르러서는 영화, 라디오, TV와 같은 미디어를 통해 충족되고 있다. 따라서 방송서비스는 유희하는 인간으로서의 기본적인 욕구를 충족시키는 수단인 것이다.

반면, 통신의 근원적인 욕구는 타인과의 연결성에서 찾을 수 있다. 생존을 위한 생활반경이 넓지 않았던 시대에는 도구에 의존하지 않고 직접 의사소통이 가능하였지만, 점차 생활반경이 넓어지면서, 봉화, 깃발, 파발마 등의 수단이 이용되었고, 산업화가 진척되면서 전화, 인터넷이라는 획기적인 통신수단이 등장했다.

이러한 출발의 차이는 이념적 차이로 발전했다. 방송은 희소한 전파자원을 이용하여 불특정 다수의 수신자를 대상으로 유선 또는 무선을 통해 정보를 일방향으로 전송하는 개념으로 발전하면서 '공공성'을 강조한 반면, 통신은 개인과 개인의 자유로운 의사소통(쌍방향)과 통신비밀의 보호 개념으로 발전하면서 '산업성'을 강조하여 왔다. 이로 인해 우리나라 방송통신 관련 법률, 제도, 규제, 기구(정책결정 및 집행 주체), 사업자(operator), 서비스(service), 전달망(network), 단말(device) 등이 상호 분리된 채 발전되어 온 게 사실이다. 즉, 방송정책과 규제는 방송위원회가 방송법에 근거해 수행하였으며, 통신정책과 규제 및 IT산업의 육성정책은 정보통신부가 전기통신기본법, 전기통신사업법 및 전파법에 근거해 수행하였다.

그러나 디지털 기술발전과 통신 네트워크의 광대역화로 방송의 디지털화 촉진과 더불어 통신 네트워크를 통한 방송 프로그램의 제공, 방송인지 통신인지 구분하기 어려운 융합서비스의 등장, 하나의 단말로 방송과 통신서비스의 동시 제공 등 다양한 형태의 융합화가 전개되기 시작하였다.

최근에 등장한 스마트폰이 그 현상을 가장 잘 설명하고 있는데, 스마트폰은 기본적으로 전통적인 통신서비스인 음성통화를 제공하지만, 무선 인터넷을 통해 그동안 PC를 통해 제공했던 정보검색과 지도, 게임, VoD(video-on-demand), 문서작성, 이메일, 심지어는 실시간 방송서비스까지 제공하고 있다. 또한 애플리케이션(일명 '앱')을 다운받아 사용할 수 있는 앱스토어[98]를 통해 음악, 영화, 티켓예매, 지하철 운행정보, 자동차 배기가스 측정을 통한 이산화탄소 관리, TV리모콘, 자동차 key 등 생활 속의 다양한 영역에 적용할 수 있는 서비스까지 확대시키고 있다.

Apple, Google, 삼성전자, LG전자 등이 올해 하반기부터 본격 출시하고 있는 스마트 TV, 즉 인터넷과 연결된 TV는 통신계의 스마트폰이 주도한 방송통신 융합을 방송계 주도로 확대하는 계기를 마련하고 있으며, 이에 따른 방송통신 융합의 방향은 향후 큰 주목을 받

---

98) '애플리케이션 스토어(Application Store)'의 준말로, 모바일 애플리케이션(휴대폰에 탑재되는 일정관리 · 주소록 · 알람 · 계산기 · 게임 · 동영상 · 인터넷접속 · 음악재생 · 내비게이션 · 워드 · 액셀 등의 콘텐츠 응용프로그램)을 자유롭게 사고 팔 수 있는 온라인상의 '모바일 콘텐츠(소프트웨어) 장터'를 의미한다. 2008년 7월 11일 애플(Apple Inc.)이 스마트폰(smart phone; 휴대폰에 인터넷통신과 정보검색 등 컴퓨터 지원 기능을 추가한 지능형 단말기)인 아이폰 3G를 출시하면서 앱스토어라는 이름으로 아이폰 또는 아이팟용 응용프로그램 판매 서비스를 시작하였고, 이후 애플 앱스토어가 성공을 거두자 구글 · MS 등과 국내외 이동통신사, 단말기제조사 등이 앱스토어 열풍에 동참하였다. 앱스토어는 대형업체가 개발하고 이동통신사가 판매하는 것이 아니라 개인이 애플리케이션을 개발하여 판매하는 개방형 장터로, 운영사에서 공개한 SDK(소프트웨어 개발키트), Xcode 등의 프로그램을 이용하여 누구나 자신이 개발한 애플리케이션을 전 세계 아이폰 이용자에게 팔수 있다. 애플리케이션 판매수익은 개발자와 운영사가 7:3 정도의 비율로 분배하며, 소비자들은 무료 또는 유료로 다운로드하여 사용할 수 있다(네이버 백과사전 참조).

을 전망이다.

2. 연구의 목적과 필요성

서로 분리되어 발전되어 온 방송과 통신이 상호 경계를 알 수 없는 다양한 융합서비스를 창출하는 과정에서 법과 제도는 어떻게 대응하였으며, 융합서비스의 활성화를 위해 어떤 환경을 조성해 주었는가? 향후 어떠한 법제도적 Framework를 가져가야 융합을 더욱 촉진하고 그것이 국민의 편익 향상에 기여하도록 할 것인가? 이러한 물음에 답하기 위한 시사점을 얻고자 하는 것이 본 연구의 목적이다.

방송통신 융합이 전개되면서 가장 많이 언급된 것은 제도 지체 또는 지연(time lag 또는 delay)이라는 용어이다. 제도 지체 또는 지연이라는 용어의 정의에 따라 어떤 경우에는 제도 도입에 시간이 많이 소요된다 하더라도 제도 지체나 지연이라고 일방적으로 말할 수는 없다. 그러나 본 연구에서는 '서비스 제공을 위한 기술적 · 사업적 준비는 다 되었는데, 관련된 법이나 제도가 없어서 서비스 제공이 계속해서 늦어지고 있는 현상'을 제도 지체 또는 지연으로 보며, 2000년 이후부터 현재까지 우리나라가 새롭게 등장한 다양한 융합서비스에 대해 제도를 도입하는 과정은 제도 지체나 지연으로 보기 충분하다고 판단된다.

여기에서 제도 지체나 지연을 모두 나쁜(bad) 현상이라고 말하는 것은 아니다. 제도화에 오랜 시간이 흘렀다 하더라도 관련된 사항에 대해 또 다시 개선이 필요하지 않도록 미래 지향적인 제도 개선이 되었다면 오히려 제도 지체나 지연이 좋은(good) 결과를 도출하는 데 기여한 것이라 볼 수 있다.

그러나 그 반대의 경우, 즉 제도 지체나 지연에도 불구하고 임시 방편적으로 제도화함으로써 새로운 서비스가 등장하였을 때 또 다시 제도화 필요성이 제기 되고, 이를 위해 또 다시 시간이 흘러 서비스를 받아들이는 데 많은 비용이 발생한다면 이는 바람직하지 못한 현상으로 보아야 한다.

이런 의미에서 2000년 이후 10여 년 동안 전개되어온 융합서비스와 이를 수용하기 위한 제도화 과정을 살펴보는 것은 제도 지체와 지연에도 불구하고 새로운 서비스가 등장할 때마다 새로운 제도화가 필요했던 원인을 파악하고 향후 등장할 새로운 서비스의 제도화를 위한 시사점을 도출하는 데 있어 매우 의미 있는 일이라 판단된다.

이를 위해 본 연구는 우선 방송통신 융합의 개념과 기존의 방송통신 융합 관련 연구를 살펴본 후, 제도화 과정을 시기별로 분류하여 분석하고 외국의 사례를 참고로 방송통신 융합 제도화의 문제점과 향후의 제도 개선을 위한 시사점을 도출하고자 한다.

제2절 방송통신 융합 연구 Framework

1. 방송통신 융합의 개념과 발전 양상

1) 방송통신 융합의 개념

방송통신 융합은 일반적으로 방송과 통신이 융합되어 상호 경계가 모호해지는 현상을 말하지만 현재까지 합의된 정의는 없고, 기관이나 주장하는 사람에 따라 여러 가지 형태로 정의되고 있다.

세계적으로 방송통신 분야에서 '융합'이라는 키워드는 1990년대 초반에 시작되었다. OECD의 정보통신위원회(1992)[99]는 융합을 '현재의 경제섹터들 간의 기술적·규제적 경계가 모호해지는 현상'으로 광범위 하게 정의하고 '특히 통신과 방송의 융합은 네트워크, 서비스 및 기업조직이라는 세 가지 차원에서 진행되고 있다'고 하였다. Financial Times Report(1995)[100]에서는 일반적으로 '융합은 3단계 과정을 거치게 되는데, 1차적 융합을 시작으로 궁극적으로는 3차적 융합에 이를 것이다. 1차적 융합은 기존에 이미 상당기간 진전되어 있는 통신산업과 IT산업의 결합을 말하며, 2차적 융합은 미디어 콘텐츠가 하나의 완전한 제품 제공물로 구현되는 것이며, 3차적 융합은 이전의 별개의 산업들이 하나의 정보산업(information industry)

---

99) OECD 정보통신위원회(ICCP; Committee on Information, Communications and Computer Policy)는 OECD 산하 26개 정책부문별 전문위원회 중 하나로 정보통신 관련 동향을 분석하고 정책을 연구하는 OECD 핵심 위원회이다.

100) http://www.ft.com/home/uk

으로 통합되는 것이다'라고 하여 융합을 단계적으로 발전하는 모습으로 정의하고 있다. ITU(1996)는 융합을 "복합서비스 제공을 위한 'Information Highway'와 같은 고속의 데이터 전송 및 검색을 용이하게 하는 물리적인 고성능 전송망 차원에서의 통합"이라는 네트워크적 관점에서 정의한 바 있으며, 유럽위원회 녹서(Green Paper)(1997)에서는 융합은 '근본적으로 비슷한 종류의 서비스를 제공할 수 있는 다른 네트워크 플랫폼의 능력과 통신, 텔레비전, 개인용 컴퓨터와 같은 소비자 단말기의 통합'이라는 네트워크 고도화와 단말의 관점에서 정의한 바 있다.

세계와는 달리 국내에서 '융합'을 논의하기 시작한 것은 1990년대 말이다. 김창규(1998: 23g2)는 '융합(convergence)'이란 일반적으로 독립하여 존재하는 두 개가 화합하여 새로운 제3의 것을 탄생시키는 것을 말하며, 이러한 현상에 가장 유사하게 존재하는 통신·방송의 융합이 멀티미디어로 대표되는 서비스의 융합이다. 즉, '정보통신기술의 발전에 따라 전통적으로 각각 분리·규율되어온 음성·영상 및 데이터서비스 등이 융합하는 것을 말한다'고 하였으며, 김국진 외(2002a)는 방송통신 융합서비스 관점에서 '방송통신 중간영역 서비스로서, 방송과 통신의 전통적인 형태나 기능에서 벗어나 두 가지의 특징을 모두 가지고 있는 형태의 서비스'로 정의하였으며, 한국전자통신연구원(2003)은 융합은 '통신과 방송의 개별 영역에 속해 있던 제반 요소(기술, 물리적 기반, 서비스, 단말, 콘텐츠, 기업, 산업, 규제, 정책, 제도 등)들이 하나의 영역으로 통합'되는 것이라는 융합의 제 요소를 포함하여 정의하였다.

이 외에도 김대호(2005)가 융합은 '성격이 다른 네트워크 플랫폼들이 본질적으로는 유사한 종류의 서비스를 제공할 수 있게 되는 현상으로서 전화, 텔레비전, 컴퓨터와 같은 소비자 단말기가 통합되는 현상'으로 정의하였다. 김영민(2005)은 융합은 '구분되어 있던 통신망과 방송망을 융합하여 하나의 망을 통해 통신서비스와 방송서비스를 동시에 제공하는 것'으로, 박노익(2006: 9)은 방송통신 융합은 '디지털기술의 발전과 전송망의 광대역화에 따라 기존에 통신과 방송으로 각각 분리되었던 콘텐츠, 네트워크, 단말기 및 서비스의 경계가 허물어지는 현상'으로 정의하였다.

2) 방송통신 융합의 발전 양상

이러한 여러 가지 정의와 현재에 나타나고 있는 방송통신 융합 현상을 기초로 방송통신 융합의 양상을 정리해 보면 다음과 같다.

첫째, 융합은 여전히 진행되고 있다. 1990년대 초반에 시작된 방송통신 융합 현상은 2010년 현재 완성된 것이 아니라 아직도 진행 중인 과정에 있다. 다만 융합의 정도에 있어서는 과거와는 상당히 다른 상황에 놓여있을 뿐이다. 이런 의미에서 방송통신 융합은 크게 4단계로 구분 가능하다. 단기적(1파)으로는 방송과 통신이 각각의 고유 영역을 확고히 유지하면서도 개별 부문에 있어서는 방송은 통신으로 통신은 방송으로 확장하는 단계, 중기적(2파)으로는 방송과 통신의 개별 영역 확장이 심도 있게 진행되어 방송과 통신의 독자적인 영역이 점차 좁아지고, 겹치는 부분이 확대되면서 융합서비스가 본격적으로 등장하는 단계, 중장기적(3파)으로는 방송과 통신을 구분하는 것이 의미가 없을 정도로 진정으로 융합된 단계, 장기적(4파)

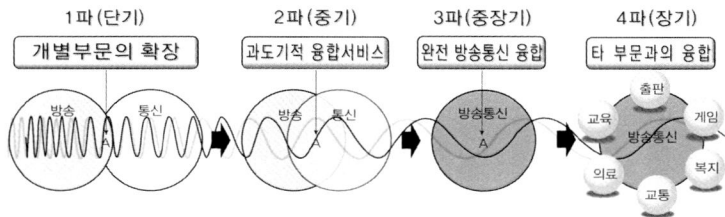

〈그림 1〉 방송통신 융합의 단계

으로는 융합된 방송통신을 기반으로 출판, 게임, 복지, 교통, 의료, 교육 등 다양한 분야가 융합되는 단계이다. 여기에서 각 단계는 단절적으로 나타나기보다는 중첩적으로 나타난다.

둘째, 융합은 여러 부문에서 일어나고 있다. 기존의 방송서비스와 통신서비스가 제공되는 가치사슬은 콘텐츠(Contents), 플랫폼(Platform), 네트워크(Network), 단말(Terminal) 측면에서 각각 구분되어 있었고, 사업자 역시 방송사업자, 통신사업자로 구분되어 있었다. 방송은 방송사업자가 방송프로그램을 방송망을 통해 지상파 방송, 위성방송, 케이블 방송을 TV로 제공한 반면, 통신은 통신사업자가 음성과 데이터를 통신망을 통해 유선전화, 휴대전화, 인터넷을 유·무선 전화와 PC를 통해 제공하였다. 그러나 융합이 진전되면서 각 가치사슬은 상호 경계를 허물어가기 시작하였고, 방송사업자가 통신서비스를 통신사업자가 방송서비스를 제공하고 있다. 즉 통신사업자는 방송콘텐츠를 통신망을 통해 PC와 휴대전화, TV로 전송하고 있으며, 방송사업자는 데이터를 방송프로그램에 추가하여 방송망을 통해 TV로 전송하고 있다. 즉, 가치사슬의 각 영역에서 다양한 형태의 융합이 전개되고 있는 것이다.

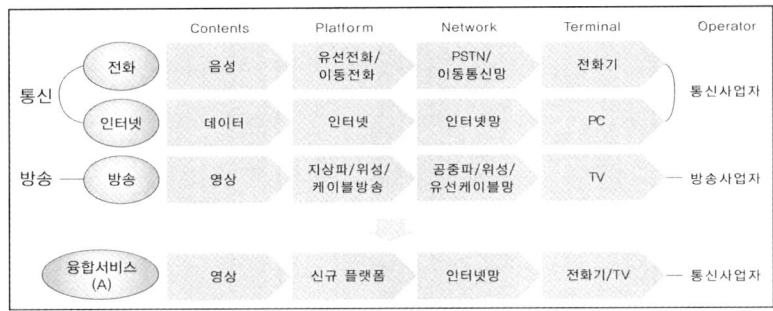

〈그림 2〉 융합서비스의 가치사슬

셋째, 융합은 방송과 통신 내에서 뿐만 아니라 방송과 통신을 기반으로 다른 여러 생활과 산업 부문으로 확산되고 있다. 네트워크의 광대역화와 고도화로 네트워크를 활용한 면회, 의료상담 등 다양한 생활서비스가 제공되고 있으며, 교육 · 의료 · 출판 산업 분야에서는 네트워크를 활용하여 u-Learning, u-Health, e-Book 등 다양한 신산업을 만들고, 자동차 · 조선 · 섬유 등 전통산업 부문에서는 IT기술을 접목하여 산업의 효율성을 향상시킨다.

이와 같은 방송통신 융합의 발전 양상을 기반으로 방송통신 융합을 정의해 보면, 방송통신 융합은 "기존에 구분되어 있던 방송과 통신이 하나의 영역으로 통합되는 과정이며, 이를 기반으로 다양한 서비스가 창출되는 과정"이다.[101]

---

101) Henry Jenkins라는 미디어학자는 2006년 'Convergence Culture'라는 책에서 융합을 좀더 진보적으로 표현하고 있는데, 그는 융합을 "다양한 미디어 기능들이 하나의 기기에서 융합되는 기술적 과정이 아니라, 소비자들로 하여금 새로운 정보를 찾아내고 서로 흩어진 미디어 콘텐츠 간 연결을 만들어내도록 촉진하는 문화적 변화의 과정", 즉 융합을 이용자와 문화의 관점에서 보고 있다. 융합이 진전되어 가면, 궁극적으로 문화적 변화를 맞이하게 된다는 점에서, 그리고 융합을 이용자가 주도하고 있다는 점에서 의미 있는 정의라 볼 수 있다(Henry Jenkins, 2006).

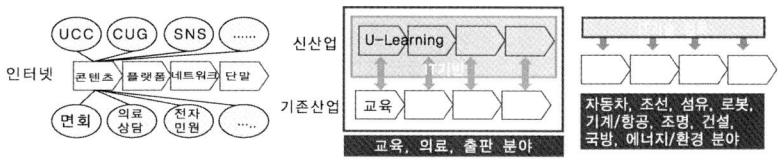

〈그림 3〉 방송통신 기반 타 산업의 융합

　방송통신 융합이 진전되면서 방송통신 융합의 방향, 속도, 모양을
틀 짓는 제도의 융합도 요구되고 있다. 물론 제도가 선행적으로 만
들어져 융합을 촉진할 수도 있겠으나, 현재 우리나라의 경우에는 제
도가 융합 현상을 따라가지 못하는 상황이다.

2. 기존 연구 검토와 분석의 틀

1) 기존 연구 검토

　우리나라에서 방송통신 융합이 본격적으로 연구되는 계기가 된
것은 2000년 1월 12일 제정된 방송법(일명 '통합 방송법')이다. 우리
나라 최초의 방송법은 1963년 12월에 제정되어 지상파 방송을 규율
하는 법률로서 자리매김 하였으나, 케이블 방송이 도입되면서 1991
년 12월에 종합유선방송법이 제정되고, 1990년대 이후에는 1980년
대부터 시작된 독자적인 위성보유 구상이 구체화되면서 위성방송의
도입이 본격적으로 거론되는 가운데 위성방송법(안)을 제정하려는
시도가 있었다.102) 그러나 이러한 시도가 무산되면서 당시 세계적으

---

102) 1993년 그 당시 공보처는 구 체신부가 제안한 '위성통신법(안)'에 대응하여 '위성방송
　　법(안)'을 제안하였다. 즉 1993년 7월 공보처는 기존의 방송법을 모태로 하여 위성방송

로 논의되기 시작한 '융합'을 반영한 전면적인 방송법의 개편에 대한 요구와 연구가 활발하게 전개되었다(김창규, 1998, 1999; 윤창번 외, 1999; 한국법제연구원, 1999).

통합 방송법 제정 전까지의 연구가 융합을 고려해 방송법을 어떻게 통합할 것인가에 초점이 맞추어져 있었다면 통합 방송법 제정 이후부터 2004년 3월 방송법 개정까지는 융합을 어떻게 제도화할 것인가, 즉 규제방안에 대한 연구가 중심을 이루었다. 이는 통합 방송법이 방송법과 종합유선방송법을 통합하고, 위성방송 관련 규정을 포함시켜 탄생하였기는 했지만, 실질적으로 '융합'을 반영하지 못하였기 때문이다. 이 당시 연구의 초점은 방송통신 융합의 개념 정의, 융합서비스 현황, 현재 법체계의 한계, 외국 통신 및 방송법 체계 등에 있었으며(방송위원회, 2000, 2001; 김대호, 2000; 김도연 외, 2001; 이상우 외, 2002; 김국진 외, 2002; 석호익, 2002; 국회 문화관광위원회, 2003; 미디어경영학회, 2004; 정윤식, 2005), 이러한 연구는 이동멀티미디어방송(DMB; Digital Multimedia Broadcasting)[103]이 방송법에 수용되기까지 계속되었다(정두남, 2005; 미디어미래연구소, 2005).

2004년 이후에는 IPTV[104]서비스가 새로운 화두로 등장하면서

의 사업자 허가 및 방송편성 등의 위성방송의 특징을 살린 새로운 '위성방송법(안)'을 마련하고 이를 공청회에 회부하였다. 그러나 당시 공청회의 지배적인 의견은 공보처가 제안한 '위성방송법(안)'의 전반적인 내용이 기존 방송법을 그대로 원용하고 있기 때문에 굳이 별도의 법을 제정하기 보다는 기존의 방송법을 개정하여 그곳에 명시된 방송의 정의에 위성방송의 개념을 포함시키는 것이 바람직하고, 또한 유사한 내용의 법을 공보처와 체신부가 별도로 제정하는 것은 불합리하다는 지적에 따라 두 법안은 모두 국회에 상정되지 못하였다(김창규, 1998).

103) 이동멀티미디어방송(DMB; Digital Multimedia Broadcasting)이란 이동통신과 방송이 결합된 서비스로서 지상파 방송(지상파 DMB)과 위성방송(위성 DMB)을 휴대폰이나 PDA에서 시청할 수 있다(네이버 백과사전 참조).

104) IPTV서비스는 인터넷망을 통해 실시간 방송과 VoD 및 다양한 부가서비스를 제공하는

IPTV가 방송인가 통신인가 아니면 방송과 통신의 융합인가에 대한 논란과 함께 방송통신 규제체계에 대한 논의가 본격화 되면서 방송법 개정, 독자적인 법률 제정, 규제기관의 통합에 대한 연구가 활발하게 전개되었다(김영석 · 김훈, 2005; 오용수, 2006; 김형찬, 2006; 정보통신부, 2006; 한국법제연구원, 2006; 송종길 외, 2006; 이상우 외, 2007; 권오상, 2008[105]), 고순주, 2008; 김성태, 2008; 김희경, 2008). 이러한 노력의 결과 2008년 '인터넷 멀티미디어 방송사업법'(일명 IPTV법)이 제정되고 방송통신위원회가 출범하게 되었다. 그 이후 방송통신 융합에 대한 연구는 방송과 통신을 통합하는 새로운 통합법 제정이라는 화두는 던져 졌으나, 현재까지 큰 진전은 없다.

특히 이 기간 동안 한국행정학회와 한국정책학회의 연구자료(세미나 자료, 학회보, 기타 자료 등)를 보면, 융합에 대한 대부분의 연구는 서비스 활성화를 위한 법제도 개선과 제도의 효율적인 운용을 위한 기구(조직)의 개편으로 크게 분류된다. 석호익 · 김성태(2002)는 피쉬-본 분석(fish-bone analysis)기법을 활용하여 세계적인 통신 · 방송 융합 패러다임 변화 추세에 대비하여 한국이 우선적으로 추진해야 할 전략요인은 무엇인가를 분석하고, 정책 · 제도적 요인이 공급적 요인이나 수요적 요인보다 우선한다는 결과를 도출하였다. 김종무 · 이혁우(2007)는 주요 국가의 방송통신 규제체계를 분석한 후,

---

것으로 자세한 사항은 후술한다.

105) 피쉬-본 분석(fish-bone analysis)기법은 특성 요인 세분화 기법의 하나로서, 일본의 품질관리 전문가였던 이시가와 가오루 박사가 고안한 기법이다. 이시가와 다이어그램으로 불리는 이 기법은 일의 결과와 그것에 영향을 미치는 요인 간의 관계를 물고기 뼈 그림과 같은 모양으로 계통적으로 정리하는 기법으로 결과에 대하여 어떤 요인이 가장 중요한 영향을 미치는지를 규명하는 데 사용된다(석호익, 2002).

단기 대응안으로 기능조정안을 중기 대응안으로 기구통합안을 제안하였다. 김태은(2008)은 방송통신위원회의 출범과 같은 정보조직 변화의 결정 요인을 분석하여 정부조직의 변화는 방송·통신 융합기술에 따라, 즉 기술결정론적으로 변화되는 것이 아니라 규제의 정치적 상황 변화와 이에 따라 형성된 정책네트워크의 특성 차이에 따라 이루어진다는 결과를 도출하였으며, 김희경(2008)은 우리나라 정부 규제기구가 대통령, 국회, 이익집단의 정치제도적 행위자들의 영향 하에서 어떻게 변화하는지 방송통신위원회의 사례를 대상으로 분석하여 조직유형 변화와 규제역량에 있어서 대통령과 국회, 이익집단의 영향이 나타났음을 입증하였다.

2009년 국내에 스마트폰이 등장한 이후에는 '스마트' 시대의 융합서비스에 대한 논의가 시작된 듯하다. 이를 반영하듯 2010년 한국정책학회 하계 학술대회에서는 "스마트 융합시대 공공콘텐츠와 국가경쟁력"(안문석, 2010)과 "스마트 서비스의 약진과 정보융합의 정책과제(교통정보서비스를 중심으로)"(남궁성, 2010) 등이 발표되기도 하였다.

2) 연구 분석의 틀

앞에서 살펴본 기존 연구의 공통점은 대부분 특정 시기에 등장한 융합서비스에 대해 이를 제도화하기 위한 법제도 이슈나 규제체계의 개선에 초점을 맞추고 있다는 것이다. 즉, DMB 서비스가 등장하기 전에는 DMB 서비스를 어떤 서비스로 보아야 하는가, 서비스 제공을 위해 어떻게 법제도를 개선해야 하는가 하는 것이었다면, IPTV

가 등장했을 때에도 IPTV 서비스가 방송서비스인가 아니면 통신서비스인가, IPTV 서비스 상용화를 위해 방송법을 개정해야 하는가 아니면 새로운 법률을 만들어야 하는가, 어떻게 규제해야 하는가에 초점을 맞추었다. 현재는 스마트 TV가 등장하고 있는데, 여러 논의를 보면, 스마트 TV에만 초점을 맞추어 논의하는 경향이 나타나고 있어, 제도 개선을 한다 하더라도 또 새로운 서비스가 등장할 경우 새로운 제도화 논의를 해야 하는 상황이다.

우리나라에서 제도적으로 융합을 논의한지 10년 이상이 흘렀지만, 이를 큰 맥락에서 살펴보고 그 한계를 통해 제도 개선 맥락의 연장선상에서 앞으로 나아가야 할 제도 방향에 대한 논의는 아직 부족한 실정이다.

이에 본 연구에서는 전체적인 관점에서 우리나라에서 융합을 제도적으로 접근한 시기를 구분하여 각 시기별로 대표적인 융합서비스와 이를 수용하기 위한 제도화 과정을 살펴보고, 종합적으로 제도화 과정의 특징과 문제점을 분석한 후 계속 진행될 융합에 대응하기 위해서 어떠한 정책방향이 필요한지에 대해 시사점을 도출해 보고자 한다.

이를 위해 분석의 단계를 3기로 구분하며, 각 기는 제도 개선을 수용하고 있는 기본 법률의 제정이나 개정, 또는 기구의 설립을 기준으로 다음과 같이 구분한다.

제1기는 DMB가 등장하여 수용된 시기로서 2000년 1월 21일 방송법(일명 '통합방송법')제정 이후부터 2004년 3월 22일 '이동멀티미디어방송(DMB)' 개념을 도입한 '방송법' 개정까지이다.

제2기는 IPTV가 등장하여 수용된 시기로서 2004년 3월 22일 방송법 개정 이후부터 2008년 1월 17일 '인터넷 멀티미디어 방송사업법' 제정과 2008년 2월 29일 '방송통신위원회와 그 소속기관 직제'의 제정까지이다.

제3기는 모바일 IPTV, 스마트 TV, e-book 등 다양한 융합서비스가 등장함에 따라 이에 대한 제도 논의가 이루어지는 시기로서 방송통신위원회 출범 이후 현재까지이다.

앞에서 살펴본 바와 같이 현재 융합은 방송통신 내 융합뿐만 아니라 방송통신 융합을 기반으로한 신산업 창출과 타산업과의 융합으로 확산되고 있다. 따라서 제도 논의 또한 방송통신에 한정해서 보는 데는 한계가 있다. 그러나 본 연구에서는 연구의 범위를 방송통신으로 한정하여 살펴보고, 방송통신 융합을 기반으로 한 신산업 분야와 타산업과의 융합과 관련된 제도 논의는 추후의 과제로 남기고자 한다.

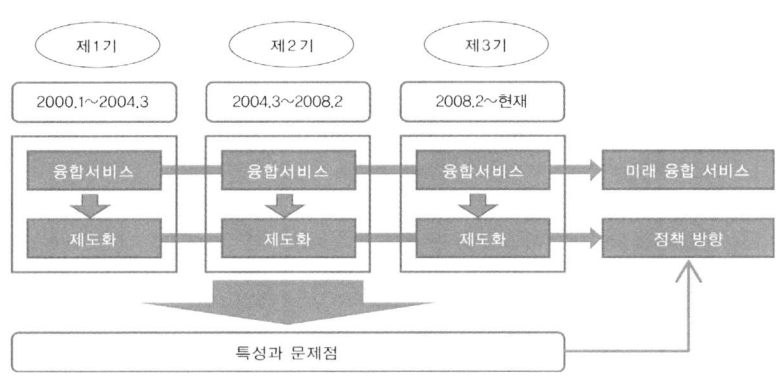

〈그림 4〉 연구분석의 틀

제3절 방송통신 융합에의 제도적 접근

1. 융합서비스와 제도화

1) 제1기: 기존 법률에의 수용

(1) 융합서비스의 개념과 특징

2000년 1월 21일 통합 방송법이 제정된 이후 '융합'에 대한 논의의 초점이 된 것은 DMB(Digital Mutimedia Broadcasting)서비스이다. DMB 서비스는 지상파 방송을 안방이나 거실 또는 공공장소에 걸려 있는 TV가 아닌 음성 통화나 네비게이션 또는 정보탐색을 기본으로 하는 휴대단말(휴대전화, 네비게이션 등 차량용 수신기, 노트북, TV 전용 휴대단말 등)을 통해 제공하는 이동방송 서비스로서 이 서비스가 '융합' 논의를 확대시킨 것은 콘텐츠는 기존과 동일한 지상파 방송 프로그램이나 플랫폼은 불명확, 네트워크는 기존의 방송망(공중파, 위성망), 단말은 통신단말이나 정보단말을 통해 제공되는 구조이었기 때문이다.

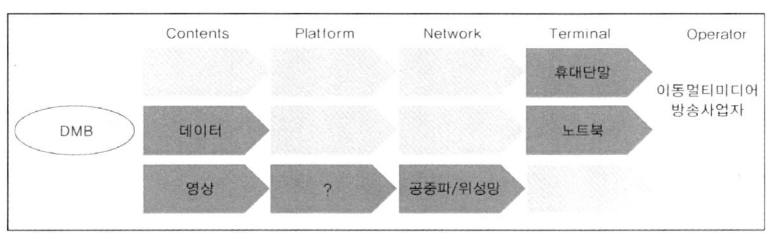

〈그림 5〉 DMB의 가치사슬 융합

(휴대전화 겸용 단말)　　(전용 휴대단말)　　(차량용 단말)　　(위성 DMB 수신기)

〈그림 6〉 다양한 DMB 서비스 제공 단말

　이러한 특성으로 인해 2004년 DMB의 개념을 공식적으로 정책에 반영한 방송위원회에서는 'DMB·데이터 방송·DMC 등 디지털 방송에 관한 종합계획'에서 DMB를 'CD수준의 음질과 데이터 또는 영상 서비스 등이 가능한 신규 서비스'라고 정의하였다(박창신, 2005: 33).

　DMB서비스는 전송방식에 따라 지상파 DMB(T-DMB)와 위성 DMB(S-DMB)가 있다.

　지상파 DMB는 200km/h의 고속 이동 시에도 끊김 없는 고품질 오디오와 비디오 서비스, 그리고 데이터 서비스를 제공하며, 위성 DMB는 위성 직접수신과 갭필러(gap filler)[106]를 이용하여 서비스를 제공한다. 위성 DMB는 2005년 6월 1일부터, 지상파 DMB는 12월부터 제공되었으며, 2010년 현재 지상파 DMB 이용이 가능한 단말기는 2,300여 대, 위성 DMB 가입자는 200만 명이 넘은 상태이다.

---

106) 갭필러는 고층빌딩 등에 의해 전파가 차폐되는 지역에서 방송을 수신할 수 있도록 송신 소로부터 발사된 전파를 수신하여 재송신하는 소출력 재송신소를 말한다(Naver 백과사전 참조).

〈표 1〉 지상파 DMB와 위성DMB 특성 비교

	지상파 DMB	위성 DMB
권 역	7개 권역(수도권, 지역 6개 권역)	전국 권역
사업자	19개 사업자(수도권 6개, 지역 13개) ※ 수도권: KBS, MBC, SBS, YTN DMB, 한 국 DMB, U1미디어 ※ 지역: 권역별 3개(KBS, 지역MBC, 지역민방)	1개 사업자(TU 미디어)
주파수	VHF 대역 48MHz(사업자 당 1.536MHz)	S밴드 25MHz
채 널	사업자별 비디오 1~2개, 오디오 2~3개, 데이터 1~2개(다채널 방송)	비디오 18개, 라디오 16개, 데이터 1개(다채널 방송)
서비스	지상파 방송(TV, 라디오) + 데이터 방송	다채널 방송(TV, 라디오) + 데 이터 방송
수익모델	광고수입 기반의 무료방송	유료 서비스

(2) 제도화

DMB라는 용어가 제도권에 처음 등장한 것은 2003년 1월 5일이다. 방송위원회 산하 제3기 디지털방송추진위원회(이하 '디추위')가 DAB 도입에 관한 정책건의안을 내놓기 4일 전이다.

본래 DMB는 아날로그 라디오의 디지털 전환을 모색하다가 출발하였는데,[107] 우리나라에서는 유럽방식의 디지털 오디오 방송(DAB; Digital Audio Broadcasting)을 연구해 왔기 때문에, 제1기와 제2기 디추위에서는 라디오의 디지털 전환 모델로 DAB가 다루어졌고, 2002년 8월부터 활동한 제3기 디추위에서 본격적으로 DAB 도입 논의가 이루어졌다(박창신, 2005: 27).[108] 그러나 정보통신부는 디지털

---

107) 우리나라는 1997년부터 라디오의 디지털 전환을 연구해 왔다. 아날로그 라디오를 디지털로 전환하려는 이유는 디지털의 장점 때문인데, 동일한 주파수 대역을 최소 5~6배 넓게 활용할 수 있고, 방송사에서 보내주는 음질을 거의 원음 그대로 들 수 있다(박창신, 2005: 27).

108) 2001년 방송위원회 제2기 디지털추진위원회에서도 지상파 DAB의 도입 정책에 관한 논의가 있었다. 그러나 당시에는 지상파 DAB 서비스를 위한 가용 주파수 자원에 대한

오디오 방송을 뜻하는 DAB가 오디오는 물론 TV방송과 데이터를 포괄하는 멀티미디어 방송서비스를 지칭하는 용어로 적절하지 않다고 판단하여 이를 향후에는 DMB[109]로 통일하겠다는 보도자료를 1월 5일 내게 된다. 이에 따라 2003년 1월 9일 디추위의 정책건의안, 2월 11일 한국정보통신기술협회(TTA)의 '위성 DMB 표준화 공청회', 2월 24일 방송위원회 정책 확정 등의 과정을 거치면서 DMB가 공식적으로 탄생하게 된다(강상현, 2003: 17~21).

2003년 1월 9일 디추위가 주최한 '디지털방송 정책방안 마련을 위한 공청회'[110]에서는 주로 DAB에 초점을 맞추었다. 위원회의 DAB 분과는 지상파 DAB를 새로운 신규 서비스로 볼 것인가 아니면 기존 라디오방송의 디지털 전환 개념으로 볼 것인가에 대한 논의를 통해 "CD 수준의 음질과 데이터 또는 영상 서비스 등이 가능한 새로운 신규 서비스로 하되, 기존 아날로그 방송의 디지털 전환 서비스도 가능"한 것으로 규정하였다. 사업자 지위는 방송법상 지상파 방송사업자로 보았는데, 기존의 지상파방송사업자는 1개의 (아날로그) 채널을 운영하는 반면, DAB 지상파 방송사업자는 다수의 (디지털) 채널을 운영하는 사업자라는 점에서 차이가 있다.

위성 DAB는 "위성을 통하여 CD 수준의 음질과 데이터 또는 영

검토나 기술표준 등이 제대로 정해지지 않은 상태였기 때문에 이에 대한 구체적인 정책방안마련은 뒤로 미루어져 왔다. 2002년 8월 방송위원회 제3기 디추위가 구성되면서 'DAB 분과'를 별도로 두어 지상파 DAB와 위성 DAB 도입 및 추진 방안에 관한 논의를 하기로 하였다(강상현, 2003: 16).

109) 본래 DMB는 독일의 보쉬(Bosch)가 제시한 개념이다. 보쉬는 2001년 독일의 지하철에서 멀티미디어 방송으로서의 DMB를 테스트한 것으로 알려져 있다(박창신, 2005: 32).

110) 이날 공청회에서는 데이터방송 활성화 정책방안, 디지털케이블 전환을 위한 DMC 법적 지원 부여방안, 디지털라디오방송(DAB) 도입방안이 함께 발표·토론되었다.

상 서비스 등이 가능하고 우수한 고정 및 이동 수신 품질을 제공하는 디지털 방식의 라디오방송"이라고 개념 규정하였으며, 사업자는 위성 DAB 주파수 대역을 이용하여 위성방송사업을 하는 자로서, 방송법상 위성방송사업자로 보았다.

디추위의 정책건의를 기반으로 방송위원회는 2003년 2월 24일 'DMB·데이터방송 및 DMC 등 디지털 방송에 관한 종합계획'을 발표하여 DAB를 DMB로 변경하고 개념을 "CD 수준의 음질과 데이터 또는 영상서비스 등이 가능하고 우수한 고정 및 이동수신 품질을 제공하는 디지털방식의 멀티미디어 방송으로 전송수단(지상파/위성)에 따라 지상파 DMB와 위성 DMB로 구분한다"로 하고 <표2>와 같이 'DMB 도입방안'을 결정하였다.

이를 근거로 DMB 도입을 위한 법령화 작업이 개시 되었는데, 이를 위해 정보통신부와 방송위원회는 정부입법을 위해 상호 협의하기로 하였지만,[111] '융합'에 대한 주도권 확보를 위해 쉽게 합의를 이루지는 못했다.[112]

---

111) 당시 정보통신부는 통신정책과 규제 및 방송기술기준, 무선국 허가 등을 담당하였고, 방송위원회는 방송정책과 규제, 프로그램 편성 등에 관한 업무를 담당하였다. 이에 따라 전기통신기본법, 전기통신사업법, 전파법은 정보통신부 소관, 방송법은 방송위원회 소관 법률이었다.

112) 정보통신부와 방송위원회는 초기에는 상호 협의하여 정부입법안을 마련하기로 하였으나, 방송법 개정과정에서 의견대립이 심화되면서 각자 독립적으로 방송법 개정안을 마련하는 등 많은 갈등을 빚었다.

<표 2> 지상파 DMB와 위성 DMB 도입방안(2003. 2. 24.)

	지상파 DMB	위성 DMB
사업자의 법적 지위	방송법상 지상파방송사업자	방송법상 위성방송사업자
주파수	서울과 수도권: VHF—TV 12번 채널(204-210MHz)로 우선 추진 기타 지방: 기존 사용 주파수 조정	S밴드 25MHz
사업자 구도 및 선정	3개 방송사업자를 공모를 통해 선정 (방송위 허가추천과 정보통신부 허가절차)	사업자 공모 (방송위원회 선정)
서비스 성격	기본 방송프로그램은 무료	유료
추진일정	2003년 하반기 사업자 선정 추진	위성체 발사시점을 고려해 적절한 시기

즉, 정보통신부는 DMB 등 신규미디어의 조기 도입을 위해 부분적인 방송법 개정을 주장한 반면, 방송위원회는 방송통신 융합시대에 맞게 방송의 개념을 확대[113]하는 등 방송법의 전면적인 개정을 주장하였다.

특히 방송위원회는 방송과 통신의 경계영역에 있는 서비스에 대해 '별정방송'이란 용어를 도입하여 방송법에서 수용하고자 하였으나, 이에 대해 정보통신부는 뉴미디어에 해당하는 '별정방송' 사업을 방송법에 도입할 경우 방송위원회의 규제를 받게 되는 것이고, 그렇게 되면 정보통신부가 뉴미디어에 관여할 여지가 적어질 수밖에 없어 반대 입장을 표명하였다.[114]

결국 방송법 개정안은 정범구 의원 외 12인이 2003년 11월 21일 의원발의 형태로 문화관광위원회에 제출하였으며,[115] 소위원회를 거

---

113) 방송위원회는 기존 방송의 개념(방송프로그램을 기획·편성 또는 제작하여 공중에서 송신하는 지상파 방송·종합유선방송·위성방송을 말하는 것)을 융합에 대응에 새롭게 정의(전기통신설비를 이용하여 공중에게 방송프로그램, 데이터, 방송프로그램 또는 데이터에 부수하는 영상·음성·음향 및 이들의 조합으로 이루어진 내용물을 제공하는 것)하고자 하였다.

114) 미디어오늘 (2003. 8. 22), "DMB 도입시기·개념·규제범위"

처 수정의결 된 후, 2004년 3월 2일 국회 본회의에서 가결되었다.[116]

의원발의 시 제안된 법률과 최종 의결안의 내용을 보면, 방송을 기존의 지상파방송, 종합유선방송, 위성방송에서 텔레비전방송, 라디오방송, 데이터방송, 이동멀티미디어방송으로 재분류하여 DMB (이동멀티미디어방송)를 수용하였다.

〈표 3〉 DMB 도입을 위한 방송법 개정안 주요 내용

구분	현행법	개정발의안	수정의결안
정의	"방송"이라 함은 방송프로그램을 기획·편성 또는 제작하여 이를 공중(개별계약에 의한 수신자를 포함하며, 이하 "시청자"라 한다)에게 전기통신설비에 의하여 송신하는 것으로서 다음 각목의 것을 말한다. 가. 지상파방송 나. 종합유선방송 다. 위성방송	"방송"이라 함은 전기통신설비를 이용하여 공중(개별계약에 의한 수신자를 포함하며, 이하 "시청자"라 한다))에게 방송프로그램(방송광고를 포함한다. 이하 이호에서 같다), 데이터, 방송프로그램 또는 데이터에 부수하는 영상·음성·음향 및 이들의 조합으로 이루어진 내용물을 제공하는 것을 말한다. 1의2(신설) 멀티미디어방송 1의3(신설) 데이터방송	"방송"이라 함은 방송프로그램을 기획·편성 또는 제작하여 이를 공중(개별계약에 의한 수신자를 포함하며, 이하 "시청자"라 한다)에게 전기통신설비에 의하여 송신하는 것으로서 다음 각목의 것을 말한다. 가. 텔레비전방송 나. 라디오방송 다. 데이터방송 라. 이동멀티미디어방송

---

115) 본 법률안은 제244회국회(임시회) 제1차 문화관광위원회('03.12.16)에 상정하여 제안설명 및 검토보고를 듣고, 대체토론을 거쳐 심사한 후 법안심사소위원회에 회부되었다. 문화관광위원회 법안심사소위원회는 정범구의원 외 12인이 발의한 방송법중개정법률안에 대하여 심사한 결과, 제245회국회(임시회) 제3차 법안심사소위원회('04. 2. 23)에서 동 법률안을 수정하여 의결하되, 제244회국회(임시회) 제1차 문화관광위원회('03. 12. 16)에 심사보고한 방송법중개정법률안(대안)에 그 수정내용을 반영한 방송법중개정법률안(대안)에대한 수정안을 제안하기로 의결한 바 있다(방송법중 개정법률안 심사중간보고서, 2004).

116) DMB 도입을 위한 방송법 개정안이 본회의 통과 과정에서 진통을 겪은 것은 당시 논란이 되었던 KBS 수신료 분리징수안 통과를 전제로 방송법 개정안을 처리하고자 했던 것에 원인이 있다. 이로 인해 방송법 개정안은 당시 박관용 국회의장이 본회의에 직권상정하여 가결되었다.

구분	현행법	개정발의안	수정의결안
사업		별정방송사업(전기통신설비를 이용하여 방송을 행하는 사업으로 방송위원회가 정하여 고시하는 사업(신설)	(삭제)

2) 제2기: 새로운 법률의 제정

(1) 융합서비스의 개념과 특징

DMB의 도입을 위한 법률 개정 과정에 등장한 IPTV 서비스는 2004년 3월 22일 개정·공포된 방송법 개정안에는 수용되지 못하고 또 다른 융합논의를 불러 일으켰다.

IPTV서비스는 '일정한 품질이 보장되는 네트워크에서 양방향성을 가진 IP방식으로 TV 등의 단말을 통해 실시간 방송프로그램, VoD, 데이터, 전자상거래 등의 멀티미디어 서비스를 제공하는 것'(방송통신융합추진위원회, 2007)으로 콘텐츠는 기존의 방송과 인터넷을 통해 이용 가능했던 VoD, 데이터 등의 정보, 플랫폼은 IPTV, 네트워크는 인터넷망, 단말은 TV를 통해 제공된다. 특히 IPTV는 인터넷망의 양방향성을 살려 기존 TV의 일방향성을 탈피하고 양방향성의 다양한 서비스 제공이 가능하다.

(QOOK TV)　　　　　(B tv)　　　　　(U+ TV)

〈그림 7〉 통신사업자의 IPTV 서비스

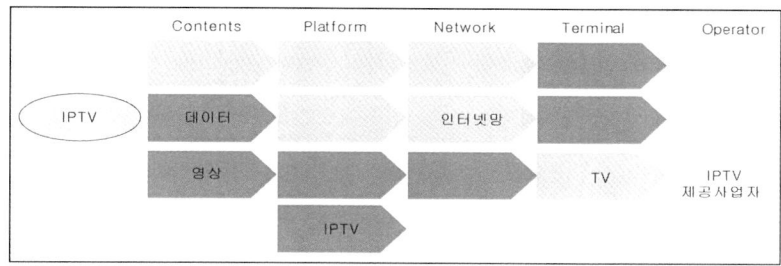

〈그림 8〉 IPTV 서비스의 가치사슬

현재 IPTV서비스는 KT의 QOOK TV, SK브로드밴드의 Btv, LG U+의 U+ TV가 있으며, 가입자는 2010년 10월 말 현재 340만 명 정도이다.

(2) 제도화

2004년 3월 방송법 개정 당시에 IPTV에 대한 논의가 있었음에도 불구하고 IPTV의 도입을 위해서는 새로운 제도화가 필요하게 되었다. 2004년 방송법 개정안은 기존의 방송망을 통해 휴대단말을 이용해 제공하는 이동멀티미디어 방송은 수용하였지만, 인터넷망을 통해 멀티미디어서비스를 제공하는 IPTV는 수용하지 못하였기 때문이다. 이로 인해 IPTV 제도화는 4년간 방송계와 통신계 간에 논쟁을 거듭한 끝에 2008년 1월 17일 IPTV법으로서 '인터넷 멀티미디어 방송사업법'이 제정되면서 제도화되었다.

IPTV 서비스의 제도화는 몇 번의 전환점을 거쳐 성립되었는데, 2004년 하반기부터 2005년 3월까지 기간에 정보통신부는 IPTV를 주문형 인터넷콘텐츠(ICOD; Internet Contents on Demand)로 보고, 전기통신사업법상의 부가통신역무[117]로 인식한 반면, 방송위원회는 IPTV는 방송법상의 종합유선방송[118]과 동일한 서비스라고 인식하였다. 이 과정에서 문제해결을 위해서는 규제기관을 통합해야 한다는 입장과 규제기관 통합보다는 서비스 활성화가 우선시되어야 한다는 입장이 대립하였다.

통신계와 방송계의 갈등 상황이 지속되는 가운데, 학계와 연구계에서는 IPTV 관련 논의를 본격적인 궤도에 올리게 된다. ETRI에서는 IPTV의 파급효과를 분석하여 발표하였으며, 통신방송융합 정책포럼에서는 통신방송융합기구 개편을 위한 공론화가 필요하다고 제기하였다. 또한 국회에서는 야당의원 29명이 방송통신구조개편위원회 설립을 위한 국회 내 특위 구성을 제안하기도 하였다. 이러한 논의과정에서 정보통신부는 기존의 소극적인 대응전략에서 적극적인 대응전략으로 선회하여 IPTV 조기도입을 위한 특별법 제정의 필요성을 주장하였다.

IPTV의 제도화가 지연되면서 통합기구의 개편논의가 속도를 내기 시작했다. 기구가 통합될 경우 IPTV의 문제도 자연히 해소될 것으로 기대되었기 때문이다. 그 결과 2006년 7월 국무총리 산하에 임시조직으로서 '방송통신융합추진위원회'(이하 '융추위')가 설립되었다.

융추위는 여러 차례의 논의를 거쳐 먼저 방송통신통합기구 개편안을 제안하고, 그 후에 IPTV에 대한 규제방향을 정하기로 하였다.

융추위는 정보통신부와 방송위원회를 1:1로 통합하는 한편, 콘텐

---

117) 전기통신사업법상 부가통신역무는 기간통신역무 외의 전기통신역무인데, "기간통신역무"는 전화·인터넷접속 등과 같이 음성·데이터·영상 등을 그 내용이나 형태의 변경 없이 송신 또는 수신하게 하는 전기통신역무 및 음성·데이터·영상 등의 송신 또는 수신이 가능하도록 전기통신회선설비를 임대하는 전기통신역무를 말한다. 다만, 방송통신위원회가 정하여 고시하는 전기통신서비스(제6호의 전기통신역무의 세부적인 개별 서비스를 말한다. 이하 같다)는 제외한다(전기통신사업법 제2조).

118) 종합유선방송이란 케이블 방송을 의미한다. 케이블 방송은 현재 아날로그 방송과 디지털 방송이 있으며, 디지털 방송은 지상파 방송과 다채널방송, VoD 등을 제공한다.

츠 관련 기능에 대해서는 추후에 논의하기도 하였으며, 우정사업본부의 분리문제도 차후에 결정하기로 하는 등 기본적인 입장을 정리한 후, 2007년 1월 '방송통신위원회 설립을 위한 법률안'을 국무조정실에 제출하였다.

기구개편법률안을 제안한 융추위는 IPTV 규제방향 정립을 위해 4월 5일 11차 전체회의를 개최하여 다수안과 소수안으로 구분된 정책방안을 도출하였다.

〈표 4〉 융추위가 제안한 IPTV 정책방안

다수안	쟁점	소수안
방송이 주 서비스, 통신이 부수적 서비스	서비스 성격	방송과 통신의 결합 또는 융합서비스
방송사업자(플랫폼)	사업자 규제	전송사업자
허가(실시간+VOD 등)	면허 방식	등록, 허가(실시간)+등록(VOD)
전국	사업권역	지역, 전국+지역병행
대기업·지배적 기간통신사업자 제한 없음	진입제한	자회사 분리
일간신문·뉴스통신 49%		33% 이하
외국자본(49%)/방송법 기준		전기통신사업법 기준
유료방송시장(케이블+위성+IPTV) 대비 33%	시장점유율 규제	국내 총 가구 기준 33%, 고정수신멀티미디어시장

융추위가 IPTV규제에 대해 위원회안을 명확하게 제시하지 못하고, 그 권한을 방송통신특별위원회[119]로 넘김에 따라 방송통신특별위원회에서는 방송법 개정안, 신규 법률 제정 등 다양한 의원입법이 발의되게 되었으며, 총 7개의 IPTV 제도화를 위한 법률제·개정안이 발의되었다.[120]

---

119) '방송통신위원회' 설립 등 관련 부처 기구개편 방안과 IPTV도입 관련 법률안의 심사처리를 위해 2007년 1월 국회에 구성된 임시 특별위원회이다.

그러나 IPTV 관련 7개 법률 제·개정(안)은 법률심사소위원회 심사결과 각각 본회의에 부의하지 않고, 위원회 대체안으로 '인터넷 멀티미디어 방송사업법(안)'을 마련하였다. 인터넷 멀티미디어 방송사업법을 통해 제도화된 IPTV를 정리해 보면 다음과 같다.

〈표 5〉 인터넷 멀티미디어 방송사업법 주요 내용

구분	주요 내용
적용법률	인터넷 멀티미디어 방송 사업법(신규 법률)
사업	인터넷 멀티미디어 방송 제공 사업(IPTV 제공 사업) 인터넷 멀티미디어 방송 콘텐츠 사업(IPTV 콘텐츠 사업)
사업 권역	전국을 대상으로 서비스 제공 (중소기업의 요청 시 지역 대상 서비스 제공 가능)
자회사 분리	자회사 분리 명시하지 않음
허가 기간	5년 이내(IPTV 제공 사업)
겸영 금지	신문·뉴스 통신사 49% 초과 소유 금지(IPTV 제공 사업)
외국인 소유 제한	49% 초과 소유 금지(IPTV 제공사업, IPTV 콘텐츠 사업 일반)
이용 요금	방송통신위원회 승인

---

120) 결국 IPTV 규제문제를 해결하기 위한 법률안으로 7개 안이 제시되었는데, 기존에 제안되었던 유승희 의원 등 19인이 발의한 '정보미디어사업법(안)'과 김재홍 의원 등 21인이 발의한 '방송법 개정안' 외에 홍창선 의원 등 23인이 발의한 '광대역통합정보통신망 등 이용 방송사업법안', 손봉숙 의원 등 18인이 발의한 '방송법 개정안', 서상기 의원 등 31인이 발의한 '디지털미디어서비스법안', 이광철 의원 등 26인이 발의한 '유·무선 멀티미디어방송사업법안', 지병문 의원 등 10인이 발의한 '방송법 개정안' 등이다. 유승희 의원등이 발의한 '정보미디어사업법(안)'은 2005년 10월 26일에 정무위원회에 회부되어 공청회 등을 통해 의견수렴은 하였으나, 심의가 제대로 이루어지지 못하다가 2007년 7월 4일에 방송통신특별위원회에 회부되고, 7월 13일 방송통신특별위원회 제9차 전체회의에 상정되었다. 김재홍 의원 등이 발의한 '방송법 개정안'은 유승희 의원 등이 발의한 '정보미디어사업법(안)'에 대한 대항법률로서 언론개혁국민행동 청원에 의해 발의되어 2005년 12월 1일 문화관광위원회에 회부되었으나, 동 법률안 또한 재대로 심의가 이루어지지 못한 채, 2007년 7월 4일 방송통신특별위원회에 회부되고, 7월 23일 방송통신특별위원회 제9차 전체회의에 상정되었다. 또한 홍창선 의원, 서상기 의원, 손봉숙 의원 등이 제한한 법률안도 각각 2007년 7월 9일 방송통신특별위원회 제8차 전체회의에 상정되었다. 한편 이광철 의원 등이 제안한 유·무선멀티미디어방송사업법안은 2007년 방송통신특별위원회에 회부되어 제9차 전체회의에 상정되었으며, 지병문 의원 등이 제안한 방송법 일부개정안은 2007년 7월 20일 방송통신특별위원회에 회부되어, 2007년 9월 14일 제2차 법률심사 소위원회에 상정되었다.

IPTV 제도화 과정에서 정보통신부는 융합서비스를 위한 포괄적인 신규 법률의 제정을, 방송위원회는 IPTV를 비롯해 새로 등장할 방송기반 융합서비스를 포괄하는 '별정방송'의 개념을 방송법에 수용하고자 하였으나, 결과적으로 제정된 '인터넷 멀티미디어 방송사업법'은 유선 광대역 통신망 기반의 실시간 방송을 포함한 멀티미디어 서비스를 수용하는 것으로 만족해야 했다.

3) 제3기: 제도화의 혼란과 정책의 분산

(1) 융합서비스의 개념과 특징

IPTV 법률의 제정과 함께 오랫동안 지연되었던 신규서비스 도입 제도화 논의가 일단락 되는 듯 보였다. 그러나 IPTV법이 제정된 지 2년도 되지 않아 2009년 스마트폰이 등장하면서 융합에 대한 제도화 논의는 재점화되었다. 스마트폰은 기존의 휴대전화와는 달리 PC에서 활용되어 왔던 운영체계(Operating System; OS)를 탑재하면서 무선 인터넷과의 연계를 통해 웹상의 다양한 서비스를 휴대전화를 통해 이용할 수 있는 것은 물론, 애플이 iPhone과 함께 애플리케이션 스토어라는 앱스토어를 연계하면서 스마트폰은 단순한 휴대전화가 아닌 지능형 복합 단말로서 기존의 음성전화는 물론 인터넷, 동영상 서비스, 게임, 콘텐츠 제작에 이르기까지 다양한 서비스를 제공하게 되었다.

스마트폰의 성공 이후 사업자들은 동일한 OS를 인터넷과 연결된 TV에 탑재한 스마트 TV 출시를 발표하였다. 이로 인해 이용자는 TV를 통해 IPTV서비스는 물론 스마트폰에서 이용 가능한 서비스를

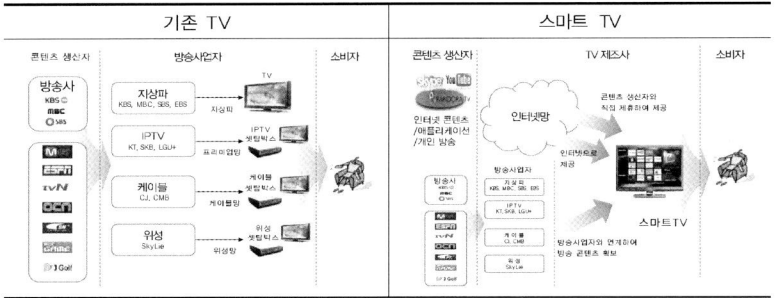

출처 : 지식경제부 (2010), 스마트 TV 산업 발전전략(안)

〈그림 9〉 스마트 TV 제공 구조

TV를 통해서도 이용할 수 있게 되었다.

　스마트 TV의 가치사슬은 콘텐츠는 데이터와 영상, 플랫폼은 OS 플랫폼, 네트워크는 통신망과 방송망의 hybrid 형태, 단말은 TV로 구성되어 있다.

　현재 스마트 TV는 애플, 구글(Logitech과 SONY), 삼성전자, LG전자가 형태는 다르지만[121] 적극적으로 출시하고 있다.

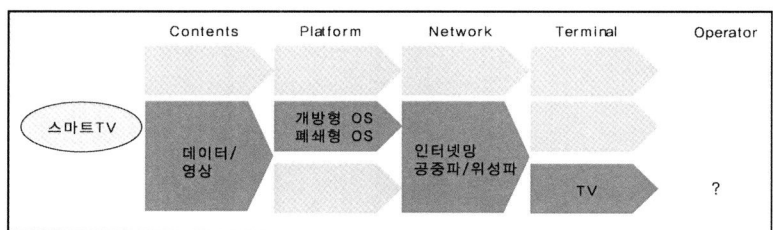

〈그림 10〉 스마트 TV의 가치사슬

---

121) 애플과 구글과 제휴한 로지텍(Logitech)은 셋탑박스 형태로, 구글과 제휴한 일본의 소니, 우리나라의 삼성전자와 LG전자는 TV 형태로 출시하고 있다.

| (Apple) | (Logitech) | (SONY) | (삼성전자) | (LG전자) |

〈그림 11〉 각 사업자의 스마트 TV

(2) 제도화

휴대전화와 TV 단말이 지능화(intelligent and smart)되면서 단말을 통해 음성전화, 데이터 서비스, TV 서비스 등이 동시에 제공 가능해지자 제도화 문제는 또 다시 복잡해지고 있다.

스마트폰을 통한 실시간 방송서비스나 인터넷과 연결된 스마트 TV 서비스는 현재 서비스의 성격에 대한 합의는 물론 서비스 활성화나 규제를 위한 근거법률을 무엇으로 해야 하는지, 규제를 해야 하는지 아니면 기존의 규제를 완화해야 하는지, 기존의 유사 법률의 개선을 통하여 가능한지 아니면 또 새로운 법률을 제정해야 하는지 등 모든 것이 정리되지 못하고 있는 상황이다.

이는 스마트폰이나 스마트 TV 서비스가 기존의 규제철학으로는 쉽게 해결되지 않을 정도로 매우 다양한 서비스와 연계되어 있으며, 가치사슬 또한 매우 복잡하게 얽혀 있기 때문이다. 이로 인해 기존의 규제체계를 그대로 유지하면서 새로운 제도화만으로 해결할 수 없는 '규제 장애(regulation trouble)' 현상이 나타나고 있다.

더군다나 2008년 초 정부조직 개편으로 IT정책이 여러 기관으로 흩어지면서[122] IT 관련 정책 및 제도화도 각 부처로 흩어져 개별적

---

122) 2008년 정부조직 개편 시 통신정책(IT정책)과 방송정책을 담당하던 정보통신부와 방송위원회가 통합되어 방송통신 정책 및 규제 기관이 통합되기는 하였지만, IT 산업정책은 지식경제부, IT산업과 깊이 연관된 국가 정보관리 및 보호 업무는 행정안전부, IT 소프트

으로 이루어지고 있다.

즉, 방송통신위원회는 2010년 8월 '스마트TV의 시장효과 분석 및 정책방향'을 발표하였는데, 이에 따르면 스마트 TV 활성화를 위해 관련 생태계 전반의 민관협업체계 구축, 방송콘텐츠 및 SW산업 육성, N-Screen[123] 연동 전략 강화, 스마트 TV용 대용량 콘텐츠의 원활한 유통을 위한 네트워크 고도화, 뉴미디어 광고 시장·TV 검색 시장 등 신산업 육성 등을 추진할 예정이다. 현재는 방송통신융합정책실 산하에 스마트 TV 전략팀을 설치하여 이러한 전략에 대한 세부 추진계획과 스마트 TV 제도화를 위한 대안을 개발 중에 있다.

지식경제부에서는 2010년 9월 스마트 TV포럼을 창립하고 9월 27일 '스마트 TV 산업 발전전략(안)'을 발표하였다. 이에 따르면, 스마트 TV 활성화를 위해 신시장 창출과 기술역량 강화, 인프라 조성 등을 전략으로 제시하고 있다. 신시장 창출을 위해서는 애플리케이션 확보, 해외시장 진출, 스마트 TV 포럼 활성화 등, 기술역량 강화를 위해서는 플랫폼 개발, UI(user Interface) 기술개발, 표준화·특허 지원 등, 인프라 조성을 위해서는 인터넷망 구축, 법·제도 정비, 인력양성 기반 강화 등을 세부적으로 추진할 예정이다. 지식경제부는 현재 '스마트 TV포럼' 산하에 기술/표준분과, 정책/제도 분과, 서비스

___

웨어와 콘텐츠 분야는 문화체육관광부로 분리되었다.

123) N-Screen이란 여러 개의 스크린을 통해 정보 서비스와 콘텐츠를 제공하는 환경을 말한다. 미국 AT&T 사의 IPTV, 모바일, PC를 잇는 3Screen에서부터 시작되었으며, KT의 4-Screen(+VoIP) 등 현재는 태블릿과 기타 스크린을 포함하여 N-Screen으로 불리고 있다. N-Screen의 3대 핵심 포인트는 (1) 동일한 정보/컨텐츠를 여러 개의 스크린에 똑같은 경험의 수준으로 제공, (2) 한 개의 스크린에서 보던 정보/컨텐츠를 다른 스크린에서 이어 보기, (3) 스크린 간의 협업을 통해 new customer experience 창출이다(http://secure.skyventure.co.kr/N-screen & N-Screen UX란?).

분과를 두고 세부적인 추진계획을 준비 중에 있다.

양 기관 모두 현재까지는 스마트 TV에 대한 구체적인 제도화 방안은 나오지 않고 있으나, 방송통신위원회는 기존의 방송법과 인터넷 멀티미디어 방송사업법의 틀 내에서 수정 방향에 초점을 두고 있고, 지식경제부는 '스마트 TV산업촉진법' 제정을 검토하고 있는 것으로 알려져 있다.

2. 주요 국가의 융합 제도화 사례 분석

1) EU

유럽위원회는 '융합'을 고려하여 발표한 1999년 Communications Review를 기반으로 통신과 방송에 대한 새로운 규제시스템 도입을 위해 ① 네트워크와 단말에 관계없이 음성전화로부터 엔터테인먼트에 이르는 것을 전송가능하게 하는 디지털 기술의 융합(convergence of digital technologies) 고려, ② 개별 서비스 기반이 아니라 통신인프라와 관련 서비스에 대해 수평적인 체계에서 단일규제 적용, ③ 전송과 콘텐츠에 대한 규제 별도 취급 등의 규제개편 원칙을 정립했다.

이러한 규제개편 방향을 기초로 유럽위원회는 수평적 규제체계를 도입하기로 하고 규제를 위한 계층을 전송 계층(carriage layer)과 콘텐츠 계층(content layer)으로 구분하였다. 전송계층은 미디어, 통신, IT분야의 융합을 고려해 '전자통신(electronic communications)'이라는 개념을 도입해 '전자통신네트워크(electronic communications network)'[124]와 '전자통신서비스(electronic communications services)'로 구분하였다.

이러한 구분하에서 전송계층은 2002년에 정립된 새로운 통신규제 패키지[125]를 적용하고, 콘텐츠 계층은 방송콘텐츠와 전자상거래 서비스를 '시청각미디어서비스(audio/visual media service)'와 '정보사회서비스(information society service)'로 구분하여 시청각미디어서비스에 대해서는 '국경 없는 TV지침(Television Without Frontiers Directive)(89/552/EEC)'을 정보사회서비스에 대해서는 '전자상거래지침(98/48/EC)'을 적용하도록 하였다.

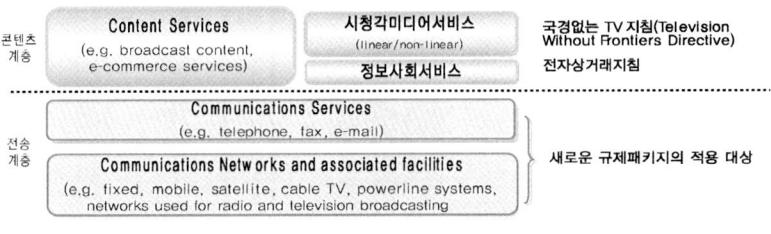

〈그림 12〉 EU의 수평적 계층 구분

2002년의 새로운 통신규제 패키지는 동일서비스 동일규제 원칙을 적용하여 전자통신네트워크에 대해서는 기술중립성에 입각하여 그 종류에 관계없이 동일한 규제를 적용하고 있으며, 전자통신서비스의 경우에도 대부분의 규제를 완화하는 대신 시장을 18개의 세부 시장으로 세분화하여 각 시장별로 시장지배력(SMP; Significant Market Power)

---

124) 전자통신네트워크란 그 부속설비를 포함한 개념으로서 유선, 이동, 위성, CATV, 전력선 및 무선과 텔레비전방송을 제공하기 위해 사용되는 네트워크를 의미하며, 전자통신서비스란 전화, 팩스, e-mail 등 기존의 통신서비스를 의미한다.

125) 유럽위원회는 기존의 규제패키지를 6개의 기본지침과 1개의 결정 및 2개의 부가 규정으로 구성된 새로운 통신규제 패키지를 정립하고 2003년 7월까지 25개 유럽연합 회원국들이 이를 국내법에 적용하도록 요구하였다(구체적인 내용은 고순주, 2008 참조).

을 보유한 사업자를 지정하고 이들 SMP 사업자를 중심으로 규제하도록 하였다.

또한 콘텐츠에 대해서는 기존에 유럽의 TV방송 콘텐츠에 대한 최소규칙으로 적용되었던 국경 없는 TV지침[126]을 적용하되, '시청각미디어서비스'라는 용어를 도입하였으며, 시청각미디어서비스는 프로그램을 시간에 따라 횡적으로 배열하여 이용자가 수동적으로 시청하는 실시간 방송프로그램 전송서비스인 Linear Service(Scheduled, Push Contents)와 이용자의 요구에 따라 양방향으로 제공되는 서비스인 non-linear service(unscheduled, pull contents)로 구분하여 국경 없는 TV지침을 모든 시청각미디어서비스에 적용하되 non-linear service에 대해서는 최소한의 규제만을 적용하도록 하였다.

2) 미국

미국은 1934년 제정된 통신법안에 통신과 방송을 모두 수용하는 단일법 체계를 가지고 있으며, 규제기관 역시 FCC라는 단일 체계를 구성하고 있다.[127]

그러나 방송과 통신의 융합에 대응하기 위해 미국은 1996년 통신법을 전면적으로 개편하면서 통신과 방송의 상호진입을 허용하였으며, 환경변화에 따라 법률 적용과 개정을 신축적으로 수행할 수 있는 체계를 도입하였다.

---

126) 국경 없는 TV지침은 1989년 제정되어 1997년 개정된 바 있으며, 2005년 개정논의가 시작되어 현재 거의 마무리 단계에 와 있다.

127) 다만 통신법 내에서는 통신규제(Title Ⅱ)와 CATV 규제(Title Ⅵ)가 분리되어 있고, 규제기관에 있어서도 연방규제기관(Federal Communication Commission; FCC)와 주공익위원회(Public Utility Commission; PUC)로 역할이 분담되어 있다.

첫째, 미국은 1996년 통신법을 개정하면서 기존에는 불가능했던 통신사업자의 방송서비스 제공, 방송사업자의 통신서비스 제공을 가능하게 하였다. 미국 통신법에는 MVPD(Multi-channel Video Programming Distributor) 시장을 두어 여러 네트워크를 통해 제공되는 비디오 서비스(Video Service)를 포괄하고 있다. 이에 따라 통신망이든 방송망이든 관계없이 비디오 서비스를 제공할 수 있으며, 다만 규제는 사업자가 선택하는 방식에 따라 달라진다. 통신법 제651조 a항 신설이 그것인데, 동조항에 따르면, 통신사업자는 무선방식, Common Carrier 방식, 케이블 시스템 방식, 오픈비디오시스템(Open Video System) 방식 중 하나를 선택하여 비디오서비스를 제공할 수 있으며, 만약 통신사업자가 케이블시스템 방식을 선택할 경우에는 케이블사업자들과 동일한 규제를 받아 비디오 서비스를 제공하게 되고, 오픈비디오시스템 방식을 선택할 경우에는 전혀 다른 규제를 받으면서 비디오 서비스를 제공하게 된다.[128] 또한 기존에 통신사업자의 방송서비스 진입을 금지한 조항을 삭제함으로써 방송서비스 진입을 가능하게 했다.[129] 방송사업자 역시 통신서비스 제공이 가능하게 되었는데, 제253조 a항은 어떤 주 및 시도 어떠한 자에 대해 통신서비스 제공을 금지하는 법령을 제정할 수 없다고 규정하고 있으며, 제621조 b항은 케이

---

128) 케이블 시스템 방식은 케이블사업자들이 케이블서비스를 제공하는 방식으로서 지역규제 기관(local authority)으로부터 비디오서비스 제공을 위한 프랜차이즈(franchise) 면허를 받아 제공하는데, 미국 전역에 비디오서비스를 제공하기 위해서는 약 30,000여 개의 프랜차이즈를 각 지방정부로부터 받아야 한다. 오픈비디오방식이란 통신사업자가 자사 영업구역에서 비디오 서비스를 제공할 경우 제공 채널의 2/3를 해당 사업자 및 그 계열사 이외의 사업자에게 개방하여 이용할 수 있도록 하는 시스템으로서 면허는 전국적으로 하나만 획득하면 된다.

129) 즉, 제613조 b항을 폐지하였는데, 본래 이 조항은 지역통신사업자가 자신의 영업구역 내에서 비디오서비스를 제공하지 못하도록 금지하였다.

블사업자가 통신서비스를 제공할 경우(자회사에 의한 경우 포함)에는 새로운 프랜차이즈 면허를 취득할 필요가 없고, 통신서비스 제공에 있어서 규제를 받지 않는다고 규정하고 있으며, 또한 시 등의 프랜차이즈 면허 부여 당국은 케이블사업자 또는 그 관련 자회사에 의한 통신서비스 제공을 금지·제한하는 요구·명령을 내려서는 안된다고 규정하고 있다.

둘째, 1996년 통신법의 가장 큰 장점은 환경변화에 따라 규제를 신축적으로 운영할 수 있도록 안전장치를 도입했다는 것이다. 즉, 통신법 제10조는 규제의 신축성(regulatory flexibility)을 위한 조항으로서 제10조 a항에는 FCC가 규제를 면제하는 것이 공익에 적합하다고 판단되는 경우에는 법령에 의한 규제를 면제(forbearance)하도록 하고 있다. 이 때 FCC는 일정한 지역, 시장별로 경쟁의 진전상황을 감안해서 판단해야 하며, 통신사업자 또한 FCC에 대해 이러한 '규제면제'를 신청할 수 있도록 하였다. 또한 법률 제11조는 규제개혁(regulatory reform)을 위한 조항으로서 제11조 a항에서는 FCC로 하여금 2년마다 한 번씩 모든 규제를 새로 개선하도록 하고 있다. 즉, FCC는 경쟁의 진전에 따라 필요 없게 된 규제와 시대적으로 적시성을 상실한 규제는 즉시 개정·폐지하도록 명령을 내릴 수 있다.

3) 일본

일본은 1996년 통신위성(CS)에 의한 위성방송 도입, 2000년 방송위성에 의한 디지털위성방송 도입을 전후하여 방송과 통신의 융합에 대한 논의가 본격화되면서 융합에 대한 제도화가 시작되었다.

그 결과 2000년 정부조직 개편을 통해 총무성이 통신과 방송업무를 총괄적으로 담당하게 되었으며, 2001년에는 고도화된 유선네트워크를 통한 방송서비스의 제공을 촉진하기 위해 '전기통신역무이용방송법'이 제정되었다.

또한 2006년 9월에는 네트워크의 IP화 진전에 대응하여 이에 적합한 새로운 경쟁규칙 개선을 위한 로드맵으로서 '신경쟁촉진 프로그램 2010'이 발표되었으며, 2007년 12월 6일에는 통신과 방송 관련 법령을 통합하기 위한 로드맵으로서 '통신·방송의 종합적인 법체계에 관한 보고서(안)'이 발표되기도 하였다.

'전기통신역무이용방송법'이 기존의 법체계하에서 방송과 통신의 융합을 수용하기 위한 것이라면, '신경쟁촉진 프로그램 2010'과 '통신·방송의 종합적인 법체계에 관한 보고서(안)'는 방송과 통신의 전반적인 법체계 개선을 위한 혁신적인 접근방식이다.

일본은 2011년을 목표로 전체 네트워크의 디지털화(All IP화)가 추진되고 있고, 이러한 유비쿼터스 네트워크 사회에 대응하여 ICT 네트워크를 진정한 혁신기반으로 기능하도록 하기 위해서는 좀 더 진보적인 차원에서의 법제 개편이 필요하다고 판단하여 2006년 8월 30일부터 총무성 산하에 '통신과 방송 관련 법령의 통합을 위한 간담회'를 운영하면서 법제 개편을 위한 방향을 모색하였다.

즉, 방송통신의 융합에 대응해 수평적 규제체계 도입을 위해 통신과 방송을 포괄적으로 통합한 '정보통신법(가칭)'을 제정하고자 했다.

이에 따라 동 법률 제정(안)은 방송과 통신 간의 수평적 규제를 위해 레이어를 3계층, 즉 전송인프라(네트워크 레이어), 플랫폼 레이어,[130] 콘텐츠 레이어로 구분하고, 전송인프라(네트워크 레이어)는 공정경쟁과 이용자 보호를 위해 개방성과 보편성을 확보하기 위한 규제를, 플랫폼 레이어는 정보의 원활한 유통을 매개하도록 하기 위해 버틀넥(bottleneck)성이 있는지 여부를 고려해 부당한 차별 취급 금지 등 개방성 확보를 위한 규제를 하되 기술혁신이 필요한 부분이기 때문에 규제 여부에 대해서는 지속적으로 검토할 것, 그리고 콘텐츠 레이어에서는 사회적 영향력에 따라 미디어를 특별미디어서비스(현재의 방송콘텐츠 규제 유지)와 일반미디어서비스(위성방송, 케이블방송, 전기통신역무이용방송, 인터넷방송 등으로 규제완화)로 구분하되, 미디어 서비스 구분은 영상·콘텐츠·데이터 등 콘텐츠의 종류, 단말에의 접근 용이성, 시청자수, linear·non linear 여부 등을 기준으로 심층적으로 분석하였다.

총무성은 법령 개편안을 마련하여 2010년 정기국회에 제출하여 2011년부터 시행한다는 계획을 발표한 바 있다.

3. 제도화의 특성과 문제점

제도적인 관점에서 2000년대 초반부터 논의되기 시작한 '융합'이라는 키워드는 10여 년 동안 크게 변하지 않고 있다. 다만 융합의 단계는 더욱 고도화되고 있고, 여전히 제도는 뒷걸음을 치고 있을 뿐이다.

'융합'에 대응한 제도 개선은 물론 위에서 살펴본 것에 한정되지

---

130) 플랫폼이란 물리적인 전기통신설비와 연계해서 다양한 사업자 간이나 사업자와 이용자를 중개해 편리하고 안전한 콘텐츠 전송, 상거래 이용, 공공서비스 제공을 지원하는 서비스 포탈 기능이나 소프트웨어 기능을 말한다.

않는다. 2004년 3월 방송법 개정 이전과 이후, 2008년 1월 인터넷 멀티미디어 방송사업법 제정 이전과 이후 현재에 이르기까지 크고 작게 관련 정책이나 법령(법률, 시행령, 시행규칙, 고시 등)의 결정과 개정 과정을 통해 소규모의 제도 개선이 이루어져 왔다.

그러나 크든 작든 융합에 대응한 제도화 과정에서 나타난 몇 가지 특징과 그에 따른 문제점을 분석해 보면 다음과 같다.

첫째, 제도 개선이 방송통신 융합 현상에 대한 본질적인 처방이기 보다는 일부 현상에 대한 대증용법에 불과했다는 것이다. 앞에서도 살펴본 바와 같이 '융합'이 방송통신계의 화두가 된 것은 10여 년 이상이 된다. 그러나 현재의 법제도는 새로운 서비스가 등장하면 이를 적용할 근거를 찾기 어려울 정도로 개별적이고 비 신축적이다. 현재 스마트폰을 통해 실시간 방송서비스가 제공되고 있으나 스마트폰을 제공하는 통신사업자는 방송법상 관련 사업자가 없으며, 스마트폰을 이용한 실시간 방송은 방송법상 이동멀티미디어 방송의 특성을 지니기는 하나 방송망이 아니라 무선인터넷망을 통해 제공된다는 측면에서 방송법을 적용하기 어렵다. 또한 인터넷망을 통해 실시간 방송서비스를 제공하는 근거 법률인 인터넷 멀티미디어 방송사업법은 기간통신사업자가 할당받은 주파수를 이용하여 이동 중에 실시간 방송을 포함한 멀티미디어 서비스를 제공하는 것을 금지하고 있다.[131] 이에

---

131) 인터넷 멀티미디어 방송사업법 제2조 정의 제1호는 "인터넷 멀티미디어 방송이란 광대역통합정보통신망 등(자가 소유 또는 임차 여부를 불문하고, 「전파법」제10조제1항제1호에 따라 기간통신사업을 영위하기 위하여 할당받은 주파수를 이용하는 서비스에 사용되는 전기통신회선설비는 제외한다)을 이용하여 양방향성을 가진 인터넷 프로토콜 방식으로 일정한 서비스 품질이 보장되는 가운데 텔레비전 수상기 등을 통하여 이용자에게 실시간 방송프로그램을 포함하여 데이터ㆍ영상ㆍ음성ㆍ음향 및 전자상거래 등의 콘텐츠를 복합적으로 제공하는 방송을 말한다"로 규정하고 있는데, 괄호를 활용하여 주파수를 이용하여 제공하는 것을 금지하고 있다.

따라 현재 방송통신위원회는 '모바일 IPTV 정책도입을 위한 연구반'을 구성하여 제도화를 위한 연구를 수행하고 있으며, 본 연구반에서는 스마트 TV는 검토 범위에서 제외하고 있다[132].

둘째, 부처 간 이해관계에 따라 융합에 대처하는 방식에 있어서 일관성이 없다는 점이다. DMB 서비스 제도화 시 정보통신부는 융합에의 포괄적인 대응보다는 DMB에 한정된 부분적인 제도화를 주장한 반면, IPTV 서비스의 제도화 시에는 부분적인 대응보다는 융합서비스에 기반한 포괄적인 접근방식을 선호하였다. 방송위원회는 이와 반대로 DMB 서비스 제도화 시에는 융합에의 포괄적인 대응을 위해 방송의 개념을 새롭게 정의하고 향후 등장할 새로운 융합서비스를 수용할 수 있는 전면적인 방송법 개정을 주장한 반면, IPTV 서비스의 제도화 시에 초기에는 IPTV 서비스가 종합유선방송과 동일한 서비스로서 새로운 제도화는 불필요하다는 입장에서 후기에는 수평적 규제체계의 도입을 주장하기도 하였다. 이러한 대응방식의 비일관성은 융합서비스의 특성과 제도화로 인해 나타날 기관의 이해관계 변화에 기인하는 바가 크다. 즉, 융합서비스가 방송의 성격이 좀 더 강한 경우 방송위원회는 좀 더 포괄적인 제도 개선을 정보통신부는 좀 더 신중하고 부분적인 제도 개선을 주장한 반면, 융합서비스가 통신의 성격이 좀 더 강한 경우에는 이와 반대의 현상이 나타났다. 이는 제도화의 주도권이 곧 제도화 이후의 주도권 확보와 연계된다고 생각했기 때문이다.

셋째, 융합서비스 제도화 과정의 지체나 지연 현상이 제도의 합리

---

132) 현재 스마트 TV는 방송통신위원회 방송통신융합정책실 내 설치된 임시 TFT팀인 '스마트 TV전략팀'에서 연구되고 있다.

적이고 미래지향적인 개선보다는 임시방편적인 개선으로 귀결되는 특성을 보였다. 앞에서 언급한 바와 같이 제도 지체나 지연은 그 자체로서 좋거나(good) 나쁘다(bad)고 평가하기는 어렵다. 그러나 우리나라가 방송통신 융합에 대응하기 위한 제도화 과정에서의 제도 지체나 지연은 합리적인 대안 개발을 위한 노력이 분명 있었음에도 불구하고 이해관계의 대립을 극복하지 못하고 시간을 끌다가 결국은 산업계의 요구나 여론에 휩쓸려 급하게 타협을 통해 제도화 과정을 마무리 하는 모습을 보였으며, 이 과정에서 결과적으로 도출된 제도는 단기적인 해결책을 제시하는 데 그쳤다. 이는 새로운 융합서비스가 등장할 때마다 적용할 근거 법률이나 규정을 다시 만들어야 했고, 이로 인해 또 다시 많은 시간과 비용을 지불해 왔던 것이 그 증거이며, 2004년 3월 방송법 개정 당시 이미 IPTV가 논의되었음에도 불구하고 방송법 개정안에 IPTV를 포괄하지 못한 것이 그 사례이다.

제4절 결론

미국의 AOL Time Warner 전 CEO였던 Gerald M. Levine은 "디지털 융합은 새로운 세계의 형태를 결정할 것이다"라고 말한 적이 있다. 여기에서 새로운 세계의 형태를 결정한다는 것은 기존과는 전혀 다른 새로운 원칙과 질서가 필요하다는 의미로 받아들일 수 있다.

제3절의 분석결과를 보면, 방송통신 분야에 있어서도 디지털 기반의 '융합' 현상은 기존의 규제원칙과 체계 또는 이의 점진적인 개선

으로는 해결하는 데 한계가 있다는 것을 보여주고 있다. 전혀 새로운 규제원칙과 체계, 혁신적 변화가 필요한 것이다.

국내에서 방송통신 분야에 '융합'이 논의되기 시작한 것은 1990년대 말부터이다. 이로부터 10여 년 동안 우리는 거시적으로 또는 미시적으로 융합에 대응하고자 하는 많은 노력을 기울였음에도 불구하고 여전히 새로운 서비스가 등장할 때마다 적용 법률을 놓고 당황하고, 제도화를 놓고 갈등하고 있다.

2004년 DMB 수용을 위한 방송법이 개정된 이후 IPTV 서비스 논란이 붉어졌을 때에도 "앞으로 등장하는 방송 서비스가 모두 방송통신융합형 서비스임은 분명하다. 따라서 융합서비스가 등장할 때마다 서비스 및 사업자 정책을 개편하는 것은 이제 타당하지 않다. 궁극적으로 융합서비스 정책에 대한 포괄적인 정책을 마련할 필요가 있다"(김대호, 2005)는 의견이 나왔지만 여전히 우리는 유사한 행태를 보이고 있다.

그러나 이제 더 이상 지체할 수는 없지 않은가! 미국은 1996년, 유럽은 2002년 새로운 규제 프레임워크를 완성하였고, 일본은 2010년을 통합 정보통신법(가칭)의 제정 원년으로 추진하고 있는 등 주요 국가에서는 이미 오래 전부터 새로운 규제원칙과 체계를 세우고 제도적 혁신을 마무리 하며 앞으로 나아가고 있다.

그렇다면 지금 시점에서 우리가 융합에 대응하여 제도화를 위해 고려해야 할 점은 무엇인가?

첫째는 현재 추진하고 있는 방송과 통신 관련 법률의 통합화 작업에 좀 더 많은 시간과 노력을 기울여야 한다. 또한 새로운 통합 법률은 방송과 통신 전체를 수평적으로 규제할 수 있는 체계를 갖추어야 한다. 즉, 열린 규제 구조, 기술 중립적 규제를 적용해야 한다. 이를 위해 유럽과 일본의 사례가 시사점을 제공하고 있다. 즉, 방송 통신 규제를 위한 계층을 전송계층(플랫폼 포함)과 콘텐츠 계층으로 구분하고 전송계층에서는 동일서비스 동일 규제 원칙을 정립한다. 여기서 중요한 것은 규제의 초점을 어디에 두어야 하는가이다. 네트워크에 두어야 하는가, 플랫폼에 두어야 하는가 아니면 서비스에 두어야 하는가. 이를 위해 현재 등장했거나 향후 등장할 융합의 트랜드와 융합서비스 발전 추세를 고려할 필요가 있다. 또한 콘텐츠 계층은 콘텐츠가 사회에 미치는 영향을 고려하여 내용 중심의 규제 구조를 채택해야 한다. OSMU(One Source Multi Use)가 보편화 되고 있는 상황에서 매체를 중심으로 콘텐츠를 규제하는 것은 설득력이 없기 때문이다. 따라서 현재 우리가 관심을 기울여야 하는 것은 모바일 IPTV나 스마트 TV와 같이 이제 막 등장한 서비스에 대한 제도화가 아니라 이를 포함해 향후 등장할 다양한 서비스를 신축적으로 포괄할 수 있는 기본적인 규제프레임워크를 준비하는 것이다. 그동안 항상 임시방편적인 제도화가 이루어진 것은 '선 규제체계 정립(제도화), 후 서비스 제공'이라는 암묵적인 원칙으로 인해 제도화가 지연될수록 서비스 제공을 준비하는 사업자나 이를 기대하고 있는 소비자들로부터 비난을 받고 결국은 이러한 비난을 피하기 위해 타협한 데 기인한 것이 크다. 기본적인 규제 프레임워크를 수립하는 것 역시 많은 시간과 비용, 사회적 합의가 필요한 만큼 암묵적인 원칙을 고수할 경우 제도 지체로 인한 비난을 피하기는 쉽지 않다. 따라서 우선 기본 규제 프레임워크가 정립되기 전까지는 '선 서비스 제공 후 규제체계 정립(제도화)'이라는 원칙하에 새로운 규제 프레임워크를 정립하는 동안 등장하는 새로운 융합서비스가 시장에서 자율적으로 검증의 과정을 거치고 또 이러한 서비스 전개 양상을 규제 프레임워크의 발전적 개선에 활용하는 노력이 필요하다.

둘째는 아무리 수평적 규제체계를 도입한다 하더라도 도입 초기에는 여전히 기존의 규제를 연장하거나 일시적인 규제가 필요한 경우가 발생하게 된다. 이와 같이 시장이 안정화될 때까지 또는 경쟁이 활발하게 전개될 때까지 일시적으로 규제가 필요한 경우에는 규제일몰제를 도입하여 규제의 예측 가능성과 제도 개선의 효율성을 높여야 한다.

마지막으로 규제 운영의 안정화를 위해 정기적인 제도 혁신 시스템을 도입하는 것이다. 앞에서도 살펴본 바와 같이 방송통신 융합은 여전히 진행 중이며, 앞으로도 지속될 것이다. 따라서 아무리 열린 규제 구조를 만들어 놓는다 하더라도 급변하는 환경, 와해성 기술(distruptive technology)[133]의 개발, 이용자의 니즈 변화 등으로 인한 미래예측의 불확실성으로 인해 제도 개선 요구는 끊임없이 이어질 것이다. 이러한 점을 고려해 정기적으로 규제개혁의 필요성 여부를 진단하고 필요한 경우 그에 따르는 조치를 취할 수 있는 체계를 정립해야 한다. 예를 들면, 유럽과 같이 2~3년 또는 5년을 주기로 규제기관으로 하여금 시장과 규제체계 Review 보고서를 내도록 의무화하거나 미국과 같이 법률에 규제개혁 조항을 포함하는 것이다. 이를 통해 새로운 서비스가 등장할 때마다 임시방편적으로 제도화하지 않고 새로운 서비스 등장 이전이든 이후든 정기적인 규제 개혁

---

133) 와해성 기술은 기존 제품의 성능이나 품질을 향상시키는 점진적인 기술진보와 달리 기존 산업을 와해시킬 정도의 파괴력을 지닌 급진적인 기술혁신을 의미한다.

시스템을 통해 안정적으로 규제를 개선해 나갈 수 있을 것으로 판단된다.

방송통신 융합에 대응한 제도화는 현재 매우 중요한 시점에 와 있다. 여전히 기존의 문제를 답습하느냐 아니면 새로운 원칙과 질서를 기반으로 융합을 주도하고 활용할 수 있느냐는 지금 우리가 어떠한 대응을 하느냐에 달려있다.

방송통신 융합은 이제 고유 영역을 넘어 다른 산업 분야로 확산되고 있다. 방송통신 융합 규제 프레임워크의 정립은 타 산업분야로 확산되는 융합의 효과를 극대화하기 위한 관련 제도의 개선에도 많은 시사점을 안겨 줄 것이다.

참고문헌

1. 국내문헌

강상현(2003), 디지털라디오방송(DAB) 도입방안, 디지털방송 정책방안 마련을 위한 공청회 자료, 디지털방송추진위원회.

고순주(2008), "EU, 미국, 일본의 수평적 규제를 위한 법체계 개편 비교분석", 「과학기술법연구」, 13(2), 한남대학교 과학기술법연구원.

국회 문화관광위원회(2004), 방송법 중 개정법률안 심사중간보고서.

권오상(2008), 「방송시장 구조 변화 분석 및 매체 간 경쟁 활성화를 위한 규제 체계 연구」, KORPA연구 2008-1, 한국전파진흥원.

김국진외(2002a), 「통신 및 방송규제의 전문성 제고를 위한 규제제도 개선방안 연구」, 연구보고 02-40, 정보통신정책연구원.

김국진외(2002b), 「신규 디지털방송 서비스의 조기 정착을 위한 정책연구」, 연구보고 02-04, 정보통신정책연구원.

김대호(2000), 『디지털시대의 방송정책』, 서울: 커뮤니케이션북스.

_____(2005), 방송통신융합 서비스 정책 방향, 방송위원회 토론회.

김도연외(2001), 「통신 · 방송 융합서비스 활성화 방안 연구」, 정책연구 01-10, 정보통신정책연구원.

김성태(2008), "방송 · 통신 융합에 따른 추진체계 수립방향에 대한 연구", 「한국정책학회보」, 17(1), 한국정책학회

김영민(2005), 「통신 · 방송 융합의 영향에 대한 전망」.

김영석 · 김훈(2005), "해외 주요국의 IPTV서비스 및 정책/규제 동향", KT 경영연구소.

김종무 · 이혁우(2004), "통신 · 방송 융합에 따른 규제체계 개편 대안 탐색", 한국정책학회 춘계학술대회.

김창규(1998), 「통신방송융합에 대비한 법제 정비방안 연구」, 연구보고 98-7, 한국법제연구원.

_____(1999), 「방송의 다양성 확보를 위한 법제개선방안 연구」, 한국법제연구원.

김태은(2008), "정부조직 변화의 결정요인에 관한 연구-방송통신 융합 사례를 중심으로", 한국정책학회 하계학술대회.

김형찬(2006), 「통신 · 방송 융합에 따른 제도 개선방안 연구」, 정보통신정책연

구원.

김희경(2008), "정부규제기구 변화의 정치: 방송통신위원회의 사례분석", 한국
    행정학회 동계학술대회.

남궁성(2010), "스마트서비스의 약진과 정보융합의 정책과제-교통정보서비스
    를 중심으로", 한국정책학회 하계학술대회.

네이버 백과사전

미디어 오늘(2003. 8. 22).

미디어경영학회(2004), 「디지털방송 시대를 대비한 TV정부 구현과 VOD서비
    스 활성화를 위한 연구」, KORA연구 2003-27, 한국무선국관리사업단.

미디어미래연구소(2005), 「뉴미디어 방송시대의 바람직한 방송규제 정책방향
    연구」, KORA 연구 2005-03, 한국무선국관리사업단.

박노익(2006), "통신방송 융합 정책방향", *Korea Telecommunications Operators Association*,
    37, pp.8~13.

박창신(2005), 『Take Out 첨단지식(훤히 보이는) DMB』, ETRI Easy IT 시리즈,
    서울: u-북.

방송위원회(2000), 「방송·통신 융합과 경계영역 서비스 등장에 따른 규제방안
    연구」

_____(2001), 「방송환경 변화에 따른 방송·통신 법제 연구」, 정책연구
    2001-1.

_____(2003), 「DMB·데이터방송 및 DMC 등 디지털방송에 관한 종합계획」

석호익·김성태(2002), "통신·방송 융합 대응 정책 방향의 도출을 위한 우선
    순위 분석", 「한국정책학회보」, 11(4) : pp.333~357.

송종길외(2006), 「방송·통신 융합시대 방송규제 구조 개편방안 연구」, 연구보
    고서 2006-25, 한국방송광고공사.

안문석(2010), "'스마트' 융합시대, 공공콘텐츠와 국가경쟁력", 한국정책학회
    하계학술대회.

오용수(2006), "수평적 규제체계의 이해와 적용을 위한 소고", 「Digital Media
    Trend」, 통권 4호, 미디어미래연구소.

윤창번외(1999), 「방송·통신 융합에 대비한 방송발전방안 수립-서비스 및 규
    제제도」, 연구보고 99-23, 정보통신정책연구원.

이상우외(2002), 「통신·방송 융합에 따른 법·제도 개선 및 산업정책 연구」,
    연구보고 02-38, 정보통신정책연구원.

_____(2007), 「통신방송 융합환경하의 수평적 규제체계 정립방안에 관한 연
    구」, 연구보고 07-06, 정보통신정책연구원.

정두남(2005), 「DMB 활성화 방안 연구」, 연구보고서 2005-6, 한국방송광고공사.

정보통신부(2006), 「미디어 융합시대의 규제기관」.

정윤식(2005), 「미디어 융합의 동인, 전개양상·정책과제」, 21세기 한국 메가트 렌드 시리즈 II, 정보통신정책학회.

한국법제연구원(1999), 「21세기 다매체·다채널 시대에 대비한 통합방송법의 제도 방향」.

_____(2006), 「방송통신융합의 실제와 입법과제」.

한국전자통신연구원(2003), 방송통신 융합의 개념과 동인, 내부자료.

2. 국외문헌

EU(1997), *Green Paper on the Convergence of the Telecommunications, Media and Information Technology Sectors, and the Implications for Regulation*, European Commission.

Henry jenkins(2006), *Convergence Culture: Where Old and new media Collid*, paperback.

ITU(1996), *WORLD TELECOMMUNICATION DEVELOPMENT REPORT 1996/97: TRADE IN TELECOMMUNICATIONS WORLD TELECOMMUNICATION INDICATORS*.

http://www.oecd.org

http://www.ft.com/home/uk

http://secure.skyventure.co.kr/

http://secure.skyventure.co.kr/N-screen

제7장

아동·청소년 성폭력범죄의 실태와 대응방안

이종엽

제1절 문제제기

최근 들어 사회의 무관심과 성인들의 안이한 대처로 인해, 아동·청소년을 상대로 하는 성폭력 범죄가 증가하고 있다. 국내 아동대상 성범죄가 2005년부터 2008년까지 최근 4년 동안 69%나 증가하였다.[134] 즉, 아동 10만 명당 성범죄 발생 건수가 2005년 10건에서 2008년 16.9건으로 크게 증가하였다(한국형사정책연구원, 2010). 사회적으로 어른들의 잘못된 성문화 행태, 인터넷을 통해 안방까지 무분별하게 침범하고 있는 음란물, 그리고 무엇보다 가해자에게는 솜

---

134) 같은 기간에 미국의 아동성범죄는 2.9% 증가, 일본은 29.2% 감소, 독일은 9.6% 감소, 영국도 14% 감소를 나타내어 우리나라만 유독 빠른 증가세를 보이고 있다(한국형사정책연구원, 2010).

방망이 처벌이 이루어지는 반면 오히려 피해자를 손가락질하는, 가해자에게는 관대하고 피해자에는 가혹한 환경 때문에 아동 · 청소년 대상 성범죄가 줄지 않고 있다.

이러한 사회분위기 속에서 '조두순사건'과 '김길태사건' 등이 사회에 큰 충격을 주었지만, 제2, 제3의 조두순사건이 계속적으로 발생하고 있다. 2004년에 있었던 밀양 성폭행 사건부터 시작해서 2006년 2월 용산에서 한 초등학생이 성폭행을 당한 후 무참히 희생된 사건(이 사건을 계기로 2월 22일을 '아동 성폭력 추방의 날'로 제정함), 그 해 3월 마포 초등학생 연쇄성폭력사건, 2007년 안양의 혜진 · 예슬양 사건, 2007년 2월 12일에는 10대 청소년 11명이 여중생을 폐가로 유인하여 상습 성폭행을 한 사건, 2007년 2월 26일에는 여중생을 납치하여 성폭행한 10대 7명이 구속된 사건, 2007년 2월 28일에는 중학생 6명이 같이 술자리 한 여중생을 집단 성폭행 한 뒤 방치하여 숨진 사건을 비롯해, 학교 내에서 같은 반 동급생 여학생을 지속적으로 성폭행한 사건, 2008년 대구 초등학생 집단 성폭행 사건, 그리고 2009년 조두순 사건, 2010년 3월 부산 사상구 한 다세대주택에서 실종 · 살해된 여학생 사건 등 최근에 청소년을 대상으로 하는 상습적인 성폭력범죄가 증가하고 있다.[135]

그럼에도 불구하고, 아동 · 청소년들의 성폭력범죄에 대한 사전적 · 근본적인 대책이 마련되지 못하고 있다. 성폭력범죄가 발생한 후에나 그때그때 청소년성보호법 같은 관련법 제정이나, 성폭력범죄

---

135) 지난 2008년도 자료에 의하면, 아동 · 청소년들의 성폭력범죄의 피해자가 1일 평균 5.4명에 달하고 있고, 특히 13세 미만의 아동피해는 2004년 1080명에서 2008년 1958명으로 증가하였다(대검찰청, 2006).

예방을 위한 네트워크 구성, 성범죄자들의 인터넷을 통한 신상정보 공개, 전자발찌 부착 등, 일시적·사후약방문식의 조치만 있어 왔다.

실제로 정부는 조두순 사건을 계기로 아동성범죄 예산을 대폭 확대하겠다고 하면서도, '성범죄 청소년 치료재활' 예산, '청소년 성문화센터' 예산 등 성범죄 예방을 위한 근본적이고 전 사회적인 대책이 아닌, CCTV 설치, 초등학생 등하교상황 문자알림 서비스 등 일시적·형식적인 '기계 설치 대책'으로만 일관하고 있어 근본적인 성폭력 범죄의 근절에 대한 의지가 의심스럽다.

특히, 성장기에 있는 미성숙상태의 아동·청소년들이 겪는 성폭력에 대한 피해가 장기적이면서 개인의 삶의 질 전반에 걸친다는 점을 고려하여, 성폭력범죄에 대한 근본적 대책으로서의 사회안전망 구축 마련에 대한 확고한 의지가 필요하다.

제2절 아동·청소년 성폭력범죄의 본질

1. 아동·청소년의 개념 정의

아동·청소년에 대한 개념정의는 아동·청소년 성폭력범죄와 관련된 여러 법령 등에서 상이하게 정의하고 있으나, 논의의 편의상, 아동·청소년에 대한 개념 정의는 "미성숙상태인 자"를 총칭하는 것으로, 13세까지의 미성년자상태인 유아기(0~7세)와 아동기(어린이: 8~13세), 그리고 청소년기(14~19세) 전부를 포함하고 있는 것으로 본다.

현행 아동·청소년 성폭력범죄 관련 법령 등에서 상이하게 구분하고 있는 연령대를 비교해 보면 다음과 같다.

〈표 1〉 성폭력범죄 관련 법령 등의 연령 구분

관련 법령	아동(유아·어린이)	청소년
성폭력범죄의처벌및피해자보호등에관한법률 (성폭력특별법: 제8조의 2)	13세 미만의 미성년자	
실종아동등의보호및지원에관한법률(제2조)	14세 미만	
청소년기본법(제3조)		9세 이상 24세 이하
청소년보호법(제2조) 아동청소년의성호보에관한법률(제2조)		만 19세 미만의 자
아동복지법(제2조)	18세 미만의 자	

2. 성폭력범죄의 정의

성폭력범죄에 대한 정의는 점차 확대되어, 과거의 강간중심적 정의에서 다양한 유형의 성적 공격행위까지 확대·포함하는 경향이다. 성폭력범죄는 형법, 성폭력범죄의처벌및피해자보호등에관한법률(이하에서는 '성폭력특별법'으로 약칭함), 아동청소년의성호보에관한법률 등에서 규정한 '성범죄(sex crime)' 중에서 폭력·협박을 사용하거나, 위계·위력에 의한 경우 등으로, 피해자의 성적자기결정권을 침해한 범죄로서 '성학대(sex abuse)'개념으로 확대·정의하는 경향이다.

1) 성폭력범죄에 대한 법률 등에서의 정의

성폭력범죄에 대한 정의는 특별히 최근의 아동·청소년을 대상으로 하는 성범죄가 증가하는 현실에서, 성폭력특별법 제8조의 2에서 특별히 13세 미만의 미성년자에 대한 강간, 강제추행 등에 대한 처벌을 강화하는 것에 초점을 맞추고 있다. 이는 미성년자들의 경우 성 의식이 희박하고, 성인에 의한 성폭력에 이용당할 우려가 높기 때문에, 미성년자들을 적극적으로 보호하고 미성년들이 성적 도구로 전락할 위험성으로부터 보호하려는 데 그 입법 취지가 있다.

현행 법률에서의 일반적인 성범죄에 대한 정의는 구체적으로 형법과 성폭력특별법, 청소년의성보호에관한법률 등에 의거하여, 다음 각 호의 1에 해당하는 범죄를 총칭하는 것을 의미한다.

(1) 형법

① 제22장 성풍속에 관한 죄 중 제242조(음행매개) · 제243조(음화 등의 반포 등) · 제244조(음화등의 제조 등) 및 제245조(공연음란)의 죄.

② 제31장 약취와 유인의 죄 중 추행 또는 간음을 목적으로 하거나 추업에 사용할 목적으로 범한 제288조(영리 등을 위한 약취, 유인, 매매 등) · 제292조(약취, 유인, 매매된 자를 수수 또는 은닉. 다만, 제288조의 약취 · 유인이나 매매된 자를 수수 또는 은닉한 죄에 한한다) · 제293조(상습범. 다만, 제288조의 약취 · 유인이나 매매된 자 또는 이송된 자를 수수 또는 은닉한 죄의 상습범에 한한다) · 제294조(미수범. 다만, 제288조의 미수범 및 제292조의 미수범중 제288조의 약취 · 유인이나 매매된 자를 수수 또는 은닉한 죄의 미수범과 제293조의 상습범의 미수범중 제288조의 약취 · 유인이나 매매된 자를 수수 또는 은닉한 죄의 상습범의 미수범에 한한다)의 죄.

③ 제32장 강간과 추행의 죄 중 제297조(강간)·제298조(강제추행)·제299조(준강간, 준강제추행)·제300조(미수범)·제301조(강간 등 상해·치상)·제301조의 2(강간 등 살인·치사)·제302조(미성년자 등에 대한 간음)·제303조(업무상위력 등에 의한 간음) 및 제305조(미성년자에 대한 간음, 추행)의 죄.

④ 제339조(강도강간)의 죄.

(2) 아동·청소년성보호에관한법률

제10조(청소년에 대한 강간, 강제추행 등)의 죄.

(3) 성폭력특별법

제5조(특수 강도·강간 등) 내지 제14조의 2(카메라 등 이용촬영)의 죄.

(4) 앞의 법률 규정에 저촉되는 범죄로서 다른 법률에 따라 가중되는 죄

이 중에서 특별히 아동·청소년을 피해대상으로 하는 법률은 아동·청소년성보호에관한법률과 성폭력특별법으로 각 법률에서 제시하는 아동·청소년성범죄의 구체적인 내용은 다음과 같다.

<아동·청소년성보호에관한법률>

제2조(정의)의 2. "아동·청소년대상 성범죄"는 다음 각 목의 어느 하나에 해당하는 죄를 말한다.
① 제7조부터 제12조까지의 죄(제8조제4항의 죄는 제외한다)
② 아동·청소년에 대한「성폭력범죄의 처벌 등에 관한 특례법」제3조부터 제10조까지 및 제14조의 죄
③ 아동·청소년에 대한「형법」제297조부터 제301조까지, 제301조의 2, 제302조, 제303조, 제305조 및 제339조의 죄
④ 아동·청소년에 대한「아동복지법」제29조 제2호 및 제6호의 죄

<성폭력특별법>

제8조의 2 (13세 미만의 미성년자에 대한 강간, 강제추행 등)
① 13세 미만의 여자에 대하여 형법 제297조(강간)의 죄
② 13세 미만의 사람에 대하여 형법 제298조(강제추행)의 죄
③ 13세 미만의 사람에 대하여 형법 제299조(준강간, 준강제추행)의 죄
④ 위계 또는 위력으로써 13세 미만의 여자를 간음하거나 13세 미만의 사람에 대하여 추행하는 죄

2) 임상심리학적 관점에서의 정의

임상적 관점에서, Koss & Harvey(1987: 4)는 강간을 성적 피해의 최종지점으로 간주하면서, 강간보다는 덜 극단적이지만 다른 형태의 성적피해를 주는 강간미수나 성희롱 등도 피해자의 의사에 반하여 협박 혹은 완력을 사용하여 피해자가 생명의 위협까지 느낀다는 점에서 강간과 본질적으로 동일하다고 본다.

3) 여성주의 시각에서의 정의

1970년대에는 강간을 비롯한 성범죄를 여성주의(feminism) 시각에서 보려는 경향이 있었다. 여성주의 시각에서 강간은 단순한 성문제가 아닌 권력과 폭력, 증오, 통제, 지배 등이 개입된 범죄라는 주장이다(Brownmiller, 1975). 이 여성주의 시각에서는 성폭력을 폭력, 증오, 공격성의 행위로 정의하면서, 폭력과 이에 따른 피해자의 침해, 심리적 혹은 신체적 상처가 따른다고 주장한다. 한국성폭력상담소(1997: 5)의 입장에서도 상대방의 의사를 침해하여 이루어지는 모든 성적 접촉, 즉 강간, 추행, 성희롱 등 모든 신체적, 언어적, 정신적 폭력을 포함하여 광범위하게 정의를 내리고 있다.

4) WHO에서의 정의

아동성학대는 아동이 충분이 이해되지 않는 상태에서, 성행위에 대해 동의를 표현할 수도 없는 상황 또는 동의를 할 만큼 충분히 발달하지 않았거나 불법적이고 사회적으로 금기 시 되는 상황에서 이루어지는 성적활동에 아동이 노출되었을 경우를 의미한다.
- 아동에게 불법성행위 계약 유도 및 강요하는 것
- 아동에게 윤락행위나 그 외 불법 성행위 강요하는 것
- 음란행위나 음란행위를 위한 수단으로 아동을 이용하는 것

5) 성폭력 개념정의에 있어서의 왜곡된 사회적 인식

우리 사회에는 다음과 같이 성폭력 개념 정의에 대한 왜곡된 사회적 인식이 존재한다(이원숙, 2001: 258).

〈표 2〉 성폭력에 대한 왜곡된 사회적 인식

왜곡된 사회적 인식	성폭력의 본질
강간만이 성폭력이다.	성폭력은 상대방에게 불쾌감, 공포, 불안 등을 주는 모든 성적 행위를 포함한다.
강간은 폭력이 아니라, 조금 난폭한 성행위일 뿐이다.	강간은 성을 수단으로 하는 폭력행위이다.
나와는 무관한 일이다.	성폭력은 특정연령, 계층, 장소, 시간에 한정되지 않는다. 다만, 피해신고율이 2%인 것은 신고를 기피하기 때문이다.
남성의 성충동에 의해 일어나는 우발적 범죄이다.	실제 범죄사례의 70% 이상이 범죄 장소와 시간을 치밀하게 계획하고 실행하는 계획된 범죄이다.
여성의 심한 노출이 성폭력범죄의 주원인이다.	노출이 심하지 않은 여성에게도, 여름이 아닌 겨울철에도, 1세 미만의 아동부터 70세 노인 여성에게도 성폭력은 발생한다.

왜곡된 사회적 인식	성폭력의 본질
대부분의 강간범죄는 '낯선사람'에 의해 발생한다.	실제 강간범죄 사례의 70% 이상이 '아는 사람'에 의해 발생한다.
강간범은 정신이상자이다.	실제 가해자는 정신이상자나 특수계층, 특별한 외형의 소지자가 아닌 자신의 소외감, 열등감, 박탈감, 분노 등을 가진 사람이다.
여자가 끝까지 저항하면 강간은 불가능하다.	피해여성을 정조 없는 여성으로, 강간이 아닌 화간으로 인식하는 것이 잘못이고, 극도의 두려움, 생명의 위협 속에서 저항하기에는 역부족이다.
부부 간에는 강간이 없다.	아내 구타 후 강제적 성관계는 아내에 대한 성적 학대이자 강간이다.

3. 성폭력범죄 이론

성폭력범죄 이론은 "성폭력범죄가 왜 일어나는가?"에 대한 원인적 분석을 중심으로 전개되어 왔다. 즉, 생물학적 차원에서부터 사회학습이론, 정신분석적 차원, 그리고 각 가해자의 범죄심리학적 차원에서 연구되어졌다.

1) 생물학적 이론

이 이론에서는 성폭력 범죄가 생물학적 이상에서 기인하는 것으로 보고, 뇌 장애(뇌)·생화학적 기능 장애(호르몬), 성 염색체 장애(염색체)에 의해 스스로 통제할 수 없는 강한 성적 충동에 의해 성폭력이 발생한다는 것이다.

따라서 이 이론에 의하면 성폭력범죄를 예방하기 위해서는 성적 공격성을 제거하기 위해서 여성호르몬인 에스트로겐(Estrogen)이나 프로제스테론(Progesterone)을 주입하거나(J. Money, 1976: 165), 뇌

수술을 통해 충동성이나 공격성을 억제시켜야 한다는 것이다.

2) 사회학습 이론

타인의 행동에 대한 보상이나 처벌을 보고 모방에 의해 학습이 이루어진다는 사회학습이론에 의거하여, 성폭력범죄자들은 성범죄에 대한 관대한 신조와 강간에 대한 전문적 지식을 더 효과적으로 배우고, 성범죄와 폭력성에 대해 우호적이라는 것이다(이수정, 2006: 242). 사회학습효과에 따라 잠재된 성폭력 성향은 언제든지 표출되고, 점차적으로 성폭력범죄의 재범은 증거인멸을 위해 점점 더 잔인하고 폭력적이게 된다.

또한, 사회문화적 차원에서 볼 때, 문화수준이 낮을수록, 남녀불평등이 심할수록, 사회적 혼란이 강할수록 상대적으로 성범죄가 많이 발생한다. 하류계층일수록 자신의 삶에 대한 보상으로 즐거움과 쾌락에 집착하여 성적 일탈의 한 행태로 성범죄가 많이 발생하게 된다는 것이다(최인영·염건령, 2005: 21). 실제 범죄분석의 통계 결과도 상류계층보다는 중·하류계층에서 성범죄가 많이 발생하는 것으로 나타나고 있다(대검찰청, 2006: 318).

3) 정신분석 이론

프로이드의 정신분석이론에 의거하면, 성폭력범죄는 가정교육 초기의 성적 장애(본능적 욕구의 왜곡과 정신적인 욕구)가 정서장애를 결과하고, 이에 의해 성범죄를 저지르는 행동을 하게 된다는 것이다. 이에 대한 반대의 논리로 비프로이드학파인 Alfred Adler는 일반적으로 정서장애가 먼저 발생하고, 파생적으로 성적 장애(성적 혼란)가 발생한다고 주장하고 있다(이상현, 2005).

4) 범죄심리학 이론

연쇄 성폭력범죄자들에게서 공통적으로 발견되는 심리적 특징들은 소심함과 열등감, 낮은 자아존중감 등이다. 이들은 일상생활에서의 정상적인 성인들과 같은 사회적 관계를 갈망하면서도 지극히 내성적이어서 정상적인 사회관계를 설정하지 못하고 외로움과 소심함 등을 나타낸다(Gudjonsson, Gislih/Haword, 1998: 122).

또한, Fisher는 아동 성희롱 실제 사례연구를 통해 성범죄자들이 정상인들에 비해 현격하게 낮은 자아존중감을 갖고 있는 것으로 보고하고 있다(Holmes, S. T. & Holmes, R. M., 2002: 97~98).

4. 성폭력범죄의 원인 분석

1) 사회 · 환경적 원인

사회 · 환경적 원인에 대한 연구에서는 주로 사회 · 경제적 차원에서의 빈곤과 지리적 차원에서의 고립을 주원인으로 제시하고 있다. 사회 · 경제적으로 빈곤한 경우, 하류생활에서 오는 열등감과 낮은 자아존중감으로 인해 성범죄가 발생하게 되고, 실업 및 무직에 의한 자존감 상실 또한 성범죄의 원인으로 제시하고 있다.

지리적 고립차원에서 보면, 사회적인 접촉이나 적정한 성적 대상이 없는 경우, 지역사회와 단절되어 있는 경우에 성범죄 발생 가능성이 높아진다(이영분, 1999: 19).

2) 가정환경적 원인

인간에게 있어서 가장 중요한 제1차적 사회화의 주체가 가정인데, 가정이 제 기능을 수행하지 못하는 경우 범죄발생 가능성이 높아진다. 특히, 핵가족화로 인한 가정의 교육적 기능 약화, 부모의 영향력 약화, 가족 상호 간의 지나친 지배·종속관계의 설정, 자녀에 대한 과잉보호적 양육태도 등의 문제가 범죄자의 인격 형성에 영향을 주고 있다.

최근의 연쇄성폭력범죄자들에게서 공통적으로 나타나는 원인적 특징은 엄마의 부재나 어머니의 억압적 태도, 원만치 못했던 모자관계 등에서 오는 '모성결핍의 경험'이었다. 즉, 모성결핍 속에서 성장한 아이들은 성폭행의 심리적 요인을 갖게 된다는 것이다.

3) 개인 심리적 원인

사회·환경적 차원에서나 가정환경적 차원에서도 성범죄의 원인을 제공하기도 하지만, 개인적 차원에서는 가해자 개인의 심리적 발달수준과 성격, 행동적인 특성 요인, 즉 소아기호증[136], 성적 일탈행위, 왜곡된 성문화, 자기통제력 상실 등에 의해 성범죄를 일으킨다.

특히, 아동을 대상으로 하는 성범죄자들을 Groth는 개인의 심리적 발달 수준을 기준으로 고착형과 퇴행형으로 분류하고 있다. 고착형

---

136) 소아기호증(Pedophilia)은 성도착증의 하나로 특히 13세 미만의 아동을 대상으로 성범죄를 일으키고 성적 쾌락을 느끼는 증세를 의미한다(정현옥, 2008: 20).

은 처음부터 아동집단이 일차적 성적 대상으로 결정되어 있는 경우이고, 퇴행형은 일차적으로는 성인이 대상이지만 스트레스 같은 특정상황이 되면 아동을 대상으로 한다는 점에서 구분된다(오경자, 1994: 21~32).

같은 맥락에서, 일본의 作展 明(2005: 355)은 소아기호증의 유형으로, 아동에게만 성적 매력을 느끼는 순수형과 아동과 때로는 성인에게도 성적 매력을 느끼는 비순수형이 있다. 이들은 사회에의 부적응과 사회적 관계 설정의 어려움으로 인해, 상대적으로 잘 순응하는 아동을 선택하여 자연스러운 분위기를 조성하고 신뢰를 얻거나 아동을 위협하는 등의 방법을 통해 상습적으로 성범죄를 일으킨다(高橋良彰, 2005: 225).

또한, 정상적인 성적 욕구가 억제되거나 발산되지 못하는 경우에 성적 욕구불만의 일탈행위로서 성폭력범죄로 이어진다. 정상적인 성인의 경우에도 특정 상황의 외로움이나 소외의 결과로 왜곡된 성관계, 즉 성매매, 미성년자와의 성 관계, 채팅을 통한 미성년자와의 접촉 등을 시도하여 쾌락을 얻고자 한다. 왜곡된 성관계가 원하는 방향으로 이루어지지 않는 경우 성폭력으로 이어진다.

여성을 성적 대상으로만 보고, 여성을 성적으로 지배하고자 하는 남성들의 동물적인 지배본능이 만연되어 있는 극단적인 남성중심 성문화에 빠져 있는 성범죄자들은 왜곡된 성문화와 문란한 성풍속 속에서 성폭력을 대수롭지 않게 여기고 오히려 성폭력의 책임이 여성에게 있다고 인식한다. 이러한 극단적인 가부장적 남성중심의 문화에서는 보호받아야 할 정조와 보호될 수 없는 정조를 구분하고, 사람들은 강간사건에 대하여 피해자가 책임이 있다고 여기는 경향이 있다. 이처럼 "여자가 '안 된다'고 하는 것은 '괜찮다'의 다른 표현이다"라든지 "강간 피해자는 품행이 좋지 못한 여자이다" 등의 생각이 통용되고 있는데 이를 '강간신화'라고 한다. 이러한 태도들은 성폭력의 책임을 오히려 피해자들에게 돌리고 피해자를 피해 받아 마땅한 여성이라고 믿도록 만든다. 이 같은 강간신화는 성폭력범의 성폭력에 대한 변명과 합리화를 제공하게 한다. 실제로 왜곡된 성문화에 빠져있는 남성들은 성폭력은 단지 성관계를 맺는 하나의 방식일 뿐이라고 믿으며, '강간'을 '화간'으로 인식하는 경향이 있다.

이러한 개인 심리적 원인에 기초하여 다음과 같이 성폭력범죄자들을 유형화해 볼 수 있다(이한일, 2007: 12~20에서 정리).

〈표 3〉 성폭력범죄자의 유형

유형	원인 및 성향	외형적 결과
남성성 재확인형	• 자신의 남성성을 확인하려는 욕구 • 외모나 체격에서 남자답지 못함 • 정상적으로는 여성과의 사귐이나 성행위에 자신감이 결여되어 성에 대한 왜곡된 환상에 빠짐	• 피해자를 물색하여 유혹 내지 유인하여 강간하는, 치밀하고 계획적인 범행 실행 • 심각한 자위행위, 노출증, 음란전화, 복장 도착증, 페티시즘 등 성적 일탈의 경험

사이코 패스형	• 반사회적 성격을 실제 행동으로 표출하는 자
	• 도덕적 백치(타고난 강간범)
	  - 자기중심적, 냉담, 양심 없음
	  - 타인에 대한 배려, 동정심 없음
		• 반사회적 성격장애자와 구별
		• 연쇄강간 후 살인하는 대표적인 연쇄살인범 유형

권력형	• 자신의 우월성, 우세, 통제력을 매개로 성적 범죄행위를 저지르는 자 • 자신 내면의 열등감과 왜소함을 부정하기 위해, 자신의 힘, 남성다움, 정복, 우월, 지배력을 과시 • 성범죄 주기는 일정하지 않으나, 자주 같은 범행을 저지름	• 대부분의 성폭력범죄 유형 • 데이트강간: 동년배 또는 연하의 여성에게 매너 좋은 신사적 태도로 접근 후 범행 • 정상적인 이성애를 경험하지 못하고, 노출증, 관음증, 동성애 같은 비정상적인 성적 경험을 많이 한 유형.

유형	원인 및 성향	외형적 결과
분노 치환형	• 범죄자가 증오하는 사람과 비슷한 외모나 분위기가 있는 사람에게 범행 • 성장기의 계모로부터의 학대, 배신감, 어머니로부터의 유기, 애인으로부터의 실연 경험이 있는 자	• 대부분 물리적·폭력적이고, 주로 신체적 학대가 목적 • 극도의 긴장감을 해소하기 위해 연쇄적으로 범행
강간 충동형	• 충동조절장애자: 이상성욕에 의한 강간범죄자 • 모든 생각과 관심이 변태성욕적인 환상속에서 강제적인 성행위를 통한 자신의 성욕충족에 있음.	• 대부분의 피해자는 '낯선 사람' • 성적인 강간범: 집요할 정도로 성행위에 몰입하는 유형 • 성 충동에 한번 빠지면, 강간을 함으로써 긴장과 불안을 해소하고 만족감과 안도감을 느낌
성도착증	• 비정상적인 대상 및 방법으로 성적 만족을 추구하려는 성적 장애자 • 성적 흥분을 추구하기 위해, 청각, 후각, 촉각 등을 동원하거나, 포르노그래피 등 비디오, 인터넷을 이용	• 복장도착증, 여성물건애, 노출증, 관음증, 소아기호증, 가학증, 피학증 • 소아기호증: 어린이를 상대로 성적 만족을 추구하는 성도착적인 한 행태.
성적 장애형	• 심리적·기질적·복합적인 이유로 인해, 정상적인 성행위를 할 수 없는 경우 • 개인에게 심리적 좌절감과 패배감, 성적콤플렉스를 형성하게 하여, 성적 폭력이나 살인을 저지르게 함.	• 성(적) 장애: 성욕결핍 또는 상실증, 성적 혐오, 절정감 부전, 조루증, 성충동 과다증, 기질적 장애. • 대부분의 성적 살인자나 연쇄성범죄자들이 갖고 있는 장애 유형
음락 살인형	• 피해자에 대한 완벽한 통제를 바탕으로 가학적인 쾌락을 즐기는 유형 • 성적만족을 위해 상당기간 세심한 주의를 기울여 피해자를 선택하고 강간 현장도 기괴하고 비정상적임 • 강간을 하면서 성기를 훼손하고, 목을 조르고 찌르면서 쾌감을 느낌	• 피해자의 신체 파괴와 원상복구라는 상징적인 요소들이 혼합 • 시체애호증: 음락살인의 한 변형으로 시체를 대상으로 성행위

제3절 아동 · 청소년 성폭력범죄의 실태

1. 성폭력범죄의 발생 현황

2004년부터 2006년도까지의 최근 3년간 성폭력범죄별 사건 분포를 보면 다음과 같다(전영실 외 5인, 2007: 83). 그중에서도 강제추행이 제일 많고, 청소년 및 13세 미만 미성년자 강간도 매우 높은 편이다.

〈표 4〉 범죄별 아동 · 청소년 성폭력범죄의 발생 현황

범죄명	사건 수	비율(%)	범죄명	사건 수	비율(%)
강제추행	8,993	28.7	성폭력특별법위반 (강간등상해)	629	2.0
강간	3,651	11.6	준강간	626	2.0
청소년성보호법위반 (청소년강간)	2,759	8.8	성폭력특별법위반 (친족관계에의한강간등)	625	2.0
강간치상	2,568	8.2	성폭력특별법위반 (장애인에대한강간등)	439	1.4
성폭력특별법위반 (13세 미만미성년자 강간등)	1,963	6.3	강제추행상해	169	0.5
준강제추행	1,754	5.6	미성년자의제강제추행	159	0.5
성폭력특별법위반 (특수강간)	1,262	4.0	준강간미수	151	0.5
강간미수	1,090	3.5	강도강간	131	0.4
강간상해	809	2.6	강제추행미수	75	0.2
강제추행치상	804	2.6	준강간치상	73	0.2
청소년성보호법	796	2.5	미성년자간음	71	0.2
성폭력특별법위반 (특수강도강간)	779	2.5	미성년자의제강간	70	0.2
성폭력특별법위반 (강간등치상)	630	2.0	강도강간미수	62	0.2

성폭력범죄의 발생 현황을 연도별 추이를 보면, 강력범죄인 강간(강간 및 성폭력특별위반 포함) 및 청소년의성보호에관한법률 위반 범죄는 1999년 8,830건에서 2008년 16,599건으로 2002년을 제외하고는 꾸준히 증가하는 추세이다. 청소년보호법에 의한 범죄도 2000년 이후 계속 증가하다가 2004년 2,866건을 기점으로 감소하고 있는 추세이다.

〈표 5〉 성폭력범죄의 발생건수

구 분	1999	2000	2001	2002	2003
계	8,830	10,795	13,056	11,572	12,444
강간[137)	8,830	10,189	10,495	9,435	10,365
청소년의성보호에관한법률	―	606	2,561	2,137	2,079
구 분	2004	2005	2006	2007	2008
계	13,971	13,600	15,189	15,386	16,599
강간	11,105	11,757	13,573	13,634	15,094
청소년의성호보에관한법률	2,866	1,843	1,616	1,752	1,505

자료: 한국형사정책연구원 연구총서 및 법무연수원 범죄백서 참조

계절별 범죄발생 추이를 보면, 일반적으로 성폭력범죄는 '여름에 최대, 겨울에 최소'로 발생하는 것으로 나타났으나, 2001년 이후부터 여름 범죄발생율이 감소하면서 2006년도에는 가을에 가장 많이 발생하여 성폭력범죄는 겨울을 제외하고는 계절에 상관없이 발생하고 있다(전영실 외 5인, 2007: 101).

요일별 범죄발생 추이에서 보면, 일반범죄 발생은 금요일과 토요일에 상대적으로 많고, 일요일과 월요일이 낮아서 상대적으로 안전한 요일이라 할 수 있다. 아동·청소년 성폭력범죄의 경우는 요일을

---

137) 구분에서 "강간"은 강간 및 성폭력범죄의처벌및피해자보호에관한법률 위반 범죄를 포함

가리지 않고 발생하지만, 상대적으로 토요일과 일요일이 다소 많이 발생하고 있다(이한일, 2007: 30).

성폭력범죄 발생 시간대별로 보면, 밤 시간이 33~40%, 오전이 18~21%, 낮 시간이 12~15%의 발생분포를 보이나(전영실 외 5인, 2007: 104), 아동 · 청소년 성폭력의 경우에는 주로 범죄가 발생하는 시간대가 오후 1시에서 4시 사이로 방과 후에서 오후 시간대에 아동 · 청소년에 대한 보호와 집중적인 감시가 필요한 것으로 나타났다(신문통계 자료, 2006. 10.).

성폭력범죄 발생 장소별 추이를 보면, 성인성폭력을 포함한 전체 성폭력범죄는 집안(26%), 숙박 및 유흥업소(20.6%), 노상(19.0%)으로 나타난 반면에, 아동 · 청소년의 경우는 범죄인 집(27%)과 피해자 집(25%)을 포함하여 집안에서 범죄가 발생하는 비율이 52%에 달한다. 다음이 노상(놀이터, 길, 공원)이 21%, 기타 장소로 인근상점이나 제3자의 집(16%), 학교 및 학원(8%) 등으로 나타났다(이한일, 2007: 32).

성폭력 가해자의 연령대는 30대가 33.7%로 가장 높은 비율을 차지하고, 40대는 2004년 하반기 19.7%에서 22.7%, 60대의 경우 3.3%에서 4.5%로 늘어나 범죄자의 연령이 전반적으로 상승하고 있다(신문통계 자료, 2006. 10.).

2. 성폭력범죄의 피해 실태

아동 · 청소년 성폭력은 그 특성상 피해가 쉽게 노출되지도 않고 범죄신고도 암수율이 높기 때문에, 범죄발생률은 정확하게 파악하기는 어렵지만, 아동·청소년 성폭력피해자는 계속 증가 추세에 있다.[138] 통계상 나타나는 범죄발생률 역시 실제 일어나고 있는 성폭력보다 매우 낮게 나타나고 있지만, 여기에서는 한국성폭력상담소의 상담 통계로 성폭력의 피해 실태를 유추해 보기로 한다(한국성폭력상담소, 2009).

1991년 이후 2009년까지 아동·청소년을 포함한 전체 성폭력 상담의 현황을 보면, 다음과 같이 전체 상담건수 및 성폭력상담건수는 2001~2002년도를 기점으로 감소하고 있지만, 성폭력 때문에 상담하는 비율은 2003년도부터는 90%대를 계속 유지하고 있음을 알 수 있다(한국성폭력상담소, 2009). 전체 상담건수 및 성폭력상담건수의 감소는 실제 성폭력범죄 발생의 감소를 의미하기 보다는 성폭력범죄는 증가하고 있지만 공권력에 의한 범인 체포율와 암수율의 증가와 관련이 있는 것으로 추정된다.

〈표 6〉 연도별 성폭력 상담현황

〈단위: 건, (%)〉

연도	상담회수	상담건수(A)	성폭력상담건수(B)	성폭력상담비율(B/A)
1991~92	2,834	2,028	1,349	66.5
1993	1,765	1,182	841	71.1
1994	2,553	1,723	1,356	78.7
1995	2,050	1,238	1,021	82.5
1996	3,459	2,138	1,779	83.2
1997	3,424	2,295	1,647	71.8

---

138) 13세 미만 아동성폭력 피해자 현황을 보더라도 2003년 642명에서 2004년 721명, 2005년 738명, 2006년 980명, 2007년 1,081명으로 계속 증가추세로(한국여성정책연구원, 2008), 아동성폭력 피해의 심각성을 알 수 있다

연도	상담회수	상담건수(A)	성폭력상담건수(B)	성폭력상담비율(B/A)
1998	4,285	2,948	2,085	70.7
1999	5,397	3,692	2,564	69.4
2000	4,164	2,873	2,309	80.4
2001	4,995	3,593	2,869	79.8
2002	4,877	3,533	2,961	83.8
2003	4,871	3,135	2,839	90.6
2004	3,870	2,505	2,362	94.3
2005	3,979	2,348	2,151	91.6
2006	4,246	2,468	2,317	93.8
2007	3,330	2,101	1948	92.7
2008	2,237	1,548	1,430	92.4
2009	2,035	1,481	1,338	90.3

자료: 한국성폭력상담소, 2009년 상담 통계 보고 자료

1) 피해자 성별, 연령별 상담현황

2009년 성폭력상담건수 1,338건 중에서 성폭력피해자의 성별분포는 여성이 1,296건(96.9%), 남성이 42건(3.1%)이었으며, 연령별로는 성인피해가 896건(66.9%), 청소년을 비롯한 아동(어린이와 유아 포함)피해가 441건(33%)을 차지하고 있는 것으로 나타났다.

2006~2009년 연차별 통계에서도 아동·청소년의 성폭력 피해상담 건수는 33%를 유지하고 있고, 그 중에서 여자의 경우가 97%대를 차지하고 있다.

<표 7> 2006~2009년 성별·연령별 피해자 현황

〈단위: 건(%)〉

연령별 성별	년도	성인 (20세 이상)	청소년 (19세-14세)	아동 (13세 이하)	미상	총계
여	2006	1,443(62.3)	347(15.0)	432(18.6)	33(1.4)	2,255(97.3)
	2007	1,226(62.9)	300(15.4)	325(16.6)	30(1.5)	1,881(96.6)
	2008	902(63.1)	229(16.0)	233(16.3)	14(1.0)	1,378(96.4)
	2009	867(64.9)	210(15.8)	215(16.1)	4(0.1)	1,296(96.9)
남	2006	31(1.3)	11(0.5)	16(0.7)	1(0.0)	59(2.5)
	2007	29(1.5)	12(0.6)	193(1.0)	1(0.1)	61(3.1)
	2008	23(1.6)	8(0.6)	17(1.2)	4(0.3)	52(3.6)
	2009	26(2.0)	6(0.4)	10(0.7)	0(0.0)	42(3.1)
여, 남	2006	1(0.0)	0(0.0)	1(0.0)	0(0.0)	2(0.1)
	2007	0(0.0)	0(0.0)	0(0.0)	0(0.0)	0(0.0)
	2008	0(0.0)	0(0.0)	0(0.0)	0(0.0)	0(0.0)
	2009	0(0.0)	0(0.0)	0(0.0)	0(0.0)	0(0.0)
미상	2006	1(0.0)	0(0.0)	0(0.0)	0(0.0)	1(0.0)
	2007	3(0.2)	0(0.0)	0(0.0)	3(0.2)	6(0.3)
	2008	0(0.0)	0(0.0)	0(0.0)	0(0.0)	0(0.0)
	2009	0(0.0)	0(0.0)	0(0.0)	0(0.0)	0(0.0)
총계	2006	1,476(63.7)	358(15.5)	449(19.5)	34(1.5)	2,317(100)
	2007	1,258(64.6)	312(16.0)	344(17.6)	34(1.7)	1,948(100)
	2008	925(64.7)	237(16.6)	250(17.5)	18(1.3)	1,430(100)
	2009	893(66.9)	216(16.2)	225(16.8)	4(0.1)	1,338(100)

자료: 한국성폭력상담소, 2006~2009년 상담 통계 보고 자료 재구성

2) 피해 유형별 상담현황

피해 유형별 현황을 살펴보면, 2008년도의 경우에 성추행이 573 건(40.1%)으로 가장 높았고, 그 다음으로 강간이 478건(33.5%), 성 희롱 155건(10.8%), 스토킹 89건(6.2%), 통신매체이용음란(음란전화) 43건(3.0%), 강간미수 38건(2.7%) 순으로 나타났다. 이에 비해, 2009

년의 경우에는 성추행보다 강간이 521건(39.0%)로 가장 높고, 그 다음이 성추행으로 493건(36.9%), 성희롱 139건(10.4%), 스토킹 68건(5.1%), 강간미수 57건(4.4%) 순으로 나타났다.

〈표8〉 2008~2009년 피해유형별 피해자 현황

〈단위: 건(%)〉

계	유형	강간 478(33.5) / 521(39.0)				강간 미수	성추행	성희롱	통신매체 이용음란 (음란전화)	카메라 이용 촬영	스 토 킹	음화 등의 제조 유포	기타	미상
		단순 강간	특수 강간	준강간	강간 치상									
2008	1,430 (100)	347 (24.3)	31 (2.2)	80 (5.6)	20 (1.4)	38 (2.7)	573 (40.1)	155 (10.8)	43 (3.0)	20 (1.4)	89 (6.2)	4 (0.3)	12 (0.8)	18 (1.3)
2009	1,338 (100)	373 (27.9)	48 (3.6)	71 (5.3)	29 (2.2)	57 (4.4)	493 (36.9)	139 (10.4)	29 (2.2)	20 (1.5)	68 (5.1)	2 (0.1)	0 (0.0)	9 (0.4)

자료: 한국성폭력상담소, 2008~2009년 상담 통계 보고 자료

3) 성폭력 피해자와 가해자와의 면식관계

한국 성폭력상담소(2009)의 조사에서 일반적인 성폭력범죄의 가해자는 친족 및 친/인척을 포함한 "아는 사람"이 1,137건(85.0%)으로 대다수를 차지하며, 이 중 근친 및 기타 친척에 의한 친족 성학대는 201건(15.1%)%이었고, 전혀 모르는 사람 143건(10.7%), 미상 58건(4.3%)의 분포를 보이고 있다. 이는, 2006년도 아는 사람에 의한 피해상담 건수 1,935건(83.5%), 2008년도 1,209건(84.5%)보다 약간 증가한 비율을 보인다.

"아는 사람"이 가해한 경우를 구체적으로 보면, 직장 328건(24.5%), 친족 및 친/인척 201건(15.1%), 초중고 및 대학 110건(8.2%), 친밀한 관계 101건(7.6%), 주변의 지인 97건(7.3%) 등의 순으로 나타나 이

미 알고 지내는 관계(면식관계)에서도 적지 않은 성폭력이 발생한다는 것을 알 수 있다. 즉, "아는 사람"의 범주에는 친한 이웃, 학교 교사나 학원강사, 유치원 혹은 학원버스 기사, 경비, 학교(학원) 동급생이나 선후배 등으로 나타났다. 가해자들은 자신의 성적 욕구충족을 위해, 아동의 욕구에 대해 신경을 많이 쓰며, 친함, 설득, 기만, 그리고 불응 시 종종 완력과 협박을 사용하기도 한다.

그 중에서 아동·청소년을 대상으로 하는 성폭력범죄의 경우에서 가해자가 아동·청소년이 신뢰할 수 있는 가족, 친지, 교사 등에 의한 것이면, 피해자에게 비밀 엄수의 부담까지 안겨주어 노출이 더욱 어려울 뿐만 아니라(박성숙, 1990), 피해유형이나 피해지속 기간, 후유증 등에서 다른 형태의 성폭력에 비해 매우 심각한 범죄라 할 수 있다.

〈표 9〉 2009년 피해자/가해자 관계

〈단위: 건(%)〉

아는 사람 1,137(85.0)												모르는 사람	미상	총계
친족, 친/인척 201(15.1)		직장	친밀한 관계	채팅/인터넷	동네 사람	서비스 제공자	학교	유치원/학원	주변인의 지인	소개로 만난 사람	기타			
친족	친/인척													
104 (7.8)	97 (7.3)	328 (24.5)	101 (7.6)	47 (3.5)	67 (5.0)	58 (4.3)	110 (8.2)	39 (2.9)	97 (7.3)	15 (1.1)	74 (5.5)	143 (10.7)	58 (4.3)	1338 (100.0)

자료: 한국성폭력상담소, 2009년 상담 통계 보고 자료

4) 피해 상담 유형별·연령별 상담현황

피해상담 유형별로 볼 때, 성인의 경우는 성추행 301건(22.5%), 강간(준강간 포함) 259건(19.5%), 성희롱 301건(9.3%)의 순이며, 청소년의 경우 강간(준강간포함)피해가 제일 높게 나타났으며, 아동(어

린이, 유아)의 경우는 성인의 경우와 동일한 순위로 성추행, 강간, 성희롱의 순으로 나타났다. 특히, 청소년의 강간피해는 2007년 53건 (2.7%), 2008년 105건(7.3%), 2009년 110건(8.2%)건으로 증가하고 있는 추세이다.

<표 10> 2009년 피해유형별 · 연령별 상담현황

〈단위: 건(%)〉

피해유형	연 령				계
	성인	청소년	아동 (어린이+유아)	미상	
강간 (준강간 포함)	259(19.5)	110(8.2)	74(5.5)	1(0.1)	444(33.3)
강간미수	49(3.7)	7(0.5)	1(0.1)	0(0.0)	57(4.3)
특수강간	27(2.0)	20(1.5)	1(0.1)	0(0.0)	48(3.6)
강간치상	25(1.9)	3(0.2)	1(0.1)	0(0.0)	29(2.2)
성추행	301(22.5)	57(4.3)	132(9.8)	3(0.2)	493(36.8)
성희롱	125(9.3)	6(0.4)	8(0.6)	0(0.0)	139(10.3)
통신매체이용음란	19(1.4)	8(0.6)	2(0.1)	0(0.0)	29(2.1)
카메라이용촬영	16(1.2)	3(0.2)	1(0.1)	0(0.0)	20(1.5)
스토킹	67(5.0)	1(0.1)	0(0.0)	0(0.0)	68(5.1)
음화 등의 제조유포	2(0.1)	0(0.0)	0(0.0)	0(0.0)	2(0.1)
기타	0(0.0)	0(0.0)	0(0.0)	0(0.0)	0(0.0)
미상	3(0.2)	1(0.1)	5(0.4)	0(0.0)	9(0.7)
성폭력 계	893(66.7)	216(16.1)	225(12.2)	4(0.3)	1,338(100.0)

자료: 한국성폭력상담소, 2009년 상담 통계 보고 자료 재구성

제4절 아동 · 청소년 성폭력범죄의 대응방안

1. 각 국의 성폭력범죄 관련 법률 및 대책

1) 관련 법률 제정 및 입법적 대처

(1) 미국

미국은 성범죄가 가장 많이 발생하는 국가인 동시에, 가장 많은 법률과 제도적 장치를 시행하고 있는 국가이다. 미국의 성범죄는 1976년부터 급증하기 시작하여 1992년에 정점을 이루고, 그 이후에 점차 감소하기 시작하여 최근에도 계속 감소하고 있다. 아동 · 청소년 성폭력범죄 및 아동 관련 성학대 역시 점차적으로 감소하고 있는 추세이다(전영실 외 5인, 2007: 519). 이것은 1970년대 이후 성폭력을 포함한 성학대문제에 대한 관련 법률 제정 및 시행, 형사정책 및 제도의 시행을 통해 성범죄를 예방 · 대처한 결과이다.

최근 미국의 성폭력범죄에 대한 법적 대처방안은 아동 성범죄자에 대한 처벌강화(입법적 대처)와 아동 성범죄자들에 대한 사후관리 강화(정책적 대처)의 2가지 방안을 동시에 추진하고 있다.

① 아동 성범죄 관련 법률

미국의 경우에는 아동성범죄에 대해 피해아동의 보호와 성범죄 예방을 위한 법률들이 다음과 같이 구체적으로 세분화되어 있다(전영실 외 5인, 2007: 524).

법률 유형	관련법률
아동학대 관련 법률	• 아동학대예방및조치법
	• 아동학대방임법원강화법
	• 아동학대책임법
아동성폭력 관련 법률	• 아동성폭력가해자로부터의아동보호법
	• 아동폭력방지법
	• 여성폭력방지법
아동보호 조치 관련법률	• 입양지원및아동복지법
	• 입양및가족안전법
	• 입양촉진법
	• 국가아동보호법

② 성범죄자 치료 관련 법률

〈표 12〉 미국의성범죄자 치료 관련 법률

법률 명	특징적 내용
성적 싸이코패스에 관한 법률 (SPL)	1. 치료사적 시각에서의 입법: 초기 1938년 일리노이주에서 입법화된 법률로, 형사사법체계의 "재활"의 의미를 부여하여 성범죄는 범죄가 아닌 정신질환이라 보고 치료의 대상으로 인식하여, 교도소 수감이 아닌 정신병원 입원·치료로 대처. 2. 범죄로 인식: 1980년대 중반 이후 SPL에 의한 효과, 즉 치료로 재범을 방지할 수 없다는 인식하에 범죄자들을 수감하게 됨
폭력적 성범죄에 관한 법률 (SVPS)	1. SPL의 병폐로 치료사적 입법을 보강: 1987년의 Earl Shinner사건으로 성폭력범죄자의 재범에 대한 두려움과 피해자의 권리보호와 사회안전을 위한 입법 요구에 의해, 1990년 워싱턴 주부터 입법. 2. 폭력적 성범죄(SVP)의 경우, 형기만료나 가석방이 되더라도 정신병이 완치될 때까지 민간치료시설에 강제 수용되어 치료를 받게 함.

자료: 전영실 외 5인. 2007: 527~529 정리

(2) 독일

1996년 9월과 1997년 1월 두 차례에 걸친 여아의 성폭행 후 살해 사건에 의해 독일 사회에서도 성폭력범죄에 단호한 처벌을 요구하는 사회적 분위기와 성폭력범죄에 대한 형법상의 제재 강화를 요구

하는 여론이 형성되었다.

최근 독일사회의 성폭력 피해자 실태(2001~2006)를 보면, 2001
년부터 총 피해자 수가 계속적으로 증가하다가 2005년 잠시 감소한
후, 2006년에 다시 증가하기 시작한다(Bundeskriminalamt, 2006). 아
동·청소년의 경우도 비슷한 증가추세를 보여, 2006년도의 총 피해
자 수 17,199명 중 14세 미만의 아동이 1,621명(9.4%), 14세 이상
18세 미만의 청소년이 4,898명(28.5%)으로 약 38%의 피해율을 점
하고 있어 심각한 사회문제로 되었다.

〈표 13〉 2001~2006년 아동·청소년 성범죄 피해자 수

연도	총 피해자 수	아동(14세 미만)		청소년
		6세 미만	6세 이상~14세 미만	14세 이상~18세 미만
2001	15,807	289	1715	4486
2002	17360	289	1636	5110
2003	17682	294	1506	5278
2004	17906	317	1528	5329
2005	16692	261	1195	4981
2006	17199	299	1322	4894

자료: Bundeskriminalamt. Polizeiliche Kriminalstatistik. 2006. Tabelle 91 재구성

성폭력범죄에 대한 제재 강화의 분위기 속에서, 독일은 형법 제13
조 '성적 자기결정권을 침해하는 범죄'를 제174조 이하 184조에 의
거하여 범죄를 처벌하고 있다. 이는 1970년대부터 독일 여성계에서
요구해 온 혼인관계 내에서의 강간을 성범죄에 포함시키는 것으로
여성의 성적 자율성을 인정한 결과이다(정현옥, 2008: 85).

<표 14> 성범죄자에 대한 독일 형법상의 제재 법률 조항

법조항	규정	특징적 내용	처벌
제174조	피보호자에 대한 성적 남용	16세 미만자에게 성적행동을 하거나 성적 행동을 시키는 피보호자	3월 이상 5년 이하 자유형
제174조a	피구금자, 관청에 감호된 자, 시설 내 피치료자와 요부조자에 대한 성적 남용	앞의 자에 대하여, 지위남용이나 질병 또는 요구호상태를 악용하여 성적 행동을 하거나 시킨 자	3월 이상 5년 이하 자유형
제174조b	공무원 직위를 악용한 성적 남용	형사소송 및 보안처분·감호 등의 절차에 근거한 종속관계를 악용하여 그 대상자에게 성적 행동을 하거나 시킨 공무원	3월 이상 5년 이하 자유형
제174조c	자문관계, 치료관계 혹은 보호관계를 악용한 성적 남용	질병 및 장애에 의해, 자문·치료·보호위탁을 받은 자에 대해 성적 행동을 하거나 시킨자	3월 이상 5년 이하 자유형
제176조	아동에 대한 성적 남용	아동에 대해 성적 행동을 하거나 시킨자	6월 이상 10년 이하 자유형
제176조a	아동에 대한 중한 성적 남용	5년이내 재범의 경우	1년 이상의 자유형
		제176조 중에 심한 피해를 입힌 경우	2년 이상의 자유형
		신체적으로 중한 남용 또는 사망위험 야기한 자	5년 이상의 자유형
제176조b	아동에 대한 성적 남용 에 의한 사망	성적 남용을 통해 중과실로 사망케 한자	종신형 및 10년 이상 자유형
제177조	성적 강요: 강간	성적 행위를 참도록 하거나 강요한 자	중한 정도에 따라 1년부터 5년 이상 10년 이하의 자유형
제178조	성적 강요와 강간에 의한 사망	성적 강요나 강간을 통해 사망케 한 자	종신형 및 10년 이상 자유형
제179조	항거불능자에 대한 성적 남용	항거불능자에게 성적 행동을 하거나 시킨 자	6월 이상 10년 이하의 자유형
제182조	청소년에 대한 성적 남용	16세 미만자에 대해 성적 남용을 한 자	5년(3년) 이하의 자유형 및 벌금형

자료: 전영실 외 5인, 2007: 481~489 정리

(3) 일본

① 형법

일본의 형법은 일반적인 성범죄에 대한 제 규정을 내용으로 하고 있는데, 그 중에서 강간, 강제외설,[139] 외설유괴, 강도강간 등의 4가지 로 유형화할 수 있는 성범죄는 다음과 같다.[140]

〈표 15〉 일본의 성범죄 유형

유형	법조항
강간	형법 제177조(강간), 제178조(준강제외설 및 준강간), 제179조(미수죄), 제181조(강제외설등치사상)
강제외설	형법 제176조(강제외설), 제178조(준강제외설 및 준강간), 제179조(미수죄), 제181조(강제외설등치사상).
외설유괴	형법 제225조(영리목적 약취 및 유괴), 제226조(미수죄).
강도강간	형법 제241조(강도강간 및 동 치사), 제243조(미수죄).

그 외에 형법상 성범죄에 해당하는 법 조항으로는 인신매매, 및 피약취자 인도 등, 미수죄, 공연외설, 외설물반포 등을 규정하고 있 는 '약취, 유괴 및 인신매매의 죄'(제33장)와 집단강간 및 미수죄, 강 제외설 등 치사상, 음행권유, 중혼 등에 대해 규정하고 있는 '추행 및 간음 및 중혼의 죄'(제22장)가 있다.

---

139) 일본 형법상의 '외설'이라는 개념은 2중적 의미를 갖는 것으로, 첫째는 개인적 법익(성적 자기결정의 자유)을 침해하는 경우의 범죄(우리 형법상의 '추행'의 의미), 둘째는 사회적 법익(공중의 성도덕)을 침해하는 경우의 범죄(우리 형법상의 '음란'의 의미) 등에서 사용되는 것으로 서로 다른 의미를 갖는다(전영실 외 5인, 2007: 519).

140) 이 4가지 유형화는 법무총합연구소의 조사 결과에 의한다. 2004년 11월 일본 나라시에서 발생한 소학교 1년인 6세 여아의 유괴 및 성범죄 후 살해사건은 일본사회에 성범죄에 대한 새로운 시각과 재범방지를 위한 종합적인 대책 마련을 촉구하게 되었다. 법무총합연구소에서는 성범죄 발생과 재범방지를 위한 연구 결과를 통해 종합적인 대책을 마련하였다(전영실 외 5인, 2007: 592).

② 아동복지법

일본의 아동복지법은 헌법(제25조)상의 생존권을 아동에게 구현한 법률로서, 18세 미만의 자[141])에게 음행을 시키는 행위를 금하면서 이를 어길 시에는 10년 이하의 징역이나 300만 엔 이하의 벌금에 처하거나 또는 병과 시키고 있다.[142])

그 외에 만 15세 미만의 아동에게 술자리 접대행위를 하는 자, 앞의 행위를 할 염려가 있는 자, 아동의 심신을 해칠 목적으로 자기의 지배하에 두려는 자에 대한 처벌 규정 즉, 1~10년의 징역형 또는 100만~300만 엔까지의 벌금형을 부과하고 있다.

③ 아동학대의 방지 등에 관한 법률

이 법률에서는 성폭력을 포함하고 있는 개념으로서의 '성학대'에 대한 금지규정을 두고 있는데, 제2조에서는 아동에게 외설적인 행위를 하거나 시키는 것에 대한 금지 규정, 제3조에서는 아동에 대한 학대 금지규정을 두고 있다.

④ 아동 성매매 · 아동 포르노에 관련된 행위 등의 처벌 및 아동의 보호 등에 관한 법률

이 법률에서는 아동, 아동성교 주선자, 아동 보호자 및 아동을 지배하에 두려는 자 등이 아동(18세 미만의 자)에게 대가 지급을 전제로 성교행위 등의 성범죄 금지를 규정하고 있다. 또한, 사진이나 전자식 매체를 통해 아동과의 성행위 및 성적 욕구를 유발할 수 있게 아동 모습을 인식할 수 있는 '아동포르노'를 금지하는 규정을 두고

141) 이 법에서의 아동은 만 18세 미만의 청소년까지도 포함하고 있다.
142) 일본 아동복지법 제4조, 제34조, 제60조.

있다. 그밖에 아동매춘(제4조)이나 아동매춘주선(제5조), 아동매춘권
유(제6조), 아동포르노 제공 등(제7조), 아동매춘목적 인신매매 등(제
8조)을 금지하고 있다. 이상의 경우에 아동의 연령을 알지 못함을
이유로 처벌을 면할 수 없다(제9조 아동연령의 지정).

2) 형사정책 및 제도의 시행을 통한 정책적 대처

(1) 성범죄자 등록 및 고지제(신상공개제도)

① 미국

1994년 뉴저지주에서 Megan이라는 7살 소녀가 이웃의 성범죄자
에게 성폭행 당해 숨진 사건을 계기로 '성범죄자 석방공고법'(메건
법: Megan's Laws)이 제정되었다. 메건법은 미성년자를 상대로 한 성
범죄자가 복역 후 석방되더라도, 재범방지 및 사회안전을 위해, 자
신의 신상정보를 반드시 등록하여야 하고,[143] 거주사실을 지역주민
과 관계기관에 고지하도록 하는 내용을 담고 있다.

신상공개제도로서는, 1994년 연방법으로 '아동대상 성범죄자 및
성폭력범죄자 등록법'이 제정되었고, '성범죄자 등록제도'가 시행되
었다. 또한, 1996년에는 '성범죄자 고지법'이 제정되어 성범죄자의
등록정보를 시민에게 공개하도록 하였다. 이는 성범죄자들에 대한
철저한 통제와 아동성범죄에 대한 두려움과 위협을 사전에 예방하
는 효과가 있다.

이 제도는 각 주마다의 상황에 맞게, 등록절차 및 신상정보 공유

---

143) 자신의 신상정보를 등록하지 않은 경우 외에, 소재파악이 되지 않는 경우에도 법위반으
로 처벌받게 된다(강은영, 2000: 210).

정도, 신상정보의 범위 등에 있어 차이가 있지만, 미국의 모든 주에서 채택하여 연방법률과 연방법무부지침에 따라 연방차원에서 통합 관리되고 있다.[144]

성범죄자 고지는 고지방식에 따라, 유죄판결을 받은 아동대상 폭력적 성범죄자들은 일률적으로 공개의무를 부과하는 '강제적 고지방식'(19개 주에서 채택)과 등록 및 공개 여부를 청문회 등을 통해 결정하는 '재량적 고지방식'(31개 주)으로 나뉜다. 이는, 강제적 고지가 위헌문제 제기 가능성이 있고, 동일 범죄를 재판에 두 번 회부할 수 없다는 법원칙에 위배된다는 강한 비난이 뒤따르기 때문이다.

연방법상 신상정보의 공개는 시민의 권리보호를 위해, "필요한 경우 관련된 범위에 한정하여(relevant and necessary)" 경찰이 공개하도록 하고 있다.

② 일본

일본은 법무성에서 13세 미만의 아동을 대상으로 한 성범죄자가 형기를 마치고 출소할 경우, 거주지와 석방일시 등의 신상정보를 1개월 전에 경찰에 통보하게 하고 있다. 이에 경찰청에서는 이를 '재범방지조치대상자'로 등록하여 5년 이상, 재범이상의 경우 10년 이상 추적 관리한다(정현옥, 2008: 92). 또한 재범방지를 위해, 이사지역까지도 확인·관리하고, 아동을 대상으로 한 성범죄가 발생할 경우에 제1차적 조사대상으로 선정하고 있다.

---

144) '전국성범죄자등록부(National Sex Offender Registry)'제도를 도입하여, 연방수사국에서 모든 주의 등록부 정보를 통합관리한다.

③ 영국

영국은 1997년 성폭력범죄자법(SOA) 제정을 통해, 성폭력 범죄자의 신상정보등록제도를 도입하여 경찰로 하여금, 전국 경찰전산정보망에 있는 성폭력범죄자의 정보를 등록관리하게 함으로써 성범죄 및 재범을 방지하고 있다.

등록대상에 대한 판단은 범죄유형, 범죄자 및 피해자의 연령, 형기에 의하며, 기간 역시 범죄유형에 따라 다르지만, 30개월 이상의 구금형 성범죄자의 경우에는 종신에 처한다.

(2) 성범죄자 전자감시제도(전자발찌 부착제도)

최근의 형사시설의 과잉구금사태 속에서의 범죄 감소를 위한 효과적인 비구금적 수단의 하나로 등장한, 전자감시제도는 자유제한적인 보안처분의 제재수단으로서 형기를 마친 범죄자가 재범가능성이 있다고 판단되면 24시간 위치추적이 가능한 전자발찌를 범죄자에게 부착하여 감시하는 제도이다. 전자감시수단으로 위치추적전자장치(GPS)를 이용하여 실시간으로 대상자의 위치확인이 가능하기 때문에 범죄자에게 심리적·육체적·정신적으로 압박감을 주어 범죄를 억제하는 효과가 있다. 또한 전자감시는 범죄자의 위치 확인뿐만 아니라, 범죄자에게 맞는 치료와 교정프로그램을 통해서 사회에 잘 적응할 수 있도록 도와주는 사회적응기능도 함께 작용한다. 따라서 전자감시를 통해 범죄자들에게 맞는 다양한 교정프로그램들이 함께 시행된다면 재범률 감소 효과가 있다.

① 미국

전자감시제도(Electronic Monitoring of Sex Offenders System)[145]란

성폭력범죄자에게 손목(발목)에 전자감응장치(팔찌 혹은 발찌)를 부착시켜 원격감시를 통해 재범을 방지하고자 고안되었다. 이 제도는 본래 1983년 미국에서 사회내처우[146]의 실효성 제고와 교정시설 과밀방지 및 전통적인 교도소 수감방식의 고비용 절감을 위해 고안되어 가석방대상 성폭력범죄자에게 부착하게 한 제도이다.

이 제도는 뉴멕시코 주를 시작으로 미국 전역으로 확대되었고, 캐나다(1987년), 영국(1989년), 호주(1992년) 등 20여개 국가에서 채택하고 있다(국회법제사법위원회, 2006: 19). 그 중에서 플로리다 주에서는 12세 미만의 아동 성폭력범죄자에게 부착하게 하고, 콜로라도 주에서는 재범위험성, 상습성, 폭력성이 있는 아동성폭력범죄자에게 종신부착 명령을 내렸고, 아이오와 주에서는 폭력을 수반한 성폭력범죄자, 미성년자를 대상으로 한 성폭력범죄자에게 최소 5년을 부착하라는 명령을 내렸다. 2002년 캘리포니아 주에서는 성범죄자 전자감시제도를 발전시켜 '평생감시법'을 제정하였고, 오렌지카운티에서는 위성위치확인시스템(GPS)을 이용한 전자팔찌를 착용케 하였다(김혜정, 2005: 250).

하지만, 이 제도는 성범죄 및 재범을 방지하는 효과가 있는 것 이

---

145) 이 제도에 대한 최초의 논의는 1919년 '전자감시에 관한 연구'이고, 1964년 하버드대학의 Ralph Schwitzgebel 교수가 정신병원 퇴원자와 보호관찰대상자에게 처음으로 시범실시하였다(박성수, 2006: 122).

146) 사회 내 처우(Community Treatment)란 범죄자나 비행소년을 교도소, 소년원 등의 교정시설에 수용하지 않고 사회 내에서 생활하게 하면서 보호관찰을 통하여 범죄자의 갱생을 도모하려는 처우제도이다. 사회 내 처우는 비시설처우(non-institutional treatment) 또는 지역사회에 기반을 둔 교정으로, 기존의 시설 내 처우(교정기관에의 수감)의 병폐, 즉 육체적 심리적 고립, 사회적 관계와의 단절, 사회와의 격리 및 낙인효과 등으로 인해 범죄인을 개선·교화시키는 데 실패하였고 오히려 범죄배양효과를 야기, 과다한 행형비용 등의 부정적 측면이 나타난 감옥실패론의 대안으로 등장하였다. 우리나라 형법상의 보호관찰이나 사회봉사명령, 수강명령 등이 이에 해당된다(박상기 외, 1999).

외에도 성범죄 피해자 및 잠재적 피해자의 인권을 보호하고 시민의 성범죄로부터의 안전을 보장받을 수 있다는 장점에도 불구하고, 성범죄자의 인권침해와 이중처벌이라는 비판과 성범죄 통제의 실효성 문제와 제도 도입 상의 과다 비용문제가 논란의 대상이다.

② 영국

영국에서는 범죄감소를 위한 방법의 하나로서 구금의 대안인 전자감시제도를 추진하기 위해, 1982년 '범죄자태그협회'(Offender Tag Association; OTA)가 발족되었으나,[147] 초기에는 기존의 보호관찰국이나 형벌개량단체, 시민단체로부터 강한 비난을 받았다. 하지만, 1988년 정부 청서 "형벌, 구금 및 지역사회"(Punishment, Custody and the Community)의 논조와 과잉구금의 감소라는 시대적 요청에 따라, 1991년부터 전자감시를 통한 통금명령이 시작되었고, 1997년부터는 "양형에 관한 법률"을 제정하여 본격적으로 가석방·보석 대상자와 가택구금 처분 및 통행제한 처분 대상자들에게 대상자의 동의 없이 전자감시를 실시하였으나,[148] 성폭력 범죄 대상자는 거의 없었다. 이어 1998년에는 "범죄와 비행에 관한 법률"제정을 통해 전자감시 및 가택구금의 전국 실시를 규정하였다. 실제 법원의 경우에 구금형 및 사회봉사명령의 대안적 처분으로 가택구금처분을 더 많이 선고 내리고 있는 경향이다(Home Office, 1997: 19).

---

147) 영국에서는 범죄자의 행동반경을 특정장소 및 지역으로 제한하기 위해 손목, 발목, 머리에 송신기(tag)를 부착하였기 때문에, 전자감시를 '태그붙이기(tagging)'로 부르기도 한다(정완, 1999: 284).

148) 전자감시를 통한 가택구금은 1999년 12월에, 통금명령은 1999년 12월에 전국적으로 실시하였다(천정환, 2006: 551).

(3) 성범죄자 거세제도

성범죄자의 성기능 상실을 목적으로 시도됐던 거세(Castration)는 남성호르몬인 테스토스테론이 성욕이나 성행동을 좌우한다는 믿음에서 20세기 후반까지 존속되었다. 이는 성범죄자들의 테스토스테론의 생성·흡수를 억제시키면, 성적 충동과 성적 환상이 억제되어 성범죄를 일으키지 않을 것이라는 가정에서 시작되었다. 하지만, 거세수술을 받은 남성 성범죄자 중 일부가 성범죄를 저지르는 등 효과가 크지 않다는 비난이 일었다.

이러한 비난 속에서 아예 성욕을 통제한다는 중추신경계를 직접 손상시키는 처치법이 등장하여, 실제 독일에서는 1960년대에 70명의 남성 성범죄자의 뇌수술을 단행하기도 했지만 그 수술 효과도 미미했다.

다음으로, 수술적 거세법(Surgical Castration) 대신에 고전적 조건형성기법을 응용하여, 혐오를 불러일으키는 자극과 성적 흥분을 연합시키는 방법으로 혐오치료법(Aversive Therapy)이 등장하였으나, 윤리적인 문제가 제기되어 보편적인 방안으로 채택되지 못했다.

이에 혐오치료법 대안으로 머릿속으로 상상하면서 시도하는 인지 혐오치료법이 등장하였으나 이 또한 효과가 뛰어나지 못했다.

최근 들어, 수술적 처치 대신에 여성호르몬(에스트로겐)을 투여하여 남성 성범죄자의 성욕이나 성 기능을 저하시키려는 화학적 거세(Chemical Castration)법[149]을 도입하는 국가들이 증가하고 있다.

---

149) 화학적 거세에 사용되는 약물들은 다음과 같다(조선일보, 2010. 7. 19. A8면).
　　1) MPA(MedroxyProgesterone Acetate): 1966년 존스홉킨스대에서 개발한 약으로, 남성호르몬 수치를 낮추는 효과가 있다. 성적 충동 억제효과는 좋으나 고혈압, 우울증, 체중증가 등의 부작용이 있다. 효과가 나타나는 데는 약 1달이 걸리는 반면, 약

대표적인 거세법으로서 수술적 거세법과 화학적 거세법의 특징들을 비교해 보면, 다음과 같다.

〈표 16〉 수술적 거세법와 화학적 거세법의 비교

구분		수술적 거세법	화학적 거세법
등장배경 및 지지논거		• '응보적 처벌론'(눈에는 눈, 이에는 이)에 근거	• 성범죄자치료연합회(ATSA): 수술적 거세와 동일한 효과가 있는 약물치료법 주장 • 미연방대법원(1910): 수술적 거세를 야만적이고 과도한 처리법으로 규정
도입국가		• 과거 수세기에 걸쳐 유럽에서 성범죄자 처우에 사용	• 최근 각 국가마다 수술법 대안으로 도입하는 경향
내용	처치효과	• 테스토스테론(남성호르몬)의 생성 감소나 흡수억제를 통해 성욕을 제거 및 감소시키는 는 효과	
	수단	• 음낭으로부터 고환을 물리적으로 제거	• 생물학적 특성을 변화시킬 수 있는 약물처방 (MPA, CPA, SSRI)
	결과	• 고통 및 부작용이 거의 없어 현재에도 고환암치료에 사용	• 회복가능 • 1998년 미국심리학회 조사: 시술 후 재범률 20% • 캘리포니아 주 재범률 27.3%
반대논거		• 회복불가능한 결과 초래 • 항상 효과적인 수술법이 아님 • 부작용 발생: 심리적 장애(우울증, 자살충동)	• 모든 성범죄자에게 100% 효과가 있는 것은 아님 • 수술적 거세보다 부작용이 심각하다는 주장: 스트레스, 무기력증, 체중감소, 당뇨병, 담낭기능의 저하, 피로, 기면증, 불면증, 생식기능 저하, 혈액응고, 고혈압, 심 장마비 등
경향		• 최근에는 사용하는 국가가 거의 없음	• 최근 미국 각 주를 비롯하여 세계 각 국에서 도입하는 경향

가장 최근 화학적 거세를 도입한 나라는 폴란드로, 2008년9월 공

을 끊고 7~10일 정도면 성기능이 다시 회복된다.
2) CPA(CyProterone Acetate): 캐나다에서 주로 사용하는 약으로, '호르몬 통제'라는 작용원리는 MPA 등과 유사하나, 빠르고 강력한 효과로 몸에 주사한 지 약 3일 정도 되면 성적 충동이 사라지지만, 간이 손상된다는 부작용이 있다.
3) SSRI(선택적 세로토닌 재흡수 억제제): 정신과 치료에 이미 사용하고 있으며, 신경전달물질인 세로토닌의 활동을 조절해 충동을 억제하여 공격성과 강박신경증적 행동을 감소시키는 방법으로, 부작용도 상대적으로 적다.

개된 끔찍한 근친 성폭행 사건이 화학적 거세제도를 도입하게 된 계기가 됐다.[150] 폴란드의 강제적 화학적 거세법은 '15세 이하, 혹은 가까운 친지를 성폭행한 자는 무조건 화학적 거세에 처한다'는 것이 주요 골자다.

미국에선 1996년 가장 먼저 화학적 거세를 도입한 캘리포니아주에서는 아동 성폭행 등 법으로 정한 '강력한 성범죄'를 다시 저지르면, 무조건 화학적 또는 물리적 거세 중에서 선택하도록 정해두고 있다.

영국 · 스웨덴 · 노르웨이 · 핀란드 · 덴마크 · 캐나다 등의 국가에서는 성범죄자가 원할 경우 형을 줄이는 대신 화학적 거세를 받을 수 있는 '조건부 화학적 거세'를 시행 중이고, 체코는 범죄의 성격에 따라 강제적인 물리적 거세까지 가능하도록 강화시키고 있다(조선일보, 2010. 7. 19. A8면).

〈표 17〉 화학적 거세 외국 사례

국가명	시행 내용
미국	1996년 캘리포니아 주에서 처음 도입, 현재 9개 주에서 시행 중
폴란드	2009년 9월 "가까운 인척을 성폭행한 자 등은 무조건 화학적 거세" 시행
독일	1969년부터 비정상적 성충동 가진 중범죄자 대상 물리 · 화학적 거세
핀란드 · 노르웨이	본인이 동의한 경우에만 거세 시행, 비밀준수의무 규정
체코	1998년부터 10년간 성범죄자 최소 94명을 대상으로 물리적 거세
덴마크	1929년 외과적 거세를 합법화, 1973년 이후 화학적 거세만 제한적 시행
스웨덴	1944년부터 23세 이상 성범죄자 중 본인이 동의 한 경우에 시행
아르헨티나	2010년 3월 멘도사주에서 감형조건으로 화학적 거세법 시행

자료: 조선일보, 2010. 7. 19. A8면

---

150) 45세 남성이 6년에 걸쳐 자신의 딸(21)을 지속적으로 성폭행해왔으며 이로 인해 두 자녀까지 낳은 사건이다(조선일보, 2010. 7. 19. A8면).

① 미국

미국은 오랜 기간에 걸쳐 성폭력범죄자의 재범 방지를 위해 심리적 · 정신적 · 행동적, 그리고 의학적 치료 등 다양한 시도들이 있어 왔다. 당시의 시대적 사회분위기에 따라 변화되어 온 성범죄 및 재범 방지 대책을 보면, 다음과 같다.

〈표 18〉 미국의 시대별 성범죄 및 재범 방지 대책

시대 구분	방지 대책
1970년대 후반까지	• 성범죄자 초기 치료프로그램으로서, 심리적 · 정신적 치료와 행동적 치료를 병행하였으나, 재범 방지에 비효과적이라는 비판
1980년대 후반 ~1990년대 초반	• 성범죄자들의 성충동을 억제시킬 수 있는 의학적 치료법(화학적 거세)에 대한 요구와 재범 방지를 위한 정부의 적극적인 역할에 대한 강력한 사회적 요구
1990년대 후반~현재	• 많은 주에서 '거세법' 통과 　− 보호관찰이나 가석방의 조건으로 약의 복용 의무화 　− 캘리포니아 주(1996), 몬타나 주(1997), 플로리다 주(1997), 텍사스 주(1997), 오레곤 주(1999),

미국전역을 들끓게 했던 캘리포니아 주의 화학적 거세법이 제정된 이후 8개 주가 추가로 화학적 거세 제도에 동참했다. 이중 4개 주(조지아 · 몬타나 · 오레곤 · 위스콘신)는 화학적 거세만을 허용하고, 3개 주(플로리다 · 아이오와 · 루이지애나)는 감형을 조건으로 한 화학적 혹은 물리적 거세를, 텍사스 주는 '자발적 · 물리적 거세'만을 허용하고 있다(조선일보, 2010. 7. 19. A8면).

② 독일

독일에서의 성폭력범죄자들에 대한 대책은 범죄에의 응보로서의 '징벌'(수감, 벌칙, 거세 등)보다는 '치료'에 더 많은 관심을 두고 있다. 1969년부터 비정상적 성충동 가진 중범죄자들을 대상으로 부분적으로 물리 · 화학적 거세가 있어 왔지만, 1970년대 말부터 성범죄자들을 단순히 구금하고 형기를 마친 후, 적절한 치료 없이 석방하는 것은 시민의 안전에 전혀 도움이 되지 않는다는 인식[151]과 경험이 뒷받침되면서, 1998년 '성범죄 및 기타 위험한 범죄와의 투쟁에 관한 법률' 제정[152]을 계기로 "치료처우"에 많은 관심과 대책 핵심이 놓이게 되었다(전영실 외 5인, 2007; 502).

이 치료처우는 성범죄자들에 대해 정신치료, 사회교육 및 작업치료 등을 종합한 "혼합적인 사회치료"로서 범죄양상에 따라 차별적인 치료를 하여 좋은 결과를 나타냈지만, 실제 아동 · 청소년을 대상으로 한 성폭력범죄자들에 대한 차별적인 치료프로그램은 따로 운영되고 있지는 않는다.

최근의 독일 화학적 거세 추이는 최근 성폭력범죄자에 대한 새로운 치료프로그램의 양대 산맥 중에서 하나를 담당하고 있다. 그 중 하나는 "종합모델(mutimodal)"이라고 불리우는 정신치료요법(Psychotheraphien)으로 경험적 · 정신의학적인 인지 · 행동치료에 초점을 두고 있는 방법이다. 또 하나는 약물치료요법으로 남성호르몬을 반감시키는 약물치료로 테스토스테론을 감소시켜 성범죄를 저지르지 않게 하는 거

---

151) 실제로, 캐나다의 어린이 · 청소년을 대상으로 한 성범죄들을 치료를 받은 집단(A)과 치료를 받지 않은 집단(B)으로 나누어 비교한 결과, A집단의 경우 6년 뒤 재범률 3.2%, 8년 뒤 재범률 5.6%로 나타났고, B집단은 6년 뒤 13.6%의 재범률, 8년 뒤 21.6%의 재범률로 나타나 처벌과 치료를 병행하는 경우 1/4수준으로 재범률이 감소하는 것으로 나타났다(중앙일보, 2010. 8. 3. 51면).

152) 이 법은 성범죄자들의 치료를 담당했던 사회치료시설에서 치료받은 범죄자들의 66%정도가 재범을 일으키지 않았다는 결과에 고무되어, 성범죄자들을 사회치료시설에서 치료하는 것을 목표로 하여 제정되었다(Goderbauer, 2000: 179).

세효과를 얻고자 하는 방법이다. 독일의 경우는 처벌로서의 화학적 거세라기보다는 성범죄자의 치료처우로서의 화학적 거세의 관점이기 때문에, 이 두 가지 방법을 병행하여 성범죄의 재범률을 감소시키고자 한다.

2. 현행 우리나라의 성폭력범죄 대책

1) 아동·청소년 성폭력에 대한 입법적 대처

우리나라의 아동·청소년을 대상으로 하는 성폭력범죄를 규제하고 있는 법률은 형법과 아동·청소년의성보호에관한법률, 성폭력처벌법, 아동복지법 등이다. 성범죄가 증가하는 현실에서, 특히 아동·청소년을 대상으로 하는 성폭력범죄가 흉포화되고 다른 나라에 비해 상대적으로 폭증함에 따라 이를 제재하기 위한 사회적 요구로서 보다 강력하고 실효성 있는 법적 제재가 필요하게 되었다.

이에 아동·청소년의성보호에관한법률과 성폭력처벌법의 개정을 통해 성폭력범죄근절을 위한 법적 대책을 마련하고 있다.

(1) 아동·청소년의 성보호에 관한 법률(일명 조두순법) 개정 내용
이 법은 아동·청소년대상 성범죄의 처벌과 절차에 관한 특례를 규정하고 피해아동·청소년을 위한 구제 및 지원절차를 마련하며 아동·청소년대상 성범죄자를 체계적으로 관리함으로써, 아동·청소년을 성범죄로부터 보호하고 아동·청소년이 건강한 사회구성원으로 성장할 수 있도록 함을 목적으로 하고 있다.

이 개정안에는 아동·청소년대상 성범죄자가 음주 후 성폭행한 경우 가중처벌하도록 한 내용[153]과 13세 미만 성범죄 피해자의 경우 성년이 될 때까지 공소시효를 정지하는 내용과 유치원, 각급 학교 등 아동·청소년 관련 교육기관에의 취업제한 대상자를 아동·청소년대상 성범죄자뿐 아니라 성인대상 성범죄자와 「아동복지법」상의 성학대자까지 확대한다는 내용을 담고 있다.

이외에, 개정 내용 중에서 처벌 및 절차상에서 특징적으로 강화된 내용을 법 규정을 중심으로 보면 다음과 같다.

---

153) 대법원 양형위원회는 13세 미만 아동 성범죄자에 대한 권고형량 기준을 50%가량 대폭 높이고, 음주(飮酒)에 따른 심신미약을 이유로 형량을 줄여 주었던 관행에서 반대로 형량을 가중시키는 경향으로 엄정한 양형(量刑) 기준 수정안을 확정했다. 이에 따라 13세 미만 아동 강간의 경우 기존 최대 징역 9년 선고에서 수정안은 최대 징역 13년까지 선고할 수 있게 했다. 또 아동을 강간하면서 폭력을 휘둘러 다치게 한 경우 기존의 최대 징역 11년에서 향후에는 무기징역까지 선고하도록 상향조정했다. 논란이 된 음주 감경에 대해 양형위는 어떤 경우에도 범행 당시 술에 취해 있었다는 이유로는 형량을 깎을 수 없도록 못 박았다. 술을 마신 목적이 성폭력을 저지르기 위한 것이었거나 범행 후 책임을 모면하기 위한 것이었다면 형량 가중요소가 된다. 범죄를 저지를 의도 없이 술을 마셨다가 취중에 범행에 이르렀다는 것을 증명하더라도 감형 요소가 될 수 없게 하여 면책사유를 제거하였다. 한국형사정책연구원의 연구 결과에 의하면, 가해자가 범행 당시 음주상태인 경우가 다른 나라들이 10% 미만인 반면, 한국은 37.1%로 음주가 범죄로 연결되는 경향을 보이고 있다(한국형사정책연구원, 2010). 양형위는 또 특별가중인자로 ▲가학적·변태적 행위 ▲상습범인 경우 ▲학교 안 또는 등하굣길·아파트 계단·엘리베이터·유치원·어린이집과 같은 특별보호구역에서 범행을 저지른 경우 ▲다수를 대상으로 반복 범행하는 경우 등을 정했다. 특별가중인자가 감경해줄 수 있는 이유보다 2개 이상 많다면 권고형량 상한선의 50%까지 무겁게 선고할 수 있도록 했다. 13세 미만대상 성폭력범에 대한 양형기준 비교(조선일보, 2010. 6. 30. A12면)

	종전 기준			새로운 기준		
	감경	기본	가중	감경	기본	가중
강제추행	1~3년	2~4년	3~6년	2년 6월~4년	3~6년	5~8년
강간	4~6년	5~7년	6~9년	6~9년	7~10년	9~13년
강간상해	5~7년	6~9년	7~11년	7~10년	9~13년	11~15년 또는 무기징역

〈표 19〉 아동 · 청소년의 성보호에 관한 법률 규정

규정	내용
제7조의 2 (형법상 감경규정에 관한 특례)	음주 또는 약물로 인한 심신장애에서 아동 · 청소년에 대한 성폭력범죄 감경규정 배제
제7조의 3 (공소시효 기산에 관한 특례)	아동 · 청소년 성범죄에 대해서는 피해 아동청소년이 성년 때까지 공소시효 정지, 과학적인 증거가 있는 경우 공소시효 10년 연장
제9조, 제10조, 제11조, 제12조	아동 · 청소년 성범죄 형량 강화: 성매수—3→5년, 강요행위—3→5년, 알선영업행위—5→7년
제13조(수강명령 병과)	아동 · 청소년 성범죄자 재범방지교육 의무화(300시간 수강명령)
제14조(친권상실청구 등)	검사의 친권상실 청구 의무화(친권자 및 후견인에 의한 성폭력인 경우)
제16조(피해자의 의사)	아동청소년 대상 성폭력 범죄에 대한 반의사불벌죄 폐지(비친고죄)
제18조의 4 (신뢰관계에 있는 자의 동석)	피해자 신문 시, 영상물촬영 · 보존 등에 있어 신뢰관계에 있는 자의 동석제도 도입
제28조의 2(보호처분의 청구)	피해아동 · 청소년 보호를 위한 보호처분제도 도입(100m 이내 가해자 접근 금지, 통신장치 등을 이용한 연락 · 접촉 금지)
제31조의 2 (성교육 전문기관의 설치 · 운영)	국가 및 지방자치단체가 아동 · 청소년 대상 성교육 전문기관의 설치 및 운영, 전문단체에 위탁.
제36조(등록정보의 관리)	신상정보 등록(아동 · 소년의 성을 사는 범죄로 2회 이상 유죄판결을 받은 자, 또는 13세 미만의 아동 · 청소년을 대상으로 성범죄를 저지른 자에 한함) · 관리기간 확대(10년→20년)
제38조의 3(고지명령의 집행)	지역주민(아동 · 청소년의 친권자 및 법정대리인) 대상 성범죄자 신상정보 우편고지제도 도입
제44조(취업제한 등)	아동 · 청소년 관련 교육기관 등에 취업제한 대상자(성인대상 성범죄자) 및 대상기관(개인과외 교습자) 확대
제49조(과태료)	성범죄 발생 사실 허위신고자에 대한 과태료 부과

(2) 성폭력처벌법 개정 내용

이 법은 성폭력범죄를 예방하고 그 피해자를 보호하며, 성폭력범죄의 처벌 및 그 절차에 관한 특례를 규정함으로써 국민의 인권신장과 건강한 사회질서의 확립에 이바지함을 목적으로 제정 · 개정되었으며, 특별히 제8조의 2(13세 미만의 미성년자에 대한 강간, 강제추

행 등)에 아동·청소년을 대상으로 하는 성범죄에 대한 규제 내용을 적극적으로 규정하고 있다.

2) 형사정책 및 제도의 시행을 통한 정책적 대처

(1) '성폭력범죄 사건처리지침' 및 '성폭력범죄 피해자 조사지침' 제정·시행

2010년 3월 31일 성폭력 관련 법률, 즉 형법, 성폭력범죄의 처벌 등에 관한 특례법, 아동·청소년의 성보호에 관한 법률 등이 국회를 통과하고, 동년 4월 15일 공포·시행됨에 따른 후속조치로 '성폭력범죄 사건처리지침' 및 '성폭력범죄 피해자 조사지침'이 제정·시행되었다.

종래의 법률, 예규·지침, 지시사항 등에 산재되어 있던 성폭력범죄 특칙 중 수사 시 간과하기 쉽거나 중요한 부분을 관련 규정과 함께 체계적으로 정리한 매뉴얼인 '성폭력범죄 사건처리지침'을 제정하여, 아동·장애인이 피해자인 경우 중복조사를 방지하고,[154] '과학적 증거에 의한 공소시효 연장' 등 신설된 제도를 뒷받침하는 지침을 제정·시행하고 있다. 또한, '성폭력범죄 사건처리지침'의 제정을 통해 아동·장애인인 피해자가 요청하는 경우 부득이한 경우가 아닌 한 출장조사, 영상녹화조사 시 피해자의 인권 및 입장을 고려한 상세한 유의사항을 규정을 규정하고 있다.

---

154) 구체적으로 영상녹화조사, 조사과정에 진술조서 작성 병행을 지양하고, 법정에도 영상녹화물을 증거로 제출, 아동을 증인으로 채택하거나 영상녹화물을 증거로 채택하지 아니하는 경우에는 항소함을 원칙으로 하는 내용을 담고 있다(대검찰청, 성폭력범죄 사건처리지침).

(2) 위치추적 전자장치제도(전자감시제, 전자발찌 부착 제도) 시행

아동·청소년을 대상으로 하는 성범죄가 증가하고 흉포화되는 가운데 이를 예방하고 재범률을 감소시켜 사회적 약자가 성폭력범죄의 피해로부터 방치되지 않도록 하기 위한 대책 중의 하나로 위치추적 전자장치제도를 도입하였다[155].

이 제도는 성폭력범죄자의 재범방지와 성행교정을 통한 재사회화를 위한 목적으로 도입되었고, 형기를 마치고 석방 또는 가석방된 자의 행동을 시·공간적으로 제한(외출 제한, 피해자 접근 금지 등)시키기 위해 유·무선 전자장치 부착을 통해 원격감시하려는 제도이다. 부착대상은 상습적으로 2회 이상의 성범죄를 저지른 자, 13세 미만의 미성년자를 대상으로 범행을 저지른 자로 특정하고 있지만,[156] 개정법률 시행에 따라 성폭력 범죄를 저지르고 전자발찌를 부착하지 않은 사람까지도 전자발찌를 채울 수 있도록 소급적용함으로써[157] 성폭력범죄에 대한 강력하고 적극적인 메시지를 담고 있다.

---

155) 이 제도는 "특정 성폭력범죄자에 대한 위치추적 전자장치 부착에 관한 법률"에 따른 것으로 2008년 1월 28일부터 적용하는 것으로 최고 10년 부착을 명할 수 있다(연합뉴스, 2008. 4. 21).

156) 검사의 전자장치 부착명령 청구는 다음과 같다.
검사는 다음 각 호의 어느 하나에 해당하고, 성폭력범죄를 다시 범할 위험성이 있다고 인정되는 자에 대하여 유기징역형의 전부 또는 일부의 집행을 종료하거나 집행이 면제된 후에 전자장치를 부착하도록 하는 명령(이하 "부착명령"이라 한다)을 법원에 청구할 수 있다.
(1) 성폭력범죄로 2회 이상 징역형의 실형을 선고받아 그 형기의 합계가 3년 이상인 자가 그 집행을 종료한 후 또는 집행이 면제된 후 5년 이내에 성폭력범죄를 저지른 때
(2) 이 법에 따른 전자장치를 부착 받은 전력이 있는 자가 다시 성폭력범죄를 저지른 때
(3) 성폭력범죄를 2회 이상 범하여 그 습벽이 인정된 때
(4) 13세 미만의 자에 대하여 성폭력범죄를 저지른 때

157) 법 제정 전에 성폭력범죄를 저질러 이미 형을 마치거나 마칠 사람에 대한 소급적용은 지나치다는 주장을 감안하여, 대상자의 전과나 범행수법, 출소 후 생활태도 등을 종합적으로 고려하여 재범의 위험성을 판단할 예정이다. 개정법률에 따라 전국 수용시설에서

하지만, 제도 시행을 놓고 많은 우려와 비판 논란이 있다. 즉, 평등원칙의 위배(특정의 성폭력범죄자만을 목표로 하고 있다는 점에서 다른 범죄와의 불평등문제), 인권침해의 논란(전자발찌의 외부 노출 때문에 사회적 낙인효과로 인한 인권침해), 이중처벌의 위해[158](형기를 마친 일반인에게 다시 자유권과 인격권을 침해하는 결과를 초래, 동일범죄의 이중처벌금지원칙 위반) 등 많은 문제점을 노정하고 있다. 하지만, 제도 도입의 목적처럼 '성폭력 범죄로 인한 피해가 다른 어느 범죄보다 심각하고 재범률이 높은 아동·청소년을 대상으로 하는 성폭력의 위험으로부터 이들을 보호'하기 위하여 다른 범죄와 차별된 법 적용을 하기로 한 점에서 새로운 시각의 의미를 부여해야 할 것이다. 다만, 적실성있는 제도 적용을 위해 대상자의 전과, 수사 및 재판기록 등을 면밀하게 검토하고, '한국 성범죄자 재범위험성 평가 척도(KSORAS)'에 의한 재범의 위험성 평가 등을 통해 개별적으로 신중하게 판단·적용하고, 관계기관인 교정시설, 보호관찰소 등의 유관기관과의 공조를 통해 사회적 약자가 성폭력범죄의 피해로부터 방치되지 않도록 최선의 노력을 다하는 것뿐만이 아니라, 앞에서 제기한 제도시행에 따른 우려와 비판을 종식시키기 위한 노력이 병행되어야 할 것이다.

검찰청에 통보된 소급청구 검토 대상자는 2010년 8월 현재 출소예정자 775명, 출소임 박자 446명, 출소자 3,739명 등 총 4,960명이다(대검찰청, 성폭력범죄 사건처리지침).

158) 과거 1981년 "사회보호법"이 사회안전 유지를 목적으로 한 보호감호제도를 담고 있었으나, 반인권적 이중처벌이라 하여 2006년에 폐지되었던 점을 고려하여 제도의 신중한 적용이 필요하다(윤영철, 2008: 211).

(3) 아동·청소년 성폭력 피해자중심의 패러다임 구축

① 피해자 중심의 수사패러다임을 통한 아동보호

우리나라의 경우 성폭력범죄에 대한 비공개원칙이 제대로 수행되지 못하고 있는 것이 현실이다. 이에 성폭력 피해자의 인권침해를 방지하기 위한 사회적 노력의 일환으로 법령 제정과 함께 수사기관에서의 태도 변화, 제도 및 절차상의 보완책을 마련하고 있다. 특히, 아동·청소년을 대상으로 한 성폭력범죄의 경우, 피해아동의 법정진술 등으로 인한 2차 피해를 방지하기 위하여 성폭력법 제21조의 3 제4항에서 소정의 영상녹화물을 통한 입증을 원칙으로 하고, ONE-STOP지원센터의 운영을 활성화하고,[159] 친권자에 의한 성폭력 시 친권상실청구와 경제적 지원 및 심리치료 등 피해자 지원을 병행한다. 아울러 아동성폭력을 24시간 전담수사 지휘하는 체제를 구축하고 영상녹화장비체제 등을 마련함으로써 성폭력 피해아동 2차 피해를 방지하여야 한다.

② 성폭력범죄 전문가 제도 도입

개정된 "성폭력범죄의 처벌 등에 관한 특례법"(2010. 4. 15. 시행) 제28조 제4항에 '성폭력범죄의 피해자가 13세 미만이거나 신체적인 또는 정신적인 장애로 사물을 변별하거나 의사를 결정할 능력이 미약한 사회적 약자인 경우에는 관련 전문가에게 피해자의 정신·심

---

159) ONW-STOP지원센터는 2005년 8월에 경찰병원에 개소한 것으로, 충격적인 성폭력 및 학교·가정폭력피해자들이 여러 병원이나 경찰관서를 전전하며 제2, 제3의 피해를 받던 것을 방지하기 위해 개소하였다(이한일, 2007: 79). 이후 서울(경찰병원), 경기(아주대병원, 의정부의료원), 경북(영동의료원) 등 전국 14개 지역의 병원에서 24시간 의료·법률·수사 문제 해결을 돕고 있다. 근래 아동 성폭력이 증가세를 보이고 있고, 아동에 대한 차별적 접근이 필요하다는 인식이 대두되면서 2006년 6월 대형병원과 연계한 의료 서비스를 제공하는 해바라기아동센터가 문을 열어 피해 아동을 돕고 있다.

리 상태에 대한 진단 소견 및 진술 내용에 관한 의견을 조회'하도록 하는 규정에 의거하여 다년간 성폭력 관련 심리상담 또는 치료 업무에 종사하여 온 소아정신과 전문의, 임상심리전문가, 범죄심리전문가, 사회복지사, 상담사 등을 성폭력범죄 전문가로 활용하고 있다. 이들 전문가들은 아동전담검사(또는 성폭력전담검사)의 요청에 따라, 수사계획 수립, 영상녹화조사 등에 사건발생 초동단계부터 참여하여 피해아동의 정신·심리 상태에 대한 진단·소견 제출, 진술 내용 분석 등의 역할을 수행한다.

(4) 화학적 거세 제도의 도입

성폭력 증가에 의한 사회문제가 심각해짐에 따라 성폭력범에게 성충동 약물치료를 실시하여 재범을 방지하고 사회복귀를 촉진하기 위해, 상습적 아동 성폭력범의 예방 및 치료에 관한 법률안이 개정·공포되어 2011년 7월부터 시행하게 되었다.

주요 내용은, "상습적 아동 성폭력범의 예방 및 치료에 관한 법률안"을 "성폭력범죄자의 성충동약물치료에 관한 법률안"으로 수정하고, 기존보다 화학적 거세대상을 대폭 확대했다. 기존에는 상습적인 성폭력 범죄자만을 대상으로 하고 있지만, 개정된 법안은 초범자에 대해서도 화학적 거세를 가능하도록 했다. 또 화학적 거세 대상자의 연령을 기존 '25세 이상'에서 성폭력범죄를 저지른 성도착증 환자로서 성폭력범죄를 재범할 위험성이 있다고 인정되는 '만 19세 이상'으로 하향 조정했으며, 성폭력 범죄대상 연령도 '13세 미만' 아동에서 '16세 미만' 청소년까지 확대했다.

또한, 약물치료의 경우 의학적으로 알려진 것으로 과도한 신체적 부작용을 초래하지 않을 요건 등을 갖추어야 하며,[160] 치료시점은 출소 2개월 이내에 집행하고, 기간은 15년 이내, 필요한 경우 연장할 수 있도록 하였다.

이를 위해, 법원은 치료기간을 정하여 판결로 치료명령을 선고하되, 선고를 받지 아니한 성폭력 수형자의 경우는 결정으로 치료명령을 하도록 하였고, 치료명령 청구는 법 시행 전에 저지른 성폭력범죄에 대하여도 소급적용이 가능하도록 하였다.

하지만, 아동·청소년 성폭력범죄의 급증에 따른 사회적 호응도가 높아졌음에도 불구하고, 제도 도입에 앞서 위치추적 전자장치제도 도입의 경우와 같이 화학적 거세 시행에 따른 인권침해 및 위헌 가능성, 의학적 부작용을 배제할 수 없고, 아동·청소년 성범죄의 근절을 위해 마련된 일명 '화학적 거세법'의 실효성을 담보할 수 있는 정교한 프로그램과 제도 구축을 선행조건으로 하고 있다.

(5) 성범죄자 신상정보 등록·열람제도

우리나라의 성범죄자 신상정보 등록·열람제도는 아동과 청소년을 대상으로 성범죄(강간, 강제추행, 성매수, 음란물 제작·배포, 알선 영업행위 등)를 저지르고, 법원에 의해 유죄판결이 확정된 자에 대해 국가로 하여금 성범죄자의 사진, 세부주소 등의 신상정보를 등록하여 관리하도록 하고 있다. 이를 위해, 아동·청소년의 성보호에 관한 법률 제5장에서 아동·청소년대상 성범죄로 유죄판결이 확정된 자의 신상정보 등록 및 공개와 취업제한 등을 규정하고 있는 바,

---

160) 약물 치료는 법안 기준에 부합하는 성범죄자 중 정신과 전문의의 진단 및 감정을 통해 성도착증 환자라는 확진을 받은 성범죄자를 대상으로 하며, 지속적인 약물치료를 통해 테스토스테론의 분비를 저하시켜 성욕을 억제하도록 한다.

구체적인 내용은 다음과 같다.

제33조(신상정보 등록대상자) ① 아동·청소년대상 성범죄로 유죄판결이 확정된 자 또는 제38조제1항제5호에 따라 공개명령이 확정된 자는 신상정보 등록대상자(이하 "등록대상자"라 한다)가 된다. 다만, 성폭력범죄로 2회 이상 유죄판결을 받은 경우이거나 피해대상 아동·청소년이 13세 미만인 경우에 한한다. ② 법원은 아동·청소년대상 성범죄로 선고할 경우에 등록대상자라는 사실과 신상정보 제출 의무가 있음을 등록대상자에게 알려 주어야 한다. ③ 법원은 판결이 확정된 날부터 14일 이내에 여성가족부장관에게 송달하여야 한다.

제34조(신상정보의 제출 의무) ① 등록대상자는 30일 이내에, 성명, 주민등록번호, 주소 및 실제거주지, 직업 및 직장 등의 소재지, 신체정보(키와 몸무게), 사진(등록일 기준으로 6개월 이내에 촬영된 것), 소유차량의 등록번호 등의 신상정보를 자신의 주소지를 관할하는 경찰관서의 장(수감상태의 경우, 교정시설 및 치료감호시설의 장)에게 제출하여야 한다. ② 등록대상자는 제출한 신상정보가 변경된 경우에는 그 사유와 변경내용을 30일 이내에 제출하여야 한다.

제35조(아동·청소년대상 성범죄자의 신상정보 등록 등) 여성가족부장관은 송달받은 정보와 등록대상자의 아동·청소년대상 성범죄 경력정보를 등록하고, 20년간 보존·관리하여야 한다.

제37조(등록정보의 활용 등) 여성가족부장관은 등록정보를 아동·청소년대상 성범죄와 관련한 범죄예방 및 수사에 활용하게 하기 위하여 검사 또는 각급 경찰관서의 장에게 배포할 수 있다.

제38조(등록정보의 공개) ① 법원은 다음 각 호의 하나에 해당하

는 자에 대하여 판결로 공개정보를 등록기간 동안 정보통신망을 이용하여 공개하도록 하는 명령을 아동·청소년대상 성범죄 사건의 판결과 동시에 선고하여야 한다.

1. 아동·청소년대상 성폭력범죄를 저지른 자
2. 이 법에 따른 신상공개 결정 또는 열람명령·공개명령을 선고받고 다시 아동·청소년대상 성폭력범죄를 저지른 자
3. 13세 미만의 아동·청소년을 대상으로 아동·청소년대상 성범죄를 저지른 자로서 13세 미만의 아동·청소년을 대상으로 아동·청소년대상 성범죄를 다시 범할 위험성이 있다고 인정되는 자
4. 아동·청소년대상 성폭력범죄를 저지른 자로서 아동·청소년대상 성폭력범죄를 다시 범할 위험성이 있다고 인정되는 자
5. 아동·청소년대상 성폭력범죄를 범하였으나 「형법」 제10조제1항에 따라 처벌할 수 없는 자로서 아동·청소년대상 성폭력범죄를 다시 범할 위험성이 있다고 인정되는 자

② 등록정보의 공개기간은 판결이 확정된 때부터 기산한다.
③ 제공되는 등록정보는 성명, 나이, 주소 및 실제거주지(읍·면·동까지), 신체정보(키와 몸무게), 사진, 아동·청소년대상 성범죄 요지.

제38조의 2(등록정보의 고지) ① 법원은 공개대상자에 대하여 판결로 공개명령 기간 동안 고지정보를 고지대상자가 거주하는 읍·면·동의 지역주민에게 고지하도록 하는 명령을 아동·청소년대상 성범죄 사건의 판결과 동시에 선고하여야 한다.

② 제1항에 따른 고지명령은 다음 각 호의 기간 이내에 하여야

한다.

1. 집행유예를 선고받은 고지대상자는 신상정보 최초 등록일부터 1개월 이내

2. 금고 이상의 실형을 선고받은 고지대상자는 출소 후 거주할 지역에 전입한 날부터 1개월 이내

3. 고지대상자가 다른 지역으로 전출하는 경우에는 변경정보 등록일부터 1개월 이내

③ 고지정보는 성명, 나이, 주소 및 실제거주지(읍·면·동까지), 신체정보(키와 몸무게), 사진, 아동·청소년대상 성범죄 요지 등이다.

제38조의 3(고지명령의 집행) 법무부장관으로부터 송부 받은 고지대상자의 출소 예정일과 고지대상자의 출소 후 거주지 상세주소 등을 여성가족부장관이 고지한다. 또한, 여성가족부장관 및 위임을 받은 고지대상자가 거주하는 읍·면사무소의 장 또는 동 주민자치센터의 장은 고지정보를 관할구역에 거주하는 아동·청소년의 친권자 또는 법정대리인이 있는 가구에 우편으로 송부하여야 한다.

제39조(공개명령의 집행) 공개명령은 여성가족부장관이 정보통신망을 이용하여 집행한다.

이상의 법 규정 시행에도 사회적 낙인으로 인한 사회 부적응, 이중처벌 등의 범죄자에게 과도한 개인법익의 침해 논란이 있을 수 있지만, 성폭력범죄로 부터의 피해자 보호와 국가적 이익을 위해 시행은 하되, 공개방식과 공개수위 등을 충분히 고려해야 한다.

제5절 맺음말

아동성폭행범은 '영혼의 파괴자'라고 비난하는 것처럼, 아동·청소년 성폭력범죄는 신체적 피해뿐만 아니라 정신적 휴유증을 지속적으로 동반하는 가장 심각한 범죄이다. 그럼에도 불구하고, 사회의 무관심과 실효성없는 성범죄 대책으로 최근까지도 아동·청소년 성폭력범죄는 계속적으로 발생하고 있다.

경찰에서의 '성범죄와의 전쟁' 선포만으로는, 그동안 우리 사회에서 만연되어 온 성범죄에 대한 왜곡된 인식과 타인의 일로만 간과하는 무관심, 성범죄 피해에 대한 경시 풍조, 미온적인 처벌로 인한 재범, 범죄자에 대한 실효성 없는 재범방지시스템 등을 해결할 수는 없다.

이에 개인 및 가정, 지역사회, 국가로 통합된 "3중 안전시스템"의 실질적 운영이 필요하다. 가정에서의 피해대상 아동·청소년에 대한 성폭력예방교육과 지속적인 관심, 성범죄로의 노출 방지를 위한 노력이 필요하다. 특히 아동 대상 성범죄자의 최다빈도를 차지하는 '잘 아는 사람'으로 부터의 친근함과 실질적인 성범죄와 구별시키는 교육과 노력이 필요하다.

성범죄에 대한 관심과 노력으로 지역사회 차원에서는 지역주민들의 성범죄에 대한 올바른 인식 정립과 내 아이가 아닌 다른 아동들에 대한 무한한 관심, 성범죄 피해에 대한 심각성 인식, 성범죄의 원인에 대한 철저한 분석, 성범죄 신고율 제고, 성범죄 피해자 중심의 패러다임 구축이 절실하다.

국가적 차원에서는 성범죄 피해자의 실질적 구제와 보호제도와 더불어 성범죄자에 대한 철저한 제재와 재범방지를 위한 실효성 있는 제도의 정착 노력이 필요하다. 이미 외국에서 시행하고 있는 성범죄자 신상정보 등록·열람제도, 위치추적 전자장치, 화학적 거세 제도 등의 재범방지를 위한 제도의 실질적 도입과 이에 대한 많은 비난·저항을 극복할 수 있는 제도적 보완책을 마련하여야 하고, 성범죄자에 대한 엄격한 형벌 부과뿐만 아니라 동시에 실질적 치료처우프로그램을 통해 성범죄를 방지하려는 노력이 필요하다.

참고문헌

1. 국내문헌

강은영(2000), 「아동성학대의 실태 및 대책」, 한국형사정책연구원 연구보고서, 00-13.

국회법제사법위원회(2006), 성폭행범죄에 대한 대응 어떻게 할 것인가에 대한 공청회 자료집, 국회법제사법위원회.

김은정(2007), "아동 성폭력 피해자의 치료의 의미", 해바라기아동센터 3주년 기념세미나자료집.

김혜정(2005), "성폭력범죄자에 대한 전자팔찌 적용가능성에 대한 검토", 「형사정책연구」, 제16권 제3호.

대검찰청(2006), 「범죄분석」, 대검찰청.

박상기 외(1999), 「형사정책」, 한국형사정책연구원.

박성수(2006), "보호관찰대상자의 전자감시제도에 관한 연구", 「한국공안행정학회보」, 제15권 제4호, 한국공안행정학회.

박성숙(1990), "성학대 피해자의 문제와 치료", 「정신건강연구」, 제9집, 한양대학교 정신건강연구소.

오경자(1994), "친족 성폭력의 원인", 「정신건강연구」, 제13권, 한양대학교 정신건강연구소.

윤가현(2006), "성범죄의 심리학적 접근", 한국심리학회 연차학술대회 대외심포지움, 서울대학교, pp.11~25.

윤영철(2008), "우리나라의 전자감시제도에 관한 비판적 소고", 「형사정책연구」, 제19권 제3호.

이상현(2005), 「범죄심리학」, 박영사.

이수정(2006), 「범죄심리학」, 북카페. p.24.

이영분(1999), "아동 성폭력 현황 및 그 치료와 예방에 관한 연구", 「한국아동복지학」, 제8권, 한국아동복지학회.

이원숙(2001), 「성폭력과 사회복지」, 강남대학교출판부.

이한일(2007), 「아동대상 성폭력범죄의 대응방안에 관한 연구」, 순천향대학교 대학원.

전영실 외 5인(2007), 「성폭력범죄의 유형과 재범억제방안」, 한국형사정책연구, 07-03.

정 완(1999),「영국의 전자감시제도」, 형사정책연구, 1999, 10권 2호.

정현옥(2008),「아동 성폭력범죄에 대한 연구」, 숭실대학교 대학원.

천정환(2006),『신 범죄학』,백산출판사.

최상섭(2006), 성폭력범죄자 재범방지 대책 마련을 위한 세미나.

최인영·염건령(2005),『문화적 일탈이론과 범죄사회학습이론』, 백산출판사.

한국성폭력상담소(1997), 성폭력에 관한 법률지침서.

 _____(2009), 2009년 한국성폭력상담소 상담통계 및 상담 동향분석, 보도자료.

한국형사정책연구원(2010), 국내외 아동 성범죄 특성분석과 아동 보호체계 연구.

해바라기아동센터 사업보고서(2008년도, 2009년도).

법무연수원(2009),「2009 범죄백서」.

표창원(2005),「외국의 어린이 성폭행 피해자 지원체계」.

2. 국외문헌

Brownmiller, S(1975), *Again our will: Men, Women, and rape*, New York, Allyn and Bacon.

Goderbauer(2000), "Behandlungsnotwendigkeiten und Behandlungsvoraussetzungen bei Sexualstraftätem", in: Behandlung von Sexualstraftätem im Justizvollzug, KUP.

Gudjonsson(1998), Gislih/Haword, *Forensic Psychology: A Guide to Pratice*, Routledge.

Holmes, S. T. & Holmes, R. M(2002), "Current Perspectives on Sex", *Sex Crimes, Patterns and Behavior*, California: Sage Publications, 2nd ed.

Home Office(1997), *Electronic Monitoring in practice*.

J. Money(1976), "Influence of Hormomes on Psychosexual Differentiation", *Medical Aspects of Nutrition*, 30, p.165.

Koss & Harvey(1987), *The Rape Victim: Clinical and Community Approaches to Treatment*, The Stephen Greene Press.

高橋良彰(2005), 犯罪心理學, 日本文藝社.

作展 明(2005), 小兒性愛子の犯罪と更生, 新しい犯罪心理學, 世論時報社

3. 관련 법률

성폭력범죄의 처벌 및 피해자보호등에 관한 법률(제정 1994. 1. 5. 법률 제4702호)

성폭력범죄자의 성충동약물치료에 관한 법률(제정 2010. 7.)
아동·청소년의 성보호에 관한 법률(일부개정 2010. 04. 15. 법률 제10260호)
특정 범죄자에 대한 위치추적 전자장치 부착 등에 관한 법률 시행령
(시행 2009. 8. 9;대통령령 제21649호, 2009. 7. 30, 일부개정)
성폭력범죄 사건처리지침(대검찰청, 2010)
성폭력범죄 피해자 조사지침(대검찰청, 2010)

4. 관련 사이트

대검찰청 보도자료. www.spo.go.kr
대전일보. www.daejonilbo.com
서울신문. www.seoul.co.kr
서울해바라기아동센터. WWW.child1375.or.kr
조선일보. www.chosun.com

제3부

지방정책:
합리성과 실행력 제고

제8장

지방의회 의원연수제도의
문제점과 개선방안

김학만

제1절 서론

최근 세계화의 흐름 속에서 서구 선진 각국에서는 지방화 및 분권
화의 중요성이 더욱 부각되고 빠른 속도로 진행되고 있다. 이에 따
라 과거 중앙정부가 수행하던 업무의 많은 부분이 지방정부에 이양
되어 지방정부는 과거 중앙정부가 수행하였던 많은 업무를 수행하
고 있다.

지난 6·2지방선거 이후 새로운 민선자치 출범과 함께 지방의회
에 대한 관심과 기대가 크다. 하지만 이와 달리 민선 지방의회는 출
발부터 '감투싸움'으로 유권자에게 실망감을 안겨주고 있다(대전일
보, 2010. 07. 19. 3면).

주민들의 투표를 통해 대표성을 부여받은 의원들이 의정활동을

벌이는 주민의 대의기관으로서 지방의회가 본연의 기능을 스스로 저버리고 내홍과 갈등으로 시간을 허비하는 것은 유권자에 대한 배신행위라 할 수 있다.

지방의회의 문제가 거론될 때마다 나타나는 의원들의 자질 및 전문성도 단골메뉴이다. 따라서 전문성 강화를 위한 스스로의 노력과 변화가 필요하다. 지방의원들이 실추된 의회위상을 강화하고 예산편성과 집행, 조례 제정과 같은 의회본연의 임무를 성실히 수행하기 위해서는 정파싸움보다는 '주민의 대표'라는 사명감과 소명의식에 기초하여 지방의원으로서의 전문성강화를 위한 노력이 무엇보다 필요한 때이다. 이러한 시각에서 지방의원에 대한 능력발전 방안으로 지방의원의 연수에 대해 논의하는 것은 그 의미가 크다고 볼 수 있다.

그동안 지방정부는 전통적으로 수행하였던 지역개발 등과 같은 업무 이외에 급속히 변화하는 사회 환경의 변화에 따라 발생하는 환경, 고령화, 사회복지, 식품안전, 저 출산 등과 같은 새로운 행정업무의 수요에 직면하고 있다.

우리나라의 지방자치 현실에서 이러한 행정수요에 적극적으로 대처하고 보다 합리적인 처방을 제시하는 데 있어서 단체장 개인의 정치적 책임에 의존하여 문제를 해결하기에는 한계가 있다. 이러한 맥락에서 지역주민의 의견을 수렴하고 반영하는 지방의회역할의 중요성이 있다. 지방의회가 지역사회의 주요문제를 해결할 수 있는 권한을 강화하면 할수록 지방의회의 존재 의의 및 그 가치를 얻을 수 있다. 특히 조정, 협의, 의견수렴, 시책 발굴, 정책대안 제시 등과 같은 지방의회의 기능은 현 시점에서 매우 중요하다.

이러한 의정활동 활성화 차원에서 지방의회의 전문성을 확보할 수 있는 대안 중에서 지방의회의 연수제도의 개선방안을 모색하여 본다. 비록 지방의회의 유급제, 지방의회 사무처의 기능강화 등과 같은 지방의회의 경쟁력 강화를 위한 다양한 제도개선이 모색되어 지고 있지만 지방의원의 자질 및 전문성 향상을 위한 구체적인 대안 제시는 부족한 형편이다. 특히 의원연수제도에 관한 논의는 상대적으로 부족한 실정에서 의원연수제도 운영의 개선방안을 모색함으로써 지방의회의 역량강화 방안을 제시하고자 한다. 이와 같이, 지방분권화 시대를 맞아 지방행정이 확대되고 전문화됨에 따라 진정한 지방자치의 실현을 위해서는 전문성이 강화된 지방의원의 의정활동이 요구되는바, 지방의원에 대한 직접적인 능력발전 방안의 일환으로 교육훈련과 같은 지방의원의 연수에 대한 논의는 지방자치발전에 작으나마 이론적·실천적 기여를 하리라 기대된다.

이를 위해, 본 연구의 방법은 이 분야 연구에 대한 선행연구의 문헌 검토를 통한 이론적 논의, 대전광역시 의회사무처의 실증 자료와 2차 통계자료의 분석, 관련 공무원 및 지방의원들에 대한 비구조화된 심층면담을 실시하였다.

본 연구는 지방의원의 개인적인 전문성이 뒤떨어져서가 아니라 이러한 논의를 통해 연수 등의 방법으로 보다 좋은 의원, 전문성을 갖춘 의원이 견제와 균형의 역할을 제대로 수행하도록 하는 데 있어 이론적·정책적 시사점을 제시하는 것을 궁극적인 연구의 목적으로 하고 있다.

제2절 지방의원 연수의 필요성과 선행연구의 검토

1. 지방의원 연수의 필요성

1) 지방의정 활동의 정책역량 강화

지방의원의 전문성 제고와 관련하여 지방의회는 유능한 정치인을 발굴하여 훈련시킨 다음 중앙의 정치무대에 공급하는 '정치엘리트의 파이프 라인'으로서의 기능을 수행하는 곳으로(허훈, 2010: 149~168), 지방의원이 유능한 정치엘리트로 성장하기 위해서는 충분한 의정활동 수련을 통하여 능력의 배양이 필요하다.

지방의원 연수제도는 지방행정이 갈수록 복잡·다양하여 이를 다루는 데 상당한 전문성이 요구되며, 급변하는 사회에서 지방정부의 문제를 해결해야 하는 지방의원에게 정보를 제공해 주고, 행정경험이 많은 공무원을 견제·감시하는 능력을 갖게 함으로써 주민 서비스의 질을 높이기 위한 필요성에서 기인한다.

지방의원은 지방행정에 대한 수준 높은 정책을 제시할 수 있는 역량이 필요하고, 집행기관인 지방자치단체 장에 대한 심도 있는 감시와 견제의 기술을 습득하여야 한다.

지방행정이 날로 복잡해지고 전문화의 추세로 바뀌어 지는 경향이 있음을 미루어 비추어 볼 때, 지방행정을 효율적으로 감시하고 견제해야 할 지방의원의 전문적 지식을 함양하기 위하여 연찬회 및 세미나 개최 등과 같은 다양한 교육훈련 프로그램이 필요하다(문재우, 1996: 23~63).

지방의원이 조례제정, 행정사무 감·조사, 정책대안 제시, 예·결산 심의 등에서 바람직한 영향력을 행사할 수 있기 위해서는 행정사무 감·조사요령 등에 관한 세미나, 강연회, 좌담회 등을 단기적·장기적, 그리고 반복적으로 계획·실시하여야 한다.

정보화·세계화의 환경에서 행정의 다양화와 전문화가 이루어지며 중앙정부 권한의 지방이양이 가속화되는 환경에서 지방의회가 의회 본연의 기능인 입법, 예산심의, 행정 감시·견제 등과 같은 역할을 원활히 수행하기 위해서는 지방자치단체의 정책집행 감독 및 견제 기능이 강화되어야 한다. 따라서 지방의 문제 해결과 정책형성 능력을 배양하고 지방자치의 발전을 위한 의원 역량 강화에 기여할 수 있게 하기 위해서는 지방의원에 대한 연수의 필요성이 더욱 요청받고 있다.

2) 지방의원의 전문성 함양

지방의원 연수가 지방의원에게 줄 수 있는 효과는 기본적으로 지방의원의 전문성을 함양 시키는 데에 있다. 일반적으로 조직 구성원에게 요구되는 전문성의 성격은 크게 두 가지로 나누어 구별할 수 있다.

첫째, 조직이나 기관구성원의 전문성이란 당사자가 기관 구성원이 되기 전의 교육과정이나 과거의 다양한 사회화 학습과정을 통해 체득한 전문지식과 기술이 있고 둘째, 기관에 들어온 이후 조직의 업무수행과정에서 경험으로 체득한 지식과 기술이 있다. 전자를 인적 전문성이라고 한다면 후자는 기능적 전문성이라고 할 수 있다. 인적 전문성과 기능적 전문성은 지방의회 의원이 의원으로서 직무 수행을 얼마나 전문성을 가지고 수행할 수 있느냐 하는 직무 전문성에 속한다고 할 수 있다.

그러나 지방의원은 아무리 직무 전문성이 뛰어난다고 하더라도 그러한 전문성을 실제 의정활동을 통해 발휘하지 않는다면 아무런 의미가 없을 것이다. 이처럼 직무 전문성을 의정활동을 통해 적극적이고 효과적으로 발휘하는 전문성을 역할 전문성이라고 할 수 있다. 이렇게 볼 때 지방의원의 전문성으로서 직무 전문성과 역할 전문성은 분명히 선을 나누어 볼 수는 없을 것이다. 역할 전문성은 직무 전문성을 전제로 하기 때문이다. 따라서 지방의원에 대한 연수교육은 궁극적으로 지방의원의 직무 전문성과 역할 전문성을 포괄하는 전문성을 강화시켜주는 중요한 요인이라 할 수 있다.

2. 선행연구의 검토

지방의원 연수[158]에 대한 선행연구는 많지 않은데, 이는 자료의 한계, 연구자의 부족, 연구관심의 부족 등이 클 것으로 판단된다(김학만, 2010: 80). 그동안 지방의원연수를 연구주제로 한 연구는 연수의 필요성을 제기한 연구, 연수의 제도개선방안, 교육프로그램에 대한 실태분

---

158) 본 연구에서 논의하고자 하는 연수(研修)는 지방의원의 전문성을 높이기 위해 실시되는 간담회, 세미나, 국외연수 등 모든 유형의 교육훈련을 아우르는 광의적 개념으로 사용하고자 한다. 문장의 용례 상 교육훈련이 더 타당하거나 다른 학자의 글을 인용할 때 교육훈련이라 한 것도 이글에서는 연수를 뜻하는 것으로 본다(허훈, 2010: 150 참조).

석, 지방의원연수의 종합적인 실태분석 등이 있었다(허훈, 2010: 152).

최근에는 지방의원 전문성 향상을 위한 연수실태와 발전방안을 통해 지방의원의 연수에 대한 규범적 접근을 종합적으로 고려하여 연수의 목적(필요성), 연수기관, 연수유형, 연수프로그램 등을 설명변수로 하여 실태를 분석하여 발전방안을 제시하였다(허훈, 2010: 149~168). 이 연구는 지방의원의 연수에 관한 연구방법의 규범적 접근의 종합적 분석으로 의미가 있다고 판단된다.

그리고 지방의원의 교육·훈련·연수를 정례화 하는 방안(금창호·김병국, 1994), 다양한 교과과정의 운영 및 지방의원 전문연수기관의 설립방안(김성호·송창석·김필두, 1996), 국가의 지원 필요성(김성호, 2003) 등에 대한 논의가 있어왔다. 이러한 선행연구는 지방의원 연수만을 대상으로 한 논의라기보다는 지방의원의 역할과 위상을 강화하는 차원에서 다양한 개선방안의 일환으로 지방의원 연수를 언급하는 것으로 시작되었다고 볼 수 있다.

또한, 지방의회의 전문성 강화 차원으로 지방의회 의원의 연수에 대한 논의(박종득·임헌만, 2000; 최병대, 2003: 육동일, 2004)가 있었으나, 지방의원의 연수에 관한 것 보다는 지방의회조직과 관련된 유급보좌관제, 의회직렬의 신설문제 등에 대한 관심이 주로 언급되면서 연수에 대해 부수적으로 논의하고 있을 뿐이다.

다만, 최근에 지방의원의 해외 연수가 외유성이라거나 낭비적이라는 비판으로 지방의원의 해외연수 실태를 분석하고 개선방안을 제시한 연구(송광태, 2001)와 지방의회 의원의 연수에 대해 관심을 기울이는 연구가 진행되었음을 알 수 있다.

특히, 하정봉·최봉기(2007)의 연구는 지방의원의 국내연수에 대한 실태분석과 개선방안을 제도, 운영, 내용적 측면의 전반적 실태와 이에 대한 개선방안을 제시하였다.

그러나 의회의원의 연수 프로그램의 교육적 차원의 논의와 이에 대한 쟁점별 접근이 미비한 한계가 있다. 그리고 박천오·이춘해·서우선(2008)의 연구는 국회의정연수원 연수만을 대상으로 하여, 지방의회 의원의 연수에 대한 종합적인 접근에는 한계가 있다고 할 수 있다.

여전히 지방의회 차원의 전문성 향상을 위한 연수제도에 대한 전반적이고 체계적인 점검과 개선은 거의 이루어지지 못하고 있어, 지방의원의 연수제도 특히 국내연수에 대한 체계적이고 발전적 논의를 위한 연구는 극히 드문 실정이다.

결국, 지방의원의 연수에 대한 기존의 주요 연구 내용은 연수기간, 연수내용, 연수담당기관 등에 대한 부분적이나마 다양한 주장이 제기되었다. 그러나 지방의회의 연수에 관한 전반적이고 체계적인 정리는 미흡한 것으로 보이고 있다.

특히, 연수내용의 교육적 차원에서 내용의 구체적인 논의가 없었던 것으로 보이며, 지방의원의 연수프로그램에 대하여 연구된 내용은 연수기간과 연수담당기관에 있어서의 각기 주장하는 바가 다르고 연수내용은 상당히 단편적인 의견 제시뿐임을 알 수 있다(김성호, 2003; 행정자치부 외, 2005; 금창호, 2005).

따라서 그 동안 나타난 지방의회의 연수에 관한 전반적이고 쟁점별 논의가 미흡한 점을 종합적으로 검토하여 개선방안을 제시해야 하는 필요성을 야기시키고 있음을 알 수 있다.

이러한 지방의회 의원 연수의 전반적이고 쟁점별 발전적 논의를 위한 요소의 도출을 위해 일반적인 지방의원 연수 프로그램의 분석 요인으로 연수기관, 대상과 시기, 목적, 내용과 방법, 방식과 유형, 지위, 비용, 자격 등을 포괄하는 내용으로 정리할 수 있다. 이러한 분석요인과 선행연구의 쟁점별 논의를 종합해 보면, 연수의 공급형태, 참여 대상과 시기, 연수의 목표, 연수의 내용과 방법 등으로 분석요인을 정리할 수 있다. 이는 김현욱·신문승·권동택(2009)의 연구에서 나타난 각 요인별 비교연구에서 제시되고 있는 비교 쟁점과 유사하여 그 시사하는 바가 크다 할 수 있다.[159)

〈표 1〉 본 연구의 쟁점별 논의의 분석 요소

분석요소	분석의 세부내용
연수의 공급형태와 수요욕구	연수를 누가, 어떤 기관이 어떤 형식으로 공급하고, 연수의 수요욕구는 무엇인가?
연수의 참여 대상과 시기	초선의원, 재선의원, 3선의원 등에 따라 차별화된 연수의 시기와 기간은 어느 정도인가?
연수의 목표와 필요성	연수를 통해 얻고자 하는 목표와 구체적인 필요성은 무엇인가?
연수의 내용과 방법	연수의 내용은 무엇이며, 연수의 방법은 어떤 것이 있는가?

---

159) 김현욱·신문승·권동택(2009)의 연구에서 독일, 싱가포르, 뉴질랜드, 캐나다-온타리오의 학교장 연수 프로그램을 비교 분석하여 우리나라 학교장 연수프로그램에의 시사점을 도출하였다. 이는 일률적인 학교장 자격 연수프로그램을 가진 우리나라의 자격연수 프로그램 개선을 위한 자료로 활용하는 데 의미가 있을 것이다. 아울러 본 연구의 분석 요소를 도출하는 데 기본적인 아이디어로 활용하고자 한다.

제3절 대전시의회 의원 연수제도의 현황과 문제점

1. 지방의회 연수의 현황

대전광역시 지방의원의 연수는 지방의회 차원에서 수립한 자체계획에 따라서 연례적으로 의원세미나 및 의원연수의 형식으로 의정실무에 관한 교육을 실시하고 있으며 수시연찬회도 분기별로 1회 정도 실시하는 경우가 대부분이다. 해외연수는 지방의회 운영위원회 자체계획에 의하여 수행하고 있다.

한편, 국내연수는 특별한 법령에 의하여 수행하는 것이 아니라 지방의회의 상임위원회 위원장이 참여하는 운영위원회 차원에서 협의되어 결정되고 있다. 해외연수의 경우는 그 동안 커다란 문제점으로 지적되어 왔으나 최근 행정안전부(2009. 6.)의 '지방의회의원 공무국외여행 규칙' 개정 권고안에 따라 별도의 「대전광역시의회의원 공무국외여행규칙」을 제정하여 운영하고 있다[160](대전광역시의회의원 공무국외 여행규칙<자료 p.9>).

---

160) 대전광역시 기초의회 5곳(중구, 동구, 서구, 유성구, 대덕구)의 지방의회의원 공무여행 규칙도 마찬가지로 대전광역시 의회의 규칙 내용과 같은 내용을 정하고 있어 따로 제시하지 않기로 한다.

<대전광역시의회의원 공무국외여행규칙>

(제정) 2001-09-28 규칙 제 00011호 (시의회규칙)

(일부개정) 2009-12-22 의회규칙 제25호

제1조(목적) 이 규칙은 대전광역시의회의원의 공무국외여행에 관하여 필요한 사항을 규정함을 목적으로 한다.<개정 2009. 12. 22 규칙 제25호>

제2조(적용범위) 이 규칙이 적용하는 공무국외여행의 범위는 다음과 같다.

1. 외국의 중앙정부차원의 공식행사에 정식으로 초청된 경우

2. 3개 국가 이상의 중앙정부 또는 지방자치단체가 개최하는 국제회의에 참가하는 경우

3. 자매결연체결 및 교류행사와 관련하여 출장하는 경우

4. 지방자치단체에서 대전광역시의회의원(이하 "의원"이라 한다) 동반 해외출장을 요구하는 경우<개정 2009. 12. 22 규칙 제25호>

5. 그 밖에 대전광역시의회의장(이하 "의장"이라 한다)의 명에 의하여 공무로 국외 여행하는 경우<개정 2009. 12. 22 규칙 제25호>

제3조(허가권자) 제2조 각호의 규정에 의하여 의원의 공무국외여행은 의장이 허가한다.

제4조(심사위원회의 설치) ① 의장은 의원의 공무국외여행을 심사하기 위하여 대전광역시의회의원 공무국외여행심사위원회(이하 "심사위원회"라 한다)를 설치 · 운영한다.

② 심사위원회는 위원장과 부위원장 각 1인을 포함하여 7인 이내의 위원으로 구성하며, 위원장과 부위원장은 위원 중에서 호선한다.<개정 2009. 12. 22 규칙 제25호>

③ 심사위원회는 의장이 위촉하는 의원, 대학교수, 시민 · 사회단체대표 등으로 하되 당연직 위원은 운영위원회위원장이 되며, 의원이 아닌 자가 과반수가 되어야 한다.

④ 의장이 위촉하는 위원의 임기는 2년으로 하되 1회에 한하여 연임할 수 있으며 위원이 궐원 시 새로 위촉하는 위원의 임기는 전임위원의 잔여기간으로 한다.

⑤ 위원장은 심사위원회의 사무를 총괄하며 위원장이 부득이한 사유로 직무를 수행할 수 없는 경우 부위원장이 그 직무를 대행한다.<개정 2009. 12. 22 규칙 제25호>

⑥ 심사위원회의 회의는 의장이 요구하거나 필요시 심사위원회 위원장이 소집하며 재적위원 과반수의 출석과 출석위원 3분의 2이상의 찬성으로 의결한다.<개정 2009. 12. 22 규칙 제25호>

제5조(심사위원회의 기능) ① 심사위원회는 다음 각 호의 사항을 심사한다.

1. 여행의 필요성 및 여행자의 적합성

2. 여행국과 여행기관의 타당성

3. 여행기간의 타당성 및 여행경비의 적정성

4. 기타 국외공무여행과 관련된 사항

② 제1항의 규정에 불구하고 예산편성한도액 범위 안에서 5인 미만의 의원이 제2조제1호부터 제4호까지의 공무국외여행을 할 경우에는 심사를 하지 아니할 수 있다.<개정 2009. 12. 22 규칙 제25호>

제6조(간사) 심사위원회의 사무를 처리하기 위하여 간사 1인을 두며, 간사는 총무
담당관이 된다.

제7조(수당 등) 심사위원회에 참석한 위원에 대하여는 예산의 범위 안에서 수당과
여비 등의 실비를 지급할 수 있다. 다만, 공무원이 그의 직무와 직접 관련하여 참석하
는 경우에는 그러하지 아니하다.<개정 2009. 12. 22 규칙 제25호>

제8조(여행계획서 제출) 공무국외여행을 하고자 하는 자는 출국 20일 전까지 별
지 제1호 서식에 의거 여행계획서를 의장에게 제출하여야 한다.

제9조(여행결과보고서 제출) ① 공무국외여행을 마치고 귀국한 자는 30일 이내에
별지 제2호 서식에 의거 공무국외여행결과보고서를 작성하여 의장에게 제출하여야
한다.<개정 2009. 12. 22 규칙 제25호>

　② 의장은 제1항에 따라 제출받은 공무국외여행결과보고서를 자료실에 소장·비
　　치하고 대전광역시의회홈페이지에 게시하여야 한다.<개정 2009. 12. 22 규칙
　　제25호>

제10조(사후관리 등) 의장은 공무국외여행을 마치고 귀국한 의원에 대하여 그가
습득한 지식 또는 기술을 관련분야 의정활동에 충분히 활용할 수 있도록 하여야 한다.

제11조(운영규정) 이 규칙에 규정한 사항 이외에 의원의 공무국외여행에 관하여
필요한 사항은 의장이 따로 정할 수 있다.

부칙(시의회 규칙 제11호)
① (시행일) 이 규칙은 공포한 날부터 시행한다.
② (심사위원회 위원의 임기에 관한 경과조치) 이 규칙에 의거 최초로 구성된 심
　사위원회위원의 임기는 2002년 6월 30일까지로 한다.

부칙(2009. 12. 22. 규칙 제25호)
이 규칙은 공포한 날부터 시행한다.

1) 지방의원의 의정연수 프로그램 참여 현황

대전광역시의회 의원의 전문성 향상 프로그램의 일환으로 시행된
예산회계감사기법, 행정사무감사, 의원질의 방법 등의 향상을 위한
의정연수 프로그램 참여 현황은 아래의 표와 같다. 이러한 현황은
시의회의 전체의원(13회)과 상임위(10회)의 연수 현황이 비슷함을
보여주고 있다. 이는 전체의원과 상임위원들이 의정연수에 참여하게

된 목적과 필요성이 비슷함을 반영하고 있음을 보여 준다.

〈표 2〉 의정연수 프로그램 참여현황

(단위: 회/명)

연도별 기관별	합계		2006		2007		2008		2009		비고
	전체	상임위	전체	상임위	전체	상임위	전체	상임위	전체	상임위	
합계	50/720	36/278	13/193	8/52	14/209	7/67	11/151	11/87	12/167	10/72	
시의회	13/238	10/67	4/76	3/17	4/74	1/15	2/38	3/18	3/50	3/17	
자치구 소계	37/482	26/211	9/117	5/35	10/135	6/52	9/113	8/69	9/117	7/55	
동구	9/105	3/32	2/25		3/38		2/21	2/25	2/21	1/7	
중구	8/77		2/22		2/18		2/19		2/18		
서구	7/127	23/179	1/20	5/35	2/34	6/52	2/35	6/44	2/38	6/48	
유성구	8/124		2/29		2/35		2/28		2/32		
대덕구	5/49		2/21		1/10		1/10		1/8		

* .: 대전광역시 의회 내부자료(2010. 4. 22.)

2) 지방의원의 직무연찬회 참석현황

지방의원의 직무연찬회 참석 현황을 살펴보면 아래의 표와 같이 지난 4년간 총 118명의 의원이 참석하였으나 시의회의 경우에는 13명에 불과한 실정을 보이고 있다. 즉, 기초의회가 더 많은 직무연찬회 참석 실적을 보이고 있으나, 동구나 유성구의 경우에는 직무연찬회 참석 실적이 전혀 나타나지 않는 것으로 분석 되고 있다. 아울러 직무연찬회 방식은 민원 관련 현장견학의 방식으로 대부분 진행되고 있다.

(단위: 명)

기관별 \ 연도별		합계	2006	2007	2008	2009	비고
계		118	10	41	26	41	
시의회		13	—	7	—	6	
자치구	소계	105	10	34	26	35	
	동구	—	—	—	—	—	
	중구	9	—	9	—	—	
	서구	31	—	7	17	7	
	유성구	—	—	—	—	—	
	대덕구	65	10	18	9	28	

* 대전광역시 의회 내부자료(2010. 4. 22.)

3) 지방의원의 자기계발(학위 취득)현황

지방의회 의원의 자기계발, 즉 학위취득 현황은 아래의 표와 같으며 유성구와 대덕구는 다른 자치구에 비해 학위취득이 없는 것으로 나타나고 있다. 이는 유성구와 대덕구의 부유한 지역적 특성과 고학력을 바탕으로 하는 인적자원의 특성을 반영하고 있음을 알 수 있다.

〈표 4〉 지방의원의 자기계발(학위 취득)현황

(단위: 명)

구분	연도별	계	학사	석사	박사	비고
합계	계	17	9	6	2	
	2006					
	2007	1		1		
	2008	5	5			
	2009	11	4	5	2	
시의회	계	6	1	4	1	
	2006					

구분	연도별	계	학사	석사	박사	비고
시의회	2007	1		1		
	2008					
	2009	5	1	3	1	
자치구	소계 계	11	8	2	1	
	2006					
	2007					
	2008	5	5			
	2009	6	3	2	1	
	동구 계	3	2	1		
	2006					
	2007					
	2008	1	1			
	2009	2	1	1		
	중구 계	3	3			
	2006					
	2007					
	2008	3	3			
	2009					
	서구 계	4	3	1		
	2006					
	2007					
	2008	1	1			
	2009	3	2	1		
	유성구 계					
	2006					
	2007					
	2008					
	2009				1	
	대덕구 계					
	2006					
	2007					
	2008					
	2009					

*: 대전광역시 의회 내부자료(2010. 4. 22.)

4) 지방의원의 해외연수 프로그램의 현황

지방의원의 해외연수와 관련하여 만들어진 공무국외여행규칙에 따라 여행심사를 해야 하는 등 해외연수의 합리화를 위한 예산결정에 제약을 가하는 등에 방법을 강구하고 있다. 이러한 논의는 대전광역시의회 의원의 해외연수 프로그램 현황(2008, 2009년도 실적 및 2010년도 예산)에서도 비슷하게 나타나고 있다.

시의회의 경우에는 상임위원회가 주축이 되어 해외연수 프로그램을 진행하고 있으며, 기초의회는 전체의원을 대상으로 시행되고 있음을 알 수 있다.

〈표 5〉 대전광역시의회 의원의 해외연수 프로그램 현황

자치단체별	기간	출장국	목적	주관	참석인원	소요예산액 (천 원)	비고
<2008년도>							
시의회	1. 3.~1. 12.	터키, 그리스, 이집트	유럽의 지방행정 체재 및 지방의회 운영사례 견학	상임위	6	23,663	
동구	4.21.~4.26.	일본	해외 선진행정 우수사례 견학	전체의원	10	18,986	
서구	8. 28.~9. 1.	중국(온령)	우호협력도시 방문	전체의원	8	10,038	
〃	9. 22.~9. 27.	중국(계림)	수상뮤지컬 벤치마킹	전체의원	8	18,765	
유성구	12. 29.~1. 7.	호주, 뉴질랜드	온천시설 및 친환경 자연생태공원 등 관광시책 발굴	전체의원	7	23,883	
대덕구	4. 14.~4. 24.	〃	의정환경변화의 대응능력배양 및 국제마인드 제고	전체의원	4	7,443	
<2009년도>							
시의회	9. 22.~9. 30.	프랑스, 독일, 네덜란드, 룩셈부르크	MICE산업, 미술관운영, 자전거 이용 활성화 등 인프라 운영 사항 견학	상임위	6	27,802	
중구	7. 23.~7. 31.	독일, 체코, 헝가리, 오스트리아	지방자치 및 사회복지 분야 선진 사례 견학	전체의원	6	18,367	
서구	4. 1.~4. 4.	중국(항주)	수상뮤지컬 벤치마킹	전체의원	5	6,518	

자치 단체별	기간	출장국	목적	주관	참석 인원	소요예산액 (천 원)	비고
〃	4. 25.~5. 2.	덴마크, 핀란드	국가투명도, 교육, 복지관련 다양한 제도 벤치마킹	전체의원	6	21,820	
〃	12. 21.~ 12. 25.	중국, 홍콩	중국 우호도시 및 홍콩도시기반 시설 견학	전체의원	7	10,527	
유성구	7. 22.~7. 29.	스위스, 프랑스, 이탈리아	온천시설 및 친환경 자연생태 공원 등 관광 시책 발굴	전체의원	6	18,869	
대덕구	8. 10~8. 14.	싱가폴	선진도시의 지방자치 발전방안 모색	전체의원	3	2,723	
〃	10.5.~10.9.	일본	선진도시의 지방자치 발전방안 모색	전체의원	5	5,020	

<2010년도 예산>

(단위: 천 원)

시의회	동구	중구	서구	유성구	대덕구	비고
52,270	32,440	29,900	48,620	15,800	25,220	

*.: 대전광역시 의회 내부자료 (2010. 4. 22)

2. 지방의원 연수의 쟁점별 논의

1) 연수의 공급 형태와 수요욕구

지방의원의 국내 연수의 계획과 실시는 통상 의회사무처 내 의사담당과 혹은 의정계에서 담당하고 있다. 지방의원의 요구나 의회사무처의 자체기획으로 연수계획이 수립되고 있다. 그리고 기관위탁연수의 경우 매년 초 대강의 일정이 수립되고 공공 또는 사설연수전문기관의 연수 프로그램을 첨부한 공문을 수령한 후 이를 비교 검토하여 각 자치단체 일정에 맞는 연수프로그램이 실시되고 있다.

구체적인 안이 확정된 후에는 참가하고자 하는 의원을 모집하게 된다. 이때에는 지방의회 전문위원, 사무처 직원과 합동으로 연수가 이루어지기도 한다. 기관위탁연수의 경우 특별한 사정이 없는 한 의원 전원이 참가하는 것이 관례화 되고 있다.[161]

그리고 연수담당기관에 대해서는 견해 차이가 있는데, 권해수(1995: 92)는 전국적인 의원연합체를 보다 활성화하고 이들의 정책 활동을 보좌할 수 있는 독립법인 형태의 연구기관의 성격을 갖는 부설기관으로 설치하는 것이 바람직하다고 하였다. 이러한 논의는 새로운 연수 담당기관의 설립을 제안하는 것으로 볼 수 있다.

한편, 김진복(1992: 26~27)은 지방의회가 자체연수원을 갖는 것은 비현실적이기 때문에 지역대학의 협조를 받거나 대학 부설지방자치연구소가 맡아 수행하는 것이 강사확보나 시설 이용 면에서 유리하다고 하였다.

이밖에 지방자치전문(연구)기관의 주관 하에 연찬회를 개최하거나 연수프로그램을 마련하여 훈련하여야 한다는 의견(금창호 · 금병국, 1994: 82~83)이 제시되었고, 우리나라의 공신력 있는 국공립 지방자치행정연구기관에 의원연찬과정을 위하여 지방자치대학원을 신설하는 것이 국가정책적인 측면에서 반드시 필요하다는 의견(김성호 · 송창석 · 김필두, 1996: 153)도 있음을 알 수 있다.

이와 같은 논의를 체계적으로 논의 할 수 있도록 프로그램의 공급유형을 크게 4가지로 분류하여 살펴 볼 수 있을 것이다.

---

161) 이러한 계획에 대해서 형식상 운영위원회의 승인을 거쳐 의장이 최종적으로 결정하는 데 대부분 형식 요건일 뿐이고 실질적으로는 사무처에서 수립한 계획이 별다른 수정 없이 통과되는 경우가 일반적이다. 한편, 현지견학(출장)의 경우는 상임위별로 사안발생 시 계획을 수립하여 실시하고 있다(대전광역시의회사무처 직원과의 면담내용 정리한 것임).

〈표 6〉 지방의원 연수의 공급 형태와 분류 체계

구분		지방의회의 연수 계획 수립	
		중앙집권적	위임적
연수 운영 주체	중앙집권적	A	B
	위임적	C	D (현재의 상태)

* .: 김현욱 · 신문승 · 권동택. 2009 수정 · 보완

　　현재 대부분의 지방의회의 경우 지방의회의 연수 계획 수립은 위임적이고 연수 운영 주체도 위임적이어서 'D'의 상태에서 진행되고 있으며, 이는 고정된 기관을 두지 않고, 다양한 형태의 기관이 제공하는 유형이라 할 수 있으나,162) 현재 지방의원 교육과 연수를 전담하는 기관이나 시설이 없는 상황이어서, 전문가들은 연수프로그램의 체계화를 위해 지방의원을 위한 전문연구기관의 필요성을 주장하고 있다.

　　이에 대해 허훈(2010: 163)은 지방의원 전문연수원의 설립을 주장하면서 현재 있는 지방행정연수원내에 의정연수과정을 확대하자는 의견이 나올 수 있다고 하였다. 그러나 독립적인 교육시설이 전무한 현실도 극복될 수 있는 지방의원만을 위한 독립적인 연수원이 최종적으로 더 효과적이라 판단된다. 다만, 이를 점진적으로 현실의 여건에 맞추어 시기를 조정해 나가면서 진행해야 할 것이다.

---

162) 다만, 국회의정연수원의 경우 달리 볼 수도 있을 것이다.

2) 연수의 참여 대상과 시기

지방정치가로서의 지방의원은 주민의견수렴, 선거구관리, 조례안 심사 및 의결 등의 의결기능, 통제 및 견제기능을 하느라 대단히 시간이 모자란 하루를 보낸다(허훈, 2010: 165). 지방의원의 연수는 예비적 과정의 성격을 전혀 띠고 있지 않으며, 당선 이후에 지방의원으로서 전문성 제고를 위한 교육적 차원에 대한 것만을 한정짓고 있는 특성을 지니고 있다. 이는 지방의원의 전문성 제고에 한계를 지니고 있다고 볼 수 있다.

다른 전문직 연수의 경우 특히, 초·중·고 교장(교감) 연수 제도에서 소정의 자격연수 이후에는 어느 자격을 받고, 어느 정도의 경력자가 연수에 참여할 수 있는지, 자격은 연수 참여 이전에 획득되는지 혹은 연수 참여 이후에 획득되는지 등의 차이가 중요하게 나타나고 있다. 그에 반해 의원연수의 경우에는 주민의 직접 선거에 의해서 자격이 주어지는 성질을 갖고 있다. 지방의원의 자격에 대한 이러한 특성으로 인해 자격이 주어지기 전에 연수에 참여하는 것은 현실적인 한계가 있을 것으로 여겨진다.

물론, 의원으로 당선된다는 보장을 할 수 없기 때문이기도 하지만, 지방의원의 예비적 과정으로 운영된다든지, 이를 통한 자격을 통해 임명되는 것은 아니지만, 현재 중앙당의 시도당에서 운영되고 있는 정치아카데미 형태의 비공식적인 교육의 형태로는 한계가 있음이 분명하다. 그러므로 공식적인 형태의 예비 지방의원의 연수를 강제적으로 할 수 있는 방안에 대한 논의도 필요할 것이라 생각이 든다.

구분		연수 시기	
		예비(또는 사전)적 과정	현직(또는 사후)적 과정
참여원인	강제	A	B
	선택	C	D (현재의 상태)

* 김현욱 · 신문승 · 권동택, 2009 수정 · 보완

한편, 외국의 연수에 관해서 프랑스의 경우 지방의원은 연 6일간 연수를 받을 수 있는 권리를 가지고 있으며, 연수비용의 지원도 명문화하고 있다. 또한 일본의 경우에도 지자체별로 의원연수에 대한 조례를 제정하고 있다(하정봉 · 최봉기, 2007: 21). 강제적 성격을 갖도록 명문화시킬 필요성이 있다고 보인다.

결국, 연수 참여의 원인과 시기에 관해서는 참여원인은 선택적이고 연수 시기는 사후적 성격이 강한 현직연수의 형태로 'D'에 해당되어 의원이 선택적으로 의원 재직 중에 이루어지고 있다고 할 수 있다. 그래서 지방의원으로 선출되자마자 예비적 과정으로 연수를 강제화함으로써 지방의원의 자질과 전문성 향상을 더욱더 향상시킬 수 있을 것으로 판단된다. 또한, 지방의원의 자격적인 특성에 알맞은 연수방법으로 온라인 의정연수의 방법을 구체화할 필요성이 있다고 본다. 다만, 온라인 교육에 대한 보완으로 오프라인에서 정기적인 만남이나, 이메일, 전화 등을 통한 피드백을 해줄 때 학습효과가 향상된다는 것을 이해하여야 한다(허훈, 2010: 165).

3) 연수의 목표와 필요성

우리나라의 경우 지방의원의 국내연수와 관련하여 지방자치 차원에서도 명문으로 규정하지 않을 뿐만 아니라,[163] 이에 대한 목표 또한 불명확하다.

지방의원에 대한 연수의 목적을 살펴보면 크게 세 가지로 살펴 볼수 있다(Goldstein, 1986; 이학종, 1998: 420; 최봉기, 2005). 첫째, 지방정부 활동에 대한 지식을 증진시키는 것이다. 이는 지방의회의 기능과 지방정부의 운영 등에 관한 지식과 정보를 제공하는 방식으로 이루어진다. 둘째, 능력과 기술을 향상시키는 것이다. 능력과 기술은 지방의회의 기능과 직접적으로 관련된 과업의 수행방법과 기술, 문제 분석과 해결능력 및 기법 등을 의미한다. 셋째, 동기와 대인관계를 향상시키는 것이다. 이는 직무에 대한 지방의원의 태도와 동료 및 지역민과의 상호작용 능력을 제고시키는 것을 의미하며, 지방의원이 그의 지식과 능력 그리고 기술을 통해 큰 성과를 거두도록 만드는 심리적·행동적 요소가 될 수 있다(박천오·이춘해·서우선, 2008: 159).

이러한 논의는 지방의원들의 직무능력에 대한 정확한 검증과 의견 수렴을 통해 직무능력에 필요한 지식의 종류와 이에 따른 학습콘텐츠의 개발이 필요함을 의미한다고 볼 수 있다(허훈, 2010: 164).

---

163) 그 근거를 찾자면 지방자치법 제32조 제1항 제2호(의정자료 수집을 위한 의정활동비 지급규정)와 지방자치법 시행령 제15조(의정활동비와 국내외 여비의 지급)를 지방의원 연수의 근거규정으로 간주할 수 있다. 지방자치법 시행령 제15조에는 의정활동비와 국내외 여비의 지급기준이 명시되어 있는데 의정활동비 중 의정자료 수집·연구비는 광역의원의 경우 월 120만 원, 기초의원의 경우 월 90만 원의 범위 내에서 지급하도록 하고 있다. 즉, 지방자치법 제32조가 의원들의 의정자료 수집 및 연구를 지원하기 위해 의정활동비를 지급하도록 하고 있는 점을 고려할 때 지방의원 연수에 대해서도 그에 상응하는 지원이 이루어져야 하는 것으로 유추 해석할 수 있다(하정봉·최봉기, 2007: 12).

그러나 이러한 연수의 목적과 필요에 다른 연수 프로그램을 분명하게 분류하는 것은 불가능하다. 왜냐하면 대부분의 지방의원 연수 프로그램들은 복합적인 관점이 혼합되어 있기 때문이다. 특히, 해외연수의 경우 연수의 목적과도 연계성이 떨어질 수 있는 외유적 성격을 많이 띠고 있어, 사전사후 심사제도의 강화 및 국내 · 해외연수와의 연계성을 향상시킬 필요가 있다고 판단된다.

4) 연수의 내용과 방법

지방의회가 주민대표기관으로서의 역할을 강화하기 위해 실시하는 지방의원 연수에 대한 의견을 정리해보면 다음과 같다. 먼저 지방자치관련법령, 예산 및 조례의 심의, 행정사무 감사 · 조사 요령의 연수가 필요하다는 의견(금창호 · 금병국, 1994: 82~84)이 제시되었다. 그리고 지방의원이 의정활동에 실제적으로 활용 가능한 의정정보의 제공 및 연구 그리고 지방자치단체 관계법령에 대한 유권해석이 체계적으로 이루어질 수 있도록 배려하고, 행정업무에 대한 이해와 정책개발, 입법기술, 여론수렴방법 등이 연수내용에 포함되어야 한다는 의견(김성호 · 송창석 · 김필두, 1996: 152~154)이 제시되고 있다. 이러한 의견은 주로 초선의원을 위한 내용이 대부분이다. 따라서 향후에는 수준별 직무능력향상 콘텐츠의 개발과 프로그램의 시행을 통해 지방의원의 역량을 강화할 필요가 있다고 판단된다. 그리고 연수의 기간과 방법에 대하여는 연2회, 2~3일간 실시가 필요하다는(김진복, 1992: 26~27) 의견을 비롯하여 월1회 연찬회, 주1회 세미나 개최 등 다양한 프로그램을 개발하여야 한다는 의견(문재우,

1996: 59)이 제시되고 있다. 아울러 세미나, 강연회, 좌담회 등을 장·단기 반복적으로 계획·실시하여야 한다는 의견(금창호·금병국, 1994: 82~84), 초선의원을 위하여 1~2주 기본과정, 개별정책중심으로 운영하는 1~2일 과정, 6개월 과정, 석·박사과정 등 다양하게 운영(김성호·송창석·김필두, 1996: 152~154)하여야 한다는 의견이 나타나고 있다.

한편, 지방의원의 연수 주제는 예산 및 결산, 행정사무조사와 감사, 의정활동, 지역현안을 포함한 정책, 그리고 조례안 심사 등으로(하정봉·최봉기, 2007: 18~19; 박천오·이춘해·서우선, 2008: 163), 대부분의 연수프로그램이 전문성 향상을 위한 내용으로 구성되어 있는 한계를 보이고 있다. 따라서 지방의원들의 자발적인 의원연수에의 참여를 위한 동기부여와 대인관계를 향상시키는 내용들이 확대되어야 할 것이다. 예를 들면 기존에 유용성이 높은 예산안 결산 심사, 조례안 입안 및 심사, 행정사무감사 및 조사와 더불어 행정사무감사 기법, 조례제정 실무, 지방자치법, 예산회계 실무, 시정 질문, 의원의 자질과 역할, 21세기 바람직한 리더십, 21세기의 대변화를 위한 트랜드(trend) 같은 과목도 필요할 것으로 보인다. 즉, 현재의 직무전문성 향상에 초점이 맞추어져 있는 교육연수 내용을 주민대표로서 리더십을 발휘하고 지역을 적극적으로 개발할 수 있는 지방의원의 역할전문성 향상에도 도움이 되는 내용이 필요하다는 의견이다.

또한, 연수의 충실화를 위해서는 연수의 방식도 일방적인 강의보다는 토의와 사례중심의 교육이 필요하다고 본다. 연수효과를 높이기 위하여 최근 기업에서 도입되고 있는 실천적 교육 기법인 액션러닝(action learning)을 활용하는 것도 하나의 방법이 될 수 있다고 사료된다.

이러한 방향에 따라 교육과정을 기초로 한 연수(course-based learning)와 경험을 기초로 한 연수(experined-based learning)의 정도를 체계화하여(Huber & West, 2002), 이 두 가지 축을 기준으로 상대적인 강조에 따라 프로그램을 세분화해 보는 방안을 고려해 볼 수 있을 것이며, 지방의원 연수의 강조되는 연수방법을 제시해 보면 다음 <표 8>과 같다.

〈표 8〉 연수방법의 세분화

교육과정 연수 (B) (현재의 상태)		
(A) 경험 중심 연수(연수의 추구하는 방향)		
현장, 경험적 방식이 중심이 된 연수	세미나, 교육과정이 중심이 된 연수	
확장된 연수과정	계획된 연수과정	전통적 연수과정

* 김현욱 · 신문승 · 권동택, 2009 수정 · 보완

결국, 지방의원 연수가 일방적인 내용과 방식으로 전개됨으로 인해 발생되는 문제점을 해소하기 위해 무엇보다도 각각의 지역실정에 맞도록 지방의원들의 연수욕구(Needs)를 파악하여 실시하여야 함은 물론이다. 그리고 수요자인 지방의원들을 중심으로 맞춤형 연수로 전환되어야 할 필요가 있으며, 특히, 연수방법의 경우 교육과정 연수(B-현재의 상태)에서 경험중심 연수(A-연수의 추구하는 방향)로 변화되어야 할 것이다.

5) 논의의 종합

지금까지 지방의회 의원의 연수실태를 분석하기 위한 분석틀을 도출하여 대전광역시 의회의원의 연수 현황에 적용하여, 쟁점별 논의를 진행 하였다. 본 연구에서 진행한 쟁점별 지방의회 의원의 연수와 관련된 내용을 종합 · 정리해 보면 다음과 같다.

첫째, 연수의 공급형태는 연수계획 수립과 연수운영주체가 중앙 집권적 형태가 아닌 위임적인 유형을 하고 있다. 둘째, 연수의 참여 대상과 시기는 강제적인 것이 아니라 선택적이며 유도적인 과정으로 시행되고 있다. 셋째, 연수의 목표와 필요성은 지방의원의 전문성 제고가 가장 큰 목표가 되고 있으나 대부분의 프로그램들이 복합적인 관점의 혼합으로 이루어져 있어 각각의 프로그램에 대한 연계성을 강화 시킬 필요성이 있다. 넷째, 연수의 내용과 방법은 공급자 중심이 아닌 수요자 중심의 맞춤형 연수로서의 전환과 경험중심의 학습으로 변화되어야 하는 것으로 정리할 수 있다.

그리고 지방의회 의원의 연수 프로그램은 완벽한 조건으로 구비되어야 할 것이라기보다는 보충하고 수정하기 위한 개방된 프로그램으로 구성되어야 할 것이다. 특히, 고정된 기관에 의해 프로그램이 운영되기 보다는 다양하고 지방 분권화된 프로그램 운영과 프로그램 참가자의 유연성을 제고해 볼 가치가 있을 것이다. 즉, 현재의 지방의회 의원의 연수 운영 체계와 내용을 살리면서, 이를 수정 · 보완할 수 있는 방안을 고려해 보아야 한다.

3. 지방의 연수제도의 문제점

지금까지 살펴본 논의에 따라 대전광역시 지방의회 의원의 연수제도의 문제점을 국내연수와 해외연수로 나누어 분석하고자 한다. 이는 개선 방안을 제시하는 데 있어 보다 구체적인 효과가 나타날 것으로 여겨지기 때문이다.

1) 국내연수 운영의 문제점

대전광역시의 국내연수는 일반적으로 연수교육과 연찬회로 구분하여 교육을 받는 것으로 조사되었다. 연수기관은 주로 중앙에 위치한 국회의정연수원과 지방행정연수원 등에서 연수교육을 받은 것으로 파악되었고 연찬회는 수시연찬회와 정기연찬회의 형식으로 나누어서 시행되었는데 주로 의정활동과 관련된 교육을 받았다.

대전광역시 지방의원의 연수는 교육 프로그램의 내용이나 투입시간의 차원에서 개선할 여지가 나타나고 있다.

첫째, 의원의 전문성 강화를 위한 교육프로그램의 내용을 지적할 수 있다. 우리나라 지방의원들이 자주 연수하는 국회의정연수원의 경우 연수 강의과목이 1995년 처음으로 개설된 이후로 크게 바뀌지 않은 문제점을 안고 있다. 21세기 세계화, 정보화 및 지식정보 사회의 환경에서 지역정책의 양상이 과거와는 다르게 급격히 변화되고 있는 실정에서 이에 대처하는 의원의 전문성을 함양하는 교육프로그램이 과거의 주입식 형태의 이론적 강의와 차별화 되지 않은 형태로 반복된다고 할 때 과연 그러한 교육이 의원들에게 어떠한 효과를 줄 수 있을지 의문을 가질 수밖에 없다.

둘째, 의원의 전문성을 함양하는 연수교육이 법제화되지 않고 있기 때문에 의원들 간의 연수교육 이행 횟수의 편차가 크게 나타나고 있다. 이와 같은 사례는 연수교육이 궁극적으로 의원들의 전문성을 제고하려는 근본적인 취지로부터 크게 벗어난 실태를 보여주는 것이라 하겠다. 따라서 의원들에 대한 연수교육은 의원의 임기 동안 의무적으로 수행해야만 하는 구속력을 확보하는 방안의 모색이 필요하다.

셋째, 지방의원의 연수교육의 실효성을 확보하기 위하여 의원들의 연수교육 프로그램 내용과 이수한 내용의 결과를 지역주민에게 공개할 필요성이 있다. 이러한 효과는 의원들에 대한 지역주민들의 인지도를 높이는 효과를 줄 수 있고, 동시에 전문연수교육에 대한 의원들의 적극적인 자세를 유인할 수 있다는 점에서 효과가 있을 것으로 기대된다.

2) 해외연수의 문제점

지방의원의 해외연수는 국내연수보다 더 많은 문제점이 제기되고 있는 실정이다.

첫째, 부실한 해외연수 보고서의 문제가 지적되고 있다. 지방의회 공무국외여행 및 연수규정에 따르면 해외연수를 다녀온 지방의원들은 15일 이내에 정해진 서식에 의해 보고서를 제출하도록 되어 있으나 이에 대한 수행이 제대로 이루어지지 않고 있다. 또한 작성된 보고서도 연수목적에 부합되는 기술보다는 방문지에 대한 일반적인 현황과 관광명소를 소개하는 내용으로 되어 있어 관광성 외유에 그치고 있다는 비난으로부터 자유로워질 수 없었다.

둘째, 해외여행경비에 대한 결산지출서가 없다는 사실이다. 연수보고서 미제출과 부실복서 제출도 문제지만 더 큰 문제는 해외연수 이후 별도의 정산서를 제출하지 않고 있어서 관련비용에 대한 구체적인 확인이 어렵다는 비판을 받고 있다.

셋째, 연수목적과 상관없는 프로그램의 일정이 문제가 되었다. 시민단체의 지적에 따르면 지방의원의 해외연수 프로그램에서 가장 큰 특징은 연수목적과 상관없는 관광 일변도라는 지적이 있었다. 현지 기관 방문의 경우에도 연수결과 보고서를 보게 되면 브리핑을 듣는 경우가 대부분이고 연수 목적에 부합하는 전문적인 조사나 연구 등의 활동내용은 없는 것으로 나타났다.

넷째, 해외연수심의위원회 기능의 부실한 운영이 지적되었다. 지방의원들의 해외연수 프로그램에 대한 사전준비 단계 심의를 위한 심의위원회가 본연의 기능을 발휘하지 못하는 실정이다.

다섯째, 해외연수 프로그램의 부실화 문제가 지적되었다. 참여자치연대는 지방의원의 해외연수가 부실화되는 원인이 해외연수 프로그램이 기획되지 못하고 사전학습 등의 준비가 미비하기 때문에 발생하였다고 지적하였다. 특히, 이와 같은 연수프로그램의 부실화 문제를 강제할 수 있는 제도적 장치가 부재한 상황에서 해외연수 전반을 지도, 관리, 감독해야 할 심의위원회가 부실하게 운영된 문제점을 지적하였다.

제4절 지방의원 연수제도의 개선방안

1. 연수프로그램과 의정활동의 연계성 강화

의원연수와 관련하여 전국적인 차원에서 개선해야 할 문제점은 의원연수 교육담당기관의 교육프로그램 내실화이다.

의정연수의 내실화를 위하여 기존의 공급자 중심의 연수프로그램에서 수요자 중심의 연수프로그램으로의 전환이 필요하다. 공급자 중심의 연수프로그램은 교육의 효과성을 거둘 수 없으며 형식적이고, 일회적인 성격의 교육일수 밖에 없기 때문에, 결국 지방의원의 전문성을 함양하고 의정활동의 정책적 역량을 강화하려는 연수교육은 교육의 성과를 거둘 수 없기 때문이다.

바람직한 의원연수의 방향은 피교육자들의 수요와 지방의회의 환경변화 등을 보다 면밀히 조사한 후에 이를 토대로 교육프로그램을 설계·운용해야 한다. 특히 연수 실시에 앞서서 지방의회에 협조공문을 발송하는 방식으로 연수 교과목을 비롯한 프로그램의 다양화를 제시하여 수요자 중심의 연수 프로그램을 운용하는 것은 의원연수의 생산성을 제고하는 하나의 대안일 수 있다.

또한, 연수 교과목의 설계와 관련하여 전체과목수를 고려하면서 의원들의 현실적 요구가 높은 과목을 신설하고 기존 교과목 위주에서 수요가 적거나 부적절한 과목은 폐지하는 교육방식의 다양화가 필요하다.

2. 의원연찬회의 실질적인 활용 및 개선

연찬회의 개선방안으로는 기존의 수시연찬회 및 정례연찬회를 지방의원의 정책역량을 강화·심화시키는 '정책연구회' 내지는 '정책포럼' 형식으로 전환하여 정례화해야 할 것이다. 이러한 연찬회는 의원들에 의해서만 구성되는 것이 아니라 지역사회의 전문가, 시민단체의 대표, 학계의 전문가들이 함께 참여하여 의견을 교환하고 소통하는 '소통의 연구회'로 정착시켜야 할 것이다. 이러한 과정 속에서 의원들은 의정활동에 보탬이 되는 유익한 정보와 학습을 수행하게 되고 의원의 주민의견 수렴은 보다 더 강화될 수 있으리라 본다.

3. 국내연수 수행 결과에 대한 주민 공람 시스템 구축

현재 지방의원의 국내연수는 의무사항이 아닌 권고사항으로써 의원 자신의 자율의지에 달려 있다. 이러한 제도적 성격은 의원연수가 교육의 성과를 구체적으로 거두지 못하는 한계를 가지고 있다. 따라서 의원연수 수행에 대한 성과실적표를 의회의 홈페이지를 통하여 주민에게 공개할 때 주민의 대표기관으로써의 의회의 위상이 과거와는 크게 달라질 것이고 의원연수는 자발적으로 수행하는 직무수행의 일환으로 정착될 수 있을 것이다.

4. 해외연수의 합리적인 개선 방안

지방의원 연수와 관련하여 여론의 비판을 가장 많이 받는 것은 해외연수라 할 수 있다. 그동안 시민사회와 언론은 지방의원의 해외연수에 대하여 의원의 전문적 식견을 함양하고 정책적 아이디어를 수집하여 시정에 반영하기 위한 연수의 목적은 뒷전으로 하고 소위 '유람성 외유'에 치중하여 시민의 세금을 낭비하고 있다는 지적이 있어 왔다.

따라서 보다 합리적인 개선방안을 마련하여 의원들의 해외연수에 대한 부정적인 시각을 제고할 필요성이 있다.

지난 2009년 6월, 행정안전부의 권고에 따라 설치된 '대전광역시의회의원 공무국외여행규칙'의 엄격한 준수가 있어야 한다. 이 규칙에 따르면 공무국외여행 심사위원회의 구성은 대학교수, 시민단체대표 등의 위원이 과반수로 구성되어야 한다고 규정되어 있으며, 위원회는 여행의 필요성과 여행자의 적합성, 여행국과 여행기관의 타당성, 여행기간의 타당성 및 여행경비의 적합성 등을 심의한다고 규정하고 있다. 또한 여행을 마치고 귀국 후에는 20일 이내에 대전광역시 홈페이지에 게시하도록 규정하고 있다. 따라서 위와 같은 규칙이 적용될 때 지방의원의 해외연수에 대한 논란은 상당히 완화될 것으로 본다.

더 나아가, 해외연수를 폐지하고 실무중심의 공무국외여행을 확대하는 방안을 제시할 수 있다. 모든 지방의원이 제한 없이 참여해온 해외연수를 폐지하고 대신에 자치단체의 공식행사, 국제회의, 자매결연에 따른 해외여행을 확대하는 방안이다. 이러한 경우 구체성 없이 수행되어 온 해외연수에 소요되던 예산을 공무국외여행으로 전환하여 폭넓게 활용하는 이점이 있을 것이며, 해외연수가 소위 '유람성 외유'로 잘못 활용되는 경우를 원천적으로 차단하는 효과를 거둘 수 있을 것이다.

5. 광역권 단위의 의정연수기관 지정 및 설치 방안

광역단위의 지방의정 연수기관을 지정하는 방안이다. 연수기관을 새롭게 신설하는 문제는 중앙정부로부터의 인·허가, 예산 등과 같은 문제를 고려할 때 상당한 문제를 야기할 수 있다. 그러나 기존의 대학, 지역의 전문연구원을 지정하여 이 기관을 전문의정연수기관으로 활용할 때 이러한 문제들은 어렵지 않게 해결될 수 있으리라 본다. 또한 지역주민을 대표하는 지방의원에게 지역의 현안문제 및 지역사회 발전방안을 현실적·구체적으로 인식시켜줄 수 있는 지역사회의 전문가, 시민단체의 대표들이 강사로 초빙되어 교육을 담당할 때 의정활동의 생산성이 높아질 것으로 본다. 그리고 한번 지정된 연수기관은 이에 대한 사후관리를 엄격히 하여 교육의 질과 내용을 꾸준히 향상시킬 수 있어야 한다.

6. 조례 제정 및 예산지원

지방의원의 연수의 목적이 제대로 수행될 수 있도록 이와 관련된 제도적 기반인 조례의 제정이 필요하다고 본다. 전문성이란 단기간 내에 이루어지는 것이 아니다. 그렇다고 해서 짧은 몇 회의 교육을 통하여 쌓여지는 것은 더욱 아니다. 따라서 국내연수는 의원 각자가 의무적으로 교육을 이수해야 하고, 해외연수의 경우는 심의위원회의 기능을 강화하는 차원에서 해외연수의 문제점을 해결해나가야 할 것이다. 이러한 맥락에서 지방의회 연수와 관련된 의무교육 및 소요되는 예산은 자치단체에서 일괄 지원할 수 있는 조례의 제·개정이 이루어져야 한다고 본다.

제5절 결론

지방의회의원에 대한 우리의 현실은 국회의원에 비해 그 차이는 너무나 현격하다 못해 우리 정치체제의 상대적인 홀대는 지나칠 정도이다. 이를 해결하기 위해서는 현재의 제도 안에서 시행하기 쉬운 지방의원에 대한 교육훈련을 목표로 하는 연수의 내실화 및 제도화가 시급하게 필요한 시점이다(허훈, 2010: 165).

본 연구를 통해 지방의회 의원의 효과적 연수를 위한 시사점을 제시해 보면 다음과 같다.

첫째, 현재의 상태에서는 높은 수준의 연수의 내용과 질이 보장되지 못하고, 다양한 프로그램의 공급도 이루어지고 있지 못한 상태라고 할 수 있을 것이다. 이를 위해서는 다양하고 선택이 가능한 공급유형으로 대학을 비롯하여 그와 연계된 직속기관, 지역의 공공기관, 협회, 자문기관 등에서 프로그램이 제공될 수 있도록 하여, 참여자가 다양한 프로그램을 자유롭게 선택할 수 있으며, 정부는 이에 대해 지도하고 조정하도록 하는 방안을 모색해야 할 것이다.

이와 같은 방안은 더욱 더 지방 분권화된 공급자들이 지역적인 필요를 반영하고 프로그램 수행에 책임을 갖게 하도록 하여야 할 것이며, 중앙에서는 근본적인 프로그램의 질적 보장을 용이하게 하며, 참가자들은 다양한 공급자 중에서 선택할 수 있고, 동시에 특정한 기본 표준을 갖추도록 유도할 수 있다.

더불어, 최종적으로는 독자적인 지방의원 연수원 설립방안에 대해 반드시 필요하다고 본다. 다만 의원의 연수와 연구의 기능을 할 수 있는 통합기능이 필요하고, 해외연수까지 담당 하여야 바람직할 것이다. 게다가 정치준비생도 연수시키는 방안이 필요하다고 사료된다.

또한, 정부가 자격부여를 하는 핵심적인 역할을 하면서, 다양한 전문기관 역시 존중되어 질 수 있다. 이것은 참가자들의 요구에 대한 유연성으로 연결되고, 지방의회와 협력할 수 있는 기회가 더욱 더 증대될 것으로 기대된다.

둘째, 연수의 종류에 따라 연수를 의무적으로 부과하기 위해 연수 이행을 강제하기 위한 강제조항의 설치가 바람직하다고 본다. 연수 프로그램의 경우 초선의원은 주로 의회의 기능에 관한 것을 중심으로 편성하며, 재선, 3선의 경우는 예를 들어 정책개발기법, 대외환경 분석, 정책발굴기법 등을 중심으로 편성하여 수요자중심의 교육프로그램을 만들 필요가 있다고 사료된다.

아울러 연수 시기는 의회회기 운영주기에 맞추어 의회개시 2~3 개월 전에 하면 효과적일 것으로 보인다. 그리고 연수 이수시간도 예를 들어 1년에 50시간이나 70시간 등으로 강제규정을 만들어 시행하는 것이 바람직하다고 판단된다.

더불어 연수 프로그램의 복합적인 조직과 모듈화(modularization) 이다. 일반적인 연수프로그램을 특정한 시간적 틀 내에서 운영해야 한다는 생각에서 벗어나, 지방의회 의원 연수도 계속적이고 평생교육의 과정으로 여겨 지방의회 의원의 역할을 갖추기 위한 교육에서 지방의회 의원이 임무를 수행하는 도중에 새로운 역할을 안내하고 지원하기 위한 교육이 계속되어야 할 것이다. 프로그램의 모듈화는 단계나 절차를 바탕으로 참가자의 개별적인 요구에 따라 조직되는 것이다. 이러한 모듈에 의하여 의원자신을 조직적으로 형성시켜 나갈 수 있는 장점이 기대된다.

셋째, 교육 프로그램의 내실화를 위해 연수프로그램과 의정활동의 연계성 강화,[164] 의원연찬회의 실질적인 활용 및 개선,[165] 국내·

---

164) 바람직한 의원연수의 방향은 피교육자들의 수요와 지방의회의 환경변화 등을 보다 면밀히 조사한 후에 이를 토대로 교육프로그램을 설계·운용해야 한다. 특히 연수 실시에 앞서서 지방의회에 협조공문을 발송하는 방식으로 연수 교과목을 비롯한 프로그램의 다양화를 제시하여 수요자 중심의 연수 프로그램을 운용하는 것은 의원연수의 생산성을 제고하는 하나의 대안일 수 있다.

165) 연찬회의 개선방안으로는 기존의 수시연찬회 및 정례연찬회를 지방의원의 정책역량을 강화·심화시키는 '정책연구회' 내지는 '정책포럼' 형식으로 전환하여 정례화해야 할 것이다. 이러한 연찬회는 의원들에 의해서만 구성되는 것이 아니라 지역사회의 전문가, 시민단체의 대표, 학계의 전문가들이 함께 참여하여 의견을 교환하고 소통하는 '소통의 연구회'로 정착시켜야 할 것이다. 이러한 과정 속에서 의원들은 의정활동에 보탬이 되는 유익한 정보와 학습을 수행하게 되고 의원의 주민의견 수렴은 보다 더 강화될 수 있으리라 본다.

외 연수 수행 결과에 대한 주민 공람 시스템 구축 등이 필요하다.

한편, 연수프로그램을 온라인(on-line)상에 내용(contents)을 공유시키면 좋을 것으로 사료된다. 즉, 지방의원, 지역주민, 관심 있는 사람들이 정보를 공유할 수 있도록 해야 한다고 판단된다. 이를 위해 연수 프로그램의 협력(cooperation)과 공조(partnership)가 이루어지도록 해야 한다. 지방의회와 인근 대학, 그리고 관련 학회 및 연구소 등이 상호협력하고 공조하여 프로그램의 교육 내용, 교육 방법, 프로그램 조직 등에서 공통점이 나타날 수 있도록 해야 한다(West et. al., 2000). 이러한 협조는 현장 중심의 연구와 학교에서의 실제 수련과정을 지원하여 연수자에 대한 적극적인 참여를 가능하게 할 것이다.

또한 이론적 측면과 실제적 측면의 공백을 해결할 수 있게 할 것이다. 실제로 연수 참가자들은 자신의 경험에 관해 언급하는 것을 좋아하고, 이론적이고 학문적인 주제는 덜 유용한 것으로 여기는 경향이 있다. 그러나 이러한 연계는 경험으로부터 일반적인 지식을 연역할 수 있도록 하여 행동에 대한 결정과 확신을 더 효과적으로 해줄 수 있는 강점을 갖고 있다.

이 연구의 한계는 먼저 '참여대상과 시기'에서 경력의 어느 단계에서 참여하는지에 대한 분석은 임기 4년의 선출직으로서의 지방의원은 경력직 공무원과 달리 초선의원과 재선이상 의원의 연수프로그램에 차이가 없는 현실을 감안할 때 분석의 맥락에 혼선이 초래됨을 알 수 있다. 그리고 연수대상인 지방의원의 연수에 대한 만족도 설문조사가 없어 계량화된 지표를 제시하지 못한 아쉬움이 있다. 향후 이러한 1차 자료를 얻기 위한 노력과 논의가 뒷받침되길 기대해 본다.

참고문헌

1. 국내문헌

권해수(1995), "지방의회의 의정활동 평가와 의회기능강화 방안", 『한겨레신문사』, pp.72~95.

금창호·금병국(1994), 「지방의회의 위상정립방안」, 서울: 한국지방행연구원.

김성호(2003), "지방정치의 활성화와 지방의회의 책임성 제고", 「한국지방자치학회 동계학술대회」, pp.11~49.

김성호·송창석·김필두(1996), 「지방의회의 의정효율성 제고방안」, 서울: 한국지방행정연구원.

김진복(1992), 「한국지방의회의 발전에 관한 연구」, 경남대학교 박사학위논문.

김학만(2010), "지방의원의 연수현황과 효과적 연수에 관한 쟁점별 논의", 「경인행정학회 2010춘계학술대회 논문집」, pp.79~99.

김현욱·신문승·권동택(2009), "주요국 학교장 연수프로그램 비교연구", 「비교교육연구」, 19(3): pp.159~178.

대전광역시 의회 사무처 내부자료(2010. 4. 22).

대전일보(2010. 7. 19).

문재우(1996), "지방의회 및 지방의원의 위상강화 방안", 「지방행정연구」, 통권 40호, pp.23~63.

박천오·이춘해·서우선(2008), "지방의원 연수 실태분석 및 개선방안", 「한국지방자치학회보」, 20(1): pp.157~176.

송광태(2001), "지방의원 해외연수 및 여행의 실태분석과 개선방안", 「한국지방자치학회보」, 13(3): pp.51~77.

육동일(2004), "분권시대 지방의회의 전문성 제고방안", 「자치의정」, 7(3): pp.8~21.

이학종(1998), 『인적자원관리』, 서울: 세경사.

지방자치법.

지방자치법 시행령.

최병대(2003), "지방의회의 전문성 제고방안: 지방의원 유급제와 의회직렬신설을 중심으로", 「한국지방자치학회세미나: 지방정치의 활성화와 지방의회의 책임성 제고」, pp.53~82.

최봉기(2005), "한국지방의회의원의 전문성 제고방안", 「한국지방자치학회보」,

17(1): pp.5~25.

최진혁(2008), "지방의회의 인사권독립방안", 「자치의정」, 11(5): pp.50~63.

충청투데이(2010. 6. 22).

하정봉·최봉기(2007), "지방의원 국내연수제도의 실태분석과 개선방안", 「한 국지방자치학회보」, 19(2): pp.5~27.

한준상·한국성인교육학회 편(1998), 『앤드라고지: 현실과 가능성』, 서울: 학 지사.

행정자치부(2006), 「지방의회백서」, 서울: 행정자치부

허훈(2010), "지방의원 전문성 향상을 위한 연수실태와 발전방안", 「한국지방 자치학회보」, 22(2): pp.149~168.

황안숙(1999), 『무한경쟁시대의 인적자원 개발: 이론과 사례 연구』, 서울: 양 서원.

2. 국외문헌

Faerman, Sue R(1998), Training and Development, in Jay M. Shafrits(ed.), *International Encyclopedia of Public Policy and Administration*, Boulder, Colorado: Westview Press, pp.2275~2278.

Goldstein, Irwin L(1986), *Training in Organization: Needs, Assessment, Development, and Evaluations(2nd ed.)*, Monterey, C.A.: Brooks/Cole.

Huber, S. G. & M. West(2002), Developing school leaders-Activital review of current practices, approaches and issues, and some directions for the future, in P. Hallinger & K. Leithwood(eds.), *International Handbook of Educational Leadership & Administration*, Dordrecht: Kluwer Academic Press, pp.1071~1101.

Patton, W. David. et al(2002), *Human Resource Management: The Public Service Perspective*, Boston: Houghton Mifflin Company.

Van Wart, Montgomery(1998), *Human Resource Management in Government*, N.Y.: Harper Collins College Publishers.

West, M., D. Jackson, A. Harris, D. Hopkins(2000), Learning through Leadership, Leadership through learning, in K. A. Riley & D. Seashore-Louis(eds.), *Leadership for Change and School Reform*, London: Routledge Falmer, pp.30~49.

제9장

지방자치단체 귀농지원정책
비교연구

윤석환

제1절 서론

　농촌고령화가 심각하게 진행되고 있다, 이제 농촌을 '노인들만의 세계'라고 해도 지나치지 않을 정도다. 통계청(2010)이 발표한 <2009년 농업 및 어업조사 결과>에 따르면, 전체 농촌인구 311만 7천 명의 34.2%가 65세 이상으로 농촌인구 3명 중 1명이 65세 이상 노인이다. 65세 이상 농촌인구 비중은 1999년 21.1%에서 2009년 34.2%로 크게 증가했을 뿐만 아니라 우리나라 전체 인구의 고령화율 10.7%의 3배 이상 높은 수준이다. 특히 전체인구의 고령화율이 전년대비 0.4% 상승한 반면, 농촌고령화율은 0.9% 상승하여 농촌의 빠른 고령화 추세를 보여주고 있다.

　도농 간의 균형적 발전을 고려한다면, 농촌고령화 문제는 더 이상

방치할 수 없는 중요한 사회문제인 것은 분명하다. 연령대별 농촌인구는 70세 이상을 제외하고 모든 연령대에서 감소하고 50대 이상이 63.2%를 차지하고 있다. 결국 고령인구는 많고 젊은 인구는 적은 표주박형의 비정상적 구조를 형성한 것이다.

농촌의 고령화와 함께 젊은 인구의 감소는 농업의 미래를 담당할 후계인력, 특히 농업경영자의 확보라는 중요한 과제를 부각시킨다. 동시에 지속적인 이농으로 인구 과소지역이 늘어나면서 발생하는 농촌 공동화현상은 농촌지역의 지속가능한 발전을 위해 일정 이상의 인구 유지라는 중요한 과제를 제시한다. 따라서 현재와 같이 젊은 30~40대의 농촌이탈이 지속적으로 이루어지는 상황에서 신규 농업인력의 유입이 없다면 농촌의 황폐화는 예측하기 어려운 일이 아니다.

최근 발표된 농업·농촌에 대해 전망한 조사결과를 보면 농업인력 유지의 측면에서는 긍정적이지만, 신규 농업인력의 확보라는 측면에서는 부정적이다. 한국농촌경제연구원(2009)이 발표한 <2009년 농업·농촌에 대한 국민의식조사> 결과에 의하면, 농업인들의 직업 만족도는 2008년 22.2%에서 32.1%, 자녀에 대한 영농승계 의향도 8.0%에서 12.1%로 상승한 것으로 조사되었다. 또한 계속 농촌에서 살 계획이라는 질문에서도 2008년 81.3%에서 82.6%로 소폭 상승하는 등 농업인의 농촌생활에 대한 만족도는 다소 상승한 것으로 나타나 기존 농업인력의 유지에 희망적인 것으로 나타났다.

반면, 도시민의 89.3%가 국가경제에서 농업이 중요하다고 응답하였는데, 이는 2008년의 93.8%에 비해 4.5%가 감소한 수치이다. 도시민의 귀농의사도 2008년 62.8%에서 2009년에 53.0%로 9.8% 감소하여 신규 농업인력 확보에 부정적인 전망을 보여주었다(김동원·박혜진, 2009). 이러한 측면에서 귀농의 대상인구인 도시민의 농촌에 대한 관심과 귀농의사를 유발, 유지할 수 있는 귀농정책의 필요와 중요성은 더욱 부각된다.

농업인력의 유입은 신규 창업 인력의 유입과 다른 직업에 종사하다가 이전하는 전업인력으로 구분할 수 있다. 최초 창업인력은 농업계 고등학교나 대학 졸업자의 유입을 의미하는데, 그 수준은 실질적으로 미미하다. 따라서 농업인력의 유입은 신규 창업이기 보다는 다른 업종에서 전업한 재촌자이거나 귀농자가 중심일 것이다. 그중에서도 순수한 의미의 재촌 전업자는 농촌의 산업적 기반이 취약하여 실제적으로 거의 없거나 극히 적을 것으로 예상되며 신규창업자의 대부분은 귀농자일 것으로 판단된다(이상호, 2008: 552).

이런 맥락에서 정부와 자치단체들은 도시민들을 신규 농업인력으로 확보하고 농촌에 정착시킬 수 있는 다양한 노력을 전개하고 있는데, 귀농지원정책은 가장 대표적이다. 특히 IMF 구제금융 직후 급증했던 귀농 인구가 대부분 영농에 실패하고, 그 후 경기상황 호전으로 도시로 복귀했던 실패경험을 되돌아 볼 때, 이제 귀농지원정책은 실질적인 농촌정주를 이끌 수 있어야 한다.[166] IMF 당시 농림부는 1998년부터 2000년까지 귀농지원사업을 추진하였으나 귀농지원이기 보다는 실업자 구제대책의 일환이었다. 그리고 귀농지원 활동 대부분은 전국귀농운동본부를 비롯한 민간단체를 중심으로 농촌 활성화 차원에서 영농교육과 귀농 알선 등이 이루어진 것이 사실이다.

---

[166] 1997년 외환위기 직후 1년 동안 전국의 총 취업자 수는 약 128만 명이 감소하는 가운데 농림어업 부문 취업자 수는 오히려 14만 명이 증가하였다(김성원, 2009).

2009년 4월 정부는 <귀농·귀촌 종합대책>을 발표하였는데, 농촌의 심각한 현실인식과 함께 외환위기 직후의 상황이 재현될 수 있다는 판단이 종합대책 마련의 배경으로 평가되고 있다(김정섭, 2009).

자치단체에서도 도시민들의 귀농지원을 위한 조례와 규칙을 제정하고 있는데, 전남 강진군이 2007년 5월에 처음으로 제정한 이후, 2010년 5월 기준으로 54개 자치단체가 귀농관련 조례를 제정·운영하고 있다. 특히 자치단체의 귀농 관련 조례와 규칙은 해당 지역으로의 도시민의 귀농 동기를 촉진할 수 있다는 점에서 매우 중요한 의미를 갖는다. 그러나 귀농인이 귀농하여 정착하기까지는 다양한 경로를 거치며, 귀농에 대한 인식이 영농목적에서 농촌에 이주하는 것까지를 포함하는 경향을 보이면서 귀농지원에 대한 적절한 논의와 체계가 마련될 필요가 제기되고 있다.

따라서 이 연구는 귀농인의 유인 및 안정적 정착을 위한 자치단체의 지원방안 수립에 기여하기 위한 시사점을 모색하는 데 그 목적이 있다. 구체적으로는 최근 변화가 이루어지고 있는 귀농의 개념을 정립하고 그동안 우리 정부가 추진했던 귀농정책의 지향성을 살펴볼 것이다. 또한 전국 기초자치단체를 대상으로 2010년 5월 현재까지 제정된 귀농조례의 구체적인 내용에 대한 비교·분석을 통해 귀농지원 방향을 탐색할 것이다.[167] 이러한 논의결과는 향후 조례를 제정하거나 개정할 지방자치단체의 귀농지원 방향 모색에 기여할 수 있을 것이다.

---

167) 분석대상인 기초자치단체 귀농조례는 행정안전부가 운영하는 자치법규정보시스템(Enhanced Local laws and regulations Information System; ELIS)에 2010년 5월 기준으로 탑재되어 있는 귀농조례를 대상으로 하였다. 단, 제주도 남제주군은 제주특별자치도 출범에 따른 폐지로 분석대상에서 제외하였다.

제2절 귀농의 개념과 지원체계

1. 귀농의 개념

사회과학의 많은 개념들처럼 귀농의 개념도 다양하게 정의되고 있다. 귀농에 대한 다양한 정의가 가능한 것은 귀농의 주체인 귀농인의 출신배경과 농촌으로 가는 귀농의 목적에 대한 규정이 연구자들 간에 다양하게 인식되고 있기 때문이다.[168]

귀농인의 출신배경과 관련된 요체는 귀농인의 농촌출신 여부에 관한 논란이다. "농촌을 떠났던 사람이 다시 농촌으로 돌아감"이라는 귀농에 대한 사전적 정의(엣센스국어사전)처럼 귀농인을 농촌출신으로 한정시키는 것은 전통적인 경향이었다(김성수 외, 2004: 55; 박공주 외, 2007: 3). 농촌출신으로 고향농촌으로 돌아가는 U-turn 귀농인과 고향농촌이 아닌 다른 농촌으로 돌아가는 J-turn 귀농인에 대한 정의(박영일, 1998)[169]와 농촌에서 거주하며 영농에 종사하였거나 혹은 농촌출신으로 농촌에서 성장했던 사람이 이농 후 비 농업적 직업에 있다가 다시 농촌으로 돌아가는 사람(이정관, 1998)으로 정의하는 것이 대표적이다.

---

168) 귀농의 개념에 대한 논란에는 여기서 언급하는 두 가지 요인 외에도 다른 것들이 있다. 예를 들면, 농촌에서 다른 농촌으로 이동하는 것은 단순한 거주지의 이동이라는 점에서 귀농이 아니라는 주장(우종현, 1997)과 영농 이외의 산업분야에서 종사하다가 농촌으로 귀향하여 영농에 종사해야 한다는 주장(정철영, 2000)도 있다.

169) U-turn 귀농인은 고향농촌에서 살다가 도시로 간 후 여러 사정으로 인해 재차 고향농촌으로 복귀한 귀농인을 말하며, J-turn 귀농인은 고향농촌이 아닌 무연고의 타 지역 농촌으로 이주하는 귀농인을 말한다.

농촌출신으로 한정하는 정의와 다른 경향은 이전 거주지와 상관없이 농촌으로 이주하는 사람을 귀농인으로 규정한다. 즉, 농촌출신과 도시출신을 구분하지 않고 농촌으로 이주한 사람을 귀농인으로 간주하는 것이다. 농촌생활 경험이 없는 도시출신이 농촌으로 들어가는 I-turn 귀농인에 대한 정의(박영일, 1998)와 과거 영농경험이 없는 도시인이 농촌으로 들어가는 사람으로 정의(우종현, 1997; 김형용, 1998; 김주현, 1999)하는 것이 대표적이다.

그러나 귀농인의 출신배경에 따른 정의는 최근 들어서 거의 시도되지 않고 통합되는 경향을 보이고 있다. 농촌출신이나 도시출신을 구분하지 않고 농촌으로 들어가는 사람을 귀농인으로 파악하는 것이다(이재철·이도선, 2006; 이민수, 2009; 김정섭, 2009; 유학열, 2010). 이러한 경향의 배경에는 도시와 농촌의 경계를 모호하게 하는 도시화와 도시의 거대광역화, 그리고 은퇴 후 정신적 풍요를 중시하는 도시민들의 가치관 변화가 존재한다(이재철·이도선, 2006: 15). 즉, 도시 속의 농촌 혹은 농촌 속의 도시가 존재하면서 지역특성에 따른 명확한 구분이 애매하고, 도시생활에서 은퇴한 후 친환경적 여건 속에서 생활하고자 하는 도시민들의 농촌이주 추세가 반영된 것으로 보인다.

귀농의 목적에 대한 논의는 귀농의 개념을 정의하는 데 있어서 더욱 중요하다. 최근 귀농의 개념에 대한 논란은 귀농인의 농촌출신 여부가 아니라 귀농의 목적에 관한 것이다. 그리고 그 중심은 귀농인의 영농종사 여부이다. 귀농에 대한 초기의 대부분의 정의는 귀농의 목적을 영농종사에 두고 직업으로서 농업을 선택하여 농촌으로 이주하는 행위로 규정하고 있다. 따라서 이러한 정의에 의하면 귀농인은 농촌으로 돌아가 영농에 종사하는 사람을 지칭하게 된다(이동하, 1998; 김형용, 1998; 박영일, 1998; 이정관, 1998; 김주현, 1999; 정철영, 2000). 1994년부터 귀농자를 조사하기 시작한 정부도 이러한 입장에 있었다(유정규, 1998: 25). 즉, '마을 외부로부터 농사를 지으러 들어 온 농가수'를 귀농자로 하여 조사한 것이다. 그리고 이러한 정의와 유사하게 영농을 확장시킨 정의가 이루어지고 있는데, 이들은 농업생산에 종사한다는 것을 귀농의 중요한 목적으로 제시하고 있다(김정섭, 2009; 유학열, 2010). 따라서 이러한 정의는 토지를 기반으로 한다는 공통된 특징을 갖는다.

그러나 최근에는 귀농의 목적을 영농 또는 농업생산에 초점을 두기 보다는 폭 넓게 정의하는 경향이 나타나고 있다. 비농업인 혹은 전원생활 추구자(이재철·이도선, 2009), 농업과 관계없이 농촌에 이주하는 것(이민수, 2009)이라는 주장이 대표적이며, 남정덕(2000)은 노인이 은퇴 후 농촌으로 들어가는 것까지도 귀농으로 파악하고 있다. 이들 정의에는 도시환경에 대한 불만과 웰빙(well-being), 농촌을 새로운 삶의 터전으로 여기는 도시민들의 인식변화가 반영된 것으로(김성훈, 2006), 농촌으로 돌아가는 모든 행위를 포함하는 귀촌의 개념과 동일하게 사용하고 있다.

실제 학자들 간에도 귀농과 귀촌에 대한 용어 정의를 명확히 하려는 시도가 이루어지고 있다. 유정규(1998)는 귀농에 귀촌을 포함하는 반면에, 강대구 등(2006)은 귀촌과 귀농 모두 농촌으로 돌아왔다는 공통점이 있으나, 일정정도의 농업영위(부업수준 이상의 농업영위)를 전제로 하는 경우를 귀농으로 파악하고 있다. 특히 이재철·이도선(2006)은 귀농의 개념을 논의함에 있어서 귀촌에 대한 언급 없이 귀촌의 의미를 포함시켜 정의하고 있다. 정책영역에서도 귀농과 귀촌은 구분 없이 사용되고 있는 것으로 보인다. 농림수산식품부가 2009년 발표한 <귀농·귀촌 종합대책>에서도 '농촌에 새로운 인력 영입을 위해' 대책을 마련한다는 배경설명과 함께 귀농과 귀촌에 대한 구분 없이 대책을 제시하고 있는 것이 그 예라 할 것이다.

이상과 같은 논의의 경향을 고려해 볼 때 귀농의 개념은 점진적으로 확장된 것으로 평가할 수 있다. 농촌출신이거나, 영농목적이라는 제한적 관점보다는 농촌출신 여부를 불문하고 도시민이, 농촌으로 이주하는 것이라는 포괄적인 개념으로 새롭게 정립되고 있는 것이다.

2. 귀농정책의 지향성 변화

이우성(2006)은 귀농은 개인의 선택이기 이전에 구조의 산물로 파악한다. 도시로 가야 사람답게 산다고 하는 현 시대에 힘든 농촌으로 돌아오는 데에는 무엇인가 따져봐야 할 것들이 있다는 것이다.

역사적으로 귀농은 1930년대 농촌계몽운동에서 그 뿌리를 찾을 수 있지만(이우성, 2006: 11), 정책적으로는 1980년대 초 '농어민후계자자금제도'를 통해 정부지원을 받고 귀농(농고나 농대졸업자)하거나 혹은 귀농 후 후계자로 편입시키는 제도에서 귀농정책의 출발을 발견할 수 있다. 이 제도는 1980년대의 급속한 이농으로 인해 유발되었던 당시의 농촌노동력 부족을 해소하고 지역활성화에 기여한다는 목적에서 도입되었다(유정규, 1998: 29~30).

1990년대는 농산물 시장개방과 더불어 농업구조개편이 진행된 시대였다. 이 시기에는 1991년 7월 발표된 <농어촌구조개선 대책>을 시작으로, <신농정 5개년 계획> 등 농산물 개방에 대응하기 위한 농업 구조개편 및 경쟁력 강화 방안이 추진되었다. 42조 원을 투입하는 이 사업을 통해서 귀농은 '돌아오는 농촌건설'이라는 농업정책적 측면에서 다루어지게 된다.[170] 그러나 이 시기는 급속한 이농으로 인해 농촌사회는 이미 고령화되어 정책효과는 미약하였고, 그로 인해 젊고 유능한 농촌·농업인력 확보를 위한 다양한 유인책이 마련될 필요가 있었다. 전업농에 대한 집중적인 지원이 이러한 필요에 의해서 모색되었고, 전업농지원정책은 귀농유인정책으로 결합되어 '대학생선도농가지원' 또는 '선도개척농사업'으로 나타나게 된다(유정규, 1998: 29). 선도개척농사업은 농과대학이나 농업계대학원의 졸업자로서 농촌으로 귀농하고자 하는 자에 대해서 1인당 1억 원의 자금을 제공하는 '귀농' 촉진 제도였다. 따라서 이 시기의 귀농정책 또한 1980년대와 유사하게 귀농자에 대한 경제적 유인을 통해 농업인력을 확보한다는 목적에서 추진된 것으로 평가할 수 있다.

그러나 1997년 IMF사태를 맞으면서 실업이 급속하게 증가하고 귀농에 대한 사회적 관심이 크게 높아지면서 귀농은 실업문제에 대응하기 위한 방안으로 모색되어 진다. 이때 정부는 실업자 구제차원에서 귀농에 대한 정책적 지원을 강화하게 되는데, 이전 시기의 농촌인력 육성 차원의 귀농정책이 아닌 직업알선을 위한 일종의 전업(轉業) 대책(영농정보제공, 영농기술교육, 귀농정착지원 등) 차원으

---

170) '농어촌구조개선대책'은 1992년부터 2001년까지 10년간 농어촌구조개선에 42조 원을 투자하는 사업으로서, 1993년 문민정부가 들어서면서 '신농정 5개년 계획'으로 수정하고, 농업구조개선을 조기에 달성시키기 위해 사업계획을 당초 계획보다 3년 앞당긴 1998년까지 완료하기로 결정했다.

로 접근하게 된다(유정규, 1998: 30~31).

국민의 정부와 참여정부가 교차하는 2000년대에 들어서면서, 농업정책은 농촌정책으로 패러다임의 변화를 보이게 된다(이해진, 2009). 농업을 통해 농촌을 지탱하는 과거의 방식이 더 이상 유효하지 않으며, 농촌지역개발을 통해 농업과 농촌을 지키겠다는 새로운 관점에서 접근하기 시작했다. 즉 1차 산업에만 의존했던 농업정책에서 농촌사회의 다면적 가치를 존중하는 공간정책으로 강화된 것이다.

이러한 패러다임 변화는 2004년 <농어업·농어촌 종합대책>과 2005년 <농림어업인 삶의 질 향상 기본계획>을 통해 현실화되는데, 농촌을 정책대상으로 삼아 농촌복지를 핵심내용으로 포괄하였다(농림부, 2005). 그리고 2006년 12월 대통령 자문 농어업·농어촌특별대책위원회는 '농·도 상생의 살고 싶은 농어촌 구현'이라는 비전 달성을 위한 <도시민의 농어촌 정주지원 방안>을 마련하게 된다. 이것은 기존의 <농어업·농어촌 종합대책>과 <농림어업인 삶의 질 향상 기본계획>이 목표로 제시했던 농어촌 주민의 삶의 질 향상과 함께 농어촌의 공동화·고령화 현상을 해소하고, 지역사회의 활력을 회복하기 위해서는 자본 유치 못지않게 사람의 유입이 중요하다는 판단에서 마련된 것이었다. 기본적으로 이 정주방안은 도시민들이 들어가서 살고 싶은 매력 있는 농어촌을 구현하고, 농어촌 이주 편의를 도모하는 데 초점을 둠으로써 귀농을 지원하는 정책으로서의 성격을 내포하고 있다. 따라서 이 시기의 귀농정책은 농촌복지와 생활환경 개선을 추구하는 농촌정책의 수단으로서 농촌인구 유입을 촉진하기 위한 목적에서 추진된 것으로 보인다.

현 정부 들어서 귀농정책은 이전과는 달리 귀농지원에 실질적으로 초점을 맞춘 체계화된 정책으로 제시된다. 2009년 4월 정부가 발표한 <귀농·귀촌 종합대책>은 농어촌지역에 '귀농·귀촌 종합센터'를 설치하는 등 귀농 희망자의 정착을 성공적으로 지원할 수 있는 수요자 관점에서의 지원 대책이다. 특히 이번 대책에서는 귀농과 함께 인구급증 세대의 40~50대 조기퇴직 및 은퇴자를 대상으로 하는 귀촌을 정책대상으로 하여 세부적인 내용을 포함하고 있다. 일부에서는 이 대책에 포함된 귀농을 지원하는 세부적인 내용들이 이미 시행되었던 것이라는 평가도 내리고 있지만(김정섭, 2009: 535), 다른 정책을 지원하는 보조적인 성격이 아니라 개별정책으로서 형성되었다는 점에서 상징적인 의미를 부여할 수 있을 것이다.

그러나 이번 귀농대책의 배경도 이전 정부가 추진했던 정책들과 큰 차이를 발견할 수는 없다. 추진배경에서 제시한 것처럼 경기침체로 인해 악화된 고용상황에 대한 탈출구로서 새로운 일자리 창출수단으로 활용하고 귀촌을 통해 농촌에 새로운 인력을 영입하겠다는 의미가 담겨져 있다.

현 정부가 추진하고 있는 귀농정책의 배경과 성격은 일본의 귀농정책으로 평가되는 전원생활 지원 및 유도정책과 흡사하다. 일본 총무성의 <노동력 조사>는 2007년부터 제1차 베이비붐 세대의 대량퇴직이 시작될 것으로 예측하였는데, 도시지역에 거주하고 있는 주민들을 농·산·어촌 지역으로 이주를 촉진하는 전원생활(田舍暮らし) 지원 및 유도 정책은 농·산·어촌 지역의 과소화로 인한 노동력 부족문제를 해결하기 위하여 추진된 것이다.[171] 또한 도시지역에

---

171) 전원생활(田舍暮らし)이란, 도시로부터 떨어진 토지에 이주하여 거주하는 것 또는 자연 회귀적인 라이프 스타일 그 자체를 말하는 것으로 쾌적성과 편리성을 추구하여 농산어

거주하고 있는 주민이 평일에는 도시부에서 생활하고 주말에는 농촌지역에서 생활하는 이지역거주(二地域居住) 형태의 현상이 나타나면서 이를 지원하기 위한 성격도 내포하고 있다(일본 내각부, 2005).

경기불황에 대처하기 위한 실업자 구제 및 일자리 창출이라는 귀농정책의 성격도 동일하게 발견된다. 일본은 1990년대 경기불황이 장기화되면서 청년 실업자의 급격한 증가문제와 정년퇴직 후에 근로의욕과 농업에 관심이 높은 도시주민들의 문제를 해결해야 한다는 과제가 제기되었다. 이를 위해 신규자 취농(就農)촉진에 관한 특별법이 제정된 바 있는데, 도시에 거주하는 청년층의 일자리 제공과 함께 농산어촌 지역의 노동력 부족문제와 정주인구 감소문제를 해결하여 녹지보전 등 농업의 활성화와 농·산·어촌 지역경제의 활성화를 추진한 것이다.

따라서 우리나라와 일본 모두 귀농정책은 실업자 구제 및 전원생활 지원을 통한 농촌인구 유입이라는 공통된 배경에서 추진되었다고 할 수 있다.

이상의 논의를 통해서 그동안 정부가 추진하였던 귀농정책은 영농인력 확보수단으로서, 실업자 구제수단으로서, 농촌인구 유입수단으로서 추진된 것으로 평가할 수 있다. <그림 1>과 같이 시기적으로는 1980년대와 1990년 초기에는 영농인력 확보를 위한 정책수단으로서, 1990년대 후반 IMF 시기에는 실업자 구제수단으로서, 2000년대 초에는 농촌인구 유입수단으로서, 현 정부에서는 농촌인구 유

촌에서 도시부로 대량 인구가 유입되었던 고도 경제성장이 끝나고 물질적 풍요로부터 정신적 풍요를 중시하는 경향으로 가치관이 변화되기 시작하면서 나타난 움직임을 가리키는 것이다(야후, 주택용어사전).

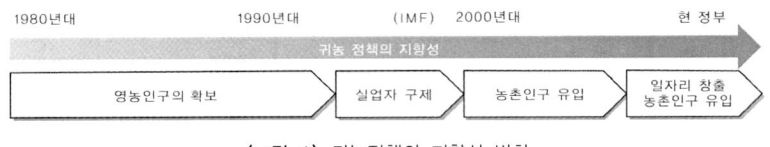

| 1980년대 | 1990년대 | (IMF) 2000년대 | 현 정부 |

귀농 정책의 지향성

| 영농인구의 확보 | 실업자 구제 | 농촌인구 유입 | 일자리 창출 농촌인구 유입 |

〈그림 1〉 귀농정책의 지향성 변화

입과 고용위기 탈출을 위한 새로운 일자리 창출수단으로서의 성격
이 반영되었던 것으로 평가할 수 있을 것이다.

3. 귀농지원체계

귀농희망자를 적극적으로 끌어들이고 그들이 지역사회에 안정적
으로 정착하도록 하는 정책을 개발하고 실행하는 것은 쉬운 일이 아
니다. IMF 당시 급증했던 귀농 인구의 대부분이 경제상황이 호전되
면서 도시로 복귀했고 그 수가 90% 이상이라는 것은(김정섭, 2009;
한겨레신문, 2004. 1. 1.) 귀농인의 성공적인 정착이 얼마나 어렵다
는 것을 여실히 보여준다. 따라서 귀농인을 지원하는 다양한 제도의
마련과 정비는 도시민의 귀농욕구를 자극하고 농촌에 정착시켜 지
속적으로는 귀농 활성화와 농촌발전에 기여한다는 점에서 매우 중
요하다.

기존의 귀농지원에 관한 연구들은 다양한 관점에서 이루어지고
있다. 귀농과정을 중심으로(유정규, 1998; 김성수 외, 2004; 강대구,
2006), 귀농인 대상 애로사항 발굴(김형용, 1998; 정한모, 2002), 귀
농학교 교육자 대상 애로사항 발굴(신정수・이병오, 1999) 등의 관
점에서 이루어지거나, 귀농교육프로그램(정철영, 2000) 등 귀농지원

과 관련된 특정 내용을 중심으로 진행되는 것이 일반적이다.

귀농과정을 중심으로 한 연구들은 영농정착의 관점에서 귀농과정을 구분하고 있다. 도시인 등이 농업의 특성을 알고 검토·분석·탐색 후, 계속적인 관심 속에서 영농정착을 준비하고, 토지·자본 등을 투자, 영농에 정착하여 자립하게 되기까지의 일련의 연속된 과정으로 파악한다. 농업진흥청(1999)과 이재철·이도선(2006)은 귀농과정을 귀농결심(귀농실천)→가족동의→영농분야 및 농작물 선택→정착지 물색→영농기술 습득→주택 및 농지구입→영농계획 수립→귀농실행의 8단계로 구분한다. 또한 김성수 등(2004)은 귀농은 인구의 이동과정과 동일하다는 관점에서 Fielding(1974)의 인구 이동과정에 근거하여 귀농탐색→귀농의사결정→귀농준비→귀농시행 및 적응의 4단계로 제시하고 있다. 유병규(1998)는 귀농희망자를 대상으로 하는 귀농전단계와 귀농자를 대상으로 하는 귀농후단계로 구분한다. 강대구 등(2006)도 귀농과정을 귀농인식단계→귀농탐색과 결심단계→귀농준비단계→귀농실행단계로 구분하고 있다. 따라서 귀농과정에 근거하고 있는 이들 연구들은 귀농 단계별로 귀농에 필요한 정보와 수준이 상이하다는 점을 고려하여 지원내용이 마련되어야 한다는 것을 강조한다. 그러나 이들이 제시하고 있는 지원내용은 영농과 귀농실행 이전 단계에 초점을 둠으로써 귀농한 후 실질적으로 정주하면서 발생하게 되는 농촌생활 환경에 대한 고려가 반영되지 못하는 한계를 내포하고 있다.

한편 귀농인이 직면하는 애로사항에 관한 연구들은 영농에 따르는 문제점과 함께 생활여건에 관한 애로사항을 강조하고 있다. 신정수·이병오(1999)는 영농에 예상되는 애로사항으로 '영농기술 및 경험부족', '토지확보(구입, 임차)', '영농자금 부족', '주변 농민들과의 융화' 등을 제시하고, 귀농하는 데 걸림돌로 작용하는 것으로 '자녀 교육', '문화적 생활의 제약', '의료 및 주거불편' 등을 제시하고 있다. 즉, 귀농 이전과 귀농 이후를 포함하여 영농활동과 농촌에 거주하면서 발생하는 생활환경에 대한 문제점까지 포함하여 귀농지원 방안을 모색하고 있다.

한편 김정섭(2009: 544~545)은 2009년 정부가 발표한 <귀농·귀촌 종합대책>의 내용을 인과적 관점에서 단순화시킨 논리구조를 제시하였다(<그림 2> 참조). 즉, X라는 조건이 주어지면, Y라는 결과가 도출될 것이라는 전제하에 지원 대책이 마련되었다는 것이다. 그러나 여기에는 정부의 귀농정책이 집행되는 농촌현장의 실행 메커니즘이 고려되지 않아 X → Y로 이어지는 인과관계를 기대할 수 없다고 지적하고 있다.

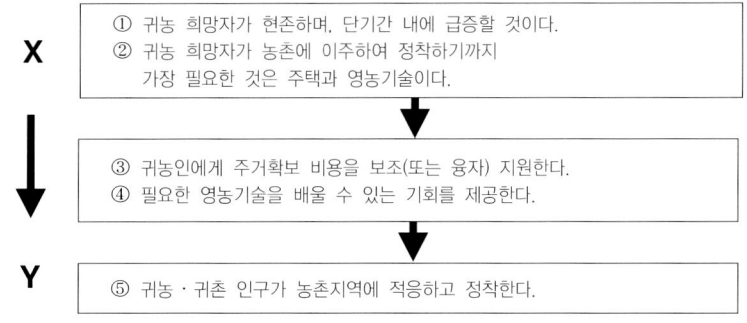

<그림 2> 귀농·귀촌 종합대책(2009)의 논리적 구조

자료: 김정섭(2009)

귀농을 촉진하기 위한 일본의 지원체계도 우리의 경우와 유사한 것으로 보인다. <표 1>과 같이 일본 공익법인인 <100만인 고향회귀·순환운동 촉진·지원센터>가 2006년에 조사한 도시민의 귀농과 관련된 요구사항을 보면, 정보제공과 상담, 현지체험 등을 희망하고 있는 것으로 조사되었다.

<표 1> 도시주민의 귀농생활에 필요한 요구사항

요구사항	희망비율(%)
정보제공의 실시	52.3
소개·상담업무	36.1
현지체험 실시	30.0
정보센터 운용	22.9
레크레이션 사업	18.7
알선·중개 사업	18.6
세미나 개최	15.2

자료: 일본 국토교통성 백서(2007)

또한 일본 농림수산성이 작성해 발표한 지방공공단체의 도시민 농촌 정주촉진을 위한 지원내용을 살펴보면, 정주지원, 취업 및 취농에 관한 지원, 그리고 이주 후 계속지원이라는 3가지 틀 속에서 세부적인 지원 대책을 마련해서 추진하고 있는 것으로 보인다(<표 2> 참조). 여기에는 영농 목적만이 아니라 구직정보 제공 등 도시민의 농촌 정주를 촉진하기 위한 대책이 포함되어 있어서 귀농대책이 농촌이주 희망자를 정책대상으로 삼고 있는 것으로 평가된다.

<표 2> 일본 지방공공단체의 정주촉진 등을 위한 지원 대책

정주 등에 관한 지원	– 지역생활에 필요한 정보제공 – 생활과 문화 등의 현지에서의 체험기회 제공 – 부동산 정보제공 및 소개, 빈집정비 지원
취업 및 취농에 관한 지원	– 농업체험, 농업기술연수 실시 – 취농에 관한 상담과 자금확보 지원 – 지역구직정보 제공 – 기업활동 지원(연수, 전문가 조언 등) – 기업유치 등을 통한 고용창출 계획수립과 지원
정주 후 계속 지원	– 취농 후 영농지도 – 지역사회활동 참여 지원
기타	– 다양한 상담에 대한 one-stop 서비스 제공 – 정주자 욕구파악과 그에 따른 지원

자료: 일본 국토교통성 백서(2007)

따라서 우리나라와 일본의 논의를 종합해 보면, 귀농지원의 범위는 귀농정책의 대상이 영농과 농업 관련 산업 종사자를 포함해 농촌 거주 희망자까지 확대되고 있는 경향을 감안하여 모색하는 것이 필요하다. 따라서 영농지원과 함께 소득지원, 농촌생활여건 개선 등 농촌정착에 필요한 모든 내용이 귀농지원체계에 반영되어야 할 것으로 평가된다. 또한 귀농지원 정책은 중앙정부가 집행하는 것이 아닌 지방정부에 의해서 집행된다는 점을 감안하여 집행책임이 있는 지방정부 관점에서 지원체계가 마련되어야 할 것이다.

제3절 귀농 및 귀농지원 자치법규 현황

1. 귀농에 대한 인식과 현황

1) 귀농에 대한 인식

귀농의 대상자인 도시민들의 귀농에 대한 인식은 다소 낮아지고 있는 것으로 조사되고 있다. 2007년 12월 한국농촌경제연구원이 발표한 <농촌정주수요조사결과>에 의하면, 도시민들은 농촌이주를 매우 바람직하게 인식하고 있는 것으로 조사되었다. 응답자의 27.3%가 매우 바람직하다고 응답하였고, 50.5%가 바람직하다고 응답하여 77.8%의 도시민이 농촌이주를 바람직하게 인식한다고 조사되었다. 그리고 이러한 조사결과는 2005년의 조사결과인 72.9%에 비하여 4.9%가 높아진 결과였다.

그러나 '농촌정주수요 조사결과'와 달리 한국농촌경제연구원이 매년 말 정기적으로 실시하는 <농업·농촌에 대한 국민의식조사>의 최근 조사결과는 귀농의사가 감소한 것으로 나타났다. 2008년 귀농의사가 조금이라도 있다는 응답자가 62.8%였으나, 2009년에는 53.0%로 9.8%가 감소한 것으로 조사되었다. 좀 더 구체적으로는 5년 내 실현하겠다는 도시민은 3.8%에 그쳐 귀농의향은 감소하고 있는 것으로 나타났다(<그림 3> 참조).

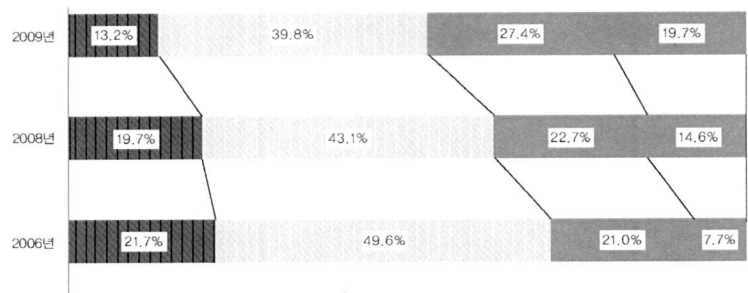

〈그림 3〉 도시민의 귀농의향

자료: 한국농촌경제연구원(2009), 농업·농촌에 대한국민의식조사

또한 농촌으로의 이주할 의향이 있다는 응답자들은 그 이유로 '은퇴 후에 여가생활을 위해서'라는 응답이 가장 높고, 다음으로 '농촌이 살기에 더 좋기 때문에', '나 자신이나 가족의 건강 때문에' 등의 순으로 나타났다. 따라서 농촌으로의 이주가 귀농이라는 측면보다는 귀촌의 성격이 강한 것으로 평가된다(<표 3> 참조).

〈표 3〉 농촌으로 이주하려는 이유

이주하려는 이유	비율
은퇴 후에 여가생활을 위해서	34.1%
농촌이 살기에 더 좋기 때문에	29.8%
나 자신이나 가족의 건강 때문에	12.9%
도시생활이 불편하기 때문에	3.9%
가족이나 친지와 가까운 곳에 살려고	2.9%
집안의 농사일이나 가업을 맡아서 하려고	2.1%
농사일을 하고 싶어서	2.1%
도시에 사는 것보다 생활비가 적게 들어서	1.5%
자녀교육을 위해서	1.2%

자료: 한국농촌경제연구원(2007), 농촌정주수요조사결과

이러한 평가는 농촌 이주 후 경제활동에 대한 인식에서 확인할 수 있다. <표 4>와 같이 농촌이주 후 경제활동 분야에 대한 조사에서 이주 의사가 있는 도시민들 중 농림어업에 종사할 것이라고 응답한 사람이 14.6%에 불과하였다. 특히 경제활동은 안 하겠다는 응답이 30.8%에 달해 귀농보다는 귀촌 의사가 많은 것으로 조사되었다.

〈표 4〉 농촌 이주 후 경제 활동

경제 활동 내용	비율
농사 이외의 자영업을 하겠다	24.0%
전문직에 종사할 것이다	17.6%
농림어업에 종사할 것이다	14.6%
직장에 다닐 것이다	12.1%
경제활동은 안 할 것이다	30.8%

자료: 한국농촌경제연구원(2007). 농촌정주수요조사결과

한편, 보다 적극적인 농촌이주 의향을 묻기 위해 농촌에 이주할 의향이 있다는 응답자를 대상으로 농촌이주 준비를 질문한 결과, 농촌 이주를 준비하고 있다는 응답자가 25.8%에 달해 비교적 많은 도시민들이 보다 적극적으로 농촌이주를 준비하고 있는 것으로 조사되었다(<표 5> 참조).

〈표 5〉 농촌 이주에 대한 준비 정도

준비 여부	비율
① 아주 구체적으로 준비하고 있다	3.0%
② 어느 정도 준비는 하고 있다	22.8%
① + ② 준비하고 있다	25.8%
③ 별로 준비하고 있지 않다	41.7%

준비 여부	비율
④ 전혀 준비하고 있지 않다	32.4%
③ + ④ 준비하고 있지 않다	74.2%

자료: 한국농촌경제연구원(2007). 농촌정주수요조사결과

농촌으로의 이주 시 염려되는 것으로는 생활환경의 불편에 대한 우려가 37.1%로 가장 높게 나타났고 수입에 대한 우려가 18.5%로 조사되었다. 또한 농촌 이주 시 예상되는 불편한 점으로는 병원이나 약국 등 의료시설의 부족이 34.5%, 자녀들을 위한 교육환경 부족이 24.3%로 나타나 도시민들이 농촌으로 이주하는 데 있어서 가장 우려하는 것은 생활환경 문제인 것으로 조사되었다(<표 6> 참조).

<표 6> 농촌 이주 시 염려되는 점과 예상되는 불편한 점

염려되는 점		불편한 점	
사업이나 직장을 구하기 어려울 것 같다	15.3%	생활편의시설 부족	17.7%
수입이 적을 것 같다	18.5%	병원이나 약국 등 의료시설 부족	34.5%
생활환경이 불편할 것 같다	37.1%	자녀를 위한 교육환경 부족	24.3%
원주민 이웃과 적응하기 어려울 것 같다	6.9%	여가나 문화시설 부족	16.7%
도시지역의 친지나 친구들과 멀어질 것 같다	15.8%	인터넷 등 정보통신시설 부족	3.2%

자료: 한국농촌경제연구원(2007). 농촌정주수요조사결과

귀농·귀촌을 위한 정부 및 지자체의 지원방안에 대해서는 귀농에 필요한 자금과 정보지원, 그리고 일반적인 생활환경 개선에 대한 지원이 필요하다는 인식을 보여 주었다(<표 7> 참조). 2007년 <농촌정주수요조사결과>에서는 생활여건 개선(40.2%), 농촌정착에 필

요한 자금지원(17.3%), 일자리 제공(16.9%)으로 조사되었고, 2009년 <농업·농촌에 대한 국민의식조사>에서는 귀농에 필요한 조건으로 수입원(33.2%)과 귀농귀촌에 대한 정보(13.8%), 이주비용(12.2%), 귀농프로그램(11.7%) 등을 꼽았다.

〈표 7〉 귀농을 위한 정책지원 방안에 대한 인식

귀농·귀촌을 위한 정책지원 (농촌정주수요조사결과, 2007)		귀농에 필요한 조건 인식 (농업·농촌에 대한 국민의식조사, 2009)	
일자리 제공	16.9%	생활을 할 수 있는 수입원	33.2%
정보제공과 상담	6.1%	귀농귀촌에 대한 정보	13.8%
농촌정착에 필요한 자금지원 (융자)	17.3%	이주에 필요한 자금	12.2%
농촌생활의 적응에 필요한 교육 및 훈련	8.0%	농사기술 등 귀농프로그램	11.7%
행정적 절차 간소화, 규제완화	10.0%	마음의 준비(결심)	10.9%
생활여건 개선	40.2%	교육 등 농촌생활여건	8.2%
		장래성, 가족설득, 기타	10.1%

2) 귀농현황

농업인력의 특성을 살펴보면 농가인구는 2000년 이후 최근까지 지속적인 감소추세를 보이고 있다. 2010년 농가호수는 전년보다 1.6% 감소한 118만 호에 이를 것으로 전망되는데, 향후 2020년에는 농가호수가 2010년 수준보다 17만 호가 감소한 101만 호에 이를 것으로 전망되고 있다. 2010년 농가인구는 전년보다 약 9만 명(2.9%) 감소한 301만 명 수준이 될 것으로 전망된다. 2020년에는 2010년보다 약 73만 명이 감소한 228만 명 수준에 달하고, 65세 이상 농가인구 비율이 2010년 34.8%에서 2020년 에는 44.7%로 증가할 것으로 전망되고 있다. 즉, 젊은 계층 농가의 지속적인 이농으로 농업인력의 고령화현상이 갈수록 심화되고 있음을 알 수 있다. 농가인구의 감소로 총인구대비 농가인구 비중은 2010년 6.2%에서 2020년 4.6% 수준으로 계속 낮아지는 추세이다. 농가 호당 인구 또한 2010년 2.56명에서 2020년 2.26명으로 감소할 전망이다.

<표 8>에 제시된 바와 같이 1990년 이후 2008년까지 총 귀농규모는 30,299가구로 나타났다. 귀농가구의 규모는 연도별로 차이가 있는데, IMF 경제위기 직후인 1998년과 1999년에는 평소의 10배 가까운 인력이 유입되었다. 이러한 현상은 2000년까지 계속되었으며, 이들의 상당수가 IMF에 의한 실직이나 취업의 어려움에 기인된 것으로 판단된다.

<표 8> 연도별 귀농현황

(단위: 수, %)

구 분	합 계	'90~'97	'98	'99	'00	'01	'02	'03	'04	'05	'06	'07	'08
가구수	30,299	7,186	6,409	4,118	1,154	880	769	885	1,302	1,240	1,754	2,384	2,218
누 계	30,299	7,186	13,595	17,713	18,867	19,747	20,516	21,401	22,703	23,943	25,697	28,081	30,299
구성비	100	23.7	21.2	13.6	3.8	2.9	2.5	2.9	4.3	4.1	5.8	7.9	7.3

자료: 농림수산식품부(2009). 귀농·귀촌 종합대책

연도별, 시도별 귀농가구의 분포는 경북이 가장 높게 나타났고, 그 다음으로 경남, 전남, 전북과 강원 순으로 나타났다. 경북은 1990년부터 2000년까지 매년 다른 시도에 비해 많은 인구가 농촌으로 유입되었고, 2002년과 2004년에 다시 많은 귀농인구가 유입되었다 (<표 9> 참조).

<표 9> 시도별 귀농현황

구분	계	'90~97	'98	'99	'00	'01	'02	'03	'04	'05	'06	'07	'08
계	30,299	7,186	6,409	4,118	1,154	880	769	885	1,302	1,240	1,754	2,384	2,218
부산	16	11	1	3	–	–	–	–	–	1	–	–	–
대구	52	50	2	–	–	–	–	–	–	–	–	–	–
인천	143	48	26	21	1	–	1	–	16	28	2	–	–
광주	68	4	–	49	3	–	–	5	6	–	1	–	–
대전	4	2	–	–	–	1	–	–	–	–	–	–	–
울산	31	12	6	6	–	–	–	–	–	7	–	–	–
경기	1,924	939	269	224	54	57	18	44	19	28	57	89	126
강원	2,582	573	470	330	151	151	26	156	227	102	134	121	141
충북	2,062	590	381	213	35	25	43	56	141	68	172	196	142
충남	2,671	478	610	382	111	28	74	46	137	237	184	157	227
전북	3,716	600	791	456	166	127	90	145	166	73	250	467	385
전남	4,643	613	1,636	1,048	230	77	67	51	37	89	249	257	289
경북	6,559	1,761	1,171	689	191	115	218	86	334	359	378	772	485
경남	4,986	1,396	902	489	119	243	210	265	203	242	267	277	373
제주	842	109	144	208	93	56	22	31	16	7	58	48	50

자료: 농림수산식품부(2009). 귀농·귀촌 종합대책

2008년에는 귀농농가의 연령별 분포에서 40대가 699명으로 가장 많았고, 그 다음으로 50대가 632명, 60대 이상이 528명으로 나타났다(<표 10> 참조). 1990년 이후 2008년까지 귀농농가의 연령별 분포를 보면 30대가 11,022명으로 36.4%, 40대가 8,581명으로 28.3%인 것처럼 기존의 농업인들보다 상대적으로 젊은 계층이 귀농한 것으로 평가할 수 있다.

<표 10> 연령별 귀농현황

구 분	계(%)	'90~97	'98	'99	'00	'01	'02	'03	04	'05	'06	'07	'08
계	30,299 (100%)	7,186	6,409	4,118	1,154	880	769	885	1,302	1,240	1,754	2,384	2,218
29 이하	2,105 (6.9)	473	809	361	65	38	62	64	34	54	70	44	31

구 분	계(%)	'90~97	'98	'99	'00	'01	'02	'03	04	'05	'06	'07	'08
30~39	11,022 (36.4)	2,836	3,222	2,077	515	316	258	239	243	287	315	386	328
40~49	8,581 (28.3)	1,824	1,544	1,206	391	293	238	260	402	393	565	766	699
50~59	5,679 (18.7)	1,345	659	422	155	187	149	201	423	319	481	706	632
60 이상	2,912 (9.6)	708	175	52	28	46	62	121	200	187	323	482	528

자료: 농림수산식품부(2009), 귀농·귀촌 종합대책

2. 조례 및 규칙 제정 현황

지방자치단체의 조례는 주민에게 의무나 부담을 주는 조항이 있을 때 지방의회의 승인을 받음으로써 성립된다. 그리고 규칙은 법령이 위임하는 범위 내에서 행정절차 등 행정업무 수행에 필요한 사항을 자치단체장이 정하는 것을 의미한다. 이러한 의미를 갖는 현행 귀농관련 조례 및 규칙은 다음 <표 11>과 같다.

〈표 11〉 조례 및 규칙 제정 현황(2010년 5월 기준)

구분		조례제정	규칙제정
기초자치단체	인천	1	
	경기도	1	
	강원도	3	1
	충청북도	3	
	충청남도	9	2
	전라북도	10	6
	전라남도	14	4
	경상북도	13	6
	경상남도	0	
	소계	54	13

귀농 관련 조례는 2007년 4월 전라남도 강진군이 "귀농자 지원조
례"를 제정한 이후 2010년 5월 말 현재 5개 광역자치단체와 54개
기초자치단체가 조례를 제정하였다.[172] <표 12>와 같이 기초자치
단체의 경우 2007년 7개의 자치단체가 조례를 제정한 이후, 2008년
13개, 2009년에는 30개 자치단체에서 제정하는 등 광역자치구를 제
외한 대다수의 농어촌 지역 기초자치단체에서 귀농지원조례를 제정
하여 운영하고 있는 상황이다. 또한 규칙은 13개 기초자치단에서 제
정·시행하고 있다.

〈표 12〉 연도별 조례 제정 현황(2010년 5월 기준)

구분	연도별					광역제정연도
	계	2007	2008	2009	2010	
인천	1			1		
경기도	1				1	
강원도	3		1	2		
충청북도	3			2	1	2010년
충청남도	9	1	1	6	1	2009년
전라북도	10	3	3	4		
전라남도	14	2	4	7	1	
경상북도	13	1	4	8		2009년
경상남도	0					2010년
제주특별자치도	0					2010년
계	54	7	13	30	4	

---

172) 2010년 5월 기준으로 광역자치단체로는 충남, 충북, 경북, 경남, 제주도가 조례를 제정
하였다.

제4절 자치단체 귀농지원정책 비교 분석

1. 귀농인에 대한 정의

자치단체들은 귀농인의 자격조건을 매우 다양하게 정의하고 있다. 조례를 제정한 54개 자치단체 중에서 28개의 자치단체가 자격조건에 대한 특별한 제한규정을 두고 있지 않으나, 26개 자치단체는 귀농인에 대한 자격을 제한하고 있다(<표 13> 참조).

〈표 13〉 귀농인 자격제한 요소*

구분	제한 없음	가족 수 제한	연령제한	타 지역 거주 제한	전입 후 거주기간
자치단체 수	28	1	19	13	4

* 일부 자치단체는 자격제한 요소를 중복하여 적용

귀농인에 대한 자격조건은 "타 지역 거주자가 가족과 함께 전입하여 농어업 경영을 목적으로 이주"한다는 기본 전제하에 세부적으로 조건을 추가하고 있다.[173] 세부적인 자격조건에는 가족 수, 연령, 타 지역거주, 전입 후 거주기간이라는 4가지 요소가 포함되는데, 제한규정을 둔 자치단체들은 이들 모두를 포함하기 보다는 일부를 선

---

173) 귀농조례가 아닌 귀농·귀촌조례를 제정한 자치단체가 2곳이 있는데, 전북 군산시는 귀농자와 귀촌자를 구분하여 정의하고 있는 반면에, 전남 완도군은 구분 없이 사용하고 있다. 한 예로 전북 군산시의 정의내용은 다음과 같다. "귀농자"란 타 지역에서 3년 이상 거주한 자 중 농업경영을 목적으로 가족과 함께 군산시(이하 "시"라 한다) 농촌지역에 이주하여 주민등록을 두고 실제 거주하면서 농업에 종사하고 있거나 하고자 하는 자를 말 한다. "귀촌자"란 타 지역에서 3년 이상 거주한 자 로서 가족과 함께 군산시 농촌지역에 이주하여 주민등록을 두고 실제 거주하고 있거나 하고자 하는 자를 말한다(제2조).

정하여 적용하고 있다. 현재 가족 수를 제한조건으로 포함하고 있는 자치단체는 1개, 연령은 19개, 타지역거주는 13개, 전입 후 거주기간은 4개 자치단체가 적용하고 있는 것으로 조사되었다. 즉, 자치단체들은 특정의 한 요소만을 귀농인의 자격조건으로 규정하기 보다는, 일부 요소들을 복합적으로 적용하고 있다. 예외적으로 전남 장흥군은 농·어업에 직접 종사하지 아니하였던 자를 대상으로 한다는 점에서 귀농인의 대상을 축소하고 있다.

이와 같이 자치단체가 귀농인의 자격조건을 제한하고 있는 것은 귀농지원 대상범위를 보다 명확히 하기 위한 것으로 평가된다. 따라서 자치단체의 귀농지원은 단순히 농촌인구 유입이라는 인구늘리기가 아니라 농촌경제에 기여할 수 있는 제한적 목적의 귀농 지원이라는 측면에서 이해하는 것이 바람직하다.

〈표 14〉 귀농인 자격제한 실태

귀농인 조건	자치단체 수	비고
기본 공통조건		타 지역 거주자가, 가족과 함께 전입하여, 농어업 경영을 목적으로 이주
제한 없음	28	
연령	10	옹진 양구 보령 아산 부여 완주 완도 진도 영양 예천
타 지역거주	5	강릉 영월 군산 영천 고령
연령 + 타 지역거주	6	양평 고창 부안 김천 영주 의성
연령 + 전입 후 거주	1	공주
연령 + 타 지역거주 + 전입 후 거주	1	서산
전입 후 거주	2	제천 홍성
연령 + 타 지역거주 + 가족 수	1	충주
계	54	

연령에 대한 자격조건을 두고 있는 19개 자치단체의 경우, 자치단체별로 매우 다양하게 규정하고 있다. <표 15>와 같이 제한규정을 둔 모든 자치단체가 연령 상한선을 두고 있는데, 상한선 최고는 65세이다. 하한선에 대해서는 특별히 규정하지 않고 있는 자치단체들도 있으나 하한선을 두고 있는 경우 최저 하한선은 20세로 나타났다.

〈표 15〉 연령제한

연령 제한기준	자치단체 수	비고
50세 이하(미만 포함)	3	서산, 부안, 고창
55세 이하	5	보령, 부여, 완도, 의성, 예천
60세 이하	2	김천, 영양
61세 이하	1	완주
62세 이하	1	영주
63세 이하	1	양구
65세 이하	1	아산
20세 이상 65세 이하(미만 포함)	2	옹진, 진도
30세 이상 60세 이하	1	양평
20세 이상 60세 미만	1	충주
20세 이상 55세 미만	1	공주
계	19	

* 양구와 영양의 경우, 귀농학교 졸업자에 대해서는 제한연령에서 2년 연장

<표 16>과 같이 타 지역거주를 귀농인의 자격조건으로 제시하고 있는 자치단체는 13개로 1년 이상이 4개, 2년 이상 2개, 3년 이상 5개, 5년 이상 2개 자치단체 등 최소 1년에서 최장 5년의 타 지역거주자를 귀농인의 기본 조건으로 제시하고 있다.

〈표 16〉 타 지역거주

타 지역거주 기간	자치단체 수	비고
1년 이상	4	양평. 영월. 영천. 고령
2년 이상	2	부안. 영주
3년 이상	5	강릉. 충주. 서산. 군산. 고창
5년 이상	2	김천. 의성
계	13	

전입신고 후 거주기간의 경우, 대부분의 자치단체는 전입신고 여부만을 제한규정으로 두고 있는 반면에, 4개 자치단체에서 전입신고 후 실제 거주기간 1년 이내에서 제한규정을 두고 있다(<표 17> 참조).

〈표 17〉 전입신고 후 거주기간

전입신고 후 거주기간	자치단체 수	비고
전입후 6개월 이상	2	공주. 서산
전입후 1년 이상	2	제천. 홍성
계	4	

2. 귀농자의 귀농지원 신청요건

자치단체들은 귀농자들의 안정적 정착을 위한 지원방안을 수립하여 지원하는 경우, 귀농자 전부를 대상으로 지원하기 보다는 일정한 제한조건을 마련하여 지원하는 것으로 나타났다. 대부분의 자치단체가 귀농인 전부를 대상으로 지원하는 것으로 조사되었으나, <표 18>과 같이 일부 자치단체에서는 지원신청 제한요인으로 가족 수를 제한하거나, 타 지역 거주기간 제한, 연령제한, 자치단체 거주기간을 제시하고 있다.

<표 18> 귀농지원 신청자격

제한 조건		자치단체 수
가족 수 제한	2인 이상	5
타 지역 거주기간 제한	1년 이상	1
연령 제한*	55세 이하	2
	58세 이하	1
	60세 이하	9
	63세 이하	2
	65세 이하	5
거주기간	전입후 1년 이상	1
	전입후 3년 이내 신청	6

* 미만 포함

3. 지원내용

1) 영농지원

자치단체의 영농지원은 영농정착금 지원과 농지구입비 지원, 교육훈련비 지원, 사업비지원 등으로 구성되어 있으며, 일부 자치단체에서는 농지구입에 따르는 세제지원도 이루어지고 있는 것으로 조사되었다. 특히 교육훈련비 지원은 대부분의 자치단체가 지원하고 있으나, 농지구입비나 영농정착금 지원 등은 일부 자치단체에서만 지원이 이루어지고 있는 것으로 나타났다(<표 19> 참조).

영농정착금은 21개 자치단체에서 지원하고 있는데, 지원규정만을 두고 있는 자치단체는 15개이며, 최고 500만 원에서 최저 400만 원

이내로 지원하고 있다.

농지구입비는 4개 자치단체에서 지원규정이 있는데, 지원규정만을 두고 있는 자치단체가 3개, 1개 자치단체만이 500만 원 이내에서 농지구입비를 지원한다는 구체적인 내용을 담고 있는 것으로 나타났다.

영농에 필요한 교육훈련비를 지원하고 있는 자치단체는 54개로 모든 자치단체가 지원규정을 두고 있다. 구체적으로는 750만 원에서 최저 30만 원 이내로 교육훈련비를 지원하고 있는데, 일부 자치단체에서는 귀농학교 이수에 필요한 교육비만을 지원하고 있으나 많은 경우 귀농학교 뿐만 아니라 영농에 필요한 교육비까지도 지원하고 있는 것으로 조사되었다.

귀농인들의 귀농정착에 따르는 사업비 지원을 위해 자치단체들은 귀농사업비를 지원하고 있는데, 46개 자치단체가 지원규정을 마련하고 있다. 이들 사업비는 귀농정착 및 영농 규모화 등을 위한 사업비로서 가구당 최대 3천만 원 이내에서 300만 원 이내로 지원규모가 다양하다.

〈표 19〉 영농지원

지원내용		자치단체 수
영농정착금	400만 원 이내	2
	480만 원 이내	2
	500만 원 이내	2
	지원규정 마련	15
	계	21
농지구입비	500만 원 이내	1
	지원규정 마련	3
	계	4

지원내용		자치단체 수
교육훈련비	30만 원 이내	4
	50만 원 이내	1
	270만 원 이내	5
	290만 원 이내	1
	300만 원 이내	2
	330만 원 이내	1
	390만 원 이내	1
	460만 원 이내	1
	606만 원 이내	1
	750만 원 이내	1
	지원규정 마련	36
	계	54
사업비	300만 원 이내	1
	400만 원 이내	1
	500만 원 이내	1
	1천만 원 이내	2
	2천만 원 이내	1
	3천만 원 이내	3
	지원규정 마련	37
	계	46

2) 생활안정 지원

자치단체의 생활안정 지원은 귀농자의 영농활동 지원 이외의 농촌 정주를 지원하기 위한 방안들로 주택개보수비 지원과 학자금 지원, 의료비 지원, 이사비 지원 등으로 구성되어 있다(<표 20> 참조). 생활안정을 지원하기 위한 방안들 중에는 주택개보수비 지원을 제외하고 조례에 지원규정만을 두고 있는 경우가 대부분인 것으로 나타났다.

주택개보수비를 지원하는 자치단체는 46개로, 지원할 수 있다는 규정만 두고 있는 자치단체는 26개로 조사되었다. 세부적으로는 최고 1천만 원 이내에서 250만 원 이내까지 빈 농가와 기존 농가주택을 구입해 수리하고자 하는 귀농자를 지원하도록 규정되어 있다.

31개의 자치단체는 자녀들의 학자금 지원에 대한 규정이 있는데, 구체적인 지원방법은 담겨져 있지 않은 것으로 나타났다. 지원규정을 두고 있는 자치단체의 경우에도 가구당 1회에 한하여 지원한다는 제한규정이 있는 것으로 조사되었다.

19개 자치단체는 귀농인 및 가족에 대한 의료비 지원규정을 두고 있는데, 구체적인 내용을 담고 있는 자치단체는 없는 실정이다. 이사비를 지원하는 자치단체는 8개로, 100만 원 이내에서 지원하는 자치단체는 4개, 50만 원 이내는 1개로 나타났다.

〈표 20〉 생활안정 지원

지원내용		자치단체 수
주택개보수비	250만 원 이내	1
	300만 원 이내	6
	400만 원 이내	1
	500만 원 이내	11
	1천만 원 이내	6
	지원규정 마련	26
	계	46
학자금	지원규정 마련	31
	계	31
의료비	지원규정 마련	19
	계	19
이사비 지원	50만 원 이내	1
	100만 원 이내	4
	지원규정 마련	3
	계	8

3) 기타

일부 자치단체에서는 타 자치단체에서는 운용하지 않는 차별화된 지원방안을 마련하고 있는데, 전북 완주는 출산장려금 및 자동차번호판 무상제작 지원, 쓰레기종량제 봉투지원 등을 운영하고 있다 (<표 21> 참조). 전북 무주는 업무상 재해에 따른 치료비를 지원하고 있고, 전남 고흥과 진도, 경북 봉화는 농작물재해보험 지원이라는 차별화된 귀농지원 방안을 운영하고 있는 것으로 나타났다.

〈표 21〉 기타 지원내용

자치단체	지원내용
음성	• 출산장려금 지원(첫째 30만 원, 둘째 120만 원, 셋째 180만 원)
완주	• 출산장려금 지원(120만 원) • 자동차번호판 무상제작 지원 • 쓰레기종량제 비닐봉투 지원
무주	• 업무상 재해에 대한 지원 　(부상에 대한 치료비와 공제보험료 지원)
고흥, 진도	• 농작물재해보험 지원
예천	• 농가도우미 지원(출산 전후 30일간 최대 72만 원) • 출산육아지원(둘째 이후 자녀 1인당 120만 원) • 자녀양육비 지원(만 5세 이하 39천 원~26만 원) • 쓰레기종량제 봉투 지원(가구당 200리터)
봉화	• 농작물재해보험 지원 • 출산육아지원(첫째 420만 원, 둘째 600만 원, 셋째 1,200만 원) • 출산장려금(출생육아 1인당 50만 원)
문경	• 농업인턴십지원(선도농가 채용 시 인건비 보조 1인당 120만 원 한도)

제5절 결론

이 연구에서는 귀농에 대한 사회적 관심 제고와 정부차원의 적극적 대응이 이루어지고 있는 상황에서 귀농에 대한 개념 논의와 그동안 추진되었던 귀농정책의 지향성을 살펴보았다. 또한 귀농정책의 근간을 형성하는 기본정책은 중앙정부에서 기획되는 것이지만, 귀농정책이 실질적으로 추진되는 집행현장의 주체인 자치단체의 준비와 역량이 귀농정책의 성패를 결정짓는 중요한 조건이라는 점에서 자치단체의 귀농지원 정책들을 비교하고 그 경향을 분석하였다.

귀농의 개념에 대한 논의에서는 귀농의 개념이 점차 확대되고 있는 경향에 주목하였다. 귀농인의 출신배경이나 영농목적에 한정하던 초기의 경향에서 최근에는 '농촌으로 이주하는 도시민'으로 귀농의 정책대상이 확장되고 있는 추세를 확인하였다. 따라서 귀농의 정책 방향도 영농지원 수준이 아닌 농촌정책 또는 농촌지역정책 수준으로 확장해서 기획, 추진되는 것이 필요할 것으로 판단되었다.

그동안 추진되었던 정부 귀농정책의 지향성도 시기적으로 변화된 것으로 분석되었는데, 사회구조적인 환경 변화가 영향을 미친 것으로 나타났다. 1980년대의 영농인구 확보라는 귀농정책의 배경이 1990년대에는 실업자 구제의 측면에서 추진되었고 2000년대에는 농촌인구 유입과 새로운 일자리 창출이라는 측면으로 지향성의 변화가 이루어진 것으로 평가된다. 따라서 최근 귀농정책의 지향성은 농촌정책의 측면에서 농촌 활성화에 초점을 두고 있는 것으로 보인다. 이러한 지향성 변화는 귀농의 개념이 확장된 것과 같은 맥락에서 이해할 수 있을 것이다.

귀농의 개념과 지향성 변화에 대한 논의, 그리고 자치단체의 귀농지원 조례에 대한 비교분석 결과를 토대로 하여 자치단체 귀농지원 정책방향에 대한 시사점을 제시하면 다음과 같다.

먼저 제정된 조례의 시행을 구체적으로 뒷받침할 수 있는 규칙의 제정이 이루어져야 한다. 2010년 5월말 현재 조례를 제정한 자치단체가 54개인 반면, 규칙을 제정한 자치단체는 13개에 불과하다. 많은 자치단체의 조례가 조례만으로는 시행이 어려운 선언적인 내용을 담고 있어 실질적인 귀농지원을 위해서는 좀 더 구체적인 지원내용과 방법 등을 규정한 규칙이 필요한 것이다.

자치단체 조례에서 규정하고 있는 귀농인에 대한 정의는 대부분 제한적으로 이루어지고 있다. '타 지역 거주자가 가족과 함께 전입하여 농어업 경영을 목적으로 이주'하는 경우를 골격으로 자치단체별로 특정 요인을 추가해서 귀농인의 범위를 제한하고 있는데, 이것은 자치단체 귀농지원 자격조건에 해당한다. 즉, 귀농인에 대한 제한적 적용은 자치단체의 귀농지원 정책능력과 직접적으로 연계된 것으로 볼 수 있다. 그러나 귀농에 대한 개념이 영농목적에서 농촌이주로 까지 확장되고 있는 경향을 고려하여 정책지원 대상으로서의 귀농인에 대한 정의를 새롭게 시도해야 할 것으로 보인다. 전북 군산시가 귀농자와 귀촌자를 구분하면서도 지원내용에서는 별도로 구분하지 않고 있는 것은 정책대상으로서 귀농인의 범위를 확대한 한 예라 할 것이다.

귀농자에 대한 자치단체의 귀농지원 방안들은 영농지원과 생활안정 지원에 집중되고 있는 것으로 나타났다. 즉, 귀농 전 단계와 귀농

후 정착을 위한 생활 지원에 초점을 둔 지원으로 평가된다. 자치단체가 제시하고 있는 세부적인 지원내용에서는 자치단체별로 다양하고 지원규모에 있어서도 차이가 상당히 큰 것으로 나타나고 있다. 예를 들면, 영농지원사업비의 경우 최소 200만 원에서 최대 3,000만 원, 교육훈련비의 경우 최소 30만 원에서 최대 750만 원, 주택개보수비의 경우 최소 250만 원에서 최대 1,000만 원까지 지원규모의 차이가 존재하고 있는 실정이다. 따라서 자치단체별 지원내용의 다양성은 귀농인들의 선택의 폭을 넓히는 계기로도 작용할 수 있지만, 적정 지원규모에 대한 논의 없이 지나치게 과소하거나 과다한 지원은 귀농인들의 외면과 집중을 초래하고 결국 자치단체의 부담으로 작용할 가능성이 있을 것으로 판단된다. 따라서 인접 지역별로, 또는 영농특성 및 산업별로 적정 지원규모를 산정, 지원하는 중앙정부 또는 광역수준 자치단체의 제도적 지원이 필요할 것으로 판단된다.

그러나 귀농의 개념이 확장되고 있는 점을 감안하여, 영농 지원과 생활안정 지원을 포괄하는 농촌생활 환경개선과 삶의 질 향상에 기여할 수 있는 새로운 귀농지원 정책 방향이 체계적으로 검토되어야 할 것이다. 따라서 향후 귀농지원 정책은 단순한 영농인력 확보와 농촌인구 늘리기 방안으로서가 아니라 농촌의 가치를 증진시키는 사회적 기반 구축을 시도하는 농촌지역정책으로서의 지향성을 갖는 것이 바람직할 것으로 판단된다.

참고문헌

1. 국내문헌

강대구 · 김경남 · 김민수 · 이웅 · 변규식(2006), 「최근 귀농실태와 지원대책방
　　안 연구」, 농림부.

김동원 · 박혜진(2009), 「농업 · 농촌에 대한 2009년 국민의식 조사결과」, 한국
　　농촌경제연구원.

김성수 · 정지웅 · 임형백 · 고운미 · 김정태 · 이성(2004), "귀농자들의 농촌정착지
　　원을 위한 프로그램 개발방향", 「한국농촌지도학회지」, 11(1): pp.53~65.

김성원(2009), 귀농 · 귀촌 종합대책, 농촌경제 활력화를 위한 지자체의 귀농 ·
　　귀촌 대응방안 토론회 발표자료, 전라북도 · 전북발전연구원.

김성훈(2006), "장수시대의 도래와 인생의 이모작 설계", 「제2의 인생을 농촌에
　　서 II」도농교류 심포지움 자료집, 농촌진흥청 농촌자원개발연구소.

김정섭(2009), "귀농 · 귀촌 활성화를 위한 농촌 지방자치단체의 과제", 「농촌
　　지도와 개발」, 16(3): pp.533~556.

김주현(1999), 「귀농인의 농업기술정보 획득과 실패에 관한 연구」, 건국대학교
　　석사학위논문.

김형용(1998), "귀농자의 실상과 정착방안에 관한 연구", 「한국축산경영학회지」,
　　14(1): pp.205~223.

남정덕(2000), 「귀농형 실버타운의 보급에 관한 연구」, 세종대학교 석사학위논문.

농림부(2005), 「1차 농림어업인 삶의 질 향상 및 농산어촌 지역개발 기본계획」.

농림수산식품부(2009), 귀농 · 귀촌 종합대책.

농촌진흥청(1999), 귀농현황과 안정적 정착방안, 연구와 지도.

민중서림(2003), 엣센스 국어사전.

박공주 · 김양희 · 박정윤(2007), "은퇴 후 귀농인의 농촌 이주준비 및 농촌 적
　　응과정 실태에 관한 연구", 「대한가정학회지」, 45(1): pp.10~21.

박공주 · 윤순덕 · 강경하(2006), "은퇴 후 귀농인의 농촌생활만족도에 영향을
　　미치는 요인", 「농촌계획」, 12(4): pp.63~76.

박영일(1998), 「성공적인 귀농을 위한 연구」, 중앙대학교 산업경영대학원 석사
　　학위논문.

신정수 · 이병오(1999), "귀농의 현황과 정책과제", 「논문집」, 강원대학교 농촌
　　개발연구소.

우종현(1997), "귀향농가의 발생원인과 적응과정", 「한국지역지리학회지」, 3(1). 한국지역지리학회.

유정규(1998), "귀농의 현황과 정책과제", 「도시와 빈곤」, 통권 34호, pp.23~41.

유학열(2010), "충남의 귀농·귀촌 실태 분석", 「충남리포트」 2호, 충남발전연구원.

이동하(1998), 「귀농자의 농촌적응과 관련 변인」, 서울대학교 대학원 석사학위논문.

이민수(2009), 『귀농』·귀촌체계 구축을 위한 유럽사례의 시사점, 「전북발전포럼」, 2009 여름호.

이상호(2008), "경북지역 귀농인의 지역 및 지역주민과의 만족도 분석", 「농업경영·정책연구」, 35(3): pp.551~565.

이우성(2006), 귀농, 김영사.

이재철·이도선(2006), 「지역밀착형 귀농인력 개발 및 활용방안」, 대구경북 RHRD 연구보고서.

이정관(1998), 「귀농자의 영농정착과 관련된 변인 분석」, 공주대학교 석사학위논문.

이해진(2009), "농촌정책 패러다임의 변화와 농촌지역개발사업-농촌마을종합개발사업을 사례로", 「농촌사회」, 19(1): pp.7~47.

전국귀농운동본부(2006), 『귀농길잡이』, 영신사.

정철영(2000), "IMF에 따른 귀농희망 실업자를 위한 영농교육훈련의 실태 및 개선방안", 「한국농업교육학회지」, 32(1): pp.1~26.

정한모(2002), 『귀농인의 농촌생활과 영농정착 과정에 관한 문화기술적 연구』, 서울대학교 대학원 석사학위논문.

통계청(2010), 2009년 농업 및 어업 조사 결과.

한겨레신문(2004. 1. 1).

한국농촌경제연구원(2007), 2007 농촌정주수요조사결과.

한국농촌경제연구원(2009), 2009년 농업·농촌에 대한 국민의식조사.

2. 국외문헌

Fielding, G.J(1974), *Geography as Social Science*, New York: Harper and Row Publications.

日本 國土交通省(2007), 國土交通省白書.

日本 內閣府(2005), 都市と農産漁村の共生に関する世論.

「인존정책연구회 소개」

■ 명칭
- 인존정책연구회(人尊政策研究會, The Policy Studies Group for Human Dignity)
- 약칭하여 인정연, PODI라 함

■ 설립일
- 1992년 10월 17일

■ 설립 취지
- 인간존엄성 구현을 위한 정책연구(근본적인 문제해결에 필요한 지식을 창출하고 이를 현실에 적용)

■ 회원
- 충남대학교 교수와 대학원 박사과정 수료 및 재학하는 자로서 정책학을 전공하는 자 중에서 동 연구모임의 취지에 동의하여 참석하고자 하는 자
- 2010년 현재 15명의 회원으로 구성됨

■ 주요 활동
- 매월 셋째 주 연구모임(논문, 도서 등을 읽고 토론)
- 한국정책학회 등 학회 활동(논문발표, 패널 토의)
- 학술저술 활동(연구총서 등)

(연구총서 Ⅰ 발간기념: 2010년 12월)

(인정연 가족모임: 2003년 여름)

강근복(康根福)

충남대학교 행정대학원장
미국 시라큐스대학교, 버지니아텍 객원교수
한국정책학회장
한국정책분석평가학회장
성균관대학교 법정대학 행정학과, 동 대학원 졸업(행정학 박사)
현) 충남대학교 사회과학대 행정학과 교수(1981년~현재)
　　정부업무평가위원회 위원장(공동위원장: 국무총리)

「시민참여정책평가의 개념적 특성과 실행조건」
「참여정책분석의 개념적 특성과 과정」
「중앙행정기관 자체평가의 활용요인 분석」 등
『정책분석과 문제정의(David Dery 저)』(역서)
『정책분석론 개정판』
『지식정보사회와 전자정부』(공저)
『지방자치단체장의 리더십전이』(공저)
『과학기술정책의 주요 쟁점』(공저) 등

이봉락(李奉洛)

충남대학교, 공주대학교, 목원대학교, 한남대학교, 충남도립 청양대학 등 강사
충남대학교 행정학과, 동 대학원 졸업(행정학 박사)
현) 한국전자통신연구원 기술전략연구본부 선임연구원

「정부업무평가와 국가연구개발사업평가 활용의 영향요인 비교연구」(박사학위논문)
「활용자 소속에 따른 평가활용의 영향요인 차이 분석」(2010)
「중앙행정기관 자체평가의 활용요인 분석」(2009)
「지방자치단체 자체평가활용의 영향요인 분석」(2009)

박기식(朴基植)

한국정책학회 감사
인존정책연구회 회장
ITU(국제전기통신연합) 표준화부문 SG3 Chairman
Asia-Pacific IT Ministers' Conference 사무총장
W3C 대한민국사무국 사무국장(2002~2007)
과학기술정책위원회 위원
국가과학기술위원회 국책연구개발사업 조사·분석·평가 위원
기획예산처 정보화예산심의위원회 심의위원
한국전자통신연구원 정보통신서비스연구단장
IT 기술전략연구단장, 기술전략연구본부장
대한민국 산업훈장(2008), 대한민국 산업포장(2000) 외
정책학 박사(과학기술정책 전공), 컴퓨터공학 박사(인터넷 QoS 전공)
현) 한국전자통신연구원 연구위원
　　과학기술연합대학원대학교 교수

「인터넷시대의 디지털 저작물의 관리정책」(2000)
「Disputes over the IPRs of Telecommunications Standardization」(1998) SCI/SSCI 포함
국내·외 150여 편
『정보통신기술개론』(공저, 1992)
『미래의 경쟁: 표준화에 달려 있다』(공저, 1994)
『2020 미래한국』(공저, 2005)
『Why 정보통신』(감수, 2008) 외 다수

황병상(黃昞相)

충남대학교·한남대학교 강사
한국행정학회 이사
영국 University of Edinburgh(ISSTI)박사후연구원
충남대학교 대학원 졸업(정책학 박사)
현) 한국기초과학지원연구원 사업지원실장
　　국회도서관 자료추천위원
　　방위사업청 기관평가자문위원

「정부출연연구기관평가의 발전방안 논고」(2005)
「과학기술정책과정의 정책네트워크 분석」(2004)
『과학기술정책의 주요쟁점』(공저, 2008)

이찬구(李讚求)

미국 국무성 풀브라이트 연구교수(미국 조지워싱턴대학교)
한국기술혁신학회 및 한국공공관리학회 편집위원장
국가과학기술위원회 국가연구개발사업 특정평가위원
과학기술혁신본부 공공기술연구회 기획평가위원
한국전자통신연구소(ETRI) 책임연구원(1988~2005)
충남대학교 행정학과 및 영국 맨체스터대학교 대학원 졸업(과학기술정책학 박사)
현) 부경대학교 행정학과 교수

「연구개발 평가의 전문성 제고를 위한 평가위원회 운영방안」(2010)
「과학기술 정책결정에서의 정책이전 연구」(2010)
「연구기관 평가의 실증 분석」(2009)
「선도기술개발사업(G7)의 정책결정 과정 분석」(2008)
「연구기관의 지적 자본 측정과 성과평가」(2007)
「정부출연 연구기관 평가에서 지적 자본 모형의 적용 필요성」(2005) 등
『자본과 성과평가』(2006)

고순주(高順洲)

한국전자통신연구원 책임연구원(팀장)
일본 정보통신총합연구원 객원연구원(2003)
한국정책학회 지식정보위원회 위원(2008)

「환경정책변동의 특성과 맥락에 관한 연구」(1997)
「IPTV 국내외 시장현황」(2008)
「EU, 미국, 일본의 방송통신에 관한 수평적 규제 법체계 개편 비교분석」(2008)
「IPTV 정책결정 지연에 관한 연구」(2009)

이종엽(李宗燁)

혜천대학 경찰경호학과 교수, 입학홍보처장
충청남도 지방경찰청 자문교수
사단법인 한국경호경비학회 상임이사
대전광역시 보조금 심의위원

「입지정책의 결정과 집행과정에서의 정책수용성에 관한 연구」(박사학위논문)
『경찰학개론』(공저, 2009)
『경찰행정의 시민참여 활성화 방안에 관한 연구』(공저, 2008)

김학만(金學滿)

우송대학교 의료사회복지학과 교수, 학과장
보건복지아카데미 원장
통일부 통일교육위원
대전지방법원 조정위원
우송정보대학, 우송공업대학 교수 역임
대전광역시 도시계획위원
미국 Georgia south western state university(GSW) Research scholar(2008)

『저출산·고령사회의 복지정책』(2009)
『정책집행론』(2005)
『노인복지예산의 대응성 모형개발』(2009)

윤석환(尹錫煥)

충남도립청양대학 자치행정학과 교수
정보통신연구진흥원 선임연구원
청양군 신활력사업 자문위원
충청남도 경영평가위원, 정책자문 교수

「정보통신정책영역에 있어서의 정책연계망에 관한 연구」(박사학위논문)
「대형연구개발사업 평가제도의 체계적 도입방안」
「IPTV 정책지연에 관한 연구」
『지방정부혁신론』(공저, 2003)

인존정책연구회 연구총서 Ⅰ

한국사회의 이슈와 정책

초 판 인 쇄 | 2010년 12월 20일
초 판 발 행 | 2010년 12월 20일

지 은 이 | 강근복, 이봉락, 박기식, 황병상, 이찬구, 고순주, 이종엽, 김학만, 윤석환
펴 낸 이 | 채종준
펴 낸 곳 | 한국학술정보㈜
주 소 | 경기도 파주시 교하읍 문발리 파주출판문화정보산업단지 513-5
전 화 | 031) 908-3181(대표)
팩 스 | 031) 908-3189
홈 페 이 지 | http://ebook.kstudy.com
E-mail | 출판사업부 publish@kstudy.com
등 록 | 제일산-115호(2000. 6. 19)

ISBN   978-89-268-1761-2 93330 (Paper Book)
            978-89-268-1762-9 98330 (e-Book)